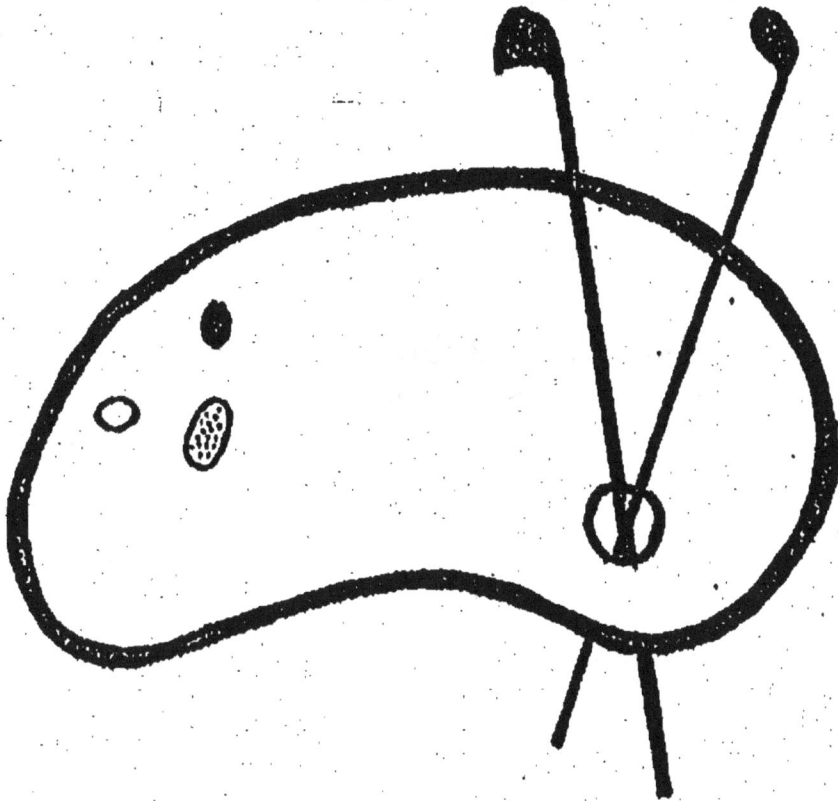

DEBUT D'UNE SERIE DE DOCUMENTS
EN COULEUR

LES
GRANDS DOMAINES
DANS L'EMPIRE ROMAIN

D'APRÈS DES TRAVAUX RÉCENTS

17033

PAR

ÉDOUARD BEAUDOUIN

PROFESSEUR A LA FACULTÉ DE DROIT
DE L'UNIVERSITÉ DE GRENOBLE

PARIS

LIBRAIRIE DE LA SOCIÉTÉ DU RECUEIL GÉNÉRAL DES LOIS ET DES ARRÊTS
FONDÉ PAR J.-B. SIREY, ET DU JOURNAL DU PALAIS

Ancienne Maison L. LAROSE & FORCEL
22, *rue Soufflot*, 22

L. LAROSE, Directeur de la Librairie

—

1899

NOUVELLE
REVUE HISTORIQUE

DE

DROIT FRANÇAIS ET ÉTRANGER

PUBLIÉE SOUS LA DIRECTION DE MM.

Rodolphe DARESTE	**Marcel FOURNIER**
Membre de l'Institut,	Agrégé à la Faculté de droit de Caen,
Conseiller à la Cour de Cassation.	Archiviste-Paléographe.
Adhémar ESMEIN	**Joseph TARDIF**
Professeur à la Faculté de droit de Paris,	Docteur en droit,
Directeur-adjoint à l'École pratique	Archiviste-Paléographe,
des Hautes-Études	Avocat à la Cour d'appel de Paris.

Georges APPERT
Docteur en droit, Secrétaire de la Rédaction.

PRINCIPAUX COLLABORATEURS : MM.

Ch. Appleton, professeur à la Faculté de droit de Lyon ; — **F. Aubert**, archiviste-paléographe ; — **d'Arbois de Jubainville**, membre de l'Institut, professeur au Collège de France ; — **Audibert**, professeur à la Faculté de droit de Lyon ; — **Beauchet**, Professeur à la Faculté de droit de Nancy ; — **Beaudouin**, professeur à la Faculté de droit de Grenoble ; — **Brunner**, professeur à l'Université de Berlin ; — **Brutails**, archiviste-paléographe ; — **Chénon**, professeur agrégé à la Faculté de droit de Paris ; — **Cuq**, professeur agrégé à la Faculté de droit de Paris ; — **Caillemer**, doyen de la Faculté de droit de Lyon ; — **Duguit**, professeur à la Faculté de droit de Bordeaux ; — **Engelhart**, ministre plénipotentiaire ; — **Paul Fournier**, professeur à la Faculté de droit de Grenoble ; — **Gaudenzi**, professeur à l'Université de Bologne ; — **Gauckler**, professeur agrégé à la Faculté de droit de Caen ; — **Gérardin**, professeur à la Faculté de droit de Paris ; — **Girard**, professeur à la Faculté de droit de Paris ; — **Glasson**, membre de l'Institut, professeur à la Faculté de droit de Paris ; — **P. Guilhiermoz**, archiviste-paléographe ; — **Haurlou**, professeur à la Faculté de droit de Toulouse ; — **Jobbé-Duval**, professeur à la Faculté de droit de Paris ; — **Maxime Kovalewsky**, professeur à l'Université de Moscou ; — **Leseur**, professeur agrégé à la Faculté de droit de Paris ; — **May**, professeur à la Faculté de droit de Nancy ; — **Mortet**, archiviste-paléographe ; — **Planiol**, professeur à la Faculté de droit de Paris ; — **Le Poittevin**, professeur adjoint à la Faculté de droit de Paris ; — **Pols**, professeur à l'Université d'Utrecht ; — **Prou**, archiviste-paléographe, attaché à la Bibliothèque nationale ; — **Alphonse Rivier**, professeur à l'Université de Bruxelles ; — **Saleilles**, professeur à la Faculté de droit de Paris ; — **Tanon**, président à la Cour de Cassation ; — **Héron de Villefosse**, membre de l'Institut ; — **Paul Viollet**, membre de l'Institut.

Cette revue paraît tous les deux mois par livraisons de **10** feuilles environ et forme chaque année un beau volume in-**8°** de mille pages.

Les vingt-deux premiers volumes parus (1877 à 1898) avec les Tables de la *Revue de Législation* et de la *Nouvelle Revue historique* (1870-1885), 1 brochure... **220** fr.

Chaque volume se vend séparément : 15 fr., sauf les 6 derniers qui coûtent chacun 18 fr.

Les Tables seules... **3** fr.

PRIX DE L'ABONNEMENT ANNUEL :

Pour la FRANCE........ **18** fr. — Pour l'ÉTRANGER........ **19** fr.

BAR-LE-DUC. — IMPRIMERIE CONTANT-LAGUERRE.

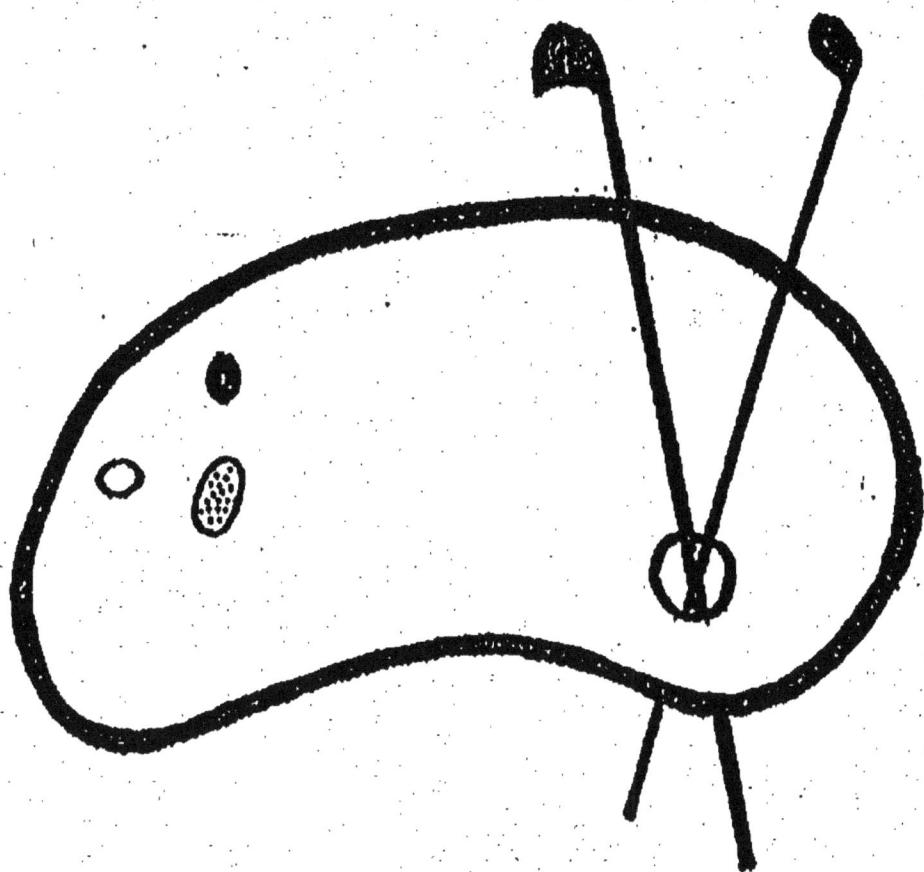

FIN D'UNE SERIE DE DOCUMENTS
EN COULEUR

LES
GRANDS DOMAINES
DANS L'EMPIRE ROMAIN

DU MÊME AUTEUR

La participation des hommes libres au jugement dans le droit franc. 1888, 1 vol. in-8°.................... **6 fr.**

Étude sur le jus italicum. 1883, 1 vol. in-8°........ **3 fr.**

Le culte des empereurs dans les cités de la Gaule Narbonnaise. 1891, 2 fascicules......................... **5 fr.**

La limitation des fonds de terre dans ses rapports avec le droit de propriété, étude sur l'histoire du droit romain de la propriété. 1894, 1 vol. in-8° (*épuisé*).

La recommandation et la justice seigneuriale; étude sur les origines du régime féodal. 1889 (extrait des *Annales de l'Université de Grenoble*).

Remarques sur la preuve par le serment du défendeur dans le droit franc. 1896 (extrait des *Annales de l'Université de Grenoble*).

BAR-LE-DUC. — IMPRIMERIE CONTANT-LAGUERRE.

LES
GRANDS DOMAINES
DANS L'EMPIRE ROMAIN

D'APRÈS DES TRAVAUX RÉCENTS

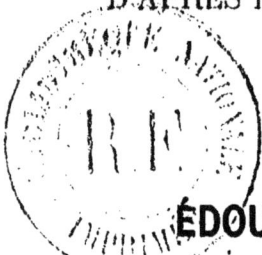

PAR

ÉDOUARD BEAUDOUIN

PROFESSEUR A LA FACULTÉ DE DROIT
DE L'UNIVERSITÉ DE GRENOBLE

(Extrait de la *Nouvelle Revue historique de droit
français et étranger.*)

PARIS

LIBRAIRIE DE LA SOCIÉTÉ DU RECUEIL GÉNÉRAL DES LOIS & DES ARRÊTS
FONDÉ PAR J.-B. SIREY, ET DU JOURNAL DU PALAIS

Ancienne Maison L. LAROSE & FORCEL
22, *rue Soufflot,* 22

L. LAROSE, Directeur de la Librairie

1899

AVERTISSEMENT.

Ce livre n'est que la réunion des articles qui ont paru dans la *Revue historique de droit*, en 1897 et 1898. Je les reproduits tels que la *Revue* les a publiés. Le lecteur voudra bien expliquer par cette circonstance et excuser à cause d'elle certains défauts de composition trop apparents pour qu'on puisse les mettre sur le compte de la négligence. Je suis le premier à les voir et à les regretter, et cet avertissement n'a pas d'autre but que d'en donner l'explication, pour qu'on me les pardonne.

Voici deux exemples qui me feront comprendre.

1° Il est tout naturel que dans cet ouvrage, je n'aie pas reproduit tout au long des documents connus, tels que les inscriptions de Souk el Khmis ou d'Aïn-Ouassel. Ces documents en effet sont publiés dans tous les recueils classiques (par exemple les *Textes* de Girard). Mais on eût peut-être désiré avoir le texte complet de la nouvelle inscription d'Henchir Mettich, que ces recueils ne donnent pas, parce qu'elle a été découverte postérieurement à leur apparition. Et cette publication eût été d'autant plus naturelle ici que, dans ce livre même (p. 107-109) je reproduis la série des variantes proposées par M. Schulten à la lecture que M. Toutain et M. Cagnat ont donnée les premiers de cette inscription. — Je n'ai pas reproduit le texte de l'inscription d'Henchir Mettich, tout simplement

parce que la *Revue historique de droit*, au moment même
où j'ai commencé la publication de mes articles, venait
de donner ce texte, dans un article de M. Toutain lui-
même (*Revue*, 1897, p. 374 et suiv).

2° P. 105 à 150 de mon livre, se trouve, une longue
« note additionnelle sur les quatre premiers paragraphes », dans laquelle je reviens sur le texte et sur le caractère de l'inscription d'Henchir Mettich et sur un assez
grand nombre de questions (relatives surtout à la condition des colons) qui avaient été traitées dans ces quatre
premiers paragraphes. Il eût été évidemment plus raison-
nable de ne pas traiter ces questions d'une façon incomplète, dans les paragraphes qui leur étaient spécialement
consacrés, et de ne pas s'obliger ainsi à les reprendre
après coup dans une note additionnelle. Mais les quatre
premiers paragraphes étaient déjà entièrement imprimés
et publiés dans la *Revue historique de droit*, lorsque j'ai
eu connaissance d'études nouvelles et très importantes
sur l'inscription d'Henchir Mettich et sur la condition des
colons d'après cette inscription. Que faire alors? Les articles publiés ne pouvaient pas être recommencés. Considérer, d'autre part, les travaux récents que je viens de
dire comme non avenus, et, sous prétexte que je les
avais connus trop tard, ne pas en parler, alors qu'ils con-
firmaient, ou complétaient, ou modifiaient, d'une façon
intéressante, les résultats et les idées contenus dans ces
articles, eût été je crois, un parti détestable. J'étais donc
obligé d'écrire cet appendice pour mettre mon travail au
courant. — C'est pour le même motif que j'ai dû faire
suivre mon livre d'une assez longue série de « corrections
et additions » (p. 339 à 354). Dans un travail tel que celui-
ci, publié par fragments, en articles successifs et par conséquent fait au jour le jour, une telle aventure est presque

inévitable. Au cours même des études que l'on est en train
de poursuivre, des points de vue inattendus qui s'ouvrent,
des corrections ou des atténuations que l'on sent nécessaires, la publication d'articles parus, dans le temps
même où l'on publiait les siens, soit sur le même sujet
soit sur des questions avoisinantes, obligent presque
toujours à ces *retractactiones*.

Dans de telles conditions, il est très clair que le mieux
eût été de refaire complètement mon livre. Refondu entièrement, il eût eu meilleur air; il eût été un livre et non
une série d'articles. Peut-être pourrai-je un jour réaliser
ce souhait. Mais en attendant, il m'a paru que même cette
« série d'articles » offrait déjà assez de faits intéressants,
de documents nouveaux ou peu connus, de résultats
acquis, pour qu'il y eût avantage à réunir en un volume
ces choses, éparses un peu sans doute, mais quand même
bonnes à dire au public. Et puis, dans cet ordre de recherches, sans illusion trop forte, on peut toujours s'attendre à des découvertes. C'est une mine très bien exploitée à l'heure qu'il est, d'où presque tous les ans d'heureux coups de pioche font sortir de nouveaux matériaux.
Puisque mon ouvrage se trouve, par suite des circonstances de sa publication, tellement mal composé qu'il
faudra le refaire, j'aime mieux attendre, pour le refaire,
que des découvertes nouvelles me permettent de le donner vraiment nouveau. Nouveau non pas seulement par
une meilleure mise en ordre des matières et par une composition plus correcte, mais encore par les documents qu'il
fera connaître et par les perspectives qu'il ouvrira.

                                        E. B.

LES

GRANDS DOMAINES DANS L'EMPIRE ROMAIN,

D'APRÈS DES TRAVAUX RÉCENTS.

René Wiart, *Le régime des terres du fisc au Bas-Empire*, (thèse de doctorat en droit), Paris, 1894 ; — Adolf Schulten, *Die römischen Grundherrschaften; eine agrarhistorische Untersuchung*, Weimar, 1896 ; — Rudolf His, *Die Domänen der römischen Kaiserzeit*, Leipzig, 1896 ; — J. Toutain, *L'inscription d'Henchir Mettich; un nouveau document sur la propriété agricole dans l'Afrique romaine ; (Revue historique de droit*, 1897, p. 373 et suiv. = *Mémoires présentés par divers savants à l'Académie des inscriptions et Belles-Lettres*, Iʳᵉ série, t. XI, Iʳᵉ partie, 1897).

On a mauvaise grâce quand on annonce que le sujet dont on va parler est le plus important de tous les sujets. Et pourtant j'ai bien envie de dire que, parmi les matières qui rentrent dans l'histoire des institutions, il en est peu qui soient d'un intérêt plus général et d'une portée plus grande que cette étude des grands domaines à l'époque de l'Empire romain. C'est en effet sur les grands domaines que sont nés le colonat et le bail perpétuel, c'est-à-dire les institutions les plus caractéristiques du droit du Bas-Empire, lesquelles sont aussi les assises elles-mêmes de la société du moyen âge. On ne saurait donc étudier avec trop d'attention les origines d'un état social qui fut celui non seulement de l'Empire romain à son déclin, mais encore de tout notre monde occidental pendant la plus grande partie de son histoire. Les documents d'ailleurs ne manquent pas à qui veut entreprendre une telle étude. Pour l'époque même du Bas-Empire nous possédons, sur l'administration des domaines impériaux principalement, d'abondantes constitutions dans les codes Théodosien et Justinien. Pour l'époque précédente, la plus intéressante, parce

qu'elle est celle où se sont justement formés cette nouvelle
condition des personnes et cette nouvelle condition des terres,
des inscriptions importantes, trouvées en Afrique, nous permettent de nous faire une idée de la façon dont on vivait dans
ces grands domaines, à une époque antérieure au triomphe
définitif du colonat et du bail perpétuel dans le droit du Bas-
Empire, et par conséquent d'observer de près comment sont
nés et comment ont grandi, dans un milieu particulièrement
favorable à leur éclosion, les germes de ce régime économique
et social que les constitutions des codes nous montreront bientôt développé. Si les textes ne manquent pas, les bons travaux
sur cette matière n'ont pas fait défaut non plus. Il serait très
injuste de ne pas reconnaître que l'on a déjà fortement dé-
blayé ce champ d'études. Quelques sujets ont même été traités
avec une prédilection particulière. On sait, par exemple,
quelle bibliographie touffue s'est épanouie autour de questions
comme celles du colonat et de l'emphytéose (1). De même, en
ce qui concerne l'administration des domaines impériaux, il
n'est pas un traité de droit public ou administratif romain qui
ne parle des fonctionnaires placés à la tête des différents services du *patrimonium Caesaris* et de la *res privata* (2). Enfin
les inscriptions africaines, auxquelles tout à l'heure je faisais
allusion et qui sont relatives à l'administration des grands domaines que les empereurs possédaient en Afrique, ont donné
lieu, à l'époque de leur découverte et dans la suite, à des
commentaires très importants; et qui ne connaît aujourd'hui,
par le bruit que l'on a mené autour d'elles, les inscriptions de
Souk el Khmis et d'Aïn Ouassel (3)? Les questions qui peuvent se rattacher à l'histoire des grands domaines dans l'Empire

---

(1) On trouvera cette bibliographie dans tous les manuels de droit romain.
Il est inutile de la reproduire ici.

(2) Voir principalement là-dessus, Marquardt, *Finances*, trad. Vigié, p. 392
à 396; et Hirschfeld, *Untersuchungen auf den Gebiete der römischen Verwaltungsgeschichte*, p. 30 et suiv., 192 et suiv.

(3) Ces deux inscriptions sont reproduites notamment dans les *Fontes* de
Bruns-Mommsen, 6e éd., p. 244 à 246, 382 à 384; et dans les *Textes* de
Girard, 2e éd., p. 160 à 164. On trouvera principalement dans la notice
que M. Girard a mise en tête de ces documents toute la bibliographie qui
les concerne. Ajouter l'inscription de Gasr Mezûar (C. I. L. VIII, 11428)
également relative à l'administration des domaines impériaux d'Afrique.

romain n'ont donc pas été négligées. Mais il faut pourtant reconnaître que cette étude a été abordée surtout par les côtés,
et que les recherches ont porté principalement sur telle ou
telle question en particulier, par exemple sur les origines du
colonat, ou sur l'emphythéose, ou sur le commentaire d'une
inscription déterminée. Et peut-être était-il bon de commencer
ainsi une enquête très vaste par des pointes poussées de différents côtés sur des matières spéciales; peut-être, en d'autres
termes, cette division du travail a-t-elle été utile. Mais il nous
reste alors, après tant de recherches particulières, à entreprendre l'étude d'ensemble de ce sujet. Et la tâche de l'historien
est aujourd'hui de réunir tous ces documents épars, de cen-
traliser les recherches entreprises de tant de côtés à la fois et
les résultats obtenus par des études diverses, et de donner,
avec la précision et le détail qui sont maintenant possibles, le
tableau complet de l'administration et de la vie économique
des grands domaines dans l'Empire romain.

On s'y est déjà essayé. Deux travaux, importants tous les
deux et d'ailleurs de caractères très différents, ont esquissé le
tableau que je viens de dire. Je veux parler de la thèse de M.
Lécrivain, *De agris publicis imperatoriisque ab Augusti tempore usque ad finem imperii romani* (1), et du chapitre intitulé
« la villa gallo-romaine » qui forme le début du livre de M.
Fustel de Coulanges, *l'Alleu et le domaine rural* (2). Ces deux
ouvrages, savants, ingénieux et clairs, restent toujours très
utiles à lire, même après les livres plus récents dont je vais
parler (3). Mais dans ces dernières années, et de différents côtés,
le travail a été repris; et aujourd'hui c'est une moisson nouvelle
que ce terrain, déjà fertilisé, a donné à de nouveaux ouvriers.
J'ai cité, au début de cet article, ces études toutes récentes :
la thèse de M. Wiart (1894), et surtout les ouvrages de M.

(1) Thèse latine, Paris, 1887.
(2) Fustel de Coulanges, *L'alleu*, p. 1 à 97.
(3) Je dirai la même chose de l'article de M. Mommsen sur l'inscription de
Souk el Khmis (*Hermes*, t. XV, p. 385 et suiv., 478 et suiv.). Cet article n'est
pas seulement un très savant commentaire de cette inscription; il est aussi,
à beaucoup de points de vue, une des meilleures études d'ensemble que nous
ayons sur le gouvernement des grands domaines impériaux, à l'époque de
l'ancien Empire.

Schulten et de M. His (1896). Il s'en faut d'ailleurs que ces trois livres aient compris le sujet de la même manière ; en réalité, ce n'est pas le même sujet qu'ils traitent. Toutefois ceux de M. Wiart et de M. His se ressemblent beaucoup. L'un et l'autre en effet s'occupent exclusivement des domaines impériaux. L'époque qu'ils étudient est aussi la même à peu de chose près, à savoir l'époque du Bas-Empire. La seule différence est que M. Wiart considère uniquement cette période, tandis que M. His a consacré un chapitre préliminaire à l'étude des domaines impériaux à l'époque de l'ancien Empire, tout en réservant pour la période suivante plus des trois quarts de son livre. Mais en somme, ce sont là deux ouvrages sur le même sujet. Celui de M. His a seulement l'avantage, étant venu le dernier, d'être plus au courant. Il a surtout un mérite exceptionnel : une clarté incomparable. Dans une matière aussi embrouillée, je ne sais pas d'éloge plus admirable. L'ouvrage de M. Schulten a une portée et un caractère tout différents. Il n'étudie pas les domaines impériaux seulement, mais les grands domaines en général, les *Grundherrschaften* (1), c'est-à-dire (ce serait, à mon avis, la seule traduction exacte) les domaines seigneuriaux, que le propriétaire soit d'ailleurs l'Empereur ou un particulier. D'autre part, M. Schulten embrasse à la fois dans ses recherches la période de l'ancien Empire et celle du Bas-Empire. Enfin et principalement, tout ce qui touche à la matière des domaines rentre dans l'objet du livre de M. Schulten ; c'est-à-dire qu'il ne s'occupe pas seulement, comme les auteurs dont j'ai parlé d'abord, (comme M. Wiart surtout) des fonctionnaires placés à la tête de l'administration des domaines, et des modes d'exploitation et de mise à ferme

_____

(1) Je traduis ici et dans tout le cours de cet article, par le mot de « grand domaine » le mot allemand *Grundherrschaft* qui est celui dont se sert M. Schulten. Évidemment la traduction n'est pas très exacte, ni surtout très précise. Mais pour en donner une absolument fidèle, je ne vois que des périphrases. Le mot « seigneurie » serait ici le mot vraiment exact ; seulement dans notre langue, ce mot donne à penser, d'une façon trop particulière, au moyen âge, et je l'évite pour ce motif. La suite de ce travail précisera le sens qu'il convient de donner ici à l'expression insuffisante et vague de grand domaine ; elle montrera aussi que c'est bien l'idée de « seigneurie » qui correspond seule d'une façon complète et fidèle à l'idée que M. Schulten exprime par le mot *Grundherrschaft*.

qui leur furent appliqués, mais qu'il traite encore du caractère
juridique du grand domaine, de son régime économique, de
la condition de ses cultivateurs, de la façon dont y vivaient le
propriétaire et l'intendant, le fermier et les colons. A ce point
de vue, le livre de M. Schulten est évidemment le plus important de tous ceux que j'ai cités, parce qu'il est celui dont l'objet
est le plus général et le plus vaste (1). Enfin, postérieurement

(1) L'ouvrage de M. Schulten offre cependant des lacunes; et, chose cu-
rieuse, ces lacunes portent précisément sur les parties traitées d'une façon
presque exclusive par les autres auteurs qui se sont occupés de cette matière des domaines (par exemple, M. Wiart et M. His). Ainsi il ne distingue pas, dans l'étude qu'il fait de l'administration des domaines impériaux,
les services différents du *fiscus*, du *patrimonium* et de la *res privata*; et, sur
l'organisation de ces services administratifs, il est presque absolument muet.
Pareillement muet sur les différents procédés de mise à ferme des grands
domaines, principalement des domaines impériaux, pour lesquels nous avons
cependant, dans les codes, tant d'indications intéressantes : sur le *jus perpetuum*, le *jus privatum salvo canone*, l'emphytéose, institutions si importantes, au point de vue du droit romain et même de l'histoire générale,
puisqu'elles nous montrent la naissance et le développement, dans les domaines impériaux, de la pratique du fermage à long terme ou perpétuel. Il
est étrange que M. Schulten ait passé à côté de questions aussi capitales; et
je ne saurais expliquer de telles lacunes que par l'idée qu'il a eue sans
doute que c'étaient là des matières trop connues. — Puisque j'en suis à
relever les imperfections qu'on peut signaler dans le livre de M. Schulten,
je viderai tout de suite le chapitre des critiques. Page 16 : M. S. dit que la
loi agraire de 643 a transformé les *possessores* d'Italie et d'Afrique en véritables propriétaires. Cela est vrai pour l'Italie, mais est faux pour l'Afrique,
et faux non seulement pour la généralité des terres africaines, mais encore
pour les terres de la colonie de Carthage fondée par C. Gracchus. Voy. sur
ce point la démonstration que j'ai donnée dans mon livre sur la *limitation
des fonds de terre*, p. 121 à 135. — P. 41 à 44, 106, 107 : Ces chapitres consacrés
à la limitation des domaines ne me semblent pas très exacts; dans tous les
cas, ils sont fort confus. — P. 123, 124 : L'idée que M. Schulten se fait de l'administration des domaines de l'Église de Rome, à l'époque du pape Grégoire Ier, me paraît très douteuse; je m'expliquerai d'ailleurs, en temps et
lieu, sur cette question. — P. 128 : Évidemment, il est faux de dire que ce qui
constitue le droit du *colonus partiarius*, c'est l'*usufructus* de la terre moyennant paiement d'une part des fruits. Le *colonus* n'a pas l'usufruit. — Les textes
sont parfois cités inexactement, d'autres fois ils ne sont pas cités du tout.
On peut se demander aussi pourquoi M. Schulten, dont l'ouvrage a paru en
1896, cite presque toujours les *Fontes* de Bruns d'après la cinquième édition,
alors que la sixième a paru en 1893; (et M. Schulten la connaît, puisque,
une fois, il lui arrive de la citer). — Les deux dernières pages (131, 132) sont
on ne peut plus extraordinaires. M. Schulten y explique que les peuples

à l'apparition de cet ouvrage, une nouvelle inscription a été trouvée à Henchir Mettich, en Afrique, qui nous fait connaître le règlement relatif à l'administration d'un grand domaine privé. Les lecteurs de la *Revue historique de droit* ont eu presque la primeur de cette découverte, et je n'ai pas besoin de dire ici avec quelle science précise et ferme, quelle sûreté et quelle ingéniosité tout ensemble, M. Toutain a déchiffré d'abord et expliqué ensuite cette inscription d'une lecture très difficile et d'un sens parfois très embarrassant (1). Tous ces travaux et ces découvertes ont sensiblement aggrandi notre connaissance de l'administration des domaines dans l'Empire romain (2). Il m'a semblé en conséquence qu'une étude sur cette matière, dont le but très simple serait de faire connaître et de résumer les acquisitions scientifiques réalisées sur ce terrain depuis deux ou trois ans, pourrait offrir de l'intérêt aux lecteurs et quelque utilité. Je me propose donc d'analyser

germaniques ne pouvaient éprouver qu'une profonde horreur pour le servage de la glèbe, legs du droit romain du Bas-Empire, que la conquête germanique détruisit en conséquence cette institution, et que c'est seulement la réception du droit romain qui plus tard la fit reparaître; (ainsi le servage de la glèbe serait une institution inconnue des premiers siècles du moyen âge); qu'enfin les rois de Prusse en ont débarrassé la terre. (Et la Révolution française!). Après quoi, et pour conclure avec éclat, une sorte de toast à la démocratie, qui toutefois doit prendre bien garde de porter la moindre atteinte à la richesse terrienne et aux vertus militaires de la noblesse prussienne! C'est vraiment dommage que de telles pauvretés viennent terminer et déparer un livre par ailleurs sérieux, consciencieux et savant.

(1) Le mémoire de M. Toutain, présenté d'abord à l'Académie des inscriptions, a été publié en même temps dans la *Revue historique de droit*, 1897, p. 373 et suiv. et dans les *Mémoires de l'Académie des inscriptions; Savants étrangers*, t. XI, 1re partie. La seule différence entre ces deux publications est que la seconde contient quatre photographies, représentant les quatre faces de l'inscription.

(2) Dans cette énumération des travaux récents relatifs à la matière des grands domaines, je n'ai pas cru devoir insister sur un article de M. Dramard, *Étude sur les Latifundia*, (*Académie des sciences morales*, 1895, t. 143, p. 554 et suiv.). Ce n'est, en effet, qu'un développement de la phrase connue de Pline : *Latifundia perdidere Italiam*, rapprochée de phrases à peu près pareilles de Cicéron, Salluste, Sénèque, Quintillen, Appien, etc. M. Dramard, s'appuyant sur ces témoignages, soutient la persistance du régime de la grande propriété en Italie contre les objections que Fustel de Coulanges a fait valoir. — Le travail de M. Minutillo, *I Latifundi nella legislazione dell'impero romano*, Napoli, 1896, ne m'est connu que de nom.

les différents ouvrages qui viennent d'être cités, pour en signaler les résultats principaux. Au surplus, il ne s'agit pas
d'un compte rendu de chacun de ces livres ; c'est une revue
d'ensemble de toute la matière des domaines, dans le droit de
l'Empire romain, que j'entreprends, avec l'intention surtout
de mettre à profit les derniers travaux et les dernières découvertes qui, depuis quelques années, ont renouvelé cette matière. L'intérêt très grand du sujet, et la nouveauté (sur certains points) des résultats obtenus, justifie, je pense, l'analyse
de ces travaux. Lorsque j'en aurai l'occasion, j'ajouterai seulement à cet exposé les remarques personnelles que m'ont sug-
gérées les études que depuis quelques années j'ai moi-même
poursuivies sur ce sujet.

J'étudierai successivement le caractère juridique essentiel du grand domaine, son aménagement intérieur, son
administration, la condition de ses cultivateurs, les règles
de droit et les pratiques coutumières qui font qu'il constitue jusqu'à un certain point une sorte de territoire autonome, ses différents propriétaires, et enfin son exploitation
et les divers modes de fermage par lesquels il est mis en
valeur.

§ 1.

LE CARACTÈRE JURIDIQUE ESSENTIEL DU GRAND DOMAINE.

1.

L'un des plus grands mérites du livre de M. Schulten, et,
à mon avis, le résultat le plus important de ses recherches,
consiste dans la détermination exacte du caractère juridique
du grand domaine. Jusqu'ici nous n'avions là-dessus que des
idées extrêmement flottantes. M. Schulten s'est efforcé de
préciser cette notion. Non seulement je suis convaincu que
l'idée qu'il nous donne ainsi du grand domaine est exacte,
mais encore je considère cette idée comme capitale par ses
conséquences, je veux dire par la clarté qu'elle jette sur un
très grand nombre de règles de droit relatives à cette matière
et sur un ensemble de faits historiques extrêmement considérables.

Le grand domaine n'est pas seulement une propriété très étendue. Il est évidemment cela, par son nom même ; mais, au point de vue juridique, il a un autre caractère encore, et très important. Il est essentiellement un territoire qui ne fait pas partie du territoire de la *civitas* (1). C'est là surtout le point essentiel.

Il importe de bien-comprendre cela, et de ne rien exagérer. Il est certain qu'il a pu exister, dans l'Empire romain, de très grandes propriétés, sans aucune autonomie vis-à-vis de la cité (2). De tels domaines, si grands qu'ils soient en fait, ne se distinguent des autres propriétés plus petites que par leur étendue. Mais, au point de vue du droit, ils sont soumis à toutes les règles ordinaires de la propriété. En droit, ce sont des propriétés comme les autres. Le grand domaine qui mérite une étude spéciale, parce que effectivement il est soumis à des règles spéciales, le seul par conséquent dont il y ait lieu de s'occuper ici, c'est le domaine qui non seulement est étendu par ses dimensions, mais encore qui, en droit, est en dehors du territoire de la *civitas*. Telle est la situation non pas de tous, mais d'un très grand nombre de grands domaines. Et c'est de ceux-là seuls que nous avons à parler ici. Donc il est bien entendu désormais que par grand domaine nous entendons exclusivement, non seulement un domaine très vaste, mais encore un domaine qui ne fait pas partie, en droit, du territoire de la *civitas*.

Le nom technique et propre de ce grand domaine est *saltus* (3). A l'époque du Bas-Empire, très souvent, et principalement en Occident, on trouve aussi l'expression *massa* (4).

(1) Voy. Schulten, p. 2 à 12.

(2) *Ibid.*, p. 2.

(3) *Ibid.*, p. 2 et p. 17, où sont cités plusieurs exemples. — Sur les autres dénominations plus ou moins synonymes de *saltus*, mais dont la signification est beaucoup moins propre et technique, (*praedium, possessio, latifundium, fundus*), voy. les explications de Schulten, et les textes cités par lui, p. 17 à 21. Cf. également, sur ces expressions et d'autres pareilles, (*casa, villa, domus*), His, *loc. cit.*, p. 67 à 69.

(4) Sur cette expression, Schulten, p. 20 ; His, p. 69, 70. *Massa* (entendez *massa fundorum*) signifie proprement un ensemble formé par plusieurs *fundi* réunis sous l'autorité d'un même propriétaire. Sur l'emploi très fréquent de cette expression dans les textes du Bas-Empire, pour les pays d'Occident

En Italie, où il y a incontestablement de très grandes propriétés, les *saltus*, c'est-à-dire les grands domaines entendus comme je viens de les définir, sont cependant une chose exceptionnelle. C'est que, en Italie, par l'effet des fondations innombrables de colonies, presque tout le territoire s'est trouvé réparti entre des *civitates*. Il y a donc très peu de domaines qui soient en droit, en dehors de la cité. Mais on en trouve au contraire un assez grand nombre dans les provinces. L'Afrique est par excellence la terre classique des *saltus*.

Il y a de ce caractère essentiel, autrement dit de cette définition du *saltus* (territoire indépendant de celui de la *civitas*), des preuves à mon avis, tout à fait décisives. Dans une foule de textes, il est visible que *saltus*, d'une part, et, d'autre part, territoire dépendant d'une cité, sont, deux notions qui s'opposent l'une à l'autre. Par exemple, plusieurs passages des *rei agrariae scriptores* mettent visiblement en regard *saltus* et *res publica* (1). D'autres nous parlent des *controversiae de jure territorii* ou *de modo agri* qui naissent entre une cité, d'une part, et, d'autre part, une autre cité ou un *saltus* (2); et il est clair que, dans ces textes, *saltus* et cité s'opposent pareillement. C'est ce que prouvent aussi les géographes, tels que Ptolemée et Pline, qui, dans leurs descriptions des provinces, à côté des *civitates* et en dehors d'elles, nomment les *saltus*, faisant bien voir ainsi qu'ils regardent effectivement ces *saltus* comme des territoires séparés et autonomes qui ne font pas partie du territoire de la

(Italie et Afrique), voy. les textes nombreux cités par His, p. 69, note 1. Notamment, ce mot revient presque à toutes les lignes de la donation de Constantin aux différentes églises de Rome et de l'Italie dont je vais parler tout à l'heure, et dont le texte, comme je le montrerai, ne peut provenir que d'un document officiel contemporain.

(1) Frontin, (*Gromatici veteres*, édit. Lachmann), p. 35, l. 12 : *Per Italiam, ubi nullus ager est tributarius, sed aut colonicus, aut municipalis, aut saltus privati.* — *Ibid.*, p. 46, l. 3 : *Nam inter res publicas non mediocriter ejusmodi controversia* (la *controversia de modo agri*) *solet exerceri quam frequenter coloniae habent cum colonis, aut municipiis, aut saltibus Caesaris aut privatis.*

(2) *Ibid.*, p. 46, l. 3 (cité à la note précédente); p. 53, l. 3 (à propos de la *controversia de jure territorii*) : *Inter res publicas et privatos... controversiae moventur... frequenter in provinciis, praecipue in Africa, ubi saltus non minores habent privati quam respublicae territoria.*

civitas (1). Ajoutez enfin les écrivains ecclésiastiques, les chroniqueurs, et les constitutions des Empereurs du Bas-Empire qui pareillement opposent les *ordines civitatum*, d'un côté, et les *procuratores possessionum*, d'un autre côté, (c'est-à-dire l'administration de la cité et l'administration du *saltus*), les *praedia* et les *territoria civitatum*, la *res publica* et le *saltus* (2). Des conséquences extrêmement importantes au point de vue du droit et de l'histoire découleront de ce caractère du *saltus* et ne peuvent s'expliquer que par lui. Nous les étudierons plus tard. J'indique tout de suite la plus considérable. Cette séparation du domaine et de la *civitas* aura pour effet que, dans son domaine, le propriétaire tendra à se considérer comme le seul maître, et voudra exercer lui-même les droits qui appartiennent à la puissance publique. Par exemple, l'inscription de Souk el Khmis montre clairement que, au moins dans les *saltus* impériaux, la juridiction municipale est sans action, et que les *procuratores* de l'Empereur (ou même parfois les *conductores*) ont là toute l'autorité et tous les droits (3). Nous aurons d'ailleurs à revenir sur cette question.

Les *saltus* (c'est-à-dire les grands domaines autonomes que je viens de définir) sont ou des domaines appartenant à des sénateurs ou des domaines impériaux. Ces deux faits s'expliquent par la raison suivante. Les sénateurs, ne sont pas membres de la *civitas*; ils sont citoyens de Rome seulement; mais ils n'appartiennent à aucune *civitas* locale; en conséquence, leurs domaines sont en dehors du territoire et du droit de la cité. Pareillement, et même à plus forte raison, les domaines,

(1) Voy. par exemple, Pline, *Hist. nat.*, III, 15, 116 (description de la huitième région d'Italie) : Après l'énumération des *civitates* de cette région, Pline nomme les *saltus Galliani qui cognominantur Aquinates*. — Cf. sur ces *saltus*, *C. I. L.*, XI, p. 170; et le *proc(urator) ad praedia Galliana* de *C. I. L.*, III, 536.

(2) Par ex., Cod. Théod., 10, 2, 31 : *Ordinum possessorumve;* 10, 3, 2 : *Rei publicae praediorum ac saltuum.* — Décret du concile de Carthage (Migne, *Patr. lat.*, t. XI, p. 1203) : *Per civitates singulas et vicinorum quorumque possessorum.* — *Gesta collationis Carthag.* (ibid., p. 1326) : *Istos omnes in villis vel in fundis esse episcopos ordinatos, non in aliquibus civitatibus.* — Cf. d'autres textes encore dans Schulten, p. 7 à 9.

(3) Voy. les plaintes des colons de Souk el Khmis au sujet des *milites* envoyés contre eux par le *procurator* du domaine, et des violences dont ils ont été victimes (col. 2, l. 10 et suiv.).

des Empereurs sont *ipso jure* en dehors du territoire et du droit de la cité, parce que l'Empereur n'est le citoyen d'aucune *civitas* (1).

Ainsi deux choses constituent le *saltus* proprement dit : premièrement un territoire autonome, c'est-à-dire indépendant de la cité; secondement une grande étendue (2).

Il reste alors à savoir comment dans l'Empire ont pu se former de pareils domaines autonomes. Le plaisir et l'orgueil d'étendre indéfiniment ses *possessiones* est une vieille passion romaine sur laquelle la littérature classique est remplie, comme on sait, de lamentations (3). C'est de cette passion que sont nés les *latifundia* qui, selon le mot connu de Pline, ont perdu l'Italie. Mais il est très important d'observer (et j'ai déjà fait cette remarque) que le *latifundium*, c'est-à-dire la propriété très vaste, n'est pas nécessairement le *saltus*. Le propriétaire italien, qui possède des *fundi* à Veleia, d'autres *fundi* sur le territoire de Lucques, et d'autres encore sur les territoires d'une dizaine de cités, est bien un très grand propriétaire, car il possède effectivement un très vaste *latifundium;* mais il n'est pas pour cela un propriétaire seigneurial, autrement dit ses domaines ne forment pas vraiment un *saltus*. En Italie, où grâce aux assignations, les grands domaines de l'État ont disparu peu à peu, divisés en lots de terre et distribués entre les citoyens (4), les *latifundia* se sont nécessairement formés par la réunion entre les mains d'un même propriétaire de différents *fundi* privés. Ce sont des terres que le grand propriétaire a

---

(1) Schulten, p. 8. Ces deux points seront repris plus tard. Voy. le § 6 de cette étude. — Sur les objections que M. His adresse à cette manière de voir, voir la fin de ce paragraphe.

(2) *Ibid.,* p. 10. — Sur le rapport et sur la différence entre les *saltus* et les *fundi excepti*, c'est-à-dire les terres qui ont été laissées, à l'époque de la limitation et de l'assignation coloniales, en dehors du territoire assigné aux colons, voy. Schulten, p. 5 et 6; et His, p. 16.

(3) Les textes classiques sont cités par Schulten, p. 12 et 13.

(4) A partir de César, qui mit en assignation les terres de l'*ager Campanus,* c'est-à-dire à peu près tout ce qui restait du domaine de l'État en Italie, on peut dire que, sauf quelques exceptions, il n'y a plus de terres publiques en Italie, (au moins de terres arables; car il resta toujours des *silvae* et des *pascua* publics). Cf. sur ce point, mon livre sur la *limitation des fonds de terre,* p. 28, note 2, p. 35 à 37 et les notes.

successivement annexées à ses domaines, en profitant de quelques-unes de ces mille circonstances qui, tant de fois, ont obligé le petit cultivateur italien à vendre sa terre au riche voisin qui la convoite et qui la guette. C'est ce que prouvent les noms mêmes que portent plusieurs des domaines italiens dans les inscriptions alimentaires de l'époque de Trajan. On sait que, en règle, le domaine a pour nom le *nomen gentilicium* du propriétaire originaire terminé par la désinence *anus* (1). Il résulte de là qu'un domaine qui s'appelle par exemple, comme on le voit dans l'inscription alimentaire de Veleia, *fundus Metilianus Velleianus Helvianus Grauranus* (2) est évidemment, et par son nom même, un domaine formé de plusieurs *fundi* privés originairement distincts. C'est là le *latifundium* proprement dit (3). Mais les véritables *saltus* sont rares en Italie. J'en ai dit déjà la raison (4). La vraie patrie des *saltus*, ce sont les provinces, et

---

(1) Exemples presque innombrables dans les inscriptions alimentaires. Cf. *Limitation des fonds de terre*, p. 295, note 1, où j'ai indiqué les principaux travaux écrits sur cette matière.

(2) Inscription de Veleia, *C. I. L.*, XI, 1147, col. 6, ligne 13.

(3) Voy. sur ce point, Schulten, p. 14, et surtout Mommsen, *Die italische Bodentheilung* (*Hermes*, XIX, p. 396, 397, et 414).

(4) Il y a cependant de véritables *saltus* en Italie. Il est bien difficile en effet de ne pas reconnaître ce caractère aux domaines que les Empereurs y possèdent, le domaine impérial étant à mon avis, d'une façon à peu près nécessaire, comme l'admet Schulten, un domaine exempt de l'autorité de la *civitas*. Or, le fait de l'existence de domaines impériaux en Italie n'est pas douteux. Rares encore à l'époque de Tibère (voy. Tacite, *Ann.* IV, 7), ces domaines deviendront bientôt nombreux. Schulten lui-même (p. 15 et 16) en donne des exemples. A l'époque de Trajan, les inscriptions alimentaires d'Italie y font allusion assez fréquemment ; la mention *adf(ine) imp(eratore) n(ostro)* ou *adf(ine) Caes(are) n(ostro)* dans ces inscriptions (Veleia, *C. I. L.*, XI, 1147, col. 4, l. 60 à 76 ; col. 6, l. 2 et 37. — Ligures Baebiani, *C. I. L.*, IX, 1455, col. 2, l. 35, 49, 54, 70 ; col. 3, l. 5, 17, 25) signifie évidemment que le domaine en question a pour voisin un domaine impérial. Les inscriptions relatives aux *procuratores* placés à la tête de l'administration des domaines impériaux en Italie, permettent surtout de se rendre compte du nombre de ces domaines. Voy. ces inscriptions et, par elles, la statistique approximative des domaines impériaux italiens, dans Schulten, p. 65 ; Lécrivain, *De agris publicis imperatoriisque*, p. 33 à 36 ; 49 et 50 ; Hirschfeld, *Verwaltungsgeschichte*, p. 24 à 26, notes (liste des biens des Empereurs, tant en Italie que dans les provinces ; dans cette liste plusieurs domaines italiens). Cf. p. 45, note 2. — Pour l'époque du Bas-Empire, particulièrement celle de Constantin, deux documents très importants permettent d'établir cette statis-

ce sont par excellence les provinces d'Afrique (1). Là en
effet ont existé, dès l'origine, d'immenses territoires qui n'ont

tique, et nous montrent combien nombreux étaient les domaines impériaux
en Italie. Le premier est la *Notitia Dignitatum*, qui nous donne le catalogue
des *rationales* et des *procuratores* des biens des Empereurs. On en trouve
dans toutes les parties de l'Italie et même à Rome ; (voy. *Notitia Occid.*, chap.
11, Booking, II, p. 52, 53). Le second document est la *Vita Silvestri*, dans le
Liber pontificalis (édit. Duchesne, I, p. 170 et suiv.). Cette vie contient la
liste des terres données par Constantin aux différentes églises de Rome et
de l'Italie. Si quelques-unes de ces églises reçoivent uniquement des terres
situées dans les provinces, et spécialement dans les provinces d'Orient, (par
exemple la basilique de Saint-Pierre, voy. *loc. cit.*, p. 177, 178; celle de
Saint-Paul, p. 178, 179), à la plupart au contraire furent données des terres
situées en Italie, (par exemple au baptistère de Latran, p. 174 et 175; à la
basilique Sessorienne, p. 180 ; aux basiliques de Sainte-Agnès, de Saint-
Laurent, des Saints-Pierre et Marcellin; aux basiliques d'Ostie, d'Albano, de
Capoue, de Naples; au titre paroissial de Silvestre, à Rome, p. 180 à 187).
L'Empereur possédait donc, au temps de Constantin, une quantité considérable de domaines en Italie. (Sur l'emplacement de chacun des fonds de
terre ou *massae* nommés dans ce catalogue, voy. les notes de M. l'abbé Duchesne, *loc. cit.*, p. 192 à 200). Il est vrai que la date de la rédaction de la
vita Silvestri ne saurait être antérieure à la fin du cinquième siècle, et que,
sur les rapports de Constantin et du pape Silvestre, cette vie a recueilli plusieurs légendes; (voy. Duchesne, *ibid.*, introduction, p. cix et cxx). Mais
ce catalogue précis et détaillé des fonds donnés par l'Empereur aux églises
d'Italie, comme en général les autres catalogues de fonds de terre contenus
dans le *Liber pontificalis*, ne peut certainement avoir été pris par le rédacteur qu'à une source officielle, et a été sans aucun doute copié par lui dans
les archives elles-mêmes. Cf. là-dessus, Duchesne, *loc. cit.*, p. cxlix à cliv.
Cf., p. cxlv. (Ne pas confondre ces donations impériales de la *Vita Silvestri*
avec la fameuse donation de Constantin, dont le souvenir est invoqué pour la
première fois dans la lettre écrite par le pape Hadrien à Charlemagne en 778 ;
Jaffé, *Monumenta Carolina*, dans *Bibliotheca rerum germanic*, IV, p. 197. Le
document contenu dans la *vita Silvestri* est tout à fait indépendant de cette
donation; Duchesne, *loc. cit.*, p. cxxxix). — Cf. encore sur les biens des Empereurs en Italie, à l'époque du Bas-Empire, Cod. Th. 11, 16, 2 (Constantin,
323) : *Fundi patrimoniales atque emphyteuticarii per Italiam nostram constituti; Ibid.*, 9 (Constance, 359). — D'une façon générale sur toute cette matière, Voy. His, p. 45 à 48; p. 72, notes 1 à 3.

(1) Liste des *saltus* d'Afrique, d'après les inscriptions africaines, dans
Schulten, p. 28 à 41. Cf. sur cette liste, au point de vue topographique, les
observations faites par M. Gsell, *Mélanges de l'école française de Rome*, 1896,
p. 461, 462. — Pour les domaines impériaux d'Afrique, à l'époque du Bas-
Empire, Cf. la *Notitia Occid.*, chap. 11 (Booking, II, p. 53) : *rationalis rei
privatae per Africam*, etc.; et les textes nombreux du Code Théodosien, cités
par His, p. 72, note 4. — Pour les domaines impériaux situés dans les au-

fait l'objet d'aucune assignation. N'ayant pas été assignées, ces terres sont restées, en droit, le domaine de l'État, et en fait, ont été le plus souvent occupées par des possesseurs, entre les mains desquels, petit à petit, la possession s'est transformée en propriété (1). La nouvelle inscription d'Henchir Mettich, d'après l'explication très ingénieuse que M. Toutain en a donnée, nous révèle une autre origine encore de beaucoup de grands domaines africains, origine qui fut très vraisemblablement celle du domaine de la *Villa Magna Variani* pour lequel fut rédigé le règlement contenu dans cette inscription. Ce règlement, donné au *fundus Villae Magnae Variani*, au nom de l'empereur Trajan, par des procurateurs impériaux (2), est sans doute la charte même de fondation de ce *fundus* (3). Le nom de *Mappalia Siga*, que porte le domaine à côté de son nom romain que je viens de dire (4), ne peut être évidemment que l'ancien nom local de cette partie du pays ; le mot *Mappalia* rappelant d'une façon très claire le souvenir d'une tribu indigène au détriment de qui le *fundus* a été constitué (5). C'est à peu près sûrement Trajan lui-même qui a créé ce domaine sur

tres provinces, soit d'Occident soit d'Orient, à la même époque, Cf. *Notitia Occid., loc. cit.*, et les textes cités par His, p. 72, notes 4 à 8 ; p. 48, notes 3 à 9.

(1) Schulten, p. 16. Toutefois, il n'est pas vrai, comme le dit M. Schulten, que la loi agraire de 643 ait transformé législativement ces *possessiones* africaines en pleine et véritable propriété, comme elle l'a fait en Italie. Les *possessores* sont devenus, il est vrai, des propriétaires de fait (non des *domini ex jure Quiritium*), comme cela a eu lieu partout ; mais c'est là un phénomène général, et la loi agraire de 643 n'y est pour rien. Elle n'a opéré qu'en Italie la transformation de la *possessio* en propriété.

(2) Voy. l'inscription dans *Revue historique de droit*, 1897, p. 374, 1ᵣₒ face, lignes 1 à 4 : (*Ex auctorita*)*te Aug. n. im* (*p*). *Caes. Trajani Aug.* (*op*) *timi Germanici Parthici totiusqu*(*e*) *domus divinae. Data a Licinio Ma*(*ximo*) *et Feliciore Aug. lib. procc.*

(3) *Lex data*, dit l'inscription, dans le passage que je viens de citer. Cf. sur ce point Toutain, article cité, p. 392, 393, 413.

(4) *Fundus Villae Magnae Variani, id est Mappalia Siga*, dit à plusieurs reprises notre inscription. Le domaine y est toujours désigné par cette double appellation ; voy. 1ʳᵒ face, l. 6 et 7, l. 20 et 21 ; 2ᵒ face, l. 7 et 8 ; 3ᵒ face, l. 13 et 14, l. 20 et 21 ; 4ᵒ face, l. 2 et 3, l. 23, l. 32 et 33.

(5) Se rappeler les *mappalia* des tribus numides dont parle Salluste, *Jug.*, 18, qui sont les cabanes, en forme de bateau renversé, où vivaient les indigènes. Cf. Toutain, article cité, p. 385.

le territoire occupé jadis par le village numide, et qui, par la
lex contenue dans notre inscription, a réglé comme nous le
voyons la condition, les redevances, les corvées, les droits des
coloni du nouveau domaine, lesquels ne sont autres que les
indigènes eux-mêmes, c'est-à-dire les habitants de l'ancienne
agglomération rurale sur le territoire de laquelle le domaine a
été fondé, réduits par la « loi » de Trajan à la condition de
cultivateurs (*coloni*) de ce nouveau domaine (1). Voilà donc un
grand domaine africain dont l'origine est non pas l'occupation,
mais une fondation officielle et administrative, une création de
l'Empereur (2). Mais dans tous les cas, et quelle que soit l'origine, l'idée générale reste la même : le *saltus* n'est pas un territoire qui s'est trouvé par la suite des temps et des circonstances enlevé à un territoire municipal, et soustrait à la
juridiction de la cité. Il n'a jamais fait partie de la cité. A aucune époque il n'a été territoire municipal. Son autonomie, si
l'on peut parler ainsi, est primordiale ; il est une terre indépendante dès son origine ; il est né libre du lien municipal.

Ce domaine privé, essentiellement autonome et très étendu,
est très souvent devenu par la suite un *vicus*. Ces noms de
omaine s, avec une désinence *acus*, que l'on trouve en grand
nombre chez les écrivains gaulois du cinquième siècle, chez
Sidoine Apollinaire par exemple (*Cutiniacense praedium, Ebo-
loracense praedium, Avitacus, Taionnacus*, etc.) (3), fréquemment sont des noms de *vici* dans Grégoire de Tours. La *villa*

---

(1) Cf. sur tout cela, Toutain. *loc. cit.*, p. 392 à 394; p. 398, 399; p. 413
à 415. — Parmi les anciens habitants aux dépens desquels le domaine a été
créé, la *lex* d'Henchir Mettich établit nettement deux catégories: 1° ceux qui
habitent au delà, c'est-à-dire en dehors et autour du *fundus*, à qui on donne
le droit de cultiver les *subcesiva* du domaine, c'est-à-dire les parties restées
en dehors de ses limites officielles (1re face, l. 6 et suiv.); 2° ceux dont les
terres ont été englobées dans les limites mêmes du domaine, qui ne sont
pas chassés de ces terres que jusque là ils avaient possédés, mais que la loi
réduit à la condition de colons du nouveau domaine (1re face, l. 21 et suiv.
et les trois autres faces).

(2) M. Masqueray, *Bulletin de correspondance africaine*, 1882, p. 55 et
suiv., avait déjà fait observer qu'à l'époque de Trajan, et d'une manière générale pendant les premières années du second siècle, beaucoup de grands
domaines privés paraissent avoir été constitués en Afrique, par l'effet de la
munificence impériale.

(3) Voy. les textes cités par Schulten, p. 21.

(le domaine) est devenue un village ou un bourg (1). Dans l'i-
tinéraire d'Antonin, ou dans la table de Peutinger, nous avons
pareillement un nombre considérable de noms de lieux qui
sont d'une façon visible d'anciens noms de domaines (*Horrea Cae-
lia, vicus. — Casae Calbenti, vicus. — Casae, villa Aniciorum. —
Miuna, villa Marsi. — Ad villam Servilianam. — Vico Aureli*, etc.,
etc.) (2). La même observation peut être faite à propos des
listes d'évêques qui nous ont été conservées, ou à propos des
chartes de Ravenne. Les lieux mentionnés dans ces documents
portent des noms qui indiquent qu'ils furent originairement
des domaines (3). On devine par là combien nombreux ont été
en réalité les *saltus* à l'époque de l'Empire romain (4).

(1) Il faut lire surtout là-dessus l'ouvrage de M. d'Arbois de Jubainville,
*Recherches sur l'origine de la propriété foncière et des noms de lieux habités
en France*. On y trouvera des exemples presque innombrables de cette transformation du domaine en village (ou, par la suite des temps, en ville), et
l'explication parfaitement claire de cette transformation. J'ai dit tout à l'heure
que les domaines romains portent habituellement un *nomen gentilicium* avec
la terminaison *anus*. Les Gallo-Romains, en devenant citoyens romains, pri-
rent naturellement un *gentilicium* romain ; et, comme les Romains, ils donnèrent à leurs domaines leur propre *gentilicium;* seulement, au lieu de la
terminaison romaine *anus*, ils adoptèrent généralement la désinence gauloise
acus. Et c'est ainsi que tant de domaines gallo-romains ont pour nom un *gentilicium* romain avec la désinence *acus*, et que, encore aujourd'hui, tant de noms
de communes en France rappellent ces anciens noms de domaines. Voy.
d'Arbois de Jubainville, *loc. cit.*, principalement p. 134 et suiv. — Exemples
entre des centaines : Le *gentilicium Sabinus* (assez fréquent en Gaule), donne
comme nom de domaine *Sabiniacus;* et *Sabiniacus* donne le nom de plus de
80 communes actuelles qui s'appellent Savigna, Savignac, Savignat, Savi-
gneux, Savigné, Savigny, Sevigny (*loc. cit.*, p. 126, 127). — *Julius* (nom
très répandu en Gaule) donne le nom du domaine *Juliacus*, et les noms des
communes Juillac, Juilly, Juilley, Jullié, Jully (p. 141). — *Cassius* donne le
nom du domaine *Cassiacus*, et les noms des communes Chassé, Chassey,
Chassiacq, Chassieu, Chassy, Chessy (p. 143), etc., etc.
(2) Textes cités par Schulten, p. 22, 23.
(3) Textes cités p. 23.
(4) Toutefois, je n'entends pas dire par là que tous les domaines dont le
nom est devenu par la suite un nom de village ou de ville ont été, à l'origine, nécessairement et sans exception, des domaines indépendants de la
cité, des *saltus* au sens propre du mot. Mais il a dû en être ainsi, je crois,
du plus grand nombre d'entre eux; et sûrement la transformation du domaine en village s'explique plus naturellement si le domaine a été à l'origine
un territoire déjà indépendant de la cité. Dans de tels domaines, la transformation s'est faite évidemment toute seule et par la force des choses. C'est

II.

Tel est le caractère général du grand domaine ou *saltus*. On doit entendre par là un territoire non seulement très vaste, mais encore indépendant du territoire de la *civitas*. J'ai dit les raisons de cette manière de voir. Elle me paraît définitivement acquise.

Cependant M. His, dans son livre sur les domaines impériaux, l'a combattue (1). M. His ne s'occupe que des domaines des empereurs; mais ce sont précisément de tous les *saltus* les plus importants et les plus nombreux; et il est clair que si, parmi tous les domaines de l'Empire romain, quelques-uns ont pu être considérés, en droit, comme des territoires autonomes et indépendants de la *civitas*, ce sont tout particulièrement les domaines des empereurs. Il est donc tout à fait certain qu'aucun *saltus* ne possède ce privilège de l'autonomie, si les *saltus* impériaux ne l'ont pas. On voit par là toute l'importance de la controverse soulevée par M. His.

Pour prouver que tous les grands domaines, et même ceux des empereurs, font partie, en droit, du territoire de la *civitas*, et ne sauraient par conséquent être regardés comme des territoires autonomes, M. His fait remarquer tout d'abord qu'une foule de textes les déclarent expressément *in territorio* d'une cité déterminée. M. Schulten reconnaît que cela arrive quelquefois; il cite même un exemple d'un tel langage (2).

---

même à peine si l'on peut dire la transformation; car l'autonomie du domaine en fait presque déjà une sorte de *vicus*, un *vicus* gouverné par un propriétaire.

(1) Voy. His, principalement p. 115 à 117. Cf. p. 15 à 17 — M. His reconnaît cependant qu'il a existé, au moins à l'époque de l'ancien Empire, en Afrique sûrement, et peut-être aussi dans quelques provinces et en Italie, çà et là, de grands domaines qui se sont trouvés, par suite de diverses circonstances, en dehors du territoire et de l'autorité de toute *civitas*, et par conséquent autonomes vis-à-vis de la *civitas*. Mais il considère cette situation comme absolument exceptionnelle, et il nie que, en droit, le domaine, même impérial, ait jamais été *ipso jure*, comme le croit Schulten, indépendant de la *civitas*. En règle, le domaine, même impérial, est d'après lui, *in territorio* d'une *civitas* déterminée, et soumis comme tel aux autorités et à la juridiction de cette *civitas* (Voy. p. 115 à 117).

(2) C. I. L., XIV, 2934, lignes 18, 19 : *ex massa Prae(nestina) kasam cui vo-*

Mais il dit que c'est là un fait exceptionnel, parce que, effectivement, le grand domaine ne fait partie que par exception du territoire de la cité. Or, tout au contraire, répond M. His, c'est là un langage très ordinaire, très fréquent et tout à fait régulier. Cette observation est exacte. Il n'est pas douteux que, dans les textes du Bas-Empire principalement, les domaines ne soient dits souvent *in territorio* d'une cité; cela est vrai des domaines impériaux eux-mêmes (1). Mais la question est de savoir si cette façon de parler exclut d'une façon absolue et certaine l'idée que les grands domaines (et même ceux dont il est parlé ainsi) sont, en droit, des territoires indépendants de la juridiction et de l'autorité de la *civitas*. Il ne me paraît pas qu'on puisse en tirer une pareille conclusion. Tel domaine est dit, dans une inscription ou dans un catalogue de propriétés, *in territorio* d'une *civitas* déterminée, pour indiquer tout simplement sa situation géographique. C'est un renseignement topographique, nécessaire, si on y réfléchit, pour identifier le domaine. Nommer un domaine par son nom seul, qui est généralement le nom de beaucoup d'autres domaines, sans dire la circonscription de l'Italie ou de la province où il se trouve situé, est évidemment le nommer d'une façon très vague. Et voilà pourquoi les documents ont l'habitude de faire suivre le nom du domaine de l'indication du lieu où il est situé. Mais le fait qu'il est situé dans le territoire de telle *civitas*, n'intéresse que la topographie, et n'implique pas que, au point de vue du droit, ce domaine dépende réellement des

---

cabulum est *Fulgerita regione Camp(ania) terr(itorio) Prae(nestino).* — Cf. sur ce texte, Schulten, p. 2.

(1) Exemples très nombreux dans la donation de Constantin aux églises d'Italie, qui fait partie de la *Vita Silvestri,* citée plus haut. Presque toutes les *massae* dont il est question dans ce document sont dites dépendre du *territorium* d'une cité déterminée. Exemples (*Liber pontific,* éd. Duchesne, t. I, p. 173, 174): *massa Gargiliana territorio Suessano; massa Auriana territ. Laurentino; massa Urbana territ. Antiano; massa Sentiliana territ. Ardeatino,* etc., etc. — Cf. de même, *ibid.,* p. 180 : *In civitate Laurentum possessio Patras; in civitate Falisca possessio Nymphas,* etc. — p. 182 : *possessio Augusti territorio Sabinense;* p. 184 à 187. — Autres exemples, d'après d'autres documents, dans His, p. 69, note 1. — Les textes législatifs supposent pareillement les domaines, même impériaux, *in territorio civitatis.* Voy. Nov. Major, 2, 4 (458), et Cod. Just., 10, 19, 8 (Léon et Anthemius, 468).

autorités et de la juridiction de cette *civitas*. Par exemple,
le *fundus Aemilianus* du diplôme de Ravenne de l'année 489,
fonds qui fait partie d'un ensemble de biens (*massa*) situé *in
provincia Sicilia Syracusano territorio* (1) est géographique-
ment dans le territoire de Syracuse, mais n'est pas, nécessairement au moins, dans la dépendance des autorités municipales de la cité de Syracuse.

M. His invoque un autre argument encore. Il fait observer
que les *fundi rei privatae*, c'est-à-dire des domaines impériaux,
sont inscrits sur les registres de l'impôt, lesquels sont déposés
dans les archives de la cité (2). La preuve de cela se trouve
principalement dans le diplôme de 489 que je citais tout à
l'heure (3). Ce document est intéressant, mais il me semble
que M. His se méprend beaucoup sur sa portée, quand il veut
y voir, comme il le dit, une preuve manifeste que même les
grands domaines impériaux dépendaient entièrement de la
civitas. Il est question dans ce diplôme d'une donation faite,
non par l'empereur il est vrai, mais par le roi Odoacre (à ce
point de vue évidemment successeur des empereurs), d'un domaine qui lui appartient et qui est situé dans le territoire de
la cité de Syracuse (4). L'acte de donation est porté, selon la
règle du droit romain du Bas-Empire, à la curie de Ravenne (5),
lu et insinué dans les registres de la cité. A la fin de cette
déclaration, il est dit, que le donataire (Pierius) paiera les impôts

---

(1) Voy. ce diplôme dans Marini, *Papiri*, nº 82 (p. 128, 129). — Cf. dans
le même recueil, nº 86 (an 553) : *Massae Firmidianae territorii Urbinati.*

(2) His, p. 116. — Cf. sur ce point, Cod. Just., 7, 38, 3 pr. (396), et l'explication que M. His donne de la constitution contenue dans Cod. Théod. 10, 4, 2
(365). Mais l'argument principal est dans le diplôme qui va être expliqué
ci-dessous.

(3) Marini, *Papiri*, nos 82 et 83. Ces deux numéros se rapportent en réalité
au même acte, le nº 83 n'étant que la continuation et la fin de l'acte dont le
début se trouve dans le nº 82.

(4) Voy. nº 82, col. 1, l. 1 et suiv. : *fundum Aemilianum... necnon et partem
fundi Dubli... ex corpore massae Pyramitanae in provincia Sicilia Syracusano
territorio constitutos.*

(5) *Ibid.*: *De qua re paginam donationis regiae prae manibus gerimus, lauda-
bilitatem vestram* (on s'adresse aux autorités municipales de Ravenne) *ut
eadem a competenti officio suscipi jubeatis, legi et actis indi.* (Suivent les formalités ordinaires de l'insinuation dans les *acta*). Cette partie de l'acte est
faite à Ravenne (Voy. col. 2, l. 6 : *Actum Ravennae*).

pour ce domaine (1). Ensuite il est procédé, sur le lieu même de la situation de l'immeuble, par conséquent à Syracuse, à la tradition de cet immeuble, que reçoivent du *chartarius* du roi Odoacre les représentants (*actores*) de Pierius (2); et ces *actores*, en présence d'un *decemprimus* de la cité de Syracuse (3), déclarent, à cette occasion, qu'ils s'engagent à payer les impôts relatifs à ce domaine (*fiscalia competentia*); après quoi le domaine sera inscrit sur les *polyptica publica* avec le nom de son nouveau propriétaire, remplaçant le nom du roi le propriétaire antérieur (4). M. His voit dans cette affirmation que le domaine en question est *in territorio* de la cité de Syracuse, dans la présence d'un magistrat de la cité (le *decemprimus*), dans la déclaration que le nouveau propriétaire paiera l'impôt, et dans le fait que, sur les *polyptica publica*, tenus et déposés dans la cité, le nom de l'ancien propriétaire (le roi) fera place au nom du propriétaire nouveau, la preuve que ce domaine, en dépit de sa qualité de domaine royal, est essentiellement dépendant de la cité. Je ne saurais admettre une telle conclusion. J'ai dit déjà que cette déclaration, d'après laquelle le domaine est dit *in territorio* de la cité de Syracuse, doit s'entendre dans un sens simplement géographique, nullement juridique et administratif. Les *fiscalia competentia* que le donataire s'engage à payer ne sont pas du tout des taxes dues à la cité, mais bien l'impôt général dû à l'État, ici en particulier l'impôt foncier.

---

(1) *Ibid.*, col. 2, l. 5 et 6. Le représentant du roi Odoacre (donateur) s'exprime ainsi : *tribuentes adlegandi fiduciam ita ut a suis actoribus* (les *actores* de Pierius, le donataire) *fiscalia tributa solvantur.*

(2) N° 83, col. 4, l. 1 et suiv. : *Cum hodie ambulassent et pervenissent ad singula praedia atque introissent, et circuissent omnes fines... seu et traditio corporalis celebrata fuisset actoribus Pierii v(iri) i(llustris) in publicum, nullo contradicente, et alio die in civitatem reversi fuissent* (à Syracuse évidemment, dans le territoire de qui est l'immeuble dont la tradition vient d'être faite), *et in publicum pervidissent Magistrat... X primus... Actores Pierii v.i d.d* (= *dixerunt*) : *Certum est nobis per praesentem Anastasium decemprimum atque Gregorium v(irum) d(evotum) chartarium traditionem nobis factam praediorum s(upra) s(criptorum) nullo contradicente.*

(3) Voy. la mention à deux reprises de ce *decemprimus*, dans le passage cité à la note précédente.

(4) *Ibid.*, col. 4, l. 10 et 11 : *Et parati sumus singulis annis pro praedia fiscalia competentia solvere, unde rogamus uti jubeatis a polypticis publicis nomen prioris dominii suspendi et nostri dominii adscribi.*

Or s'il est vrai que le grand domaine, en droit, est en dehors de la cité, il n'est pas en dehors de l'État; et spécialement, en ce qui concerne l'impôt, M. His a prouvé que les domaines impériaux eux-mêmes ne sont pas, au moins d'une façon régulière et générale, exempts de l'impôt foncier dû à l'État (1). La présence d'un magistrat municipal à la tradition de l'immeuble donné ne saurait rien prouver, pas plus que l'insinuation de la donation dans les *acta publica* de la cité, qui est la règle bien connue du droit du Bas-Empire. Enfin le changement du nom du propriétaire sur les *polyptica publica* de la cité ne prouve rien non plus. Car, s'il est vrai que ces *polyptica* sont des registres qui sont déposés dans la cité, et placés sous la garde des magistrats municipaux, il est non moins incontestable qu'ils ne sont pas fait du tout pour la levée de taxes municipales, mais bien pour le service du *census* lui-même, c'est-à-dire de l'impôt dû à l'État, et plus précisément pour garder la mention de l'étendue et de la valeur des immeubles, telles qu'elles ont été établies par la *forma censualis,* dressée par les agents du *census* non pour la cité, mais pour l'État lui-même (2).

III.

Il reste à se demander d'où vient le mot *saltus,* et comment cette expression en est arrivée à signifier un grand domaine seigneurial (3). Originairement, *saltus* signifie des bois ou des prairies (*silvae et pastiones*) (4). Dans les inscriptions alimentaires et dans les textes du Digeste, ce mot a le même sens; il

(1) Sur la question de savoir dans quelles limites les domaines impériaux sont soumis aux impôts ordinaires dus à l'État, et particulièrement à l'impôt foncier, voy. His, p. 107 à 113. Cf. Wiart, *loc. cit.,* p. 55 à 65. — M. His me semble avoir démontré d'une façon extrêmement sûre et précise, pour l'époque du Bas-Empire, 1° que les biens impériaux composant la *res privata,* exemptés à l'origine de l'impôt foncier, y sont au contraire soumis à partir des fils de Constantin (Voy. p. 107 à 109); 2° que les biens impériaux composant le *patrimonium* y ont toujours été soumis essentiellement (p. 111, 112).

(2) Voy. sur ce point Marquardt, *Finances,* trad. p. 278 et suiv.

(3) Voy. sur cette question, Schulten, p. 25 à 28.

(4) Festus (dans Bruns, *Fontes,* 6° éd., t. II, p. 36) : *saltus* est (définition de Gallus Aelius) *ubi silvae at pastiones sunt.* — Cf. Varron, *de lingua latina,* V. 36 : *Quos agros non colebant propter silvas, aut id genus ubi pecus possit pasci et possedibant, ab usu salvo (mss : suo) saltus nominarunt.*

s'oppose à *fundus*. C'est le pâturage ou la forêt par opposition
à la terre arable (1). Naturellement c'est sur de telles terres
qu'au début s'est étendue surtout l'occupation. La terre arable
(*ager*) est essentiellement la terre assignée ; les *pascua*, les *saltus* sont restés en dehors de l'assignation, et l'occupation (*possessio*) y a régné par conséquent. C'est ainsi que *possessiones* et
saltus ont fini par signifier presque la même chose. Et comme
l'*ager*, c'est-à-dire la terre assignée, dépend nécessairement
d'une *civitas*, à l'inverse, le *saltus*, c'est-à-dire la terre non assignée, les territoires vagues, objet seulement de la *possessio*,
a signifié le territoire resté en dehors de la *civitas*. Il est vrai
qu'il est arrivé quelquefois que le mot *saltus* a désigné aussi des
terres assignées ; quand les lots assignés sont extrêmement
considérables, les *agrimensores* disent qu'ils forment des *saltus*;
(par exemple des terres de 5000 *jugera* assignées sont appelées
saltus) (2). Mais cette signification du mot *saltus*, toute différente qu'elle soit de la précédente, se ramène cependant encore au sens originaire que j'ai dit. Car, lorsque le lot assigné
est très considérable, c'est évidemment que la terre, objet de
ce lot, est très peu fertile. Autrement dit, cette terre assignée
consiste en bois ou en prairies. Alors l'étendue très vaste du
lot compense, pour le citoyen à qui il échoit, le faible rendement de la terre. Et ainsi nous en revenons toujours à la signification originaire : *silvae et pastiones*.

§ 2.

L'AMÉNAGEMENT INTÉRIEUR DU DOMAINE (3).

Comme plus tard le domaine seigneurial du moyen âge, le
saltus de l'époque impériale comprend essentiellement deux

(1) Cf. les textes cités par Schulten, p. 25.

(2) Voy. par exemple, des lots de terre assignée comprenant 25 *centuriae*, c'est-
à-dire (la *centuria* étant en règle, 200 *jugera*) 5000 *jugera*, et appelés pour ce motif *saltus* (*Gromatici veteres*, p. 158, l. 20 : *Qui, cum viginti et quinque centurias
includunt, saltus appellantur*). — Cf., dans le territoire de la Calabre, les *loca
vel territoria in saltibus adsignata... pro aestimio ubertatis* (*ibid.*, p. 211, l. 4).

(3) Voir sur cette matière Schulten, p. 44 à 58. — Cf. sur le même sujet
le chapitre de Fustel de Coulanges, *L'Alleu*, p. 80 à 96.

parties, d'abord la *villa*, le *praetorium*, qui est l'habitation du propriétaire (1), dans laquelle ce propriétaire réside lui-même, ou bien qu'habite en son absence son *procurator*, c'est-à-dire son remplaçant et son agent. Ensuite les *casae*, *vici*, *castella* où demeurent les colons. *Vici circa villam*, comme dit Frontin (2). Et déjà vous vous représentez les villages groupés autour du château seigneurial ; la description que Frontin nous donne du domaine dans l'Empire romain est presque celle du domaine du moyen âge.

La *villa* comprend le château du maître, et tous les bâtiments nécessaires à l'exploitation du domaine. Les *vici* sont les groupes formés par les habitations des colons.

Très souvent, dans les inscriptions d'Afrique, ces villages des colons portent le nom de *castellum* (3). Cela indique que là, aussi bien que dans le château du maître, on se préoccupe de la défense (4). Au surplus, le domaine dans son ensemble est presque toujours un lieu entouré de murs, comme la cité elle-même (5). Mais il faut bien se garder de confondre les

(1) Sur l'expression *praetorium* employée couramment, à l'époque impériale, pour désigner la maison d'habitation du propriétaire, voy. les textes cités par Fustel de Coulanges, *loc. cit.*, p. 92, notes 2, 3 et 4 ; et Schulten, p. 56, note 66.

(2) Frontin, p. 53, l. 7 : *Habent autem in saltibus privati non exiguum populum plebeium, et vicos circa villam.* — Sur les expressions *casae* et *vici*, cf. Schulten, p. 45, 52, 105. Exactement, les deux mots ne sont pas synonymes. La *casa* (*fundus*) est la demeure et l'habitation proprement dite du colon, et le *vicus* est le village formé par le groupe de ces *casae* ou habitations des colons. Il n'est pas non plus nécessaire, et sans doute il n'arrive pas toujours, que les *casae* des colons soient groupées de façon à former un ou plusieurs *vici* ; on peut très bien concevoir des colons habitant chacun à part dans leurs fermes propres (Voy. His, p. 12). Mais, certainement, le premier cas est à beaucoup près le plus fréquent. Notamment, dans les grands domaines africains, c'est là la règle. Il en est de même, sans doute, dans les autres régions de l'Empire, telles que les frontières de la Germanie. C'est ce que prouveront les divers documents qui vont être étudiés dans ce paragraphe.

(3) C. I. L., VIII, 8777 : *Coloni castelli Cellencis*; 8701 : *Coloni castelli Dianensis*; 8426 : *Castello Aureliane(nse) Antonia(nense)*, etc. — Sur ces *castella*, cf. Schulten, p. 45, 47 à 49, 105.

(4) Cf. C. I. L., VIII, 8209 : *Turres salutem saltus.* — *Ibid.*, 8991.

(5) Frontin, *loc. cit* : *vicos circa villam, in modum munitionum.* — Mommsen, *Hermes*, XV, p. 392, propose de lire *municipiorum* au lieu de *munitionum*. Cf. sur ces murailles qui, effectivement, font du domaine comme une cité,

vici ou *castella* des domaines avec les *vici* ou *castella* qui sont la dépendance d'un assez grand nombre de *civitates*. Ces derniers, bien qu'ils dépendent de la cité, ont tout de même une organisation propre, leurs *magistri* à eux ou leurs *aediles*, leur patrimoine communal, leur *sacra*, leurs temples (1). Il n'en est pas de même des *vici* des colons. Ils ont bien, eux aussi, dans certains cas, des *magistri* (2). Mais on se tromperait en concluant de là qu'ils forment, eux aussi, des groupes organisés en *civitas*. La *plebs saltus* ne possède réellement ni constitution municipale, ni magistrats locaux. Le *saltus* se divise en *fundi* ou *casae*; ces *casae* des colons, même groupées en *vici*, constituent simplement une division agricole et topographique, et nullement une circonscription administrative et politique. Le domaine est la terre d'un propriétaire (un parti-

Ammien Marcellin, XXIX, 5, 13 : *Fundi Petrensis... quem Salmaces dominus... in modum urbis exstruxit. Ibid.*, 25 : *Fundum nomine Gallonatis, muro circumdatum valido, receptaculum Marorum tutissimum.*

(1) Voy. sur la situation juridique et sur l'administration des *vici, castella, pagi,* dépendances des cités, Marquardt, *Organisation de l'empire romain*, trad. Louis-Lucas, I, p. 8 à 18, et les articles de M. Schulten dans le *Philologus* de 1894 (t. LIII), et le *Rheinische Museum für Philologie* de 1895 (t. XL).

(2) Inscription de Souk el Khmis, à la fin : *Cura agente C. Julio... mag(istro). —* Inscript. d'Henchir Salah (dans Cagnat, *Année épigraphique*, 1893, n° 66) : *Plebs fundi... itant mag(istro). P. Statilio Silvano. —* Dans l'inscription d'Henchir Mettich, 1ʳᵉ face, l. 31 (*Revue historique de droit*, 1897, p. 375), se trouvent les mots : (*H)ec lex scripta a Lurio Victore Odilonis magistro.* M. Toutain lit : *Lurio Victore Odilonis (filio), magistro,* et considère ce personnage, fils d'Odilo, comme le *magister* du groupe (ou *vicus*) de colons qui cultivent le domaine de Mappalia Siga. (Voy. *même Revue*, p. 389). Mais une inscription tout récemment découverte prouve que Odilo est, non pas un nom d'homme, mais un nom de *pagus*. Voy. *Académie des Inscriptions,* séance du 16 juillet 1897, (*Bulletin critique*, 1897, p. 487) : *L. Cornelio P. f(ilio) Arn(ensi tribu) Maximo mag(istro) pag(i) Odilon(is).* Il faut donc comprendre, dans l'inscription d'Henchir Mettich, que Lurius Victor a été *magister* du *pagus* Odilo, et non pas du groupe de colons qui habitent le domaine de Mappalia Siga, et lire simplement : *Lurio Victore Odilonis magistro. —* Voy. également un *augur vici* (C. I. L., VIII, 280 = 11470), non dans un *vicus* dépendance d'une *civitas,* mais bien dans un *saltus* qui, d'une façon certaine, est habité seulement par une population de colons; (Cf. sur ce point la note du C. I. L., VIII, p. 47); et le *defensor* de l'inscription d'Henchir Mettich (1ʳᵉ face, l. 32 : *Defensore Felice Annobalis Birzilis*), qui, lui, me paraît bien être, à la différence du *magister* nommé ci-dessus, le *defensor* du groupe de colons, et non pas celui d'un *pagus;* voy. Toutain, *loc. cit.,* p. 389, 390). —Cf. ce qui sera dit plus loin (§ 4) à propos de la condition des colons.

culier ou l'Empereur); les *castella* ou les *vici*, où sont les habitations des colons, sont simplement des parties, des divisions de ce domaine, non des groupes indépendants, ni des communautés (1).

Les colons doivent dés corvées (*operae*). C'est avec ces corvées que sont faites toutes les constructions exécutées sur le domaine. D'abord les murs qui servent à sa défense; puis des portiques, des arcs, des bains pour le château du maître; des temples, en assez grand nombre; et enfin toutes sortes de boutiques (*tabernae*), à l'usage de la *plebs rustica* du domaine. Les inscriptions, en Afrique surtout, donnent des exemples très nombreux de ces variétés d'édifices (2). Ces inscriptions nous montrent, en même temps, que presque toujours les colons habitaient tous ensemble, groupés dans les divers *castella* ou *vici* du domaine. C'est là une règle générale, au moins dans les grands domaines. On considérait évidemment que la réunion des colons et de leurs *casae* facilitait leur surveillance par les administrateurs du *saltus* (3). C'est la même impression qui résulte des restes qu'ont laissés, spécialement en Afrique, et aussi çà et là dans les autres provinces de l'Empire romain, ces grands territoires seigneuriaux dans lesquels parfois se reconnaissent encore les anciens villages de colons (4).

(1) Cf. Schulten, p. 48, 49, 105.

(2) Textes nombreux cités par Schulten, p. 49 à 52. Je reviendrai sur ce point à propos de la condition des colons (Voy. § 4).

(3) Schulten, p. 52.

(4) Sur ces ruines des grands domaines, voy. principalement, pour l'Afrique, la description du *Saltus Massiptanus*, dans Tissot, *Géographie comparée de l'Afrique*, II, p. 632, 633, et dans la notice de Wilmanns, C. I. L., VIII, p. 73; et pareillement les notices sur la *regio Beguensis* (C. I. L., VIII, p. 45), sur le pays entre Médinet Kedema et Gasrin (*ibid.*, p. 31), et sur la région Fuschäena (*ibid.*, p. 47). Tous ces territoires étaient occupés uniquement par des *vici* de colons; les ruines n'offrent plus que quelques débris de portiques et de boutiques à l'usage des colons (voy. *ibid.*, p. 45). — Joindre les études de Gsell et Graillot sur la région du nord de l'Aurès, *Mélanges de l'école française de Rome*, 1893, p. 461 et suiv.; 1894, p. 3 et suiv., 501 et suiv. (surtout 1893, p. 470, 471). Cf. Gsell, *Tipasa*, (*ibid.*, 1894, p. 420 à 425). — Pour la région de la Gaule et de la Germanie, voy. la description d'un cimetière belgo-romain, du deuxième siècle, probablement, contenant les sépultures des colons d'une grande *villa* romaine, dans Deloche, *Le port des anneaux dans l'antiquité*, (*Mémoires de l'Académie des inscriptions*, t. XXXV, 2e part., p. 267, 268). Dans ce cimetière sont environ 400 sépultures à incinération, dont le

Voyons maintenant l'habitation du maître, c'est-à-dire la *villa*. Mommsen, dans son étude sur l'inscription de Souk el Khmis, a soutenu que le *conductor* de cette inscription, et en général des grands domaines, était le fermier de la *villa* seule, les colons étant de leur côté les fermiers des différentes terres d'exploitation, chacun d'eux avec sa parcelle de terre prise en location. M. Schulten pense au contraire que le *conductor* doit être considéré comme le fermier du domaine tout entier, et que, par conséquent, les colons qui détiennent les parcelles, sont ses fermiers à lui, et sont, vis-à-vis du propriétaire lui-même, dans la condition de sous-fermiers (1). Cette opinion me paraît exacte, et j'en donnerai plus loin les raisons (2). Donc la différence essentielle, au point de vue juridique, entre la *villa* et les parcelles que tiennent les colons, c'est que la *villa* n'est pas comme les parcelles l'objet d'une sous-location.

Primitivement, la *villa* est l'habitation du maître lui-même. Au temps de Varron, (chez ceux au moins qui ont gardé un peu des anciennes coutumes), le *paterfamilias* réside huit jours dans sa *villa*, et, le neuvième jour, va au marché de la ville voisine (3).

---

mobilier est extrêmement simple, (objets de poterie commune, petits bijoux sans valeur, bagues en fer, aucune en métal précieux). Il n'est pas douteux, dit M. Deloche, qu'il ne s'agisse là d'un cimetière exclusivement réservé aux colons d'une *villa* voisine. Ainsi les colons, réunis pendant leur vie dans leurs manses serviles groupés en village, l'étaient également, après leur mort, dans un cimetière commun. Chaque tombe contient de deux à six vases. C'est probablement le nombre des habitants de chacun des ménages de colons. — Les petites *villae* rustiques, dont les ruines ont été découvertes dans la région de Bade, et qui ont été récemment étudiées par M. Schumacher, *Römische Meierhöfe im Limesgebiet*, (*Westdeutsche Zeitschrift*, 1896, XV, p. 1 et suiv.), sont bien, elles aussi, des habitations de cultivateurs et de paysans. Mais il ne semble pas que ces paysans soient les colons d'un grand domaine. Ce sont, beaucoup plus probablement, de petits cultivateurs libres et indépendants, travaillant chacun leur terre et habitant chacun leur maison. (Voy. Schumacher, *loc. cit.*, p. 17). Il n'y a donc pas à s'occuper de ces ruines d'habitations rustiques dans une étude sur la condition des colons et sur l'aménagement des grands domaines.

(1) Voy. Schulten, p. 53.

(2) Voy. le § 4 de cette étude.

(3) Varron, *De re rustica*, II, praef. 1 (édit. Keil) : *Annum ita diviserunt, ut nonis modo diebus urbanas res usurparent, reliquis septem ut rura colerent.* — Encore faut-il observer que Varron décrit là les habitudes de l'ancien temps plutôt que celles de son époque (Cf. *ibid.*, 2 et 3).

Mais, à l'époque impériale, le luxe a introduit des habitudes nouvelles. Désormais, c'est en ville que le maître a son habitation régulière. Sa *villa* n'est plus pour lui qu'une terre d'exploitation, qu'il fait cultiver par un *villicus* et par sa *familia* servile. Il n'y réside plus que l'été, pour son plaisir, à l'époque où la haute société quitte la ville étouffée et vulgaire, pour chercher la fraîcheur des arbres et les distractions nobles de la vie de château (1). Et pareillement le luxe a transformé l'habitation. C'était autrefois la maison d'un cultivateur; maintenant, c'est le palais d'un riche et d'un homme à la mode. Nous pouvons nous faire une idée très exacte de ces demeures élégantes ou fastueuses. Nous en avons d'abord des descriptions assez détaillées, dans les lettres de Pline le jeune et dans les écrits de Sidoine Apollinaire (2). En Afrique et sur les frontières de la Germanie, des ruines subsistent encore de quelques-unes de ces habitations (3). Mais, d'une façon plus claire et plus brillante que tous les autres documents, des mosaïques trouvées en Afrique mettent vraiment sous nos yeux ce château du temps de l'Empire romain. Les mosaïques des bains de Pompeianus, découvertes près du petit village de l'Oued Athme-

(1) Déjà au temps de Columelle, les propriétaires italiens habitaient généralement la ville (*de re rustica*, I, *praef*, 15). — Il est vrai que les écrivains de l'époque du Bas-Empire, tels que Sidoine Apollinaire, par exemple, célèbrent avec insistance la paix et le bonheur des champs. Et des historiens modernes, (par exemple et surtout Fustel de Coulanges, *Alleu*, p. 94 à 96), en ont conclu qu'aux iv⁰ et v⁰ siècles, les grands propriétaires habitaient généralement leurs domaines. Mais il faut faire attention que, dans cette littérature, c'est du plaisir de passer l'été à la campagne, et non de l'administration du domaine qu'il est question. Et je ne parle pas même de tout ce qu'il entre de convention et d'exercice de rhétorique dans ces éloges de la vie champêtre. Voy. là-dessus, Schulten, p. 54 et 59.

(2) Les textes littéraires sur ce sujet sont cités par Schulten, p. 59, note 70. Description intéressante de la *villa* d'après ces textes, dans Fustel de Coulanges, *L'Alleu*, p. 90 à 96.

(3) Pour l'Afrique, voir spécialement la description des ruines de Kaoua (Maurétanie Cesarienne), dans *Bulletin de correspondance africaine*, 1882, p. 147 et suiv.; et celle des ruines d'un grand domaine privé, la propriété des Hortensiani, dans l'article de Gsell, *Tipasa*, (*Mélanges de l'école française de Rome*, 1894, p. 420 à 425). — Pour les ruines qui subsistent encore dans la région du Rhin et de la Moselle, voy. articles et ouvrages indiqués par Schulten, p. 53 et 54, notes 61 et 62, et surtout par Schumacher, *Westdeutsche Zeitschrift*, 1896, p. 16.

nia (1) (sur la route de Constantine à Sétif), celles que M. Toutain a trouvées à Tabarka (2), d'autres encore (3), sont à ce point de vue d'un intérêt sans pareil. C'est l'image fidèle du château, avec ses tourelles, ses rangées de fenêtres, les grands arbres qui dominent la construction, le parc tout à l'entour, une pièce d'eau où des canards prennent leurs ébats, comme à Tabarka, ou bien, comme à l'Oued Athmenia, une écurie où, chacun dans leurs box, sont attachés des chevaux de luxe (4). A remarquer aussi la circonstance suivante : le château du maître n'est pas seulement une maison de plaisance, il est fortifié (5).

(1) Ces mosaïques, qui sont de l'époque du Bas-Empire, ont été décrites d'abord par Poulle, *Recueil de la société archéologique de Constantine*, 1878, p. 431 et suiv. (mais sans planches). La reproduction en est donnée par Tissot, *Géographie comparée de l'Afrique*, I, p. 360 et 494 (quatre planches). La première de ces planches est donnée en couleurs dans l'*Histoire des Romains* de M. Duruy, VII, p. 24. — Description de ces mosaïques dans Boissier, *L'Afrique romaine*, p. 152 à 162.

(2) Les trois mosaïques de Tabarka (l'habitation du maître, la ferme, les écuries et les étables) sont à Tunis, au musée du Bardo (salle des fêtes). Photographies à la Direction des antiquités à Tunis. La reproduction de la photographie de la première des trois mosaïques citées a été donnée dans la *Revue générale des sciences*, 1896, p. 970. — Date probable : commencement du ive siècle.

(3) Notamment, la mosaïque d'Atrium (exploitation rurale, avec abreuvoir, puits, scènes de labourage et de pâturage), au musée du Bardo (patio). Photographies à la Direction des antiquités à Tunis.

(4) Dans la mosaïque de l'Oued Athmenia (planche 4 de Tissot), à l'une des tours du château, est l'inscription : *Saltuari janus*. M. Gauckler (*Revue générale des sciences*, 1896, p. 970) et M. Boissier (*Afrique romaine*, p. 160) traduisent *saltuarius* par forestier. Mais M. Schulten (p. 54, 55), rapprochant de notre mosaïque un passage de Columelle, I, 6 (*vilico juxta januam fiat habitatio*), considère qu'il faut plutôt entendre par *saltuarius* l'administrateur, c'est-à-dire le *procurator* ou *vilicus* du grand domaine. Que le *saltuarius* soit effectivement l'intendant du domaine (le *vilicus*), je le crois volontiers; mais j'entendrais plus volontiers par cette expression un intendant esclave, (comme d'ailleurs est presque toujours le *vilicus*). Dans C. I. L., VIII, 5383, il s'agit d'un *saltuarius* de Néron; il est dit formellement être esclave (*Januarius saltuarius Neronis Caes. Aug. ser.*). Or, cela fait du *saltuarius* un personnage beaucoup moins considérable que le *procurator*, puisque celui-ci est en règle un affranchi. Observer aussi que, même dans la description citée de Columelle, I, 6, le *vilicus* et le *procurator* sont certainement distincts; car le premier est dit habiter *juxta januam*, et le second *supra januam*.

(5) Au moins à l'époque du Bas-Empire. Voy. en particulier la villa de Pontius Leontius, dans la description de Sidoine Apollinaire. *Carmina*, XXII, 118 à 125 (édit. Luetjohann, p. 247, dans les *Monumenta Germaniae*). — Dans les mosaïques citées ci-dessus, la villa est ordinairement flanquée de tours

Et nous pouvons nous représenter ce qu'étaient ces défenses par les ruines de Kaoua, entre Ammi Mousa et Orléansville (dans la Mauretanie Cesarienne), une vraie maison seigneuriale, s'étendant sur quarante mètres carrés, qu'entoure une enceinte fortifiée dont la superficie embrasse un espace de 300 mètres de développement (1).

Autour du château, sont les constructions qui servent à l'exploitation du domaine. Elles sont destinées soit à la *pars fructuaria*, soit à la *pars rustica*, pour parler le langage de Columelle. *Pars fructuaria*; ce sont les granges et les celliers, en d'autres termes, les bâtiments où l'on ramasse les fruits et les récoltes. *Pars rustica*; il faut entendre par là les habitations de la *familia rustica*, c'est-à-dire des esclaves, (les colons, comme je l'ai dit, habitaient ailleurs, dans leurs *vici*), et les étables des animaux employés à l'exploitation, en un mot les bâtiments qui abritent l'*instrumentum vocale* et *semivocale* du domaine, comme dit encore le même Columelle (2).

Au fond, cette grande ferme romaine ne diffère pas essentiellement d'une ferme d'aujourd'hui. Les mosaïques des bains de Pompeianus ou celles de Tabarka donnent presque l'impression d'une belle exploitation agricole en terre moderne et très française.

§ 3.

L'ADMINISTRATION DES GRANDS DOMAINES.

I.

Que le propriétaire du domaine, dit M. Schulten, soit l'Empereur ou un particulier, les règles et les procédés de l'admi-

(Voy., par exemple, les mosaïques de l'Oued Athmenia et de Tabarka); mais on peut se demander si ces tours sont mises là pour la défense ou pour l'ornement.

(1) Voy. sur ces ruines, *Bulletin de correspondance africaine*, 1882, p. 147 et suiv. La construction (en pierres de taille grandes et bien ajustées), le style de l'ensemble, la décoration des portes et des chapiteaux des quatorze colonnes qui entourent le péristyle, indiquent comme date le quatrième siècle au plus tôt. La clef de voûte du portail porte l'inscription suivante : *Spes in Deo Ferini Amen*. Ferinus est le nom du propriétaire.

(2) Schulten, p. 58. — Cf. Fustel de Coulanges, *L'Alleu*, p. 89 et 90. Voy. aussi les représentations figurées dans les mosaïques citées.

nistration de ce domaine, sont au fond les mêmes. La seule différence est que l'administration des *saltus* impériaux est beaucoup plus compliquée que celle des propriétés particulières, et emploie un beaucoup plus grand nombre d'agents (1). En droit, cela peut être vrai. Mais, en fait, il est bien clair que l'existence même de ces nombreux agents, la hiérarchie qui, nécessairement, est établie en eux, et toutes les complications administratives qu'entraîne forcément avec elle l'organisation d'un service impérial, établit une différence très notable entre le gouvernement des domaines de l'Empereur et celui des domaines des particuliers.

En effet, le particulier qui (à moins de circonstances tout à fait exceptionnelles) n'administre pas lui-même son domaine, le fait tout simplement gouverner en son nom par un intendant, *procurator* ou *vilicus*, qui le remplace et qui le représente. Il y a bien pareillement, préposé à l'administration de chacun des domaines impériaux, un *procurator saltus* qui ressemble à ce *procurator* des particuliers. Mais, comme les domaines impériaux sont très nombreux, et qu'il y en a dans toutes les provinces, il existe de plus, des administrateurs chargés du gouvernement des domaines impériaux dans des circonscriptions plus ou moins vastes, et, à la tête de tous ces agents, à Rome, un administrateur central qui est le directeur de tout le service, et le chef de tous ces fonctionnaires. On verra même qu'il existe plusieurs de ces directeurs.

Étudions premièrement cette administration centrale. M. Schulten en parle très peu (2). Mais, à l'inverse, les livres de M. Wiart et de M. His, (sans compter les ouvrages plus anciens et plus généraux qui traitent de l'administration de l'Empire romain), nous les font très bien connaître (3). Il suffira de

---

(1) Schulten, p. 58, 59.

(2) Voy. Schulten, p. 72 à 74.

(3) Wiart, p. 1 à 39; His, p. 1 à 7; p. 17 à 82. — Cf. sur cette matière Marquardt, *Finances*, trad. p. 302 à 306; Hirschfeld, *Verwaltungsgechichte*, p. 1 à 49; Lécrivain, *De agris publicis imperatoriisque*, p. 7 à 50; 74 à 78; 95 à 101. — L'ouvrage récent de Kniep, *Societas publicanorum* (1896), p. 168 à 204, traite aussi de cette matière avec d'assez grands détails. Les opinions de M. Kniep diffèrent même beaucoup de celles qui sont adoptées généralement. Mais je dis tout de suite, et une fois pour toutes, afin de ne pas surcharger de controverses et de discussions d'opinions, cette étude déjà pas-

résumer ce que nous apprennent ces différents travaux.

Plaçons-nous d'abord à l'époque de l'ancien Empire. On sait que, à cette époque, à côté de l'*aerarium* du peuple romain, de l'*aerarium* militaire, et de *fiscus Caesaris*, lequel, tout en appartenant en propre à l'Empereur, a cependant, en droit et en fait, le caractère d'un véritable trésor public (1), il existe une caisse spéciale qui est purement et simplement le trésor privé de l'Empereur, ses biens propres, son patrimoine. C'est le *patrimonium principis*. Ce *patrimonium* existe dès l'époque d'Auguste (2). Jusqu'à Septime Sévère, c'est le seul trésor privé que possèdent les empereurs ; en d'autres termes, il comprend tout ce qui est patrimoine propre des empereurs. Mais, à partir de Septime Sévère, apparaît à côté de lui un autre trésor privé, la *res privata* (3). Comme la *res privata*, aussi bien que le *patrimonium* lui-même, est formée de biens personnels aux empereurs, il est assez difficile de distinguer entre ces deux administrations. On voit très bien, par les inscriptions principalement, que ce sont là deux services parfaitement distincts ; car ils ont chacun à leur tête un directeur distinct, le *procurator patrimonii*, chef de l'administration du *patrimonium*, et le *procurator rationis privatae*, chef de la *res privata*. Mais on distingue beaucoup moins clairement quels sont les biens privés impériaux qui rentrent dans le *patrimonium*, et quels sont ceux qui appartiennent à la *res privata*, parce que ces deux trésors, l'un et l'autre, sont certainement, et comme le nom lui-même l'indique, formés exclusivement par des biens privés appartenant aux empereurs. Dans l'opinion générale, le *patrimonium* serait le domaine de la couronne, c'est-à-dire qu'il comprendrait les biens qui entrent dans le patrimoine impé-

---

-sablement compliquée, que M. Kniep, à mon avis, loin d'avoir éclairé les choses, paraît avoir pris plaisir à les embrouiller d'une façon très fâcheuse. Je ne tiendrai donc à peu près aucun compte de cet ouvrage.

(1) Sur ces différents trésors publics, voy. d'une façon générale, Marquardt, *loc. cit.*, p. 384 à 392.

(2) Marquardt, p. 392 ; His, p. 2 et 3.

(3) Spartien, *Vita Severi*, 12, 4 : *Tuncque primum privatarum rerum procuratio constituta est.* Ce sont les confiscations en masse opérées à la suite de la défaite d'Albinus et de Pescennius Niger qui furent principalement l'occasion de cette création. — Cf. Marquardt, p. 394 ; His, p. 5 et 6 ; Wiart, p. 2 ; p. 7, note 1.

rial à un titre public (par exemple par suite de confiscations), en d'autres termes, qui appartiennent à l'Empereur en tant qu'Empereur, tandis que la *res privata* serait la fortune purement personnelle de l'Empereur, celle qui lui est échue en vertu d'un titre privé, et qu'il possède en tant que particulier (1). M. Karlowa avait déjà contesté cette manière de voir (2). M. Wiart et M. His la combattent également (3). Ils croient qu'il faut dire tout le contraire ; c'est-à-dire qu'ils considèrent le *patrimonium* comme les biens privés de l'Empereur et la *res privata* comme le domaine de la couronne. C'est cette dernière opinion qui me semble exacte (4).

Quant aux directeurs généraux de ces deux services, les textes nous les font bien connaître. A la tête de l'administration du *patrimonium*, est, comme je l'ai dit, le *procurator patrimonii* (5). A la tête du service de la *res privata*, le

(1) En ce sens, notamment, Marquardt, *loc. cit.*, p. 395, suivi par la majorité des auteurs.

(2) Karlowa, *Röm. Rechtsgeschichte*, I, p. 505, 506.

(3) Wiart, p. 7, note 1 ; His, p. 6, note 1.

(4) Elle se fonde sur deux passages d'Ulpien, Dig. 30, 39, §§ 8 et 10, qui sont ainsi conçus : § 8 : *Si vero Sallustianos hortos qui sunt Augusti, vel fundum Albanum qui principalibus usibus deservit, legaverit quis, furiosi est talia legata testamento adscribere.* Il s'agit là, comme on le voit, de biens de l'Empereur absolument soustraits au *commercium*, dont l'aliénation ou le legs ne se conçoivent même pas. — § 10 : *Sed ea praedia quae, in formam patrimonii redacta, sub procuratore patrimonii sunt, si legentur, nec aestimatio eorum debet praestari, quoniam commercium eorum nisi jussu principis non sit, quum distrahi non soleant.* Il est encore question ici de biens de l'Empereur ; mais ces biens ne sont pas tout à fait *extra commercium ;* l'aliénation s'en concevrait en droit, seulement elle n'est pas dans l'usage. Donc cette seconde catégorie est les biens privés de l'Empereur, tandis que la première catégorie comprend le domaine de la couronne hors du commerce, parce qu'il répond à un service public. Or il est dit formellement par Ulpien que la seconde catégorie de biens (les biens privés) constituent le *patrimonium*. — La même conclusion, comme le fait observer M. His, résulte des rubriques des titres du Code Justinien, 11, 71 : *De conductoribus et procuratoribus praediorum fiscalium et domus Augustae ;* et 73, *de collatione fundorum fiscalium vel rei privatae ;* d'après lesquelles il est clair que l'on rapproche, comme institutions analogues, le fisc et la *res privata*.

(5) Dig. 30, 39, § 10, Ulpien, cité à la note précédente. — Cf. les inscriptions relatives aux *procuratores patrimonii* citées par Hirschfeld, *loc. cit.*, p. 41, notes 2 et 3. — Sur ce personnage, Marquardt, *loc. cit.*, p. 393, 394; Hirschfeld, *loc. cit.*, p. 41 à 46; His, p. 3. A l'origine, il est un simple affranchi

procurator rationis privatae (1). Il paraît certain que le *procurator rationis privatae* a une situation beaucoup plus élevée que le *procurator patrimonii* (2). Le premier est sûrement d'un rang égal au *procurator a rationibus*, c'est-à-dire au directeur général du fisc, tandis que le *procurator patrimonii* paraît bien être demeuré dans une situation subalterne vis-à-vis de ce directeur du fisc; il est, en réalité, son subordonné (3). C'est ce que prouve l'inscription relative aux difficultés survenues entre les magistrats municipaux de Saepinum et les *conductores* des pâturages impériaux situés dans cette région. L'affaire est tranchée souverainement par le directeur du fisc (*a rationibus*), sur un rapport envoyé par un *adjutor* du même service (4). On voit par là que le chef supérieur du service du *patrimonium* (dont à peu près sûrement dépendaient les pâturages en question) (5), est, en réalité, l'*a rationibus*, c'est-à-dire le directeur du fisc, et que, par consé-

de l'Empereur, mais sous Hadrien, il devient un fonctionnaire d'ordre équestre. — Sur les *officiales* et employés divers du *procurator patrimonii*, Hirschfeld, *oc. cit.*, p. 42.

(1) Sur ce personnage, Marquardt, *loc. cit.*, p. 395, 396; Hirschfeld, *loc. cit.*, p. 43 à 47; His, p. 6; Schulten, p. 72.

(2) Cela résulte d'une façon certaine des *cursus honorum* des *procuratores patrimonii* et des *procuratores rationis privatae* que nous possédons dans des inscriptions. Le *procurator patrimonii*, après avoir exercé cette fonction, et comme avancement, est nommé seulement procurateur provincial ou procurateur de la *vigesima hereditatum*; tandis que le *procurator rationis privatae* passe de cette fonction à celle de préfet des *vigiles*, ou même quelquefois de préfet du prétoire. Voy., sur ce point, Hirschfeld, *loc. cit.*, p. 41, note 4, p. 44, note 3.

(3) Voy. là-dessus, Marquardt, p. 393 et 395, et Hirschfeld, p. 27, 44. His, p. 3, considère cependant comme douteuse l'opinion que je viens de dire.

(4) *Epistula praefectorum praetorio*, de 168 (C. I. L., IX, 2438 = Bruns, *Fontes*, 6º édition, p. 233, 234). Ce document se compose de trois parties : 1º (lignes 13 à 24), lettre de Septimianus, *adjutor* du service du fisc à Cosmus, *a rationibus*, exposant, au nom des *conductores gregum oviaricarum* de l'Empereur, les vexations que font subir à ces *conductores* les magistrats de Saepinum; 2º (l. 8 à 13), lettre de Cosmus, *a rationibus*, aux préfets du prétoire de 168 pour les prier d'avoir à écrire aux magistrats de Saepinum qu'ils cessent leurs vexations; 3º (l. 1 à 8), lettre des préfets du prétoire aux magistrats en question leur donnant l'ordre demandé.

(5) En 168, le service de la *res privata* n'est pas établi encore. — A la rigueur, il pourrait se faire que les pâturages en question appartinssent au fisc, mais il est plus probable qu'ils dépendaient du *patrimonium*.

B.   3

quent, le *procurator patrimonii* ne saurait être, à cette époque, considéré que comme une sorte de directeur en second, chargé, sous l'autorité suprême du *procurator a rationibus*, du gouvernement des biens impériaux qui rentrent dans le *patrimonium* de l'Empereur.

Venons maintenant à l'époque du Bas-Empire.

La plus grande difficulté vient ici de la terminologie prodigieusement défectueuse des sources juridiques. M. His a très bien montré que, dans les Codes du Bas-Empire, les mots qui servent à désigner les domaines et les services administratifs relatifs à ces domaines, sont souvent employés à tort et à travers, et que, d'ailleurs, ils n'ont pas eu à toute époque la même signification (1).

A travers ce fatras, on arrive pourtant à distinguer trois classes de domaines impériaux (2).

1° La *res privata*, c'est-à-dire les biens de l'Empereur qui lui appartiennent en tant qu'Empereur, en d'autres termes qu'il a acquis à un titre public (3).

2° Les *fundi patrimoniales*, c'est-à-dire les biens personnels et patrimoniaux de l'Empereur, ceux qu'il a acquis à un titre privé (4).

3° Les *praedia domus divinae*, qui se composent de domaines particuliers dont les revenus sont affectés à l'entretien de la cour, et forment ainsi ce que nous pourrions appeler la liste civile des Empereurs. C'est dans cette troisième classe qu'il faut ranger une certaine catégorie de biens dits *praedia tamiaca*, composée des domaines impériaux situés en Cappadoce (5).

Reprenons ces trois classes de biens impériaux.

---

(1) His, p. 17 à 27 : étude très fouillée sur la terminologie des sources juridiques du Bas-Empire, dans la matière qui fait l'objet de cette étude.

(2) His, p. 27 à 33. — Cf. Wiart, p. 1 à 14.

(3) His, p. 27, 28. — Cf. Wiart, p. 7 et 8.

(4) His, p. 28. — Sur la différence entre les *fundi patrimoniales* et la *res privata*, *ibid.*, p. 18 à 21, et Wiart, *loc. cit.*

(5) His, p. 28 à 31. — Cf. Wiart, p. 5 et 6. — Sur les expressions *domus divina*, *domus nostra*, *domus augusta*, *fundi tamiaci juris*, dans les Codes du Bas-Empire, His, p. 21 à 23, et p. 26. Quelquefois *domus divina* ou *domus nostra* signifient, non plus les *praedia* spéciaux dont je parle en ce moment, mais tout simplement la *res privata*, et même, dans certaines constitutions, les biens des Empereurs, en général.

A. — La *res privata* comprend, d'après l'idée générale qui vient d'en être donnée : 1° les *bona proscriptorum seu damnatorum*, c'est-à-dire le produit de la confiscation en masse du patrimoine des condamnés (1); 2° les choses provenant des confiscations portant sur certains biens particuliers (2); 3° les *bona vacantia* et les *caduca*, avec certaines distinctions et restrictions (3); 4° les legs et les donations faits à l'Empereur (4); 5° enfin les biens provenant de la sécularisation des domaines des temples payens ainsi que des confiscations des domaines des cités (5).

Le directeur de l'administration de la *res privata*, qui, comme je l'ai dit plus haut, porte, à l'époque de l'ancien Empire, le nom de *procurator rationis privatae*, s'appelle, depuis la fin du 3° siècle, *magister rei privatae*, sous Constantin, *rationalis rei privatae*, et, à partir des fils de Constantin, *comes rei privatae* ou *comes rerum privatarum* (6). C'est un très grand personnage, l'égal et comme le pendant du *comes sacrarum largitionum* qui est le directeur de l'administration du fisc (c'est-à-dire, à cette époque, du trésor public). Il est, comme ce dernier, de rang supérieur aux proconsuls et aux sénateurs les plus élevés en dignité; à partir de la mort de Théodose, il a même le titre très considérable de *illustris* (7).

Ses fonctions sont très importantes. Par définition, il est le chef suprême de l'administration du trésor de l'Empereur et des domaines impériaux (*res privata*). Mais de plus, il possède un droit de contrôle supérieur, jusqu'à Anastase, sur l'admi-

(1) Avec quelques restrictions, et des distinctions selon la nature des biens et selon les époques ; voy. là-dessus His, p. 33, 34. Au quatrième siècle, les meubles des condamnés sont dévolus aux *sacrae largitiones*, c'est-à-dire au fisc. Mais les immeubles, depuis Septime Sévère, ont toujours appartenu à la *res privata*. Par exception, une certaine partie des biens était laissée aux parents proches.

(2) His, p. 34.

(3) Sur les changements de législation en cette matière, His, p. 34, 35.

(4) His, p. 35.

(5) L'histoire de la sécularisation des domaines des temples payens et celle des confiscations des domaines des cités, (qui s'y relie d'une façon très intime), est faite avec beaucoup de soin et de détails par M. His, p. 35 à 42.

(6) Voy. principalement His, p. 49, et Hirschfeld, *loc. cit.*, p. 44 et 47, et les textes cités par eux. — Cf. Marquardt, *loc. cit.*, p. 396; Wiart, p. 2 et 3.

(7) Textes dans His, p. 49 et 50. — Cf. Wiart, p. 3.

nistration des *fundi patrimoniales* eux-mêmes, et, jusqu'à Justinien, sur la plus grande partie des biens faisant partie de la *domus divina* (1). Il est le véritable ministre du trésor privé et des domaines (2). Sur les acquisitions et les aliénations de biens domaniaux, sur leur administration en régie ou sur leur mise à ferme, il exerce naturellement toute l'autorité. De plus, il a une juridiction : 1.º *ratione personae*, sur tous les employés de son *officium*, comme l'ont d'ailleurs tous les hauts dignitaires du Bas-Empire, et (dans une certaine mesure et avec des restrictions que nous verrons) sur les administrateurs, sur les locataires et sur les colons des domaines impériaux); 2º *ratione materiae*, dans les affaires intéressant la *res privata*, (en seconde instance au moins et également avec des restrictions) (3).

Son *officium* est très considérable. A la tête, deux directeurs, le *primicerius* et le *secundocerius officii* (4). Sous eux, quatre bureaux (*scrinia*), que nous fait connaître la *Notitia Dignitatum* (5) : le *scrinium beneficiorum*, qui s'occupe vraisemblablement, (on n'est pas d'accord sur le sens qu'a ici le mot *beneficium*), de certaines redevances ou contributions extraordinaires provenant des domaines impériaux ; le *scrinium canonum*, pour les fermages des domaines loués, le *scrinium securitatum*, pour la délivrance des quittances auxquelles donne lieu l'administration de la *res privata*; le *scrinium largitionum privatarum*, pour les donations impériales. Dans chacun de ces bureaux, un chef (*primiscrinius*), un sous-chef (*proximus*), et des employés (*scriniarii*). Ajoutez encore les *exceptores*, employés à la rédaction et à l'expédition des actes et des diplômes impériaux, et les *mittendarii*, chargés de diverses missions dans les provinces (6). Tous ces *officiales* sont

---

(1) Voy. sur ce point ce qui sera dit plus loin, relativement à l'administration du *patrimonium* et de la *domus divina*.

(2) His, p. 50; Wiart, p. 26, 27.

(3) Sur la juridiction des *comes rei privatae*, His, p. 50, 51. — Je reviendrai sur cette matière dans le § 5.

(4) *Notitia Dignitatum* (édit. Böcking), *Or.*, chap. 13; *Occ.*, chap. 11. — Cf. His, p. 52; Wiart, p. 28.

(5) Sur l'organisation de ces bureaux, His, p. 52, 53, et Wiart, p. 28 à 30, qui citent tous les textes.

(6) His, p. 53, 54.

compris, avec ceux des *comes sacrarum largitionum*, dans l'appellation générale de *palatini;* et particulièrement les *officiales* du *comes rei privatae* portent le nom de *privatiani*. D'après une constitution d'Honorius, leur nombre régulier est fixé à 300 (1).

B. — Les *fundi patrimoniales* ou *sacrum patrimonium* sont, au sens tout à fait propre du mot, les biens privés des empereurs (2). Les sources juridiques emploient couramment comme synonymes de *fundi patrimoniales* les deux mots *fundi emphyteutici* et *fundi saltuenses* (3). Toutes ces expressions alternent à peu près indifféremment (4).

Nous savons très peu de chose sur l'administration de ces *fundi patrimoniales*, avant l'époque où elle fut complètement transformée par l'empereur Anastase (491-517). Les textes mentionnent çà et là (assez rarement), dans les provinces, des fonctionnaires chargés de la surveillance d'un groupe local de biens impériaux faisant partie du *patrimonium* (5). Mais il est très vraisemblable que ces fonctionnaires dépendaient alors du *comes rei privatae* lui-même, en d'autres termes que le directeur central placé à Rome à la tête du service des biens patrimoniaux n'était autre, à cette époque, que le *comes rei privatae*, chargé d'une façon générale de l'administration de

---

(1) His, p. 54. — Il faut ajouter à la liste de ces fonctionnaires subordonnés au *comes rei privatae*, le *comes largitionum privatarum* que mentionne la *Notitia Occid.* 11 (Böcking II, p. 52). Mais il est assez difficile de savoir quelle était précisément la fonction de ce personnage. Car, pour tout ce qui touche aux libéralités faites par l'Empereur, il y avait dans l'*officium* du *comes rei privatae* un bureau spécial, le *scrinium sacrarum largitionum*, lequel, comme tous les bureaux, avait son chef à lui (*primiscrinius*). On ne saurait donc entendre par le *comes largitionum privatarum* le fonctionnaire préposé au service des largesses impériales. M. His, p. 55, pense qu'il faut voir là un remplaçant du *comes rei privatae* lui-même, ayant par conséquent, comme ce dernier, la direction générale de toute la *res privata*.

(2) His, p. 70. — Cf. p. 28, et Wiart, p. 7.

(3) Textes cités par His, p. 70 et 71. — Cf. p. 18 et 19.

(4) Toutefois l'expression *fundi saltuenses* se rencontre principalement (ou uniquement) dans les documents qui sont relatifs à l'empire d'Orient. — Sur l'expression *fundi limitrophi*, qui est quelquefois associée à celle de *fundi patrimoniales*, voy. His, p. 71. Ce sont des domaines d'un caractère particulier dont le loyer consistait dans une certaine quantité de blé à fournir aux camps établis aux frontières.

(5) Exemples dans His, p. 72, 73.

tous les domaines impériaux. On ne voit même nulle part dans
nos sources qu'il ait existé, pour cette période, au-dessous du
comes rei privatae, un fonctionnaire central ayant particulièrement la direction du service des *fundi patrimoniales*, comme le
procurator patrimonii l'avait à l'époque de l'ancien Empire.
Les divers administrateurs locaux de biens patrimoniaux que
nous rencontrons dans des textes étaient donc d'une façon
très probable, les subordonnés non seulement du *comes rei
privatae*, chef central à Rome de tout le service des domaines,
mais encore des *rationales rei privatae*, chefs de ce même service dans les circonscriptions du diocèse. En un mot, l'administration du *patrimonium* n'était à cette époque qu'une partie et
une dépendance de l'administration de la *res privata*, et ne
formait en aucune façon un service propre (1).

Les choses changèrent à partir d'Anastase. Cet empereur
sépara complètement le *patrimonium* de la *res privata*, et en
confia l'administration, à un fonctionnaire à part, créé spécialement pour être le directeur de ce nouveau service, et tout à
fait indépendant du *comes rei privatae* : le *comes patrimonii* (2).
Ce nouveau fonctionnaire est l'égal du *comes rei privatae*, *illustris* comme lui (3) et, comme lui, entouré d'une armée d'*officiales* (4). Il est remarquable qu'à l'époque même où l'empire
d'Orient réalisait cette transformation, une réforme semblable
s'opérait dans le royaume d'Italie, en ce moment aux mains
des Ostrogoths (5). Dans les lettres de Cassiodore et d'Enno-
dius, nous voyons apparaître en effet, tout comme en Orient,
un *comes patrimonii*, qui a l'administration générale des biens
privés du roi, et qui reçoit les plaintes des fermiers des domaines royaux (6). Il existe toutefois des différences importantes entre les *comes patrimonii* de l'empire d'Orient et celui
du royaume des Ostrogoths. Ainsi le *comes patrimonii* des
Ostrogoths a pour fonction essentielle de veiller à l'entretien

---

(1) Voy. sur ce point, His, p. 73. — Cf. Wiart, p. 10 et 11; Karlowa,
Röm. Rechtsgeschichte, I, p. 842.

(2) Lydus, *de magistratibus*, II, 27. Sur cette réforme, voy. His, p. 73;
Wiart, p. 8 à 11 et p. 30.

(3) His, p. 73.

(4) *Ibid.*, p. 75.

(5) Sur le *comes patrimonii* du royaume des Ostrogoths, His, p. 74, 75.

(6) Textes dans His, p. 74, notes 3 à 7, p. 75, notes 1, 2 et 4.

de la cour et de la table royale, tandis que, en Orient, c'est la *domus divina* et ses fonctionnaires qui ont la charge de ce service(1). Il n'en est pas moins intéressant de constater à la même époque, dans l'empire d'Orient et dans le royaume ostrogoth d'Italie, la création d'une administration spéciale du *patrimonium* et d'un fonctionnaire spécial pour diriger cette administration.

C. — La *domus divina* comprend une catégorie de biens qui ont été distraits de la *res privata*, dans la seconde moité du quatrième siècle, et dont l'administration, à partir de cette époque, forme un service à part. Les biens impériaux situés en Cappadoce constituent comme le noyau et le premier élément (en 379) de ce nouveau trésor impérial (2). Le directeur porte le titre de *comes domorum*, et est subordonné, non au *comes rei privatae*, mais au *praepositus sacri cubiculi* (3).

Dans la suite des temps, d'autres domaines impériaux ont été pareillement distraits de la *res privata*. Au sixième siècle, la *domus divina* comprend des biens situés dans un grand nombre de provinces d'Orient, dans la préfecture d'Illyrie, dans le diocèse du Pont, dans les provinces d'Arménie, d'Hellespont, de Phénicie, d'Arabie. En Occident, l'Afrique est la seule province, où il existe de pareils biens (4).

Sur l'administration des domaines de Cappadoce, nous sommes assez bien renseignés. A la tête est le *comes domorum*, qui a titre de *spectabilis*, qui est subordonné, comme je l'ai dit, au *praepositus sacri cubiculi*, et qui possède un *officium* à lui dont les employés portent le nom de *comitiani* (5). Justinien réorganisa d'ailleurs cette administration. Le *comes domorum* disparut, et le soin des domaines impériaux fut confié

(1) Dans le royaume d'Italie, la classe spéciale de biens appelée par les textes relatifs à l'empire d'Orient du nom de *domus divina* n'existe pas; il résulte au contraire des lettres de Cassiodore que, dans le droit public du royaume d'Italie, les deux mots *domus regia* et *patrimonium principis* sont synonymes. Les *patrimonium* des textes de Cassiodore correspond donc à la fois au *fundi patrimoniales* et aux *fundi domus divinae* des textes des Codes. Ajouter que le *comes patrimonii* du royaume d'Italie a certaines attributions qui paraissent bien n'avoir rien à faire (ou très peu) avec l'administration des domaines royaux. Sur tous ces points, voy. His, *loc. cit.*

(2) His, p. 75.

(3) *Ibid.*, p. 76, note 1.

(4) Textes dans His, p. 76, notes 2 à 5.

(5) His, p. 76, 77.

au proconsul de Cappadoce, toujours d'ailleurs sous l'autorité supérieure du *praepositus sacri cubiculi* (1). Quant aux domaines de la *domus divina* qui sont situés ailleurs qu'en Cappadoce, c'est-à-dire en Afrique et dans les diverses provinces d'Orient, leur administration nous est beaucoup moins bien connue, et il existe sur ce sujet d'assez grosses difficultés. Il paraît bien toutefois que, dans les provinces d'Orient au moins, (la Cappadoce étant naturellement mise à part), les *fundi domus divinae* sont restés longtemps encore dans la dépendance et sous l'administration du *comes rei privatae*. Mais je crois, comme M. His, que Justinien sépara définitivement la *domus divina* de la *res privata*, et qu'il confia l'administration du premier de ces deux services, désormais indépendant, à deux fonctionnaires nouveaux, qui sont les *curatores dominicae domus* (2).

II.

Telle est la direction générale de l'administration des domaines impériaux. Mais comme ces domaines sont immenses

(1) Voy. la Novelle 30 de Justinien, analysée par His, p. 78.

(2) Sur l'administration de la *res divina*, ailleurs qu'en Cappadoce, et sur les réformes de Justinien en cette matière, voy. principalement His, p. 78 à 81. Qu'il existe, sous Justinien deux *curatores dominicae domus*, c'est ce que prouve l'inscription de la contitution de Justinien de 531 (Code Just., 7, 37, 3) : *Imp. Justinianus Aug. Floro comiti rerum privatarum et curatori dominicae domus... et Macedonio viro illustri curatori et ipsi dominicae domus*; et il me paraît bien (comme à M. His) résulter aussi de ce même texte que Justinien a constitué l'administration de la *domus divina* comme un service à part, désormais séparé et indépendant du service de la *res privata*, et confié à deux directeurs, qui sont justement les *deux curatores dominicae domus* mentionnés dans la constitution. (Observer toutefois que l'un de ces deux *curatores* est en même temps le *comes rerum privatarum*. C'est un souvenir et un reste de l'ancienne dépendance dans laquelle la *domus divina* se trouvait avant Justinien vis-à-vis de la *res privata*). — Par exception, les biens de la *domus divina* situés dans le diocèse du Pont dépendent, à l'époque de Justinien, comme les domaines de Cappadoce, de l'administration du proconsul de Cappadoce, et non de l'administration générale des *curatores dominicae domus* (Novelle 30. Cf. His, p. 78). — Pour la réfutation de l'opinion (Karlowa, Humbert, etc.), qui voudrait que Justinien n'eût pas donné à la *domus divina* une administration particulière et indépendante, et d'après laquelle, dans les textes de cette époque, la *domus divina* serait tout simplement le *patrimonium sacrum*, sous une dénomination nouvelle, et le *curator divinae domus* serait le nom nouveau du *comes patrimonii*, voy. Wiart, p. 13 et 14.

et qu'il y en a dans presque toutes les parties de l'Empire, non seulement il existe une direction générale à Rome, mais encore, dans toutes les régions où ces domaines sont particulièrement nombreux et importants, on rencontre des directeurs locaux chargés de l'administration des domaines dans une circonscription plus ou moins étendue (1).

Pour l'époque de l'ancien Empire, nous connaissons plusieurs de ces directeurs qui, comme les hommes placés à la tête de chacun des domaines en particulier, portent le nom de *procuratores*, mais qui se distinguent de ces derniers en ce qu'ils sont les *procuratores* non d'un domaine particulier, mais d'une circonscription de domaines. C'est ainsi que, pour l'Italie, les inscriptions mentionnent un assez grand nombre de *procuratores rei privatae* placés à la tête d'une ou de plusieurs régions italiennes (2); et il est possible qu'il ait existé pareillement en Italie des *procuratores patrimonii* (3). Il y a

(1) Sur ces fonctionnaires, voir Schulten, p. 60 à 75; His, p. 3, 4, 6; 55 à 63; 65, 66; 77, 78; Wiart, p. 32 à 36.

(2) Exemples très nombreux. Voy. notamment C. I. L., III, 1464 ; *proc (urator) stat(ionis) priv(atae) per Tusciam et Picenum;* Wilmanns, 1291 : *proc. privatae regionis Ariminensium*, etc., etc. Toutes ces inscriptions sont citées par Schulten, p. 65. Cf. Hirschfeld, *Verwaltungsgeschichte*, p. 45, note 2; Mommsen, *Hermes*, XV, p. 395, 396; His, p. 3 et 6. — Il est à remarquer que ces circonscriptions domaniales en Italie n'ont pas toujours la même étendue, et que à chaque région italienne ne correspond pas nécessairement une circonscription domaniale. Par exemple, le *procurator stationis privatae per Tusciam et Picenum*, cité de C. I. L., III, 1464, a pour circonscription les septième et cinquième régions, tandis que le *procurator privatae per Salariam, Tiburtinam, Valeriam, Tusciam*, de C. I. L., VIII, 822, administre une partie de la première région, une partie de la quatrième et la septième.

(3) Toutefois, je n'en connais pas d'exemples. Dans l'inscription de C. I. L., IX, 334 : *p. p. tractus Apuliae Calabriae Lucaniae Bruttior.*, les deux premières lettres (*p. p.*) sont lues par Schulten, p. 65 et par His, p. 3 : *p(rocurator) p(atrimoni)*. Il est, je crois, plus correct de lire *p(rae)p(ositus)*. Les inscriptions de Wilmanns, 1275 et 1276, sont relatives probablement à des *procuratores patrimonii*, (bien que ces inscriptions présentent précisément sur ce point d'assez graves difficultés de lecture); mais, dans ce cas là, il me paraît du moins certain qu'il s'agit là du directeur général du *patrimonium* exerçant sa fonction à Rome, et non de *procuratores* d'une circonscription italienne. Il en est de même évidemment du *procurator patrimonii* du texte cité d'Ulpien, Dig. 30, 39, 10. En somme, aucune preuve certaine qu'il ait existé en Italie des *procuratores patrimonii* placés à la tête |de circonscriptions domaniales, comme l'ont été les *procuratores rei privatae* cités à la note précé-

de même des *procuratores* chargés de l'administration des domaines impériaux dans une province tout entière, ou même dans un groupe comprenant plusieurs provinces, par exemple, le procurateur des domaines de la Bithynie, du Pont et de la Paphlagonie (1).

C'est en Afrique (la province proconsulaire et la Numidie) que cette organisation s'est développée surtout, et c'est là que, grâce à une abondance exceptionnelle de documents, nous pouvons le mieux l'étudier. J'ai dit déjà le nombre et l'importance des grands domaines que les empereurs possédaient en Afrique. Leur administration était devenue une chose si considérable qu'un seul *procurator* pour toute la province d'Afrique et la Numidie, ou même deux *procuratores* pour ces deux provinces à l'époque où leur séparation devint absolue et définitive, ne semblèrent pas suffisants, mais que, par une exception unique à notre connaissance, l'Afrique et la Numidie furent divisées, au point de vue de l'administration des domaines impériaux, en plusieurs circonscriptions, appelées *tractus* avec un *procurator* placé à la tête de chacun de ces *tractus*. Les inscriptions nombreuses relatives à ces *procuratores tractus* d'Afrique nous permettent de dresser le tableau des circonscriptions domaniales entre lesquelles le pays se trouvait ainsi partagé. On connaît ainsi quatre *tractus* africains, les *tractus*

---

dente. La seule raison qui rendrait jusqu'à un certain point vraisemblable l'existence de ces fonctionnaires, c'est que de pareils *procuratores patrimonii* existent sûrement dans les provinces (voy. la note suivante).

(1) Wilmanns, 1293 : *proc(urator) prov. Bithyinae Ponti Paphlago(niae) tam patrimonii quam rat(ionum) privatar(um)... item vice proc(uratoris) patrimonii prov. Belgic(ae) et duarum Germaniar(um) ... proc(urator) ration(um) privat(arum) per Belgic(am) et duas Germ(anias).* — C. I. L., III, 1456 : *proc. rat(ionis) priv(atae) prov. Maur(etaniae) Caes(ariensis) item per Belgicam et duas Germanias.* — Cf. sur ces *procuratores*, Schulten, p. 71, 72, et Hirschfeld, *loc. cit.*, p. 45, note 3. — Remarquer la réunion entre les mains d'un même fonctionnaire des deux administrations de la *res privata* et du *patrimonium*, non pas d'une façon régulière, mais dans certains cas; par exemple dans l'inscription citée de Wilmanns, 1293, et dans trois autres de C. I. L., VIII, 11105, 16542, 16543, où il est question d'un personnage qui fut en même temps *procurator patrimonii* de la région de Leptis et *procurator rationis privatae* de la région de Tripoli. (Cf. sur ce dernier cas la note suivante). — A comparer à ces *procuratores* provinciaux le *praef(ectus) praed(iorum Sic(ulorum)* de Orelli, 3355, qui évidemment est un personnage analogue.

de Carthage, d'Hadrumète, de Théveste-Hippone, et de Leptis Minor-Tripoli (1). Jusqu'ici nous ne connaissons pas de *procuratores tractus* ailleurs qu'en Afrique (2). Dans toutes les autres provinces de l'Empire romain, les *procuratores* chargés, non d'un domaine particulier, mais d'un district comprenant plusieurs domaines impériaux, ont pour circonscription au moins une province tout entière, et souvent même plusieurs provinces réunies.

Le personnel de l'administration de ces *tractus* africains

(1) Voy. les inscriptions nombreuses à l'aide desquelles cette division domaniale de l'Afrique est établie d'une façon très précise, citées dans Schulten, p. 62 à 65. Cf. Mommsen, *Hermes*, XV, p. 398 à 400. — Dans certaines inscriptions, au lieu de l'expression *tractus*, d'autres mots sont employés, mais évidemment avec le même sens, par exemple *diocaesis* (C. I. L., VIII, 11341), *regio* (*ibid.*, 11174, 16542, 16543, 14105; VI, 790; XIV, 176), *provincia* (Wilmanns, 2223). — Que Hippone ne forme pas un *tractus* à part (au moins habituellement), mais soit réuni en règle à Théveste, c'est ce que prouve C. I. L., VIII, 5351 : *proc. Aug. praediorum saltum (Hip)pontensis et Thevestini.* Je ne connais pas d'inscription dans laquelle il soit question d'un *tractus Hipponiensis,* le nom d'Hippone figurant seul. Au surplus le langage de ces inscriptions domaniales n'a probablement rien d'absolument fixe et invariable. Par exemple, dans C. I. L., VIII, 7039, Hadrumète et Théveste sont réunis, au lieu de former, comme c'est l'usage, deux *tractus* différents, — Leptis minor est le nom que porte le *tractus* de cette région quand il s'agit de l'administration du *patrimonium*, Tripoli le nom du même *tractus* quand il s'agit de la *res privata.* (C. I. L., VIII, 16542 et 16543 : *proc. Aug(ustorum) n(ostrorum) patrimonii reg(ionis) Leptiminensis, item privatae reg(ionis) Tripolitanae,* — *Ibid.,* 11105). — Observer enfin que cette division domaniale de l'Afrique comprend seulement la province proconsulaire et la Numidie, (les *tractus* de Carthage, d'Hadrumète et de Leptis-Tripoli correspondant à la proconsulaire, et le *tractus* de Théveste-Hippone correspondant à la Numidie). La Maurétanie reste en dehors de cette organisation comme le prouve C. I. L., III, 1456 : *proc. rat. priv(atae) prov. Maur(etaniae) Caes(ariensis).*

(2) Il est aussi question cependant de *tractus* dans les régions italiennes. Par exemple C. I. L., X, 6081 : *procuratori tractu Campan; IX, 334 p(rae)-(p)ositus) tractus Apuliae Calabriae Lucaniae Bruttior.* Mais il me semble certain que *tractus* signifie ici tout simplement la circonscription domaniale italienne, que nous avons étudiée ci-dessus, laquelle d'ailleurs ne coïncide pas nécessairement avec une région italienne, mais comprend en général plusieurs régions ou parties de régions. Dans tous les cas, il ne paraît pas du tout que l'Italie ait été divisée comme l'Afrique en un certain nombre de *tractus* d'une façon régulière, et c'est pourquoi il reste toujours vrai que la division en *tractus* est une organisation restée propre aux provinces d'Afrique, (proconsulaire et Numidie).

nous est très bien connu (1). Les inscriptions des cimetières
de Carthage, que le père Delattre a fouillés, et dans lesquels
étaient enterrés ensemble les nombreux *officiales* du *procurator*
tractus Carthaginiensis, nous rendent presque familiers l'intérieur des bureaux de ce fonctionnaire et tout le monde qui y
vivait (2). Le nombre des épitaphes que le père Delattre y a
trouvées s'élève aujourd'hui à plus de six cents ; et presque
toutes les années de nouvelles découvertes augmentent ce
nombre (3). Nous faisons par là connaissance avec toute cette
population de petits employés, d'affranchis et d'esclaves qui
étaient au service de l'administration du *tractus*, gens de bureau proprement dits, expéditionnaires, percepteurs chargés
de toucher les revenus du domaine, caissiers, arpenteurs,
courriers, soldats, (*tabularii, adjutores tabularii, adjutores a*
commentariis, librarii, notarii, dispensatores regionis, procura-
tores regionis, praecones, agrimensores, chorographi, cursores,
pedisequi, medici, milites) (4). Il faut observer surtout, au point
de vue topographique, parmi ces employés du *tractus* de Carthage, ceux qui portent le nom de *procurator* ou *dispensator*
regionis (5). Leur présence en ce milieu prouve qu'ils étaient

(1) Sur cette matière principalement Schulten, p. 66 à 68 ; 74 et 75. — Cf.
His, p. 4.

(2) Les inscriptions de ces cimetières sont publiées dans C. I. L., VIII,
12590 à 13214 (p. 1335 et suiv.), avec un commentaire de Mommsen. —
Pour la description des deux cimetières eux-mêmes et pour les particularités
qu'y présentent les cippes funéraires, voir principalement Mommsen, C. I.
L., VIII, p. 1301 et 1302 ; et *Ephem. epigraphica*, V, p. 104 à 120 = *Mélanges*
Graux, p. 505 et suiv. ; Delattre, *Revue archéologique*, 1888 (t. XII), p. 151
et suiv. ; Babelon, *Carthage*, p. 144 à 146. (Ce dernier ouvrage indique toute
la bibliographie).

(3) Le *Corpus inscriptionum, loc. cit.*, en publie 624. Depuis l'époque récente de l'apparition de ce volume, d'autres épitaphes ont encore été découvertes. Voy. le *Bulletin de la société des Antiquaires de France*, 1896, p. 126,
130, 265, 288, 346, 347. (Joindre l'article de M. Gauckler, *Découvertes ar-*
chéologiques en Tunisie, qui paraît dans les *Mémoires de la société des Anti-*
quaires, VI, p. 83 et suiv., au moment où je corrige ces épreuves).

(4) Textes cités par Schulten, p. 67 et p. 74. Voir sur chacun de ces personnages le commentaire cité de Mommsen sur les inscriptions des cimetières
des *officiales*, C. I. L., VIII, p. 1335 à 1338.

(5) Par exemple, C. I. L., VIII, 12880 : *Proc. reg.* (*Uci ?*)*tanae;* 12879 :
proc. reg. Assuritanae. — Cf. *ibid.*, 12892, un *dispensator reg. Thug*(*gensis*),
qui est un esclave.

eux aussi les subordonnés du *procurator* du *tractus* de Carthage, et, par conséquent, que les *régiones* étaient des subdivi-
sions des *tractus*. Il arrive quelquefois que les mots *regio* et
saltus soient synonymes (1). Mais, dans le *tractus* de Carthage
en particulier, il en est différemment. De plus, il est remarquable que la *regio*, dans ce même *tractus*, porte généralement
le nom d'une ville et non celui d'un domaine particulier (2). On
doit en conclure que la *regio* est formée par la réunion de
plusieurs *saltus* voisins dont ordinairement une ville est le
centre, (la ville dont la *regio* porte le nom) (3).

Les *procuratores tractus*, (comme d'ailleurs, d'une façon
plus générale, les *procuratores* domaniaux placés à la tête
d'une ou de plusieurs provinces ou régions italiennes), sont
évidemment de grands personnages. Ils sont de rang égal
aux *procuratores* ordinaires des provinces, (je parle de ceux qui
sont chargés de l'administration financière dans les provinces
impériales); ils ont, en règle, le même traitement (100.000
sesterces) (4), et quelquefois ils portent la qualification de *vir
egregius* (5). C'est tout à fait par exception que quelques-uns
d'entre eux sont des affranchis; et d'ailleurs il ne faut pas
perdre de vue qu'on rencontre pareillement quelques affranchis
parmi les *procuratores* des provinces (6).

(1) Ainsi, par exemple, dans le sénatus-consulte *de nundinis saltus Beguensis* (C. I. L., VIII, 11451 = Bruns, *Fontes*, 6° édition, p. 196), le *saltus Beguensis* (l. 1) est dit pareillement *regio Beguensis* (l. 14 et 15).

(2) *Regio Thuggensis, Assuritana*, etc. Voy. les exemples cités ci-dessus, p.
586, note 5.

(3) Sur la signification du mot *regio*, dans son rapport avec les mots *tractus* et *saltus*, Schulten, p. 67, 68. — Autres exemples, dans les inscriptions,
de *procuratores regionis*, en dehors de l'Afrique, Schulten, p. 68, 69.

(4) Schulten, p. 69. — Exemple dans l'inscription d'un *procurator* du *tractus*
d'Hadrumète; Wilmanns, 2223. Par exception toutefois, les *procuratores* du
tractus d'Hadrumète ont touché quelquefois 200,000 sesterces (C. I. L., VIII,
11341 et 11174). Mais cela doit être exceptionnel, et c'est pourquoi les fonctionnaires qui ont eu cette bonne fortune le disent toujours dans leurs inscriptions.

(5) Dans l'inscription de Souk el Khmis, le personnage nommé Tusanius
Aristo, qualifié de *procurator vir egregius* (col. 4, l. 10 et 11), et résidant à
Carthage (*ibid.*, l. 24), est certainement le *procurator* du *tractus* de Carthage.
Ce titre de *vir egregius* ne peut en effet convenir à un simple *procurator sal-
tus*. Voy. sur ce point Mommsen, *Hermes*, XV, p. 399, 400; Fernique et
Cagnat, *Revue archéologique*, 1881, t. XLI, p. 149, 150.

(6) Schulten, p. 69. — Exemples de *procuratores* du *tractus* de Theveste

A l'époque du Bas-Empire, ces administrateurs des domaines de toute une province ou d'un groupe de provinces sont devenus très nombreux. L'organisation de ce service public s'est même, d'une façon très visible, affermi et régularisé. La *Notitia Dignitatum* nous fait connaître, en effet, pour la *res privata* en particulier, sous les ordres du directeur central dont j'ai parlé tout à l'heure, des *rationales rei privatae*, chargés de l'administration de la *res privata* dans chaque diocèse (1), et, pareillement, dans les provinces, des *procuratores rei privatae*, chargés de cette administration dans certaines provinces déterminées (2).

Les *rationales* des diocèses ont naturellement pour fonction la surveillance des intérêts financiers de l'Empereur propriétaire des domaines, les comptes et les écritures nécessaires à l'administration de ces domaines, la tenue des registres où étaient consignés le nombre et l'étendue des propriétés impériales (3). Ils ont aussi une juridiction, en premier lieu sur leurs *officiales;* en second lieu (mais avec des distinctions et des restrictions) sur les colons des domaines impériaux, et dans les procès où la *res privata* se trouve intéressée (4). Quant au droit de poursuivre le paiement des fermages et autres redevances dues par les domaines, la législation a varié; mais le plus souvent c'est au gouverneur des provinces que ce droit

qui sont des affranchis : C. I. L., VI, 790; XIV, 176. De même le *præ(fectus præd(iorum) Sic(ulorum)* de Orelli, 3355 est un affranchi.

(1) Voy. la *Notitia* d'Occident, chap. 11 (Böcking, II, p. 52, 53) : *Rationalis rerum privatarum* (ou *rei privatae) per Illyricum; — per Italiam; — per Urbem Romam et suburbicarias regiones, cum parte Faustinae; — per Siciliam; —per Africam; — per Hispanias; — per Gallias; —per V provincias* (les cinq provinces du midi de la Gaule); — *per Britannias*. — Cf. His, p. 55, 56; Wiart, p. 33. — A l'époque de Constantin, ces fonctionnaires portent le nom de *magistri rei privatae;* mais plus tard, et notamment à l'époque de la *Notitia*, ils s'appellent *rationales.* (Voy. les textes dans His, p. 55, notes 2 et 3).

(2) *Notitia Occid.*, chap. 11 (Böcking, II, p. 53) : *Procurator rei privatae per Siciliam; — per Apuliam et Calabriam sive saltus Carminianenses; — per Sequanicum et Germaniam Primam; — per Dalmatiam; — per Saviam; — per Italiam; — per Urbem Romam; — per urbicarias regiones rerum Juliani; — per Mauretaniam Sitifitensem.*

(3) V. His, p. 56; Wiart, p. 34, 35.

(4) Sur la juridiction du *rationalis*, His, p. 59 à 61. J'aurai à revenir sur cette question (voy. le § 5).

fut réservé (1). Seulement, si c'est le gouverneur provincial qui a ainsi l'*exactio* des redevances dues, il faut remarquer qu'il n'exerce un pareil droit que sous le contrôle et l'autorité des *comes rei privatae* (2). Les *rationales*, comme le *comes rei privatae*, ont à leurs ordres des *officiales*, qui sont appelés généralement *Caesariani* ou *Catholiciani* (3).

La *Notitia Dignitatum* ne mentionne de *procuratores* provinciaux chargés de l'administration de la *res privata* que dans un assez petit nombre de provinces ou plus exactement de circonscriptions domaniales (4). On peut se demander pourquoi il n'en existe pas dans toutes les provinces. La première explication qui vient à l'esprit, c'est qu'il n'était pas nécessaire sans doute d'en mettre partout, et que les empereurs n'en ont eu que là où leurs domaines étaient particulièrement nombreux et importants. En d'autres termes, le *rationalis*, chargé de l'administration des domaines impériaux dans tout le diocèse, n'avait de subordonné spécialement commis à la garde des domaines situés dans une province que là où il ne pouvait pas suffire seul à la tâche. Cette explication, dit M. His, est inadmissible. Car il se trouve que c'est précisément dans les provinces où les empereurs avaient les biens les plus considérables que la *Notitia* ne mentionne pas de *procurator* provincial. Par exemple, elle n'en mentionne aucun pour la province d'Afrique, où cependant les empereurs possédaient d'immenses domaines, et où, dès l'époque de l'ancien empire, l'administration de ces domaines avait donné lieu, comme je

---

(1) A partir du 5º siècle, et notamment à l'époque de Justinien, c'est le gouverneur de la province qui poursuit le paiement de ces redevances (*exigere, compellere, convenire*); mais avant cette époque il y a eu dans la législation, des variations dont plusieurs constitutions du Code Théodosien nous ont conservé la trace. Voy. sur ce point les textes cités dans His, p. 57, notes 1 et 2, et Wiart, p. 32, notes 1 et 2. — Quant à la réception et à l'encaissement des revenus des domaines impériaux (*suscipere*), cette fonction, dans cette période du droit, a toujours appartenu aux gouverneurs. Sur ce point et sur l'organisation du bureau établi dans le chef-lieu de la province, pour recevoir le paiement des revenus des domaines, His, p. 56, 58 et 59, et Wiart, p. 32, 34 et 35.

(2) Voy. His, p. 57.

(3) Sur ces *officiales*, His, p. 61.

(4) Voy. l'énumération de ces circonscriptions des *procuratores rei privatae*) dans la note ci-dessus (p. 46, note 2).

l'ai montré, à une organisation particulièrement complète et compliquée (1). Il faut donc trouver un autre motif de cette singularité. Voici celui que propose M. His; et, bien qu'à vrai dire la question reste encore fort obscure, je ne vois pas de meilleure explication à donner. Il doit être question, dans ce passage de la *Notitia*, non pas de subordonnés provinciaux du *rationalis* du diocèse, mais, tout au contraire, de personnages chargés, pour des motifs spéciaux, de l'administration d'un groupe déterminé de biens impériaux dont le *rationalis* n'a pas à s'occuper, autrement dit de fonctionnaires indépendants du *rationalis* (2). Tel est le cas, à mon avis, d'une façon tout à fait sûre, sinon de tous les *procuratores rei privatae*, au moins de plusieurs d'entre eux. Par exemple, le *procurator rei privatae per urbicarias regiones rerum Juliani* (3) paraît bien d'une façon évidente un fonctionnaire chargé spécialement de l'administration des anciens domaines de Julien réunis à la *res privata* (4). Il est très admissible que les autres *procuratores* mentionnés dans la *Notitia* (ou au moins la plupart d'entre eux) aient été pareillement placés à la tête d'un groupe spécial de domaines impériaux soustraits, pour des raisons que nous ne savons

---

(1) Il y a bien, dans la *Notitia*, un *procurator per Mauretaniam Sitifiensem.* (Voy. p. 46, note 2). Mais c'est dans la province proconsulaire d'Afrique et dans la Numidie, et non pas en Mauretanie, qu'existaient surtout ces grands domaines pour lesquels avaient été créé, à l'époque de l'ancien Empire, l'organisation spéciale que j'ai décrite; et c'est uniquement dans la Proconsulaire et dans la Numidie que fonctionnait, à cette époque, la division en *tractus;* voyez ci-dessus, p. 43, note 1.

(2) Voy. sur cette question, His, p. 62, 63.

(3) *Notitia Occidentis*, chap. 11 (Böcking, II, p. 53). Voy. p. 46, note 2.

(4) Que faut-il entendre par ces biens de Julien (*res Juliani*), qui ont ainsi un administrateur à part? Böcking, II, p. 387, et Wiart, p. 23, croient qu'il s'agit là des domaines que l'empereur Julien rendit aux temples païens dépouillés par les premiers empereurs chrétiens, et que, après la mort de Julien, Valentinien I reprit aux temples et fit entrer dans la *res privata*. M. His a, je crois, raison de contester cette manière de voir; car de pareils domaines, que Julien avait rendus aux temples, bien loin de se les approprier, n'ont jamais pu être appelés du nom de *res Juliani*. Il pense que les *res Juliani* sont les biens de l'empereur Didius Julianus, qui, pour un motif ou pour un autre, tombèrent dans la *res privata*. Voy. His, p. 66. Cette opinion me paraît, à beaucoup près, la plus vraisemblable.

pas, à l'administration du *rationalis* du diocèse. Dans tous les cas, et quelle que soit l'explication que l'on donne d'un fait semblable, deux faits me paraissent sûrs. Le premier est que certains biens impériaux, quoique rentran. d'une façon générale dans la *res privata*, pour une raison ou pour une autre, ont eu une administration séparée, et ont été gouvernés par des fonctionnaires propres, lesquels d'ailleurs ne portent pas toujours le nom de *procurator*, comme l'administrateur des biens de Julien dont il vient d'être question, mais peuvent porter aussi bien tout autre nom (*rationalis*, par exemple) (1). Le

(1) L'existence de ces administrations séparées établies pour un certain nombre de domaines de la *res privata*, et de ces fonctionnaires spéciaux et propres chargés de leur surveillance, est incontestable. M. His en cite deux exemples remarquables d'après la *Notitia Occident.*, chap. 11, (sans compter le *procurator per urbicas regiones rerum Juliani* déjà nommé) : 1° Le *comes Gildoniaci patrimonii*. Il s'agit de Gildo, *magister militiae* en Afrique. Après sa condamnation et sa mort, en 398, ses biens, qui étaient considérables, furent naturellement confisqués, et formèrent une masse administrée par un fonctionnaire spécial et extraordinaire, appelé *comes sacri patrimonii* ou *comes et procurator divinae domus*. En 405, les biens des complices de Gildo tombèrent également dans la *res privata*, et, à partir de cette époque, l'administration de tout cet ensemble de biens eut désormais à sa tête un fonctionnaire de rang moins élevé que le précédent, appelé *comes Gildoniaci patrimonii*. Ce fonctionnaire est subordonné au *comes rei privatae*, mais ne dépend d'aucun *rationalis*. 2° Le *rationalis per Urbem Romam et suburbicarias regiones cum parte Faustinae*. Il est probable qu'il faut entendre par cette *pars Faustinae* la fortune privée d'Antonin le Pieux qui, après sa mort, appartint à sa fille, et qui ensuite, peut-être faute d'héritiers, revint au patrimoine impérial. Voy. sur ces deux fonctionnaires His, p. 65, 66 et les ouvrages qu'il cite. On pourrait en signaler d'autres encore, moins importants sans doute, dont le caractère est plus difficile à déterminer ; par exemple, dans la *Notitia Occident.*, chap. 11, le *procurator rei privatae Ginaeciorum Triberorum*, et le *procurator Ginaecii Vivariensis rei privatae Metti translati Arelatum.* — Déjà, sous l'ancien empire, on peut trouver un exemple de ces administrations séparées, instituées pour un ensemble déterminé de biens. Lorsque Septime-Sévère fit condamner Plautien, le beau-père de Caracalla, il y eut, pour administrer le patrimoine confisqué de ce personnage, un *procurator ad bona Plautiani*, (exemple, C. I. L., III, 1464), qui d'ailleurs paraît bien avoir disparu au bout de très peu de temps. (Voy. His, p. 7, note 1 ; Schulten, p. 73). Mais l'exemple le plus remarquable de ces administrations séparées, c'est le *procurator ad bona damnatorum*, chargé, comme le nom l'indique, de l'administration des biens que les confiscations ont fait entrer dans la *res privata*. Voy. sur ce *procurator*, les inscriptions de Wilmanns, 1278, 1291. Cf. Hirschfeld, *Verwaltungsgeschichte*, p. 46. Le *procurator ad*

second est que rien n'empêche, toutefois, qu'il n'y ait eu, à l'époque du Bas-Empire, certains *procuratores* subordonnés au *rationalis* du diocèse, c'est-à-dire, chargés, sous son autorité et sa surveillance, de l'administration d'un groupe déterminé de domaines impériaux, dans une province ou dans plusieurs provinces du diocèse (1).

Nous sommes surtout bien renseignés sur l'administration de la *res privata*, et c'est d'elle seule que j'ai parlé jusqu'ici. Mais il est incontestable qu'il existe pareillement, pour le *patrimonium* et pour la *domus divina*, à côté du directeur général de ces services, des administrateurs locaux analogues aux *rationales* et aux *procuratores* de la *res privata* dont il vient d'être parlé. Je n'insisterai pas sur cette matière, parce que, dans l'état actuel des sources, elle est encore insuffisamment éclaircie (2).

III.

Il reste à parler de l'administrateur du domaine lui-même (3).

bona damnatorum est évidemment un fonctionnaire de la *res privata*, et comme tel dépendant sans doute du *procurator rei privatae ;* mais il est clair qu'il est tout de même placé à la tête d'un service à part.

(1) Sur ce point, His, p. 63.

(2) En ce qui concerne le *patrimonium*, j'ai dit qu'il fallait distinguer deux périodes, celle qui est antérieure à Anastase, et celle qui lui est postérieure. Avant Anastase, il y a sûrement, comme je l'ai montré, des *procuratores patrimonii* placés à la tête de l'administration des *fundi patrimoniales* dans certaines provinces ou groupe de provinces, sous l'autorité supérieure du *comes rei privatae*, chef de toute l'administration des domaines dans cette période. Voy. par exemple, le *praefectus fundorum patrimonalium* chargé de l'administration des domaines de l'Afrique, *Notitia Occid.*, chap. 2; (Böcking, II, p. 11 et 151 et suiv.). Cf. sur cette matière, His, p. 72, 73. — Après Anastase, il est probable qu'il a existé encore de pareils fonctionnaires, placés désormais sous l'autorité du *comes patrimonii*. — Pour la *domus divina*, le *comes domorum* et, plus tard, le gouverneur de Cappadoce, chargés de l'administration des biens de la *domus divina* en Cappadoce (ci-dessus, p. 39, 40) ont évidemment le caractère de fonctionnaires provinciaux. Cf. sur les districts domaniaux (οἰκίαι) entre lesquels se trouve répartie la Cappadoce elle-même, His, p. 77, 78. Pour les autres provinces où existent des *predia domus divinae*, voy. par exemple, le *rationalis rei privatae fundorum domus divinae per Africam* de la *Notitia Occid.*, chap. 11 (Böcking, II, p. 53), et His, p. 79.

(3) Voy. sur ce point Schulten, p. 60 à 62; p. 75 à 82; His, p. 63 à 65.

C'est à ce point de vue qu'il est vrai de dire, comme M. Schulten, qu'il n'y a pas de différence essentielle entre le domaine impérial et le domaine d'un particulier. L'un comme l'autre sont en effet gouvernés par un intendant du propriétaire, lequel, porte, en général, le nom de *procurator* (1) (ou parfois d'autres noms, tels que ceux de *praefectus*, *vilicus*, *actor*, etc.) (2). C'est le *procurator saltus*, bien différent des *procuratores* que nous avons rencontrés jusqu'ici dans les services impériaux du *patrimonium* et de la *res privata*. En règle, il est un affranchi (3). Même les procurateurs des *saltus* de

(1) Exemples innombrables. Il est inutile de les citer.

(2) Exemples : *curator* (C. I. L., V, 5503); — *praepositus* (*Analecta Bollandiana*, IX, p. 119); — *praefectus* (Cagnat, *Année épigraphique*, 1896, n° 117. — Dans l'inscription d'Orelli, 3355, relative à un *praefectus praediorum Siculorum*, il s'agit plutôt, comme je l'ai dit, d'un administrateur provincial des domaines que de l'intendant d'un domaine particulier); — *saltuarius* (Dig. 33, 7, 12, 4, Ulpien; C. I. L., VIII, 5383. — Sur le sens du mot *saltuarius*, voy. Schulten, p. 82, 83, et ce que j'ai dit ci-dessus, p. 28, note 4); — *vilicus* (Dig. 32, 35, 1, Scaevola; C. I. L., VI, 276; Orelli, 5015; et presque toutes les lignes de l'inscription d'Henchir Mettich, *Revue historique de droit*, 1897, p. 374 et suiv., 1re face, l. 11, 15, 16, 19, 22; 2e face, l. 10, 12, 17, 19, 24; 3e face, l. 1, 10, 16, 19, 24; 4e face, l. 15, 17, 21, 24, 29, 34); — *actor* (C. I. L., VIII, 8209; VI, 721; Orelli, 2865, etc. — Pour la signification exacte des mots *vilicus* et *actor*, qui ne sont pas tout à fait synonymes, cf. Schulten, p. 84; His, p. 88, note 1; et surtout Marquardt, *Vie privée des Romains*, trad. Henry, I, p. 163, note 1). — Spécialement, sur les expressions employées dans les textes du Bas-Empire pour désigner les procurateurs des domaines impériaux, voy. His, p. 64.

(3) Généralement, le *vilicus* ou l'*actor* sont même des esclaves. C'est la règle certainement dans les domaines des particuliers. (Voy., par exemple, C. I. L., VIII, 8209; Wilmanns, 1748, 1888, etc. — Cf. les textes cités par Marquardt, *Vie privée*, trad., I, p. 163, 182, 207). Et il en est sans doute de même dans les domaines impériaux. Voy., par exemple, C. I. L., VI, 721 : *Atimetus Aug(ustorum) n(ostrorum) ser(vus) act(or) praediorum Romaniorum;* 276 : *Daphnus imp(eratoris) T. Caes(aris) Aug. Vespasiani ser(vus) pecul(iaris) vilicus praediorum Peduceanorum. Le Victor vilicus praedior. Maecianorum* (biens impériaux, voy. Hirschfeld, *Verwaltungsgeschichte*, p. 25, note) de Orelli, 5015, doit être également un esclave. — Sur le *vilicus* esclave, voy. outre Marquardt cité, Wallon, *Hist. de l'esclavage dans l'antiquité*, II, p. 214 à 221; Fustel de Coulanges, *L'Alleu*, p. 47 à 49. Je ne sais s'il est tout à fait permis de dire, comme Fustel, que le *vilicus* est toujours un esclave. Mais, s'il ne l'est pas toujours, il l'est sûrement presque toujours. Au contraire, le *procurator* est un homme libre, (généralement, comme je viens de le dire, un affranchi).

l'Empereur sont dans ce cas (1). Ce procurateur a toute l'administration du domaine, non seulement au point de vue financier, mais encore, au point de vue de l'exploitation agricole. Notamment l'inscription de Souk el Khmis nous montre qu'il a pleine autorité sur tous les hommes de ce domaine, et aussi bien sur le *conductor* (qui est, comme je l'ai dit, le fermier de tout le *saltus*) que sur les colons (qui sont des sous-fermiers). Il est essentiellement celui qui, comme s'exprime un passage du jurisconsulte Scaevola, *tam rei rusticae quam rationibus fundi praest* (2). Il dirige donc l'exploitation du domaine, se fait payer les fermages, lève les redevances, fait exécuter les corvées des colons. Dans la réalité, il est le véritable maître du domaine; car, le propriétaire ne résidant pas, c'est nécessairement l'intendant qui fait fonction de maître (3). Quant

(1) Exemples entre plusieurs : le *procurator* du *saltus Massipianus* de C. I. L., VIII, 587; et le *Patroclus Auggg* (= *Augustorum*) *lib(ertus) proc(urator)* du début de l'inscription d'Aïn Ouassel. — Dans l'inscription de Souk el Khmis, le personnage nommé Andronicus (col. 4, l. 13), auquel est adressé l'*epistula* de Tusianus Aristo, (le *procurator* du *tractus* de Carthage, voy. p. 587, note 5), est sûrement le *procurator* du *saltus* en question (le *saltus Burunitanus*). Or, son nom même indique d'une façon visible, un affranchi ou un esclave. Cf. là-dessus, Mommsen, *Hermes*, XV, p. 401; Fernique et Cagnat, *Revue archéologique*, 1881 (t. XLI), p. 149, 150. — L'inscription d'Henchir Mettich nous parle également de deux *procuratores* impériaux, Licinius Maximus et Felicior, dont le second est dit *Aug(usti) lib(ertus)*, et qui ont, au nom de l'Empereur Trajan, donné la loi du domaine privé dont il est traité dans cette inscription. (Voy. 1re face, l. 4 et 5). La province d'Afrique étant sénatoriale, il est sûr que de tels procurateurs impériaux ne peuvent être que des procurateurs chargés de l'administration des domaines de l'Empereur dans la province, et non des procurateurs de la province elle-même. Cela étant, Felicior, qui est affranchi, doit être le *procurator* d'un *saltus* voisin, et Licinius Maximus, qui est un ingénu, est sans doute le *procurator* du *tractus* de Carthage. Cf. Toutain, *Revue historique de droit*, 1897, p. 386 et 391. Cf. pour la condition des *procuratores* des domaines impériaux, à l'époque du Bas-Empire, His, p. 65. — Il me paraît très probable que, dans les domaines impériaux, le *procurator* affranchi, que nous rencontrons dans tous nos textes à partir du second siècle, a remplacé l'ancien *saltuarius* esclave dont j'ai parlé plus haut, et que l'on trouve encore dans une inscription du temps de Néron (C. I. L., VIII, 5383).

(2) Dig., 34, 1, 31 pr.

(3) Des textes italiens de l'époque du Bas-Empire disent quelquefois *vicedominus* pour désigner le *procurator* du domaine. Voy. édit de Théodoric, 155 (édit. Bluhme, *Monumenta Germaniae, Leges*, V, p. 168); Cassiodore, *Var.*, V, 14.

aux fruits et aux diverses redevances du domaine, il faut distinguer le cas où ce domaine est exploité en régie par le *procurator* lui-même et le cas (beaucoup plus ordinaire) où il est donné à ferme à un *conductor*. Dans ce dernier cas, c'est naturellement le *conductor* qui perçoit les fruits et les redevances de la terre, la mise à ferme de la terre ne pouvant pas avoir une autre signification. Dans le premier cas, au contraire, puisqu'il n'y a pas de fermier, c'est naturellement le *procurator* qui touche ces redevances (1).

(1) Voir surtout sur ce point, l'inscription d'Henchir Mettich. A propos de toutes les redevances, quelles qu'elles soient, qui sont dues par les colons du domaine, il est dit que ces redevances seront payées aux *conductores* ou aux *vilici* (*conductoribus vilicisve ejus fundi*). Voy. les passages cités ci-dessus à propos du mot *vilicus* (p. 51, note 2). Il n'est pas possible qu'il s'agisse ici d'un partage des redevances entre le *conductor* et le *vilicus*, puisque le règlement n'indique nulle part comment eût été fait ce partage, ni d'une distinction entre des redevances dues au *conductor* et d'autres qui seraient dues au *vilicus*, puisque, au contraire, c'est de toute redevance que l'on dit cela, ni enfin d'un droit qu'on laisserait aux colons de payer les redevances, à leur choix, au *conductor* ou au *vilicus*, ce qui serait tout à fait invraisemblable. Nécessairement, ce langage fait allusion à deux modes possibles d'exploitation du domaine, la mise à ferme de ce domaine à un *conductor*, qui alors touchera les redevances, et l'exploitation en régie par le *vilicus*, à qui dans ce cas les redevances seront dues. — C'est tout à fait à tort que M. Schulten, p. 76, 77, pense que, dans certains cas au moins et dans certains domaines, les redevances se partageaient entre le *conductor* et le *vilicus*, et qu'il invoque à l'appui de cette manière de voir la *lex metalli Vipascensis* (Bruns, *Fontes*, 6ᵉ édit., p. 266), qui est le statut d'un domaine minier des empereurs ; (voy. sur cette loi les notes ci-dessous). Dans cette *lex*, observe M. Schulten, il est question, et à plusieurs reprises, de *conductores* ; et cela n'empêche pas pourtant que le *procurator* ne touche certaines redevances ; Voy. l. 57 : *ludi magistros a proc(uratore) metallorum immunes es(se placet)*. (Donc, régulièrement les hommes du domaine ont à payer des droits au *procurator*, puisqu'il faut une *immunitas* spécialement accordée par la *lex* pour en exempter les maîtres d'école). Ainsi, dans certains cas, les redevances se seraient partagées entre le *conductor* et le *procurator*. Je crois que M. Schulten, ici comme dans plusieurs autres endroits où il s'est occupé de la *lex Vipascensis*, comprend très inexactement cette loi. En réalité, le domaine minier d'Aljustrel, pour lequel a été fait la *lex metalli Vipascensis*, est exploité en régie par le *procurator*. C'est ce que prouve la l. 3, dans laquelle il est dit que les puits de mine sont vendus par le *procurator* lui-même : (*ex pretio puteorum quos proc. metallorum vendet*). Il est vrai que, à côté du *procurator*, la *lex Vipascensis* mentionne très fréquemment différents *conductores* ; (voy. presque toutes les lignes de la loi). Mais il suffit de lire ce qui est dit de ces *conductores*, pour voir tout de

Dans tous les cas, et cela surtout est essentiel, le *procurator* du domaine a la *coercitio* contre tous les hommes du domaine, *conductor* ou colons, s'ils ne remplissent pas leurs obligations. Ainsi, par exemple, la *lex metalli Vipascensis* (1), que l'on peut considérer (bien qu'il s'agisse là d'une mine et non d'une exploitation agricole) comme un excellent type, et très détaillé, de statut domanial (2), donne expressément au *procurator* de la mine le *jus multae* (3).

suite qu'ils ne sont en aucune façon les fermiers de la mine. On ne leur a pas loué du tout le domaine minier, mais seulement le droit d'exercer, dans le territoire de la mine, différents petits métiers que l'administration impériale considère comme indispensables au bien-être de la population groupée dans ce territoire, (commissaire-priseur, crieur public, baigneur, cordonnier, coiffeur, foulon, etc.). Ce sont donc des boutiquiers, avec un monopole loué de l'administration impériale, mais ce ne sont pas les fermiers du domaine, les vrais *conductores* dont il est question dans cette étude. (Cf. sur ce point, les articles relatifs à la *lex Vipascensis* cités à la note suivante). Il résulte de là que, la mine d'Aljustel étant exploitée en régie par le *procurator*, rien n'est plus naturel que de parler, comme le fait la *lex Vipascensis* des redevances qui sont dues par les hommes du territoire minier à ce *conductor*, et qu'il n'y a aucune raison de conclure de là, pour les domaines donnés à ferme à un *conductor*, à un partage des redevances entre le *conductor* et le *procurator*.

(1) Voy. cette loi publiée dans C. I. L., II, 5181, et Bruns, *Fontes*, 6° édition, p. 266. — Textes avec commentaires, de Hübner et de Mommsen, dans *Ephemeris epigraphica*, III, p. 165 et suiv.; de Flach, dans *Revue historique de droit*, II, p. 269 et suiv., 645 et suiv. — Cf. dans Bruns, *loc. cit.*, la bibliographie relative à ce document. — La date, déterminée par les caractères de la langue et de l'écriture, est la fin du premier siècle. (Voy. Hübner, *Ephem. epigraph.*, III, p. 168 à 170).

(2) C'est ce qu'a très bien montré Mommsen, *Ephem. epigraph.*, III, p. 187 à 189. — Observer toutefois que le domaine minier d'Aljustel pour lequel a été faite cette loi appartient au fisc, et non à la *res privata* ou au *patrimonium*. Voy. l. 13 : *Si quas (res proc. metallorum nomine) fisci vendet*; l. 29 : *fisco d(are) d(ebeto)*.

(3) *Lex Vipascensis*, l. 30 : Contre l'exploiteur (*conductor*) des bains publics qui manquerait aux devoirs que le contrat lui impose, *tum proc(uratori) metallorum multam conductori quo(ti)ens recte praebitum non erit, usque ad IIS. CC. dicere liceto.* — Dans l'inscription de Souk el Khmis, nous voyons que le *procurator* a exécuté militairement les colons, qu'il les a fait saisir par des soldats, et même battre de verges, bien que plusieurs d'entre eux fussent des citoyens romains. Voy. col. 2, l. 11 à 16 : *ut missis militibus (in e) umdem saltum Burunitanum ali(os nos)trum adprehendi et vexari, ali(os vinc) iri, nonnullos cives etiam ro(manos) virgis et fustibus effligi jusse(rit).* Mais ce texte lui-même semble bien indiquer qu'en agissant ainsi le *procurator* dépassait ses droits. Et, en ce qui concerne spécialement les verges, on sait

Cette *coercitio* du *procurator* est sûrement ce qu'il y a ici de plus remarquable, au point de vue juridique. Le *procurator* se trouve en effet, par là, exercer de véritables pouvoirs de magistrat. Il est réellement, en fait, le magistrat, du domaine ; car le *jus multae* est essentiellement un attribut de magistrat. Il faut même ajouter ceci : Puisque le *procurator* a le *jus multae*, il a nécessairement une certaine juridiction, par la raison que sa *coercitio* ne peut être, en droit, que la dépendance et la conséquence de sa juridiction (1). Dans le droit de l'ancien Empire, il faut dire, pour parler très exactement, une *cognitio* plutôt qu'une *jurisdictio ;* car la *jurisdictio*, au sens propre du mot, signifie l'exercice de la justice par le renvoi de la cause devant un *judex*, et il est sûr que le *procurator* connaît lui-même *extra ordinem* (2). En somme, le domaine est *territorii municipalis instar*, comme dit M. Schulten, et le *procurator* doit être considéré comme le magistrat municipal de ce domaine (3).

Ces pouvoirs judiciaires, ces droits de magistrats reconnus à un *procurator*, sont évidemment des choses contraires au droit public romain. Non seulement, en effet, le *procurator* du

---

que même les magistrats du peuple romain, en droit, n'avaient pas le pouvoir de faire battre de verges un citoyen. Voy. là-dessus, Mommsen, *Droit public*, trad. Girard, I, p. 178, 179.

(1) En vertu de cette règle du droit public qui lie ensemble la *judicatio* et la *coercitio* ; Dig. 50, 16, 131, Ulpien. *Multam is dicere potest cui judicatio data est.* — *Ibid.*, 5, 1, 2, 8 ; Ulpien : *His datur multae dicendae jus quibus publice judicium est.*

(2) Sur cette règle que les procurateurs impériaux (ceux des domaines comme ceux qui sont mis à la tête des différents services financiers) statuent toujours par *cognitio*, Cf. Mommsen, *Droit public*, trad. Girard, V, p. 319.

(3) Voy. là-dessus Schulten, p. 80. Je reviendrai, dans le § 5 de cette étude, sur cette assimilation du territoire du domaine avec le territoire municipal, qui est une des idées les plus importantes et les plus fécondes du livre de M. Schulten, et j'en montrerai les nombreuses et importantes applications. M. Schulten, p. 78 et 79, voit notamment la démonstration décisive de cette conception dans la constitution de Valentinien de 365, (Cod. Théod., 10, 4, 3), qui oblige l'administrateur du domaine impérial, dans les affaires criminelles, à faire comparaître les hommes de ce domaine devant le juge du droit commun, mais qui, dans les affaires civiles, lui donnerait au contraire le droit de juger ces hommes ; (le magistrat municipal a pareillement une juridiction civile, mais on lui refuse toute juridiction criminelle). Mais l'interprétation que M. Schulten donne de cette constitution ne me semble pas exacte ; je m'expliquerai plus loin sur ce texte. (Voy. § 5).

domaine n'est pas un magistrat, mais encore il est le plus souvent un simple affranchi, et comme tel, incapable, en droit, de devenir jamais magistrat. Il est clair qu'à de tels faits on ne peut trouver qu'une explication. C'est comme agent, comme fonctionnaire de l'Empereur, que le *procurator* exerce de tels pouvoirs. D'après le droit public, il n'est qu'un *procurator*, et il ne saurait avoir par conséquent aucune juridiction ; encore au troisième siècle, un rescrit de Sévère Alexandre lui refuse même le *jus multae* (1). Mais combien ici la réalité est en désaccord avec les règles du droit ! J'ai montré tout à l'heure que, dès le premier siècle, le *procurator metalli* de la *lex Vipascensis* a le *jus multae*. Dans une lettre de Pline à Trajan, nous voyons les *procuratores* disposer de la force armée (2). Dans l'inscription de Souk el Khmis le *procurator* envoie pareillement des soldats contre les colons ; (il est vrai que ceux-ci se plaignent qu'on ait agi ainsi sans droit, et que le rescrit de l'Empereur paraît bien leur donner raison) (3). Dans tous les cas, il est sûr que des postes militaires étaient établis dans les domaines, à la disposition du *procurator* évidemment (4). Il a le droit d'expulser tous ceux dont la présence lui paraît dangereuse (5). Évidemment, c'est la toute-puissance de l'Empereur qui donne de tels pouvoirs à son agent. C'est l'identification de plus en plus complète de l'Empereur et de l'État qui fait reconnaître aux intendants de l'Empereur de véritables attributions d'État, et une autorité qui, d'après le droit public, n'appartient qu'aux magistrats seuls.

(1) Code Just., 1, 54, 2, (228) : *Procuratores meos... indicendae multae jus non habere saepe rescriptum est.*

(2) Pline, *ad Trajan* (édit. Keil), 27 et 28.

(3) Col. 2, l. 11 à 16 (Voy. p. 596, note 3).

(4) Exemples cités par Marquardt, *Finances*, trad. Viglé, p. 333, notes 4 et 5. — Ajouter à ces exemples la *lex metalli Vipascensis*, l. 24, qui nous montre des *milites* dans le domaine minier d'Aljustrel; et C. I. L., VIII, 14603 : *Flamínius... mil(es) leg(ionis) III Aug. 7 (=centuria) Longi... mil(itavit) annis XIX in praesidio ut esset salto Philonustano.* — Dans les cimetières des *officiales* du *procurator tractus Carthaginiensis*, on trouve des épitaphes relatives à des *milites*, qui évidemment étaient au service du *procurator* de ce *tractus.* Voy. là-dessus les observations importantes de Mommsen, *Ephem. epigraph.*, V, p. 117 à 120 et Cagnat, *Armée romaine d'Afrique*, p. 263, 264.

(5) Dig. I, 19, 3, 1, (Callistrate).

Il est clair que ces pouvoirs de magistrats qu'exercent les
procuratores des domaines impériaux, les procurateurs des
domaines des particuliers ne sauraient les avoir. Mais, pour le
reste, leur *officium* est le même, à savoir le gouvernement et
l'administration financière (les *rationes*) du domaine. Quant à
l'exploitation agricole (la *res rustica*), elle regarde, si le domaine est mis à ferme, le *conductor* qui a affermé la terre, ou
dans le cas contraire l'intendant lui-même. Au surplus, il dépend toujours du propriétaire de prendre, pour l'administration de son domaine, les arrangements qui lui conviennent, et
de confier à son intendant les attributions qu'il juge à propos
de lui donner (1).

§ 4.

LE *CONDUCTOR* ET LES CULTIVATEURS DU DOMAINE (2).

I.

Le domaine pouvait être exploité de deux manières, ou en
régie, c'est-à-dire par l'intendant lui-même, ou par la mise à
ferme de ce domaine à un *conductor*. Le second procédé est
d'ailleurs le plus usité à beaucoup près. J'étudierai plus tard,
dans un paragraphe spécial, les règles suivies pour l'exploitation du domaine, et je dirai à cette occasion le caractère juridique des baux à ferme qui sont contractés (3). Ici, je n'entends parler que de la condition des différentes personnes
qui habitent le domaine. Nous avons déjà rencontré le *procurator*, qui est l'intendant du domaine; il nous faut maintenant faire connaissance avec les autres habitants, c'est-à-dire
avec le fermier ou *conductor* et avec les cultivateurs.

Parlons d'abord du *conductor*.

Comme son nom le dit, c'est le fermier. Dans les petites ou
moyennes exploitations, ce nom suffit pour caractériser sa condition juridique, ses droits et ses obligations. Ils sont tout sim-

---

(1) Voy. Schulten, p. 81.
(2) Sur cette matière Schulten, *Grundherrschaften*, p. 84 à 105; His, *Domänen der Kaiserzeit*, p. 11 à 14; p. 87 à 89; Toutain, *Revue historique de
droit*, 1897, p. 373 à 415.
(3) Voy. le § 7.

plement ceux qui résultent du contrat de louage. Le *conductor*
est un locataire, et, comme tel, régi par les règles ordinaires
de la *locatio conductio*. Comme il est, dans le cas présent, le
locataire d'une exploitation rurale, il s'appelle proprement
aussi du nom de *colonus* (1). Mais, dans les grands domaines,
il est à remarquer que l'on rencontre, à côté et généralement en conflit, le *conductor* d'une part, et les *coloni* d'autre
part (2). Les uns et les autres ne peuvent être évidemment
que des fermiers, puisque les mots *conductor* et *colonus* ne
sauraient avoir une autre signification; mais les *coloni* sont
très visiblement dans une situation beaucoup plus humble que
celle du *conductor*, et généralement les *coloni* se plaignent
d'être opprimés par le *conductor*. Le *conductor* et les *coloni*,
bien que fermiers les uns et les autres, sont donc certainement
deux catégories de personnes très différentes, et la première
question qui se pose est de savoir en quoi se distinguent ces
deux espèces de fermiers du domaine. Dans le mémoire très
important qu'il a consacré à l'inscription de Souk el Khmis
(le document où la présence simultanée et le conflit de *conductor* et des *coloni* apparaît avec le plus de relief), M. Mommsen a soutenu que le *conductor* est proprement le fermier, non
de tout le domaine, mais de la *villa* seulement (3), et que les
colons sont les fermiers de l'autre partie du domaine, c'est-
à-dire de celle qui est surtout destinée à l'exploitation. M.
Schulten combat cette manière de voir. Il considère que le
conductor est le fermier de tout le domaine, et que les *coloni*
sont de petits cultivateurs à qui le *conductor* a loué lui-même
les différentes parcelles destinées à l'exploitation (4); en
d'autres termes, le *conductor* est le fermier du domaine et les
coloni sont des sous-fermiers. Les raisons que donne M.

---

(1) *Colonus* signifie en effet proprement, dans le droit de l'époque de la
République et de l'ancien Empire, le locataire (*conductor*) d'une exploitation
rurale. Cf. Girard, *Manuel*, p. 552, et ce que je dirai prochainement à propos des colons.

(2) Cette opposition du *conductor* et des *coloni* est très frappante surtout
dans l'inscription de Souk el Khmis, et aussi dans celle d'Henchir Mettich
(*Revue histor. de droit*, 1897, p. 374 et suiv.). Voy. les passages cités dans
les notes suivantes.

(3) Mommsen, *Hermes*, XV, p. 405, 406.

(4) Schulten, p. 88 à 91.

Schulten pour justifier cette opinion me paraissent tout à fait
convainquantes. D'abord la situation extrêmement dépendante
et humble des colons vis-à-vis du *conductor*. L'inscription de
Souk el Khmis précisément est, à ce point de vue, on ne peut
plus instructive (1), puisque la partie principale de ce document
est le récit des vexations que le *conductor* a fait endurer aux
colons. On y voit, à cette occasion, combien les colons,
vis-à-vis du *conductor*, sont de pauvres petits fermiers, fai-
bles, misérables, à la merci de toutes les exactions dont les
afflige le gros et le puissant fermier (2). Or, une telle situation s'explique bien si l'on fait des colons les fermiers du
conductor lui-même, tandis qu'elle est assez incompréhensible
si, au contraire, on regarde les colons comme des fermiers
d'une partie du domaine, tenant directement du propriétaire
lui-même, et par conséquent fermiers au même titre que le
conductor. La même inscription de Souk el Khmis nous fournit un autre argument encore ; elle nous montre que les colons
doivent des *operae* au *conductor* (3). C'est donc que le *conductor*
est, vis-à-vis d'eux, dans la situation d'un *dominus*. Même
conclusion à tirer de cette circonstance que les colons doivent
au *conductor* des redevances en nature, consistant en une part
des fruits (*partes agrariae*) (4) ; car le colon, qui doit ainsi une

(1) Voy. surtout col. 3, lignes 19 à 24, et col. 2 (récit des vexations que
le *conductor* à fait endurer aux colons).

(2) Voy. la façon dont les colons parlent d'eux-mêmes : me(*diocritat)is nostrae* (col. 2, l. 17, 18); *nos miserrimos homi(nes)* (col. 3, l. 1); *homines rustici, tenues, manum nostrarum operis victum tolerantes* (*ibid.*, l. 19) ; *rustici
tui vernulae et alumni saltuum tuorum* (*ibid.*, l. 28 et 29).

(3) Col. 3 (requête des colons à l'Empereur Commode) l. 6 et suiv. Les
colons demandent à l'Empereur que *ademptum sit jus etiam proc(uratoribus)
nedum conductori adversus colonos ampliandi.... operar(um) praebitionem....
non amplius annuas quam binas aratorias, binas sartorias, binas messorias
operas debeamus. Ibid.*, l. 24 à 27 (*non) amplius praestare nos quam... ter
binas operas*. Cf. col. 4 (décret de Commode), l. 5 et 6. Ainsi c'est au *conductor* aussi bien qu'au *procurator* qu'il est fait défense d'imposer aux colons
des *operae* exagérées. — Voy. aussi l'inscription de Gasr. Mezuar (C. I. L.
VIII 14.428); l. 12 : *aratorias IIII, sartorias IIII, messicias IIII*. (Voy. sur
cette inscription très mutilée, mais dont la partie que je viens de citer est
certaine, les observations faites dans le C.I.L. *loc. cit.*, et Schulten, *Hermes*,
XXIX, p. 204, 205, note.

(4) Inscription de Souk el Khmis, col. 3, l. 7. Défense au *conductor* (aussi
bien qu'en *procurator*) d'exiger des colons des *partes agrariae* dépassant la

part des fruits au *conductor*, est évidemment, par rapport à lui, un *colonus partiarius*; en d'autres termes, il est le fermier du *conductor*, et celui-ci, à qui il doit comme fermage une part des fruits, est son *locator*. On peut ajouter encore à ces considérations divers textes juridiques qui très positivement nous représentent le *conductor* comme le *conductor* du *saltus* tout entier et non de la *villa* seulement (1). En résumé, le *conductor* est le fermier de tout le domaine, et les colons sont ses fermiers à lui, c'est-à-dire des hommes à qui il a affermé, par petites tenures, les terres qui ne sont pas comprises dans la *villa* proprement dite. Par rapport au propriétaire du domaine, le *conductor* est le fermier, et les colons sont des sous-fermiers.

Le *conductor* est un très puissant personnage. Dans les

limite fixée par la *lex Hadriana*. — Inscription d'Henchir Mettich (*Revue histor. de droit*, 1897, p. 374 et s.). A propos de chacune des redevances (*partes*) dues par les colons du domaine, il est dit régulièrement que le colon doit la fournir *dominis ejus fundi aut conductoribus vilicisve* (par ex., 1ro face, l. 22; 2e face, l. 4, 9 et 10), ou, plus simplement *conductoribus vilicisve* (par ex., 1ro face, l. 15; 2e face, l. 12, 16 et 17, 19 etc.), ce qui fait allusion, comme je l'ai dit déjà, à trois modes possibles d'exploitation du domaine, l'exploitation directe par le propriétaire, l'exploitation en régie par un intendant (*vilicus*) et la mise à ferme à un *conductor*. (Voy. Toutain, *loc. cit.*, p. 387, et cf. ci-dessus, p. 53, note 1). Donc lorsque le domaine est loué à un *conductor*, comme en fait cela a lieu le plus souvent, et comme je le suppose dans ce paragraphe, c'est bien au *conductor* que les colons doivent payer leur redevance. — L'inscription d'Aïn Ouassel (col. 2, dernière ligne et la col. 3 tout entière) parle aussi des *partes fructuum* dues par les cultivateurs des domaines impériaux, et il est dit expressément, à la fin de l'inscription, que ces redevances seront payées au *conductor* du domaine; *eas proximo quinquennio et dabit in cujus conductione agr(um) occupaverit.* Mais il n'est pas sûr du tout que les cultivateurs dont il est question ici soient proprement des colons; dans tous les cas, s'ils ressemblent, en fait, aux colons par certains côtés, en droit, ils s'en distinguent absolument, n'étant certainement pas des fermiers (ou des sous-fermiers), mais, comme les nomme l'inscription elle-même, des « occupants » (col. 3, l. 1 et l. 17). Cf. sur leur condition juridique, Mispoulet, *Revue historique de droit*, 1892, p. 123, 124.

(1) Dig. 19, 1, 52, pr. (Scaevola) : *a conductore saltus, in quo idem fundus est.* — Cf. Cod. Just., 11, 63, 3 (Gratien); *Cognovimus a nonnullis, qui patrimoniales fundos meruerunt, colonos antiquissimos perturbari atque in eorum locum vel servos proprios vel alios colonos subrogari.* Donc le *conductor* n'a pas loué seulement l'exploitation de la *villa*, et son droit s'exerce sur le domaine tout entier. — Voy. d'autres textes juridiques cités et expliqués par Schulten, p. 90, 91. Cf. His, p. 87, note 5.

domaines impériaux surtout, il joue volontiers au potentat. Il a des allures d'intendant seigneurial, et se donne parfois des airs et comme des attributions qui le feraient ressembler à un *procurator* impérial, et presque à un magistrat (1). L'inscrip-

(1) Voy. sur ce point Schulten, p. 85; His, p. 84. — Toutefois M. Schulten (p. 85 et p. 77), a tort de dire que le *conductor* dans certains cas a des pouvoirs et exerce des fonctions de magistrat (ou comme il dit, de quasi-magistrat). Le *conductor* n'a jamais de droits pareils; il est vrai qu'il se les arroge quelquefois, mais c'est de sa part abus et non pas droit, un excès de pouvoir contre lequel les textes législatifs protestent en termes formels. (Voy. ci-dessous Cod. Théod. 10, 26, 1). M. Schulten croit trouver la preuve de ces prétendus droits de magistrat que la loi aurait reconnus parfois au *conductor*, dans la *lex metalli Vipascensis*. Il y a là une erreur qui tient à la façon tout à fait inexacte dont M. Schulten paraît avoir toujours compris la *lex Vipascensis*. (Cf. ci-dessus, p. 53, note 1). Il est bien vrai qu'il est question, tout du long de ce document, de *conductores*, (le commissaire-priseur, le crieur public, le baigneur, le cordonnier, le coiffeur, le foulon, etc., auxquels l'administration impériale a loué le droit d'exercer leurs métiers dans le district minier d'Aljustrel); et que ces *conductores*, en vertu du bail qu'ils ont passé, ont, non seulement un monopole, mais encore divers privilèges très remarquables, notamment, contre leurs clients qui refusent de les payer, une peine du double (l. 9, 16, 52) et la *pignoris capio* (l. 16, 34 et 35, 41 et 42, 45, 53); et contre ceux qui portent atteinte à leur monopole, une amende (l. 33 et 34, 38 et 39, 44 et 45) et la confiscation des objets fabriqués à leur préjudice (l. 39, 54). Et de tels droits (amende, *pignoris capio*, confiscation) sont bien vraiment des droits de magistrat. (Remarquer aussi la ressemblance, à ce point de vue, de ces *conductores* d'Aljustrel avec les *publicani* de l'époque de la République, auxquels l'État accorde des privilèges tout à fait semblables pour leur assurer la perception des *vectigalia* loués par eux. Cf. surtout la *pignoris capio* des passages cités de la *lex Vipascensis* avec la *pignoris capio* de Gaius, IV, 28, anciennement donnée aux publicains; et observer combien ces *conductores*, qui ont loué du fisc impérial, ressemblent en réalité aux *publicani* proprement dits, qui ont loué de l'État). — Mais il faut faire attention à deux choses capitales qui empêchent absolument qu'on puisse tirer de ce document les conclusions qu'en tire Schulten. D'abord ces *conductores* de la *lex Vipascensis* ne sont en aucune façon les fermiers du domaine minier d'Aljustrel; (la mine est, comme je l'ai dit déjà, exploitée en régie par le *procurator metallorum*); ce sont tout simplement des boutiquiers à qui l'administration a loué le droit d'ouvrir leurs commerces et de faire leurs métiers, à certaines conditions déterminées par elle, dans le district minier. Or, le *conductor* dont il est question dans cette étude, et spécialement dans le présent paragraphe, est essentiellement le fermier du domaine, et suppose par conséquent le domaine lui-même loué, et non pas, comme ici, administré en régie. Il n'y a donc aucune conclusion à tirer, en cette matière, des droits que nous voyons exercer à Aljustrel par les *con-*

tion de Souk el Kmis nous le montre, compère et compagnon des *procurator*, traitant de toute sa hauteur les pauvres colons et imposant par la force ses exigences (1). Les *conductores* des domaines impériaux ont même souvent des façons si ambitieuses, qu'une constitution de Théodose, en 426, dut leur défendre de prendre les insignes et de s'attribuer les pouvoirs judiciaires qui n'appartiennent qu'aux magistrats (2). Plusieurs circonstances expliquent très bien cette attitude des *conductores*.

La première est une pratique très générale, une habitude

ductores de la *lex Vipascensis*. Au surplus, ces droits de magistrat, accordés à de pareils gens, sont évidemment extraordinaires. Ils s'expliquent, dans le district dont il s'agit, par des raisons tout à fait locales et exceptionnelles (nécessité pour l'administration impériale d'attirer, dans cette région montagneuse et perdue d'Aljustrel, les métiers nécessaires à la vie et au bien-être des hommes employés au service de la mine, et de donner par conséquent à ceux qui exercent ces métiers des privilèges qui leur assurent de quoi vivre). Mais, justement parce qu'il y a là une situation toute exceptionnelle, il faut bien se garder de généraliser les dispositions contenues dans la *lex Vipascensis*, et de voir dans ces règles, explicables seulement par des nécessités locales et des circonstances extraordinaires le type de la condition juridique des *conductores* dans les domaines impériaux. — Sur ces *conductores* du domaine minier d'Aljustrel, cf. ce que je dirai, à la fin du présent paragraphe, à propos des *negotiatores* établis dans les grands domaines.

(1) Voy. le début de la colonne 2. Les colons des *saltus Burunitanus* se plaignent à l'Empereur de la *praevaricatio* du *procurator*, *cum omnibus fere conductoribus*, *contra fas*, et nous représentent en particulier le *conductor* actuel, Allius Maximus, *artibus gratiosissimus* auprès du *procurator*, et par ses instances poussant celui-ci aux mesures rigoureuses envers les colons. Cf. col. 3, l. 20 et suiv., où les colons se plaignent d'être, par suite de leur pauvreté, incapables de lutter d'influence auprès des *procuratores* avec ce *conductor* qui peut les corrompre par ses largesses (*conductori profusis largitionibus gratiosissimo impares aput procuratores tuos simus*).

(2) Cod. Théod. 10, 26, 1 : *Conductores hominesve augustissimae domus nostrae nullum cujuslibet nomen militiae usurpent, nullius cingulo dignitatis utantur... nec aliorum litigatorum negotio intercedant, nec sententiam judicantam..... conturbent*, etc. — Très souvent, d'ailleurs, les *conductores* des domaines impériaux sont par eux-mêmes, et indépendamment de leur situation de fermiers de l'Empereur, de très hauts personnages. Par exemple dans Cod. Théod., 15, 13, 15, il est question de biens de l'Empereur donnés en emphytéose à des *viri senatoriae fortunae*. Dans de pareils cas, il est clair que le *conductor* profite de sa condition personnelle et de l'indépendance qu'elle lui donne vis-à-vis des fonctionnaires publics pour prendre de plus en plus belle des allures de potentat.

telle que l'on pourrait presque la considérer comme une règle de droit, pratique qui a été celle de l'État romain dans tous les baux qu'il contractait, qui est restée, pour ce motif, celle des administrateurs des domaines impériaux, et qu'ont suivie sûrement par imitation même les grands propriétaires privés et leurs intendants. Presque toujours, les baux des grands domaines constituent une grande tenure, je veux dire que le grand domaine est affermé non par parcelles, mais soit en entier soit au moins par parties très considérables. Le bail, en d'autres termes, porte toujours sur une très grande étendue de terre. On sait que, à l'époque de la République, les censeurs qui louaient les terres publiques, ne les louaient pas, en règle, par petites tenures à des cultivateurs, mais presque toujours, au contraire, par immenses lots, à des sociétés de gens d'affaires (les plublicains) (1). L'existence de ces sociétés de publicains n'a même pas d'autre raison d'être ni d'autre explication que la nécessité où se trouvaient les capitalistes, malgré la richesse de chacun d'eux, de mettre leurs capitaux ensemble pour prendre à ferme d'aussi vastes entreprises (2). Il y eut çà et là quelques exceptions à cette règle. Par exemple, à l'époque de Cicéron, les terres publiques, que l'État gardait encore en Campanie, étaient louées par petits lots à des cultivateurs (3). Peut-être de telles pratiques ont-elles persisté dans quelques milieux encore à l'époque impériale (4). Mais

---

(1) Voy. sur ce point, Marquardt, *Finances*, trad., p. 380; Hahn, *De censorum locationibus*, p. 18, 19.

(2) Cf. Marquardt et Hahn, cités à la note précédente.

(3) Cicéron, *de lege agraria*, II, 31, 84 : *Totus enim ager Campanus colitur et possidetur a plebe, et a plebe optima et modestissima.* — Cf. sur ce passage de Cicéron, mon travail sur la *limitation des fonds de terre*, p. 58, note 1. Noter surtout l'allusion à cette location du domaine public de Campanie dans un passage des Annales de Granius Licinianus : *Agrum eum in fundos minutos divisum mox ad pretium indictum locavit* (le préteur P. Lentulus); et sur toute cette opération, *Limitation des fonds de terre*, p. 57 et suiv., et p. 69.

(4) Les petites habitations rurales, découvertes dans la région de Bade, sur les confins du *limes* de Germanie, et dont M. Schumacher a donné dernièrement la description, (*Römische Meierhöfe im Limesgebiet*, dans *Westdeutsche Zeitschrift*, 1896, XV, p. 1 à 17), sont peut-être (mais pas sûrement) les habitations de petits fermiers de cette espèce, établis sur les confins de la Germanie à l'époque impériale. Dans tous les cas, il ne paraît pas à M. Schumacher que

il est certain, en tous cas, que ce sont là des faits très rares. L'habitude de louer ainsi par immenses étendues de terre a naturellement passé de la pratique de l'État dans celle des administrateurs des biens de l'Empereur, qui toujours ont imité, dans leur manière d'exploiter ces domaines, les procédés suivis anciennement pour la mise en valeur des domaines de l'État (1). Et pareillement les grands domaines des particuliers ont été exploités de cette façon. Il est certain par conséquent que l'on doit considérer le *conductor* (d'un domaine de l'Empereur ou d'un grand domaine privé) comme le fermier d'une très grande terre. Et comme à l'ancien *publicanus* de l'époque de la République, dont on sait l'orgueil, l'insolence et les prétentions, cette situation de gros fermier permet au *conductor* du domaine de se considérer comme un personnage important et d'afficher des ambitions très disproportionnées avec les droits que lui confère, d'une façon régulière et légale, le très simple contrat qu'il a passé.

Un second motif qui lui a mis ces ambitions au cœur c'est qu'il est le fermier d'un grand personnage. Combien surtout l'orgueil est naturel quand ce grand personnage n'est autre que l'Empereur lui-même ! La notion du contrat, les règles du droit civil qui veulent qu'il n'y ait dans tout cela, quel que soit le bailleur, qu'une simple *locatio conductio*, qu'est-ce que cela

ce soient des fermes de colons dépendant d'un grand domaine. Il ne peut, dit-il, y avoir là que des Gaulois entreprenants qui sont venus chercher fortune en ce pays, et s'y sont établis pour le cultiver (Cf. le passage célèbre de Tacite, *Germ.*, 29, sur les *agri decumates*), ou bien des vétérans à qui l'État a donné ces terres après leur service. (voy. l'article cité, p. 17). M. Ilis (p. 8), pense que ce sont de petits fermiers de l'État analogues à ceux dont parle Cicéron à propos du domaine public de Campanie. Quoi qu'il en soit, les habitations rurales dont je parle appartiennent certainement aux premiers siècles de l'Empire. Les objets trouvés dans les ruines, en particulier les vases de terre, par leur forme et leur décoration, indiquent le premier siècle, ou au plus tard le commencement du deuxième. (Schumacher, *loc. cit.*, p. 12). — M. Meitzen, *Siedelung und Agrarwesen der Westgermanen und Ostgermanen, der Kelten, Römer*, etc.; 1, p. 351 à 355, considère, d'une façon générale, comme de petits fermiers de l'État, locataires de petites tenures, les colons isolés établis sur les *agri decumates,* aux frontières de la Germanie. Je reviendrai sur ce point dans le § 7.

(1) Sur cette règle essentielle de la location des domaines impériaux par grandes masses et étendues de terre considérables. Voy. His, p. 84.

à côté du fait lui-même ? En droit, il est bien évident que prendre à ferme un domaine impérial ne donne au *conductor* aucune
des attributions des magistrats ; car la *locatio conductio* est un
contrat de droit privé qui ne touche en rien aux droits politiques des contractants, et qui ne saurait conférer au preneur la
moindre autorité publique. En droit, le fermier de l'Empereur
n'est pas plus que le fermier d'un particulier. Mais, en fait, il
n'est pas possible que le fermier du maître du monde ne se
croie pas une sorte de personnage d'État?

Enfin une dernière circonstance a tendu encore à hausser les
prétentions de ce fermier. Je montrerai plus loin, dans l'étude
que je ferai des diverses espèces de fermage, que, à l'époque
du Bas-Empire (et dès l'époque antérieure il y a déjà une tendance vers cet état de choses), les biens de l'Empereur sont le
plus ordinairement loués à perpétuité, et non pas à temps.
Le bail perpétuel entrera sans doute assez tard dans la prati-
que des particuliers ; mais, dès le IVe et le Ve siècle, presque
toujours les domaines des empereurs sont affermés par un
procédé qui, quel que soit le nom, confère au preneur un droit
perpétuel et héréditaire (1). Il résulte de là que, au moins dans
la période du Bas-Empire, le *conductor* des biens de l'Empereur est presque toujours un fermier à vie, un *possessor emphyteuticarius* ou un *conductor perpetuarius* comme disent les
textes juridiques de cette période (2). Et faites attention que,
dès l'époque de l'ancien Empire, bien que le droit ne pratique
pas encore, au moins d'une façon ordinaire, les locations perpétuelles et héréditaires, les empereurs s'efforcent, déjà en
renouvelant périodiquement les baux de leurs *conductores*,
de rendre en fait ces baux comme perpétuels (3). Observez

_____

(1) Voy. le § 7.

(2) Code Just., 11, 71, 1 (Gratien et Théodose, 380 à 383) : *fundos ex re privata nostra ita trali perpetuarlis.* — Cf. les constitutions contenues dans
les titres 62 et 65 du même livre du Code Justinien.

(3) C'est ce que prouve l'inscription de Souk el Khmis. A cette époque
(sous Commode), la *locatio conductio* du *saltus* impérial est certainement le
louage ordinaire et classique (cinq ans en règle), mais les *procuratores* de
l'Empereur ont soin de renouveler le bail à l'expiration de chaque période
de cinq ans, de telle sorte, que dans la réalité, le bail a une durée très longue.
Voy. col. 3, l. 22 et 23 : *aput proc(uratores) tuos... quib(us) (pe)r vices suc-
cession(is) per condicionem conductionis notus est* (le *conductor*).

aussi, et principalement, que le fermier perpétuel et héréditaire a, par la force des choses, des droits qui le font presque ressembler à un propriétaire ; (l'emphytéote de droit du Bas-Empire, c'est-à-dire le type même du fermier perpétuel, est réellement un *quasi dominus*). Et vous arrivez à cette conséquence que les *conductores* des domaines impériaux, fermiers perpétuels, et partant *quasi domini* des biens de l'Empereur, se regarderont presque nécessairement comme les propriétaires du domaine, et en prendront volontiers l'attitude, le rôle et les attributions (1).

II.

Étudions maintenant les cultivateurs du domaine.

Il y a d'abord les esclaves. Je n'en dirai ici que peu de mots, cette matière ayant déjà fait l'objet d'études très complètes (2), et pouvant être considérée aujourd'hui comme suffisamment connue (3).

Dans l'énorme armée d'esclaves que possédaient à l'époque

(1) Voici un exemple bien caractéristique de ces allures de propriétaire et même de potentat que prend volontiers, à l'époque du Bas-Empire, le *conductor* des biens impériaux qui a ces biens à bail emphytéotique. Le fait est signalé par deux passages de Saint Augustin, *Contra litteras Petiliani*, II, 184 (édit. des Bénédictins, IX, p. 432) et *Epistolae*, 66 (*ibid.*, II, p. 231). Un certain Crispinus, devenu par achat l'emphytéote d'un domaine appartenant à l'Empereur, obligea les colons de ce domaine à embrasser le schisme donatiste et les rebaptisa, (pratique propre aux donatistes). Voy. *Contra litteras Petiliani, loc. cit. : Nonne Cripinus... cum emisset possessionem, et hoc emphyteuticam, non dubitavit, in fundo catholicorum imperatorum, uno terroris impetu, octoginta ferme animas miserabili gemitu mussitantes, rebaptizando submergere.* Évidemment cet emphytéote estimait que, dans son domaine, il pouvait se comporter en empereur, et comme tel, obliger ses sujets, les colons, à pratiquer la religion qu'il jugeait la bonne.

(2) Les auteurs dont le présent travail a principalement pour but d'analyser les ouvrages ne parlent presque pas de cette classe de cultivateurs. Schulten seul y consacre quelques lignes (p. 93). La matière se trouve traitée au contraire avec beaucoup de détails et de précision dans Wallon, *Hist. de l'esclavage dans l'antiquité*, 2e édition, II, p. 91 et suiv., 201 et suiv., III, p. 104 et suiv.; Fustel de Coulanges, *L'Alleu*, p. 42 à 68; *Recherches sur quelques problèmes d'histoire*, p. 54 à 69; Marquardt, *Vie privée des Romains*, trad. Henry, I, p. 160 à 166; p. 210 à 212.

(3) Sauf un point toutefois : ce que l'on a nommé la tenure servile. Il y a encore sur cette question bien des obscurités. Dans les pages qui suivent je m'efforcerai surtout de les éclaircir.

impériale les propriétaires romains, il y avait deux grandes classes, la *familia rustica* et la *familia urbana* (1). Il ne faut pas entendre par ces expressions que les premiers de ces esclaves habitaient la campagne et les seconds la ville. La *familia urbana*, comprenait les esclaves attachés à la personne du maître lui-même ou à sa maison d'habitation, que le maître d'ailleurs habitât la ville ou la campagne; la *familia rustica* était composée au contraire des esclaves attachés à la culture du domaine (2). Cette dernière catégorie est donc la seule qui rentre, à proprement parler, dans l'objet de cette étude (3). Mais il faut toujours observer qu'il n'y a entre ces esclaves et ceux qui composent la *familia urbana* aucune différence, au point de vue juridique, puisqu'il dépend toujours du maître de placer, à son gré, ses esclaves dans l'une ou dans l'autre des deux catégories que je viens de dire, et que, en fait, les esclaves passaient assez souvent de l'une à l'autre (4).

Les esclaves de la *familia rustica* étaient extrêmement nombreux (5). Il y en avait pour tous les genres de travaux :

(1) Voy. pour ces expressions par exemple, Dig. 31, 65, pr. (Papinien). Ce langage est d'ailleurs courant.

(2) Dig. 50, 16, 166 (Pomponius) : *Urbana familia et rustica non loco, sed genere distinguitur.* — *Ibid.*, 32, 99, pr. (Paul). *Servi..., licet in praediis rusticis sint., tamen si opus rusticum non faciant, urbani videntur*, etc.

(3) Remarquer toutefois que, dans le domaine, la *villa*, c'est-à-dire l'habitation du maître, renfermera nécessairement un grand nombre d'esclaves qui, d'après la définition que je viens de donner, feront partie de la *familia urbana* et non de la *rustica;* par exemple les cuisiniers, les cochers, les courriers, les secrétaires, les chasseurs au service du propriétaire de domaine, etc. Voy. Dig., 32, 99 (Paul); 33, 7, 18, 13 (Paul) : *Villam meam... cum... mancipiis quae ibi deputabuntur urbanis et rusticis,* etc. Cf. Fustel de Coulanges, *Alleu,* p. 42, 43. Mais, dans ce paragraphe où il est question des cultivateurs du domaine, il reste vrai de dire que la *familia rustica* est la seule dont il y ait à se préoccuper.

(4) Voy. Dig., 32, 99, pr. (Paul) : *Dicendum autem est, quod urbani intelligendi sunt, quos paterfamilias inter urbanos adnumerare solitus sit; quod maxime ex libellis familiae, item cibariis deprehendi poterit.* — Les esclaves des champs étant généralement astreints à des travaux beaucoup plus durs que ceux de la ville, être relégué par le maître dans la *familia rustica* devint un châtiment pour les esclaves que l'on voulait punir. Voy. Dig., 28, 5, 35, 3 (Ulpien) : *si servus fuerit missus in villam..... quia dominum offendisset, quasi ad tempus relegatus.* Cf. d'autres textes pareils cités par Marquardt, *loc. cit.,* p. 210, note 4.

(5) Voy. à ce sujet les textes anciens et les calculs (nécessairement très

esclaves attachés à la culture des terres arables (*bubulci*, *aratores*, etc.), ou à celle des plants d'oliviers (*leguli*, *factores*, etc.), ou à celle des vignobles (*fossores*, *alligatores*, *vendemiatores*, *calcatores*, etc.), bergers, esclaves affectés aux soins de la basse-cour, ou aux vergers, ou aux potagers, ou à l'élève des abeilles, ou aux écuries, ou aux étables, ou aux étangs, etc. etc. (1). Quelques-unes de ces fonctions pouvaient être cumulées par le même esclave. Mais en général, et surtout dans les grands domaines, c'étaient au contraire plusieurs esclaves qui étaient attachés à la fois à chacun de ces services (*officia*, *ministeria*) (2). C'était un principe, en effet, que l'esclave ne travaillât jamais isolément et librement (3). Pour assurer l'ordre dans le travail et pour surveiller ces bandes d'esclaves occupés ensemble au même *officium*, on divisait ordinairement ceux-ci en groupes de dix (*decuriae*), avec un *decurio*, à la tête de chacune de ces décuries (4). Chaque service, chaque métier servile avait pareillement son chef de travaux (*magister operum*) (5). Quelques esclaves avaient des emplois de confiance qui leur donnaient, dans cette domesticité, une situation à part, par exemple le som-

approximatifs) faits par les modernes, principalement dans Wallon, *loc. cit.*, II, p. 97 à 104. Bien qu'il faille se défier de certaines exagérations dans les descriptions des moralistes et des satiriques anciens (Cf. *ibid.*, p. 142 et suiv.), et que toute statistique précise soit impossible, le nombre des esclaves, tant de la *familia rustica* que de la *familia urbana*, reste certainement très considérable. Sur ce point, cf. Boissier, *La religion romaine d'Auguste aux Antonins* (édit. in-12), II, p. 308 et suiv., et Marquardt, *loc. cit.*, p. 187.

(1) Pour toutes ces catégories d'esclaves, voy. la liste extrèmement détaillée, donnée par Marquardt, *loc. cit.*, p. 163 à 166 avec tous les textes. Cf. Wallon, *loc. cit.*, II, p. 94 et 95.

(2) Dig. 31, 65 pr. (Papenien) : *Servorum officia vel ministeria.* — Tacite *Germ.*, 25 : *servis... descriptis per familiam ministeriis.*

(3) Columelle, *De re rustica*, 1, 9 : *Dividendumque ita opus, ut ne singuli neque bini sint, quoniam dispersi non facile custodiuntur.*

(4) *Ibid.* : *Classes non majores quam denum hominum faciendas, quas decurias appellarunt antiqui et maxime probaverunt.* — Sur ces *decuriones* d'esclaves, cf. les textes cités par Marquardt, *loc. cit.*, p. 181, note 2. — Les *monitores* dont parlent Columelle (1, 9), Paul (III, 6, 35), et Ulpien (Dig. 33, 7, 8 pr.), paraissent bien être les mêmes personnages que ces *decuriones*. Cf. Marquardt, *loc. cit.*, p. 181.

(5) Columelle, I, 9 : *magistros operibus oportet praeponerae sedulos.* Cf. *ibid.*, I, 8 : *operum magistri*; IX, 1 : *magistri singulorum officiorum diligenter exsequuntur sua munia.*

melier (*cellarius*) qui distribuait aux autres les vivres et le vin, ou l'économe (*dispensator*) qui tenait les registres de compte (1). Enfin, au-dessus de tous ces esclaves étaient le *vilicus*, c'est-à-dire l'intendant du domaine (2), en droit un esclave comme les autres (3), mais évidemment en fait, une sorte de personnage, surtout dans les très grands domaines, à cause de ce rôle de chef des esclaves (4) et de régisseur du domaine que le maître lui a confié. Le *vilicus* est vraiment, comme le dit Fustel de Coulanges, « le bras et l'œil du maître » (5).

Les esclaves composant la *familia rustica*, si l'on met à part le *vilicus*, les *magistri* et ceux qui avaient reçu du maître des situations de confiance et de faveur, étaient certainement les plus malheureux et les plus maltraités de tous les esclaves. Ils n'étaient pas, il est vrai, comme leurs compagnons de la *familia urbana*, exposés à subir d'aussi près les accès, les fantaisies, les violences, ou (plus pénibles quelquefois que les violences) les familiarités du maître. Mais ils travaillaient beaucoup plus qu'eux, étaient en général plus mal nourris et plus mal logés (6), et n'avaient pas, pour se distraire, les amusements de la ville où se complaisaient si volontiers la badauderie, la fainéantise et les vices des esclaves de la ville (7). S'ils n'avaient pas à supporter la présence du maître, ils sup-

(1) Voy. les textes nombreux cités par Fustel de Coulanges, *Alleu*, p. 46, notes 3 et 4.

(2) Sur le *vilicus*, voy. ci-dessus, § 3 (p. 51, notes 2 et 3), où j'ai cité les principaux textes et la bibliographie. — Cf. d'autres textes encore, en assez grand nombre, dans Wallon, *loc. cit.*, II, p. 94, note 1.

(3) Cf. p. 51, note 3.

(4) Cf. *C. I. L.*, IX, 3028 : *Hippocrati Plaut. vilic(o) familia rust(ica) quibus imperavit modeste.* — Orelli, 2857 : *vilic(us) et familia quae sub eo est.*

(5) Fustel de Coulanges, *Alleu*, p. 47. — Ajoutez le *subvilicus* ou sous-régisseur du domaine (Orelli, 2860). — Sur d'autres personnages, l'*actor* et le *procurator*, qui jouent, dans le domaine, des rôles d'intendant ou de régisseur, et sur la différence qui existe entre eux et le *vilicus* proprement dit, Fustel, *loc. cit.*, p. 47 et 48 et les ouvrages cités ci-dessus, *Revue*, 1897, p. 593, note 2.

(6) Sur la nourriture et le logement donnés par le maître à l'esclave rural, voy. les textes réunis dans Wallon (*loc. cit.*, II, p. 202 à 205). Cf. d'une façon générale sur la très dure condition faite aux esclaves de la *familia rustica*, Marquardt, *loc. cit.*, p. 210, 211 et Boissier, *loc. cit.*, p. 326.

(7) Cf. la description que fait Columelle, I, 8, de l'esclave de la ville, pour conseiller aux propriétaires des domaines de ne jamais confier à de pa-

portaient celle des *vilicus* qui n'était pas plus douce (1). De plus, comme ils avaient pour fuir de très grandes facilités, dans ces immenses *latifundia* où souvent ils vivaient disséminés par petits groupes, on les enchaînait généralement la nuit comme le jour (2). Ce sont eux qui sont connus sous le triste nom de *ferratile genus* (3). Mais la dureté de la condition faite aux esclaves des champs n'était pas le seul inconvénient de ce mode de culture. Au point de vue agronomique, il avait un vice très grand. C'est que le cultivateur ne tirait aucun profit personnel de son labeur; il ne travaillait pas pour soi. Comme le dit excellemment Fustel de Coulanges, « il n'y avait dans son travail ni intérêt ni personnalité. Nourri et vêtu, recevant chaque jour sa part réglementaire de farine et de vin, et à chaque saison son vêtement, il n'avait rien à gagner et rien à perdre. Il ne connaissait même pas cette sorte d'attachement que notre paysan éprouve pour le morceau de terre qu'il cultive, car il ne cultivait pas deux jours de suite le même morceau de terre. Ce qu'il avait semé, c'était un autre esclave qui le moissonnait. Son travail était sans récompense, comme il était sans amour... Cet esclave n'avait pas non plus sa demeure à lui, sa cabane. Il ne connaissait que la demeure commune. Ce n'était pas seulement la liberté qui lui manquait, c'était le chez soi » (4).

---

reilles gens la culture de leurs terres : *secors et somniculosum genus id mancipiorum, otiis, campo, circo, theatris, aleao, popinae, lupanaribus consuetum.* Voy. également, Boissier, *loc. cit.*, p. 332.

(1) Voy. notamment sur les profits que le *vilicus* prélève très souvent sur les rations des esclaves, Columelle, I, 8.

(2) Textes dans Marquardt, *loc. cit.*, p. 211, notes 3, 4, et dans Wallon, *loc. cit.*, II, p. 213, 214.

(3) Plaute, *Mostellaria*, p. 19 : un maître, mécontent de son esclave, le menace de l'envoyer travailler aux champs : (*Augebis ruri numerum genus ferratile*). — Pline, *Hist. nat.*, XVIII, 4, 21, se lamente (pour l'honneur de l'agriculture, non par pitié pour les esclaves), que les terres italiennes, autrefois labourées par les plus grands magistrats de la République, soient maintenant cultivées par des esclaves enchaînés aux pieds et marqués au front. (*At nunc eadem illa vincti pedes, damnatae manus, inscriptique voltus exercent*). — Quelques maîtres pourtant se montraient plus humains. Par exemple, Pline le Jeune ne souffrait pas qu'on mit les fers aux pieds des esclaves qui cultivaient ses domaines (*Epist.*, III, 19, 7).

(4) Fustel de Coulanges, *Alleu*, p. 49 et 50.

La pratique que je viens de décrire était la pratique commune, surtout dans les grands *latifundia* italiens. On en trouve cependant, çà et là à travers les textes, une autre, qui paraît avoir été rare encore à l'époque de l'ancien Empire, mais qui est très intéressante à observer, parce qu'elle a pu être l'un des germes d'où est sortie l'institution du colonat, je veux parler de la tenure servile (1). Cette tenure avait précisément cet avantage de faire disparaître en grande partie le vice essentiel de la culture servile, tel que je viens d'en exposer les caractères ; elle donnait à l'esclave cultivateur un chez soi et un intérêt. Au lieu de travailler en troupe sur tout le domaine du maître, l'esclave est placé isolément sur un lot de terre que le maître le charge de cultiver et dont il lui laisse les profits sous des conditions déterminées. Ce genre de tenure dont nous n'avons d'exemples — encore sont-ils assez rares — qu'à l'époque impériale, n'a pas je crois, les origines lointaines qu'on lui a souvent attribuées. Il est certain qu'il a été connu et pratiqué par plusieurs peuples de l'antiquité. Les hilotes de la Laconie et de la Messénie, les penestes de la Thessalie, les clarotes de la Crète, les esclaves cultivateurs d'Héraclée Pontique, étaient des esclaves ainsi attachés à un lot de terre, pour lequel ils payaient à leurs maîtres une redevance (2). Il y avait des esclaves semblables en Germanie (3). Je ne sais s'il y en avait ailleurs

(1) Sur cette pratique de la tenure servile, et sur l'influence qu'elle a pu avoir sur la formation du colonat, voy. principalement Fustel de Coulanges, *Alleu*, p. 50 à 58, et *Problème d'histoire*, p. 55 à 69.

(2) Voy. sur ces différentes catégories de serfs de la glèbe, en Grèce, Guiraud, *La propriété foncière en Grèce jusqu'à la conquête romaine*, p. 407 à 420. — Noter toutefois que le servage de la glèbe a certainement disparu dans toute la Grèce à l'époque de la conquête romaine (*ibid.*, p. 418, 419); ce qui fait que l'influence de cette institution sur le droit ou même sur les habitudes des Romains doit être considérée, à mon avis, comme nulle. D'après Fustel de Coulanges, le servage de la glèbe aurait également existé à Athènes avant Solon. Mais cette opinion est très invraisemblable. Voy. là-dessus, Guiraud, *loc. cit.*, p. 421 à 423 et Dareste, *Revue hist. de droit*, 1897, p. 634 à 636. Dans tous les cas, il reste tout à fait certain que le servage, s'il a existé à Athènes à l'époque primitive, a disparu absolument par l'effet de la législation Solon. Donc cette institution athénienne (en admettant qu'elle ait existé jamais) n'a pu avoir non plus aucune influence sur la pratique romaine.

(3) Tacite, *Germ.*, 25 : *Servis, non in nostrum morem descriptis per familiam ministeriis, utuntur. Suam quisque sedem, suos penates regit. Frumenti modum dominus, aut pecoris, aut vestis, ut colono, injungit.*

encore (1). Mais, dans tous les cas, je ne crois pas qu'on puisse
dire que ces pratiques étrangères aient influé, d'une façon
sérieuse, sur l'entrée dans les habitudes romaines de la tenure
servile, et plus tard du colonat lui-même. En d'autres termes,
il ne me paraît pas que les propriétaires romains, dans les
grands domaines provinciaux, aient vraiment emprunté, comme
on l'a dit souvent (2), aux anciennes coutumes des pays où
ils étaient établis, l'institution du servage de la glèbe (3).

(1) On admet généralement que cette institution a été très répandue, et l'on
cite surtout, comme exemples de peuples ayant pratiqué ainsi de toute antiquité
le servage de la glèbe, les Égyptiens et les Carthaginois. Voy. principalement
sur ce point Esmein, *Mélanges*, p. 312, et *Hist. du droit français*, 3e édition, p. 22.
Cf. pour les détails, Segré, *Archivio giuridico*, t. 46, p. 270 et suiv., où se trouvent compilés, avec plus d'abondance que de critique, tous les renseignements
relatifs aux différents types de servage de la glèbe chez les différents peuples.
A mon avis, rien n'est moins prouvé que ces affirmations. — Pour l'Égypte,
on prétend voir la preuve de l'existence du servage de la glèbe dans l'édit
du préfet d'Égypte, Tibère Alexandre, de 68 ap. J.-C. (*C. I. Gr.*, III, 4957),
où il est parlé (l. 32), des δημοσίους γεωργούς. Mais rien ne prouve que ces
paysans qui cultivent les terres soient exactement des serfs de la glèbe. Cf.
sur les γεωργοί (*agricolae*), opposés, dans les documents de l'Égypte ptolé-
maïque et romaine, aux γεωμόροι (*possessores*), Boeck, *C. I. Gr.*, III, p. 319
et 452. M. Revillout, *Cours de droit égyptien*, I, p. 129 et suiv., nie que le
colonat ait existé dans le droit de l'Égypte ancienne; et les règles spéciales
établies dans ce pays sur l'obligation du travail en commun des terres ou de
certaines terres, (voy. sur ce point Revillout, *la Propriété en droit égyptien*,
p. 615, et suiv.), n'ont évidemment avec les règles du colonat proprement dit que
des analogies extrêmement lointaines. — Pour l'Afrique, je ne vois rien non plus
qui démontre que les Carthaginois aient attaché au sol la population indigène,
comme on le conjecture. L'existence de cultivateurs indigènes ou même celle
de *latifundia* en Afrique, dès l'époque de la domination carthaginoise, (voy.
les textes cités dans Kuhn, *Städtische und bürgerliche Vesfassung des Römischen Rechts*, II, p. 442, notes), ne prouvent en aucune façon le servage de la
glèbe. On ne peut pas non plus voir cette preuve dans les allusions de certains textes (Polybe, 37, 3, 7; Strabon, 17, 1, 3) aux efforts qu'aurait faits
Massinissa pour plier les Numides à la vie agricole. — En somme, il ne me
paraît pas démontré que le servage de la glèbe ait eu jamais, dans l'antiquité
l'extension considérable qu'on lui attribue quelquefois. Je ne prétends pas
affirmer qu'il n'a pas existé ailleurs qu'en Grèce ou en Germanie; mais spécialement son existence me paraît très douteuse, pour l'Égypte et pour
l'Afrique, où en général on prétend le trouver dès les temps les plus
anciens.

(2) En ce sens, voy. principalement, Esmein et Segré, cités à la note précédente (sans compter beaucoup d'autres).

(3) C'est très douteux pour plusieurs raisons. D'abord parce que l'institu-

Je ne crois guère non plus, comme le conjecture Fustel de Coulanges, que la pratique du pécule ait été réellement le germe de la tenure servile (1). Mais, quelles que soient

tion du servage de la glèbe n'a pas été aussi générale dans l'antiquité qu'on s'est souvent plu à le croire; et ensuite parce que le servage de la glèbe ne me paraît pas avoir existé justément dans les régions où les propriétaires romains l'ont pratiqué tout d'abord. C'est sûrement en Afrique, et spécialement dans les domaines impériaux d'Afrique, que pour la première fois est apparu, dans la pratique romaine, le servage de la glèbe, ou, pour l'appeler de son nom romain, le colonat. Je le prouverai prochainement. Or, justement je viens de montrer qu'il n'est nullement établi que les anciennes populations africaines, sous la domination carthaginoise ou numide, aient connu le servage de la glèbe. Il résulte de là que ce n'est pas aux coutumes indigènes que les Romains d'Afrique ont dû emprunter cette institution. D'autre part, s'il est certain que, dans beaucoup de cités grecques, le servage de la glèbe a existé, il est non moins certain qu'il avait disparu dans toute la Grèce, à l'époque de la conquête romaine. (Voy. p. 687, note 2). Donc ce n'est pas non plus aux coutumes des peuples grecs que les Romains ont pris le servage. Il reste alors (pour ne rien dire des peuples dont les institutions nous sont à peu près inconnues sur ce point-là) les Germains qui, d'après le texte cité de Tacite, pratiquaient le servage de la glèbe. Mais comment supposer qu'une institution aussi importante que le colonat romain soit entrée dans le droit, ou si l'on veut dans la pratique, grâce à l'influence (parfaitement insignifiante d'une façon générale) des coutumes germaniques sur les habitudes des Romains ?

(1) Cette opinion est soutenue très habilement par Fustel de Coulanges, *Alleu*, p. 52. et *Problèmes d'histoire*, p. 55. Je la crois fort douteuse ; et, dans tous les cas, il ne faudrait pas exagérer la portée qu'a pu avoir cette pratique du pécule. Sans doute, il arrive très souvent que, en fait, un maître donne en *peculium* à son esclave un fonds de terre. Mais il ne faut pas perdre de vue que, dans ce cas-là, en général au moins, c'est pour le maître et non pas pour lui que l'esclave cultive ce fonds de terre; le fonds a été confié à l'esclave afin qu'il le fasse valoir pour le compte de son maître et non pas pour le sien. Il est très vrai aussi que quelquefois le maître laisse à l'esclave la libre disposition d'un *peculium* plus ou moins considérable, dont l'esclave fera ce qu'il voudra, et qu'il administrera à son profit à lui ; (exemples et textes nombreux réunis dans Marquardt, *loc. cit.*, p. 191, 192). Comme le dit Varron, et comme le remarque avec soin Fustel de Coulanges, c'est bien pour attacher les esclaves au domaine que le maître leur laisse un pareil *peculium*. (*De re rustica*, I, 17 : eo enim sunt conjonctiores fundo). Et, évidemment, c'est cette dernière pratique qui seule a pu, jusqu'à un certain point, être le germe de la tenure servile. Mais encore je fais remarquer que, même en ce cas-là, le *peculium* consiste généralement (comme dans l'exemple de Varron, et à l'origine surtout) dans quelques animaux laissés à l'esclave avec le droit de les faire paître dans le domaine (*ut peculiare aliquid in fundo pascere liceat*), ou bien (plus souvent, en pratique, à l'époque impériale), dans les

les origines de cette tenure, il reste certain, dans tous les cas, qu'à l'époque impériale, les jurisconsultes la connaissaient très bien. Est-elle très fréquente, je n'oserais l'affirmer; mais elle existe. Car on ne saurait comprendre autrement la situation de ces esclaves dont nous parlent des passages d'Ulpien, de Marcien, de Paul, de Scaevola, qui sont attachés spécialement à une terre, paient au maître une certaine redevance pour le lot qu'ils cultivent, et en somme, comme s'expriment nos textes eux-mêmes, sont, quoique esclaves en droit, en fait assimilables à des *coloni* (1). Et, sans doute, on

économies que l'esclave a pu amasser par son épargne (textes dans Marquardt, *loc. cit.*); de telle sorte que, presque toujours, il manquera ici les éléments essentiels de la tenure servile. Ce n'est donc, je crois, que très indirectement, et dans une mesure fort incertaine, que l'institution du pécule, a pu conduire peu à peu à la pratique de la tenure servile.

(1) Dig., 33, 7, 12, 3 (Ulpien) : *Quaeritur an servus, qui quasi colonus in agro erat, instrumento legato contineatur.* Cet esclave qui cultive le fonds comme ferait un *colonus*, c'est-à-dire un fermier, est évidemment très différent des esclaves qui travaillent en troupe dans le domaine du maître, sous la surveillance des décurions et du *villous ;* il a une tenure où il vit isolé et qu'il cultive à charge de redevance comme un fermier. — *Ibid.*, 33, 7, 18, 4 (Paul). *Cum de villico quaereretur et an instrumento inesset et dubitaretur, Scaevola consultus respondit, si non pensionis certa quantitate, sed fide dominica coleretur, debert.* Le jurisconsulte suppose donc qu'il peut arriver que le *villicus* (c'est-à-dire un esclave), au lieu d'être, comme cela arrive ordinairement, un régisseur du domaine qui l'administre pour le compte du maître (*fide dominica*), cultive lui-même une partie de ce domaine, moyennant une redevance (*pensionis certa quantitate*). — Même situation dans *ibid.*, 33, 7, 20, 1 (Scaevola), où il est question d'un esclave Stichus, *qui praedium unum coluit, non fide dominica, sed mercede; ut extranei coloni,* et qui est en retard pour le paiement de son loyer (*et reliquatus est amplam summam*). — *Ibid.* 15, 3, 16 (Alfenus; époque de la République). *Quidam fundum colendum servo suo locavit.* — D'autres textes du Digeste supposent en termes exprès un esclave fixé au sol. L'idée de fermage apparaît ici sans doute d'une façon moins claire; mais en revanche, c'est le servage de la glèbe que l'on voit naître très nettement dans cette pratique. Voy. Dig., 30, 112, pr. (Marcien) : *Si quis inquilinos sine praediis quibus adhaerent legaverit,* etc. Ces *inquilini* sont certainement des esclaves, quoi qu'en dise Fustel de Coulanges (*Problèmes d'histoire*, p. 65, note 1), puisqu'ils font l'objet d'un legs. Mais on voit que ce sont des esclaves attachés au sol (*praediis adhaerent*). Cf. sur ce passage de Marcien ce que je dirai plus loin à propos des *inquilini*. — Dig., 20, 1, 32 (Scaevola) : *Stichus villicus et ceteri servi ad culturam missi..., qui hoc animo a domino inducti essent ut ibi perpetuo essent.* — On remarquera que tous les jurisconsultes dont je viens de citer des passages appartiennent à la période classique, sauf Alfenus Varus (Dig.,

ne saurait perdre de vue que tout de même de tels esclaves ne
sont, en droit, ni des *coloni*, comme ceux de l'époque de
Varron et de Columelle, c'est-à-dire des fermiers libres, ni des
coloni, comme ceux des Codes du Bas-Empire, c'est-à-dire des
serfs de la glèbe, qui ne peuvent pas quitter la terre, mais que
le propriétaire non plus ne peut expulser jamais. Le maître, en
donnant à l'un de ses esclaves un lot de terre à cultiver *quasi colonus* (comme dit Ulpien), ni ne l'a affranchi, ni n'a renoncé au
droit qu'il garde toujours de lui reprendre ce lot de terre le jour
où il en aura fantaisie. L'esclave n'est donc devenu par là ni un
homme libre, ni un cultivateur assuré de rester sur la terre.
Mais il est tout de même très intéressant de constater, à l'époque
des jurisconsultes classiques, l'existence de ces tenures serviles, qui sont peut-être l'un des germes d'où plus tard est
sorti le colonat du Bas-Empire, et qui, dans tous les cas,
révèlent dans l'histoire de la culture du domaine par la *familia*
servile, des pratiques foncièrement différentes de celles qui
étaient généralement suivies dans les grands *latifundia* d'Italie (1).

III.

Le domaine n'était pas cultivé seulement par des esclaves.
Il l'était aussi par des hommes libres. Cette classe de cul-
tivateurs est, à beaucoup près, la plus intéressante à étudier.
Ce sont les *coloni* (2).

15, 3, 16), qui est de l'époque de la République (*consul suffectus*, 715 de R.)
Mais les *Digesta* d'Alfenus, dont est extrait le passage cité, ont été abrégés à
l'époque classique, et c'est en général de l'un de ces abrégés, et non du livre
original, que sont tirés les textes du Digeste qui, comme le nôtre, portent
pour inscription : *Alfenus : libro... Digestorum.* (Voy. Krüger, *Sources*, trad.
Brissaud, p. 86).

(1) A ces tenures serviles, on peut joindre les tenures d'affranchis, dont
parle Fustel de Coulanges, *Alleu*, p. 58 à 61, et *Problèmes d'histoire*, p. 59
et 60 ; mais nous sommes trop insuffisamment renseignés sur ce genre de
tenure pour que je croie devoir m'y arrêter.

(2) La bibliographie relative au colonat se trouve dans tous les traités
de droit romain, ou d'antiquités romaines, ou d'histoire du droit français.
On la trouvera spécialement dans Heisterberk, *Entstehung des Colonats*, p. 7
à 22; et plus complète (parce que la publication est plus récente) dans les
articles de Segré, *Origine e sviluppo storico del colonato romano*, (*Archivio giuridico*, t. XLII, XLIII, XLIV, XLVI); voy. principalement, t. XLII, p. 467 et
468. — Je signalerai seulement ici, parce que leur date rapprochée empêche que

Exactement et proprement; les *coloni* sont des fermiers libres (1). Ils ont loué des parcelles du domaine et les cultivent moyennant un fermage qui peut consister soit en argent, soit en une part des fruits (2). J'ai montré tout à l'heure que, dans

ces travaux ne soient compris dans l'énumération donnée par M. Segré, les pages consacrées à cette matière par M. Esmein, *Hist. du droit français* (3e édition), p. 22 à 25, et par Fustel de Coulanges, *Alleu*, p. 61 à 79, et un article de M. Schulten, dans l'*Historiche Zeitschrift*, 1896, p. 1 et suiv., paru également en italien dans le *Dizionario epigrafico di Antichita romane* de Ruggiero, au mot *colonus* (t. II, p. 457 et suiv.). Les travaux récents que j'analyse en ce moment (Schulten, His, Toutain) sont aussi à consulter sur ce sujet. — (Dans la séance de l'Académie des Inscriptions, du 17 septembre 1897, M. Cuq a lu un mémoire sur les colons de l'inscription d'Henchir Mettich. Je n'ai pas eu connaissance de ce travail).

(1) C'est ce qui ressort du chapitre de Columelle, *de re rustica*, I, 7, relatif à la culture par les *coloni*. Les *coloni* y sont nettement opposés aux esclaves : *Hi* (les cultivateurs) *vel coloni vel servi sunt*. De même dans le passage déjà cité d'Ulpien (Dig. 33, 7, 12, 3), un esclave qui cultive dans le domaine un *ager* particulièrement confié à ses soins, est dit cultiver *quasi colonus*, c'est-à-dire visiblement comme cultiverait un fermier libre. Semblablement Tacite, *Germ.*, 25, dit des esclaves germains, pour montrer combien leur situation diffère de celle des esclaves romains : *Suam quisque sedem, suos penates regit. Frumenti modum dominus aut pecoris aut vestis ut colono injungit.* Et il entend par là que l'esclave qui a son champ, sa tenure, ses *penates*, et qui paye au propriétaire une part des fruits, est en réalité traité comme un fermier libre. — Cf. les nombreux textes juridiques cités par Dirksen, *Manuale*, au mot *colonus*, § 2. *Colonus* y apparaît toujours comme synonyme de *conductor fundi*, locataire d'un bien rural, ce qui implique nécessairement qu'il est un fermier libre.

(2) Voy. Dig. 19, 2, 25, 6 (Gaius), où sont distinguées deux catégories de *coloni*, le *colonus qui ad pecuniam numeratam conduxit*, et le *partiarius colonus* (c'est-à-dire celui dont le fermage consiste dans une part des fruits). Cf. Pline, *Epist.*, IX, 37, 3 (Keil) : *Non nummo sed partibus locem*. — Sur les particularités relatives à la condition juridique de ce *colonus partiarius*, le caractère de son contrat, l'action qui lui est donnée, etc. voy. Pernice, *Zeitschrift der Savigny Stiftung*, III, p. 57 et suiv.; Karlowa, *Römische Rechtsgeschichte*, II, p. 638, 639 ; Girard, *Manuel*, p. 552, note 2; Stouff, *Colonat partiaire* (Thèse, Grenoble, 1884). (En particulier sur la distinction à faire entre le *colonus partiarius* et le *politor*, Pernice, *Savigny Stiftung*, VII, p. 99 et suiv. et Segré, *Archivio giuridico*, XLII, p. 485 à 487). — L'opinion de Fustel de Coulanges, *Problèmes d'histoire*, p. 13 et 14, d'après laquelle la culture à part de fruits « existait dans la pratique, mais n'existait pas dans le droit »..., et n'était qu'une « pratique extra-légale, tolérée mais non reconnue, et dont les jurisconsultes n'avaient pas à s'occuper », est si évidemment insoutenable qu'il n'y a pas à la discuter. Ce qui est vrai, c'est que certainement, avant l'époque du Bas-Empire, le fermage à part de fruits est, d'a-

la réalité, ce n'est pas du propriétaire lui-même, mais du *conductor*, qu'ils ont loué. Au moins, c'est ainsi que les choses se passent dans les grands domaines ; car il est bien évident que je laisse ici tout à fait de côté le propriétaire d'un petit champ qui l'a loué directement à un *colonus;* ce n'est pas en effet à ces petits propriétaires et à ces modestes exploitations qu'est consacré le présent travail (1).

En droit, à l'origine au moins, le bail du *colonus* n'est autre que le bail ordinaire, la *locatio conductio* du droit civil, et par conséquent une location dont la durée est nécessairement limitée en droit, et en pratique est en général de cinq ans (2). Mais, en fait, il est très intéressant d'observer que, de bonne heure, on trouve des *coloni* qui cultivent toute leur vie. Déjà au premier siècle, Columelle parle de *coloni indigenae*, et vante le bonheur des propriétaires qui ont pu s'attacher ainsi un fermier né sur la terre elle-même, la connaissant et l'aimant depuis l'enfance (3). Au second siècle, sous Hadrien, l'inscription d'Aïn Ouassel (4), parle du *jus heredi relinquendi*, reconnu à certains cultivateurs des domaines impériaux (5) ; et bien que ces cultivateurs ne soient pas en réalité des *coloni*, c'est-à-dire des fermiers à qui l'Empereur ou le *con-*

près le droit privé romain, moins usuel que le fermage moyennant une *pecunia numerata.*

(1) Il est clair, par exemple, que le *colonus* de Caton ou de Columelle est le fermier du *paterfamilias* lui-même, et non pas du *conductor* de celui-ci. En d'autres termes le *colonus* est ici exactement le même personnage que le *conductor.*

(2) *Locare in quinquennium* (Dig. 19, 2, 9, 1 ; 19, 2, 24, 2). *Lustrum conductionis* (Dig. 19, 2, 13, 11), etc.. Je reviendrai sur cette durée ordinaire de la *locatio conductio* du droit classique dans le § 7.

(3) Columelle, *De re rustica*, I, 7 ; *Patrisfamilias felicissimum fundum esse qui colonos indigenas haberet et tanquam in paterna possessione natos, jam inde a cunabulis longa familiaritate retineret. Ita certe mea fert opinio rem malam esse frequentem locationem fundi... Propter quod operam dandam esse ut rusticos et eosdem assiduos colonos retineamus.*

(4) L'inscription d'Aïn Ouassel est de l'époque de Septime-Sévère (voy. col. 1, l. 1 et 2); mais elle fait allusion à une *lex divi Hadriani* (col. 1, l. 3 et 7; col. 2, l. 10). Le règlement dont elle nous parle remonte donc au temps d'Hadrien. Voy. pour la date et les caractères de ce texte, la notice des *Textes* de Girard, p. 161, et l'article de Schulten, *Hermes*, XXIX, p. 210, 211.

(5) Inscription d'Aïn Ouassel, col. 2, l. 7 à 10; *Isque qui occupaverint possidendi ac fru(en)di (h)eredique suo relinquendi id jus datur.*

ductor du domaine impérial ont loué une parcelle de terre
cultivable (1), c'est dans tous les cas, d'une façon évidente,
des cultivateurs libres installés sur le domaine. Ces faits sont
très importants ; car ils nous montrent, dès le début de l'Empire, la tendance des propriétaires à placer sur leurs terres
des cultivateurs perpétuels. On sait comment, au iv⁰ siècle,
cette tendance a pleinement abouti, et que, dans la législation
de cette époque, les cultivateurs (*coloni*), bien qu'hommes
libres en droit, sont désormais à perpétuité et héréditairement
des serfs de la glèbe (2).

Comment, pour quels motifs, et sous l'influence de quels
faits, est née la règle juridique qui, dans le droit du Bas-Empire, a définitivement attaché le colon au sol, autrement dit,
en a fait un serf de la glèbe? En d'autres termes, comment
s'est formé le colonat, dans le sens propre que les lois du Bas-
Empire donnent désormais à cette expression? Nulle question peut-être, ni historique ni juridique, n'a fait naître plus
de systèmes ni écrire plus de pages (3). M. Schulten pense (et
je suis pleinement de son avis) que, sur ce problème tant dis-
cuté, c'est le mémoire de M. Fustel de Coulanges qui a fait le
mieux la lumière (4). Fustel a admirablement montré que le

(1) Il est question, dans ce passage de l'inscription, de terres en friche
(*rudes agri*), et précisément, comme ces terres sont incultes, aucun fermier
ne les a prises. Voy. col. 2, l. 6 et 7 ; *nec a conductoribus ex(er)centur.*
Afin qu'elles puissent être cultivées, le règlement d'Hadrien permet au
premier venu de les occuper (à certaines conditions qu'il détermine), et il
déclare que cet occupant aura le *jus possidendi heredique suo relinquendi.* Il
s'agit donc bien là d'un cultivateur libre, mais non proprement d'un *colonus.*

(2) La première constitution en date, qui attache légalement, d'une façon
tout à fait expresse, le colon à la terre et le fait ainsi serf de la glèbe, est
de Constantin. Voy. Code Théod. 5, 9, 1 (Constantin, 332). — Une constitution de Valentinien et de Théodose (Code Just. 11, 51, 1), qui répète cette
règle, déclare qu'elle est une règle très ancienne ; (*Cum... lex a majoribus constituta colonos quodam aeternitatis jure detineat*).

(3) On trouvera l'exposé des systèmes variés émis sur cette question dans
Heisterbergk, *loc. cit.*, p. 1 à 38, et surtout (avec des détails particulière-
ment abondants), dans les articles cités de Segré. Voy. spécialement, *Archi-
vio giuridico,* XLIII, p. 150 et suiv., et XLIV, p. 36 et suiv. — Résumé dans
Kârlowa, *Röm Rechtsgeschichte,* I, p. 923 à 927 et dans l'article de Schulten,
Dizionario epigrafico, II, p. 458, 459.

(4) Fustel de Coulanges, *Le colonat romain* (dans *Recherches sur quelques
problèmes d'histoire,* p. 1 à 186).

colonat, à la formation duquel ont d'ailleurs concouru des causes diverses, est, dans l'ensemble et principalement, le résultat du développement historique du fermage et des nécessités de l'administration domaniale. Ni les établissements de barbares dans l'Empire, ni l'usage de la tenure servile, ni celui des affranchissements à charge d'*operae* pour l'esclave affranchi, ni la misère poussant les petits propriétaires à se faire les colons des riches, ni l'imitation par les grands propriétaires romains, dans les provinces, des coutumes des peuples vaincus (égyptiens, africains, grecs, germains ou celtes), aucune de ces causes diverses que les modernes ont proposées pour expliquer l'origine du colonat ne rend compte suffisamment de cette institution (1). Le colonat est le résultat de l'immobilisation des conditions, qui est, au point de vue social, le caractère le plus significatif de la législation du Bas-Empire. Le fermage et la culture sont devenus, dans les domaines, perpétuels, héréditaires et forcés, comme dans les villes, le décurionat est devenu pareillement héréditaire et forcé. Ils l'ont été à la même époque, pour les mêmes raisons, par suite des mêmes conceptions sociales, des mêmes nécessités administratives, et du même mouvement législatif. Le colon est le serf de la glèbe dans la même mesure, pour le même motif et à la même époque que le décurion est le serf de la curie (2).

L'intérêt des propriétaires était de s'assurer des fermiers à demeure (3); et pareillement celui des fermiers était de rendre

(1) Je ne prétends pas dire par là qu'aucune de ces causes n'a pu agir ou sur la naissance ou sur l'extension du colonat romain. Mais l'explication générale, large et naturelle de l'institution ne doit pas être cherchée, à mon avis, dans ces faits qui n'ont agi que d'une façon locale, ou accessoire, ou momentanée, ou parfois à côté.

(2) Ce rapprochement entre le colon et le décurion, serfs l'un de la terre et l'autre de la curie, c'est-à-dire tous les deux de leur *origo*, comme s'expriment les lois du Bas-Empire, est fait en termes exprès par les textes législatifs eux-mêmes. Voy. Code Just. 11, 48, 23, pr. (Justinien) : *Quemadmodum in curialium condicione nemo ex temporali cursu liberatur, ita... remaneat adscriptitius* (le colon) *et inhaereat terrae.* — Cf. *ibid.*, 11, 64, 1 (Gratien et Valentinien) : *Quicumque parvuli ex municipibus vel colonis.... quorum tamen avi ac patres implicati hujusmodi functionibus fuerint..., ad... officia diversa transierint, ad munera patriae vel agrorum cultus... revocentur.*

(3) Rien de plus significatif à ce propos que le passage de Columelle, cité plus haut, p. 77, note 3.

leur tenure héréditaire. Aussi, dès le III° siècle, la fixité de
la tenure apparaît, non pas encore comme une règle de droit,
mais déjà comme une tendance (1). Visiblement le fermage

(1) Je dis : non pas comme une règle de droit. Il me paraît certain en effet
que, en droit, et dans les textes des jurisconsultes de l'époque classique, le fermier ou *colonus* de cette période ne peut pas être considéré encore comme asservi légalement au sol. Dans la conception de la *locatio conductio* des jurescon-
sultes classiques, le fermier est essentiellement, en droit, libre de quitter la terre
à l'expiration du bail. Voy. là-dessus les déclarations formelles d'une foule de
textes. (Dig. 19, 2, 13, 11, Ulpien; *ibid.*, 24, Paul; *ibid.*, 32, Julien, etc., etc.).
Les textes juridiques, desquels Schulten (p. 95), et d'autres avant lui (par
exemple Segré, *Archivio giuridico*, XLVI, p. 263 à 269) ont voulu conclure
à l'existence, dès cette époque, de règles de droit qui attacheraient le *colonus* à la glèbe, ont été, à mon avis, mal interprétés. Le passage de Marcien
(Dig. 30, 112, pr., *Si quis inquilinos sine praediis quibus adhaerent legaverit,
inutile est legatum*) prouve bien évidemment qu'il y a, dès le temps de Marcien (première moitié du III° siècle), des *inquilini* attachés au sol (*praediis
adhaerent*); mais il est certain que ces *inquilini* ne sont pas des colons, comme
le dit Schulten; ils sont des esclaves, puisqu'ils sont l'objet d'un legs. (Voy. sur
ce texte ce que je dirai plus loin à propos des *inquilini*). Je crois qu'il faut
dire la même chose du texte de Paul, *Sentent.*, 3, 6, 48, où il est parlé d'un
colonus... qui cum omni instrumento legatus erat, (si toutefois ce texte n'est
pas interpolé). Bien que sûrement il soit extraordinaire de rencontrer le mot
colonus avec le sens d'esclave, je ne peux pas croire pourtant que ce *colonus*,
objet d'un legs, puisse être autre chose qu'un esclave. C'est un esclave cultivant une terre sur laquelle le maître l'a établi; en d'autres termes et très
exactement, c'est le *servus quasi colonus* de Dig. 23, 7, 12, 3, Ulpien. Le
passage d'Ulpien (Dig. 50, 15, 4, 8), qui ordonne aux propriétaires de déclarer, dans la *professio censualis* de leurs fonds de terres, l'*inquilinum vel
colonum* qui sont sur cette terre, paraît bien viser également un *colonus* (esclave ou libre, Ulpien n'en dit rien), attaché au fonds de terre. Mais ce passage d'Ulpien me semble on ne peut plus suspect d'interpolation, bien que
Lenel (*Palingenesia*, II, p. 386), le reproduise sans marquer la moindre
hésitation. — Ces textes juridiques ne prouvent donc pas que le colonat
proprement dit soit déjà établi dans le droit du III° siècle. Ils sont pourtant intéressants, pour celui qui étudie l'origine de cette institution, mais
seulement en ce qu'ils nous montrent la tendance des propriétaires, dès le
III° siècle, à attacher à leurs terres des cultivateurs perpétuels (qui, dans
nos textes, sont des esclaves). — Mais si, en droit, le colonat n'existe pas
encore, il ne me paraît pas douteux que la pratique n'y tende déjà très fortement; et ces deux idées essentielles, le servage de la glèbe institution encore contraire au droit, et d'autre part la pratique des propriétaires de plus
en plus portée à attacher le fermier au sol, apparaissent très clairement l'une
et l'autre dans une constitution de Philippe, de 244 (Code Just., 4, 65, 11) :
*Invitos conductores seu heredes eorum post tempora locationis impleta non esse
retinendos, saepe rescriptum est.* Ainsi, en droit, le fermier n'est certainement

perpétuel est considéré de très bonne heure comme un idéal,
et bientôt comme une nécessité économique. La pratique de
plus en plus attache le cultivateur au sol (1). Cette nécessité
économique s'est transformée, au iv° siècle, en une nécessité
légale; cette pratique est devenue la loi. Voilà toute l'histoire
du colonat.

La transformation s'est faite d'abord dans les domaines
de l'Empereur. On comprend qu'il en ait été ainsi. Il est
naturel que, dans ces domaines impériaux, où le droit public et le droit privé se confondent, dont le propriétaire est
en même temps le chef de l'État, où pour cette raison, la
loi domaniale (la *lex saltus*) a presque le caractère d'une *lex
publica*, la condition que ce statut domanial et les besoins de
l'exploitation ont fait imposer aux cultivateurs soit devenue
une loi d'État, et une véritable condition légale et juridique. Que des fermiers, originairement et en droit tenus
par leur seul contrat et pour un temps seulement, en
soient arrivés peu à peu à ne plus être considérés que comme
un simple *instrumentum fundi*, que d'une part, le *procurator*
ou le *conductor* du domaine, et d'autre part, la pauvreté,
l'arriéré, l'habitude de vivre là, l'impossibilité pour de pauvres
gens de lutter contre de grands personnages qui sont les

pas lié au sol; mais les propriétaires ont l'habitude de l'y retenir (lui et
même ses héritiers), et de nombreux rescrits ont été obligés de faire la
guerre à cette pratique.

(1) Très intéressantes, à ce propos, sont les lettres de Pline le Jeune,
IX, 37 et 19, citées et expliquées par Fustel de Coulanges, *Problèmes
d'histoire*, p. 15 à 17. Elles nous montrent, à cette époque où incontestablement en droit le *colonus* est un fermier libre, lié seulement par un bail
court (ordinairement cinq ans, et tel est en particulier le cas dans la première des deux lettres citées), les fermiers gênés et besogneux, à cause
de leur arriéré, retenus indéfiniment sur la terre au lieu d'être expulsés.
— Des inscriptions nous montrent pareillement, à une date antérieure au
Bas-Empire, des fermiers qui ont cultivé pendant un temps très long, sans
doute toute leur vie. — Voy. Orelli, 4644 : *Anulenae Certae colonae agri
s(upra) s(cripti) anorum XXII.* — *C. I. L.*, IX, 3674, *colonus f(undi) Tirontani,
quem coluit ann(is) n(umero) L.* — *Ibid.*, X, 1918 : *Afranio Felici... coluit ann(is)
XIII*; 1877 : *Q. Insteio Diadumeno... coluit annis XXXXV.* Cette dernière
inscription est datée de 176. Les autres, dont la date ne peut pas être fixée
aussi sûrement, sont dans tous les cas, d'une façon certaine, antérieures aux
constitutions du Bas-Empire, qui ont organisé législativement le colonat.

agents de l'Empereur lui-même, que tout cela les ait fixés et
asservis au sol, sans doute c'est une chose contraire au droit,
et une règle qu'un propriétaire privé n'eût pas pu de sa seule
autorité établir dans son domaine. Mais, dans les domaines de
l'Empereur, où la *lex saltus* n'est pas seulement le statut domanial et le règlement d'un propriétaire, mais est aussi une
loi de l'Empereur, c'est-à-dire presque une *lex publica*, de
telles transformations deviennent très aisément compréhen-
sibles. Et, dans la réalité, nous voyons d'une façon très claire,
par l'inscription de Souk el Kmis et par les autres inscriptions provenant des différents *saltus* impériaux, que, dès la
fin du second siècle, les colons des domaines de l'Empereur ne
sont plus du tout considérés comme des fermiers libres (ce
qu'ils sont encore sans doute aux yeux du droit civil), mais
purement et simplement comme les hommes de l'Empereur
(*coloni domini nostri; plebs fundi*) (1). *Rustici tui vernulae et
alumni saltuum suorum* disent à l'empereur Commode les
colons de ses domaines (2). Ils sont les « paysans », de l'Empereur; ils sont ses serviteurs nés sur ses terres (*vernae*); ils
ont été élevés et ils ont grandi dans le domaine. Remarquez
que ces colons de Souk el Kmis, qui se plaignent d'une façon
si lamentable des exactions du *conductor* du domaine et des
procuratores, non seulement n'invoquent nulle part le droit
civil qui les lierait seulement pour la durée très limitée de la
locatio conductio, mais encore n'ont pas l'idée qu'il y ait pour
eux, ni en fait ni en droit, une espérance de quitter jamais le
domaine et un autre moyen de se soustraire à ces persécutions
que le recours à la pitié du propriétaire. Visiblement, il ne leur
vient même pas à l'esprit que leur condition puisse ne pas
être perpétuelle. Remarquez aussi que, dans ces grands
domaines impériaux de la vallée de l'Oued Medjerda, comme

---

(1) Inscription de Henchir Salach, dans Cagnat, *Année épigraphique*, 1893,
n° 66 : (*Pro salut*)e *imperatorum Caesarum Aug. M. Aurelli Antonini* (*Ar*)*meniaci
lib*(*erorum*) *que ejus L. Aurelli Veri Armeniaci plebs fundi* (...)*itani.* — *C. I.
L.* VIII, 8702, (sous Commode): *Coloni domini n*(*ostri*) ; 8425 (an 192); etc.

(2) Inscript. de Souk el Kmis, col. 3, l. 28 et 29. — Exactement, les *vernae* sont les esclaves nés dans la maison du maître. Voy. Marquardt, *Vie
privée*, trad. Henry, I, p. 195, 196. Mais le mot *verna* est employé aussi parfois pour désigner un homme libre qui est né dans un lieu déterminé;
(exemples dans Fustel de Coulanges, *Problèmes d'histoire*, p. 40, note 4).

le *saltus Burunitanus* de l'inscription de Souk el Kmis et les différents *saltus* nommés dans l'inscription d'Aïn Ouassel, c'est la *lex Hadriana*, c'est-à-dire un règlement fait par Hadrien, qui détermine la condition des cultivateurs ; et que ce règlement d'Hadrien, c'est encore la loi qu'invoquent les colons du *saltus Burunitanus* à l'époque de Commode (1), la loi sur laquelle est basée la réponse de cet empereur à leur requête (2), et plus tard encore, à l'époque de Septime-Sévère, comme on le voit par l'inscription d'Aïn Ouassel (3), la loi que l'affranchi impérial, Patroclus, fait graver sur un autel et à laquelle se réfère la circulaire des *procuratores* de Septime-Sévère contenue dans cette inscription. On voit par là que la situation des cultivateurs des domaines impériaux est déjà, dès le second siècle, fixe, invariable, et réglée à perpétuité. L'inscription de Souk el Khmis appelle le règlement d'Hadrien, du nom de *perpetua forma* (4) ; et c'est ce même règlement, vieux déjà d'une soixantaine d'années quand les colons du *saltus Burunitanus* l'invoquent dans leur requête à Commode, que, plusieurs années après, répète encore l'inscription d'Aïn Ouassel. Et pourtant, au second et au troisième siècle, l'attachement obligatoire et indissoluble au sol, la servitude de la glèbe, ne sont pas encore certainement des règles écrites dans la loi. Le droit civil est même beaucoup plutôt contraire à ces pratiques ; et, nous savons d'ailleurs que ce sont seulement les constitutions du quatrième siècle qui ont législativement proclamé ce principe de droit (5). Mais, dans la réalité, la servitude de la glèbe est née déjà. Elle existe dans les grands domaines impériaux ; et les empereurs du quatrième siècle ne feront que mettre plus tard en langage législatif et en forme de loi d'État la règle qui, depuis longtemps déjà, fonctionne

---

(1) Inscription de Souk el Khmis, col. 3, l. 4 et suiv., l. 25 et suiv. — Le fait que l'empereur Commode, dans cette inscription (col. 4, l. 1 et 2), ne porte pas les titres de *Pius* et de *Britannicus*, qu'il a toujours, le premier à partir de 183, le second à partir de 184, démontre que l'inscription est antérieure à ces années, et que par conséquent elle se place entre 180 et 183. Cf. Mommsen, *Hermes*, XV, p. 391.

(2) *Ibid.*, col. 4, l. 7 et 8.

(3) Inscription d'Aïn Ouassel, col. 1, l. 1 à 10.

(4) Inscrip. de Soulk el Khmis, col. 3, l. 16 ; col. 4, l. 7 et 8.

(5) Voy. ci-dessus, p. 78, note 2.

dans leurs domaines, et que, depuis longtemps contiennent ou supposent les *leges saltus*.

L'asservissement des colons à la terre a donc été, dans les grands *saltus*, une mesure économique à l'origine, qui est devenue dans la suite une règle de droit, et c'est dans les domaines impériaux que la règle de droit s'est imposée d'abord. Quant à l'extension de cette règle par la législation à tous les domaines de l'Empire romain, il faut sûrement la considérer comme une mesure surtout financière. Le revenu principal des terres des propriétaires était le fermage payé par les colons, et, d'autre part, l'impôt foncier payé par ces terres était la ressource la plus importante du Trésor public. Pour que le propriétaire fût bien sûr de toucher exactement ses fermages, et par conséquent pour que l'État fût sûr de toucher son impôt foncier, l'État ne trouva rien de mieux que d'assurer aux propriétaires la présence perpétuelle de leurs fermiers en asservissant ces derniers au sol. C'est une sorte d'assurance double. L'État garantit au propriétaire des fermiers et par conséquent des fermages, et par là même se garantit à lui-même l'impôt que le propriétaire lui doit. Ainsi devint général l'assujettissement de tous les cultivateurs du monde romain à la condition de colon, c'est-à-dire le servage de la glèbe (1). Ajoutez aussi cette observation, suffisante à elle seule pour expliquer que la condition de cultivateurs soit devenue, dans le droit du Bas-Empire, perpétuelle et héréditaire. Presque toutes les conditions sociales et presque toutes les professions ont eu le même sort à cette époque. En somme, il est arrivé aux cultivateurs ce qui est arrivé à tous; le colon, c'est-à-dire l'ancien fermier libre, est devenu le colon serf de la glèbe, par application d'une sorte de droit commun. La loi l'a asservi à sa terre, comme elle asservissait à la même époque le décurion à sa curie, le citoyen à sa cité, le *navicularius* à l'*onus naviculare*, le *pistor* au *pistorium munus*, le *metallarius* au *metallum*, l'artisan à sa corporation, le militaire à l'armée, l'*officialis* à ses bureaux et le moine à son couvent (2).

---

(1) Schulten, p. 97.

(2) Cf. là-dessus, Kuhn, *Verfassung des röm. Reichs.*, I, p. 258 et s.,

Telle est, à mon avis, d'une façon sûre, l'origine et l'exploitation de l'institution du colonat. Que maintenant il y ait eu, dans certaines circonstances et dans certains lieux, d'autres colons que ces fermiers attachés à la glèbe par suite des faits et pour les motifs que je viens de dire, la chose est incontestable. On sait notamment, et par des textes positifs, que des populations barbares ont été parfois transportées dans l'Empire avec cette condition. A l'époque du Bas-Empire, cela n'est pas douteux (1). Mais ce qui est beaucoup plus remarquable, c'est que l'on a des exemples de cette pratique de l'administration impériale bien avant l'époque où l'institution du colonat apparaît formée et réglementée dans les Codes (2). Or c'est là un fait très intéressant. En effet, que des barbares aient été casés sur des terres de l'empire romain avec la condition bien établie de colons proprement dits au cinquième siècle, cela n'a rien qui puisse surprendre, ni qui dérange non plus les idées que je viens de développer; car ces barbares n'ont pu que grossir le nombre des colons; ils n'ont pas évidemment créé cette classe d'hommes, puisqu'elle existait déjà très nombreuse et très répandue, à l'époque où les empereurs

262; Karlowa, *Röm. Rechtsgeschichte*, I, p. 926, 927; Esmein, *Hist. du droit français*, p. 20 et 21. — J'ai signalé plus haut (p. 79, note 2), l'assimilation faite en termes exprès par les constitutions impériales du colon serf de la glèbe au décurion serf de la curie.

(1) Voy. Code Théod., 5, 4, 3 (Honorius et Théodose, 409) : *Scyras barbaram nationem... copiis fusis, imperio nostro subegimus. Ideoque damus omnibus copiam ex praedicta gente hominum agros proprios frequentandi, ita ut omnes sciant susceptos non alio jure quam colonatus apud se futuros.*

(2) Les textes qui parlent de ces établissements de barbares sont très nombreux, et en général très connus. On les trouvera cités tout au long dans Heisterbergk, *Entstehung des Colonats*, p. 27 et 28, note, et Fustel de Coulanges, *Problèmes d'histoire*, p. 43 à 53. Je crois peu utile de les reproduire. — On remarquera que l'habitude de transporter ainsi des barbares dans l'Empire, en les établissant sur des terres, commence avec le début même de l'Empire, (voy. pour Auguste et pour Tibère, Suétone, *Aug.*, 21; *Tiber.*, 9), mais que c'est seulement à partir de Marc-Aurèle que cette pratique de l'administration impériale prend un caractère régulier et habituel. A partir de cette époque, en effet, les établissements de barbares vaincus deviennent constants, et les historiens anciens en rapportent des exemples pour un très grand nombre d'empereurs, Marc-Aurèle (*Vita Marci*, 22 et 24); Claude II (*Claud.*, 9); Aurélien (*Aurelian.*, 48); Probus (*Prob.*, 18); Dioclétien, Maximien et Constance (*Panegyr. Constantio Caesari dictus*, 8, 9, 21).

l'accroissaient de cet afflux nouveau. Mais, tout au contraire,
que pendant les trois premiers siècles, des vaincus aient été
réduits à la condition de serfs de la glèbe, c'est là une chose très
grave, puisque, à cette époque, la classe des colons n'existait
pas encore à proprement parler, et l'on a pu se demander par
conséquent si de tels hommes n'auraient pas été en réalité les
premiers parmi les colons, ceux qui ont inauguré cette condition juridique, autrement dit si l'origine vraie de l'institution
du colonat ne serait pas dans cette pratique de l'administration
romaine implantant les vaincus sur des terres avec obligation
de les cultiver (1). Il ne me paraît pas douteux que, parmi ces
barbares, sinon tous au moins un très grand nombre aient été,
de quelque nom que l'administration ou le droit les ait appelés, attachés à la glèbe à perpétuité. En effet, il est difficile
de s'imaginer que l'État romain ait fait de tous, sans exception,
des esclaves. Que plusieurs d'entre eux le soient devenus,
c'est très vraisemblable (2); et, au fond, une telle servitude

---

(1) Cette opinion a eu un très grand succès. Elle est soutenue notamment par
Zumpt, Huschke, Savigny, Laboulaye, Kuhn, Marquardt, etc. Voy. principalement Kuhn, *Verfassung des römischen Reichs*, I, p. 260 à 262, où est donné
l'exposé très complet de cette manière de voir. On en trouvera aussi une bonne
analyse, avec l'indication de ce qu'elle contient de vrai et les objections (à
mon avis décisives) qui peuvent lui être adressées, principalement dans
Heisterbergk, *loc. cit.*, p. 25 à 31. Cf. aussi sur ce sujet Fustel de Coulanges,
loc. cit., p. 43 à 53; Segré, *Archivio giuridico*, XLIII, p. 173 à 192; XLVI,
p. 307 à 310.

(2) Il est très possible notamment que les Goths, transplantés par Claude II,
aient été faits esclaves. Au moins, c'est ce qui paraît résulter du passage de
Trebellius Pollio, *Claud.* 9. : *Impletae barbaris servis Scythisque cultoribus romanae provinciae.* (Par Scythes les écrivains de cette époque désignent les
Goths)..... *Nec ulla fuit regio quae Gothum servum triumphali quodam servitio
non haberet.* Il est vrai que, dans un autre passage de la même phrase, Trebellius Pollio semble plutôt considérer ces Goths comme des colons (*ibid.* :
factus limitis barbari colonus e Gotho). Cette indécision dans les termes est,
à mon avis, une marque intéressante de l'indécision elle-même qui caractérise
la condition imposée à ces barbares. Le panégyrique de Constance, 8, dit
également, en parlant des Chamaves et des Frisons, établis en Gaule : *ut quae
fortasse ipsi quondam depraedando vastaverant, culta redderent serviendo ;* mais
je ne crois pas qu'il faille prendre à la lettre ce mot *serviendo*, et en conclure que ces Germains devinrent esclaves. Il faut tenir compte de ce qu'il
y a d'emphatique et de très peu précis dans la langue que parlent ces pané-
gyristes.

n'a rien qui heurte les idées antiques, puisque aussi bien la
théorie juridique aimait à rattacher à la conquête l'origine de
l'esclavage. Mais on sait que là-dessus la pratique a toujours
été assez loin de la théorie; et, en fait les textes nombreux
qui nous parlent des Germains ainsi transportés dans l'Empire
ne disent point (en général au moins) que ces barbares aient été
faits esclaves, mais les représentent simplement comme obligés
de cultiver les terres où on les a casés (1). Seulement, il est
clair qu'une telle obligation fait précisément des barbares transplantés des hommes très voisins de la condition des serfs de la
glèbe. Car on ne concevrait pas que l'administration romaine
les eût transplantés, et casés sur des terres, avec la faculté
d'abandonner ces terres le jour où ils aimeraient mieux ne plus
les cultiver et reprendre la vie barbare. Ils sont donc attachés à
cette terre où on les a placés, fixés là à perpétuité et héréditairement. Et s'ils ne portent pas officiellement (avant les constitutions impériales du cinquième siècle) le nom de *coloni*, dans la
réalité, ils sont bien, ou très peu s'en faut, des serfs de la glèbe(2).

(1) J'ai cité, dans la note ci-dessus, le passage de la vie de Claude II,
d'où il serait permis de conclure que les Goths transplantés par cet empereur
ont été faits esclaves. Mais les autres textes où il est parlé des établissements de barbares ne prononcent absolument aucun mot qui laisse soupçon-
ner la servitude. Il est dit régulièrement dans tous ces textes, que l'Empereur
in solo, in agris, in sedibus adsignatis collocavit telle ou telle population
barbare; (voy. Suétone, *Aug.*, 21; *Tiber.*, 9; *Vita Marci*, 24; *Vita Probi*,
18, etc.). Or, une telle expression indique beaucoup plutôt que l'on a établi
ces barbares sur des terres, avec l'obligation d'y demeurer et de les cultiver;
et par conséquent c'est une situation analogue, en fait, au servage de la
glèbe beaucoup plutôt que la servitude proprement dite, qu'il convient d'entendre par ce langage. Cf. Fustel de Coulanges, *loc. cit.*, p. 44, 45 ; Segré,
Archivio giuridico, XLVI, p. 309 ; Léotard, *Essai sur la condition des barbares dans l'Empire romain au IVe siècle*, p. 34 et suiv.

(2) Sur les différences qui séparent toutefois ces serfs de la glèbe des
colons proprement dits, voy. Heisterbergk, *loc. cit.*, p. 27 et 28. On ne voit
pas, dans nos textes, que ces barbares aient eu chacun leur petite tenure,
et qu'ils aient été attachés, d'une façon déterminée et invariable, au domaine
de quelque grand propriétaire. Or, ce sont là des caractère absolument
essentiels au colonat proprement dit. De plus il paraît bien que les barbares
établis sur des terres de l'Empire avaient pour obligation non seulement de
cultiver ces terres, mais encore de défendre les frontières. (Voy. *vita Probi*,
15 : *Omnes jam barbari vobis arant, vobis jam serunt et contra interiores gentes
militant*). On sait que à l'époque du Bas-Empire, il existe, à côté des barbares

A ces barbares serfs de la glèbe on peut très utilement comparer les indigènes de l'inscription d'Henchir Mettich. Ce ne sont pas les mêmes hommes évidemment, puisqu'il s'agit, dans cette inscription, non de barbares transplantés dans l'Empire romain et casés sur des terres, mais tout au contraire des indigènes eux-mêmes aux dépens desquels a été constitué un grand domaine. Il me suffira d'ailleurs, à ce propos, de rappeler les choses que M. Toutain a si bien exposées dans la *Revue historique de droit*. L'Empereur Trajan a créé, au profit d'un particulier, le *fundus villae Magnae Variani*, autrement dit *Mappalia Siga*; et les *procuratores* de l'Empereur ont, par une *lex*, réglé la situation, les obligations et les redevances des cultivateurs de ce nouveau domaine (1). Le *fundus* ainsi créé occupe le territoire d'une tribu numide indigène, dont le nom de *Mappalia* rappelle le souvenir. Il s'agit de savoir ce que vont devenir ces indigènes. La *lex* d'Henchir Mettich répond très complètement à cette question (2). Il est tout à fait certain que les

colons (comme ceux dont il est question dans la constitution citée de Cod. Théod., 5, 4, 3), d'autres barbares, qui sont non des colons, mais des soldats au service de l'empire (les *Laeti* ou les *Gentiles,* dont la *Notitia Occid,* chap. 40, § 4, énumère les *praefecti*). Les barbares transplantés dans l'Empire romain par les empereurs du troisième siècle auraient sans doute ce double caractère de cultivateurs et de soldats. — Sur les barbares établis à l'époque du Bas-Empire, Cf. principalement Léotard, *Essai sur la condition des barbares dans l'Empire romain;* Brunner, *Deutsche Rechtsgeschichte,* I, p. 33 à 39 ; Mommsen, *Römische Militarwesen seit Diocletian* (*Hermes,* XXIV, p. 251 à 253).

(1) Voy. ci-dessus, § 1 (p. 14 et 15).

(2) En réalité, la *lex* d'Henchir Mettich distingue, parmi ces indigènes, deux catégories : premièrement ceux qui habitent en dehors et autour du domaine de *Mappalia Siga,* en d'autres termes, au delà des limites du domaine telles que les ont tracées les arpenteurs officiels (1re face, l. 6 à 8 : *Qui eorum ultra fundo villae Magnae Variani id est Mappalia Siga..., eos agros qui subcesiva sunt)*; secondement, ceux dont, au contraire, les terres ont été englobées dans les limites du domaine et aux dépens desquels, par conséquent, ce nouveau domaine a été constitué (1re face, l. 20, 21 : *Qui in fundo villae Magnae sive Mappalia Siga villas habent*). Les premiers sont autorisés à cultiver les terres situées, comme je l'ai dit, en dehors et autour du domaine (*subcesiva,* dit la loi); ils en ont l'*usus proprius* et, quant aux fruits récoltés par eux, ils en doivent seulement une part (sur laquelle la loi ne nous donne que des renseignements insuffisants) aux propriétaires du domaine de Mappalia Siga (ou à son *vilicus,* ou à son *conductor*). Voy. 1re face, l. 6 à 21, et Toutain, *Revue histor. de droit,* 1897, p. 394 à 398. Les seconds continuent à cultiver la terre (qui fut jadis leur terre, avant qu'on l'ait englobée dans le nouveau

ancions habitants du pays, dont les terres ont été englobées dans les limites mêmes du *fundus*, ne sont pas des esclaves. Ils ne sont pas non plus chassés de leurs terres. Ils continueront, au contraire, à y vivre, à y avoir, comme dit la *lex*, leurs *villae* (1), à exploiter cette terre et à en récolter les fruits. Seulement ils devront donner au propriétaire du nouveau domaine, ou à son intendant, ou au *conductor* de ce domaine, selon les cas (2), une part des fruits variant avec les cultures. Donc ils ne sont plus les propriétaires de cette terre donnée par l'Empereur à un autre, mais ils ne sont ni expulsés ni faits esclaves ; ils sont *coloni*, c'est-à-dire qu'ils jouissent de leur ancienne terre et qu'ils la cultivent, moyennant une redevance payée au propriétaire. Au surplus, la *lex* d'Henchir Mettich ne leur donne jamais un autre nom que ce nom de *coloni* (3). Et ce mot ne peut avoir, dans ce document, que le sens général qu'il a toujours à l'époque de Trajan ; c'est-à-dire qu'il signifie sûrement des hommes qui cultivent la terre (*qui colunt*) à titre de fermiers, moyennant une redevance (4).

domaine), avec obligation de payer au propriétaire du domaine, à son *villicus* ou à son *conductor*, une part des fruits, qui varie avec les cultures, et sur le règlement de laquelle, à l'inverse du cas précédent, la loi d'Henchir Mettich entre dans des détails très abondants. Voy. 1ʳᵉ face, l. 21 à 30 et les trois autres faces ; Toutain, *loc. cit.*, p. 398 à 411. On voit qu'il y a, d'après notre *lex*, à distinguer deux classes d'indigènes, et que la situation de ceux qui habitaient en dehors des limites du domaine n'est pas réglée exactement de la même façon que la situation de ceux dont les terres ont été englobées dans ce domaine ; mais les uns et les autres ont la condition de *coloni*, et sont des cultivateurs qui payent au propriétaire ou à ses représentants une part des fruits.

(1) 1ʳᵉ face, l. 20, 21 citée : *Qui in fundo villae Magnae... villas habent ;* (il s'agit ici de la seconde catégorie d'indigènes, ceux dont les terres ont été prises). Le mot *villae* signifie certainement dans ce passage, comme le dit M. Toutain (*loc. cit.*, p. 398, note 1), les fermes ou exploitations agricoles de ces indigènes. Probablement, *villae* est employé ici en opposition avec le mot *subcesiva* de la l. 8, qui désigne proprement les terres situées en dehors des limites du domaine, et vraisemblablement des terres en friche ou très mauvaises.

(2) 1ʳᵉ face, l. 22 : *Dominicus* (pour *dominis*) *ejus f(undi) aut conductoribus villicisv(e) eorum*. Répétition constante de cette expression : *conductoribus villicisve ejus fundi*, à presque toutes les lignes de la loi.

(3) Voy. 2° face, l. 15 ; 4° face, l. 1, 23, 27. — Les indigènes de la première catégorie (ceux qui habitent en dehors des limites du domaine) sont pareillement appelés par notre loi du nom de *coloni* (1ᵉʳ face, l. 12 et 19).

(4) Toutain, *loc. cit.*, p. 388.

Ainsi les indigènes de *Mappalia Siga* ne sont ni des propriétaires, ni des esclaves; ils sont des *coloni*, comme les *coloni* de
Columelle ou de l'inscription de Souk el Khmis, c'est-à-dire
essentiellement des fermiers libres (1). Mais, comme les *coloni*
de Souck el Khmis, s'ils sont libres en droit, en fait, leur situation est certainement très dépendante. Sont-ils attachés par
la loi au sol lui-même? Il est tout à fait certain qu'en droit ils
ne le sont pas encore; car précisément la *lex* d'Henchir Mettich prévoit d'une façon expresse le cas où un lot de terre
cultivée aurait été abandonné par le colon qui l'occupe, et
règle les mesures qui devront être prises pour remédier à cet
accident (2). On ne voit pas du tout, à cette occasion, qu'elle
ordonne de courir après le colon fugitif et de le ramener de
force à sa glèbe, comme l'ordonneront, en pareil cas, les constitutions des Codes du Bas-Empire (3). On ne saurait donc consi-

(1) La *lex* d'Henchir Mettich (d'après la lecture de M. Toutain) suppose
même qu'ils peuvent avoir à eux des esclaves ou des ouvriers agricoles (*inquilini*). Voy. 4º face, l. 22 et 23 : *servum inquilinu(mv)e coloni*. En droit,
sans doute, cela est assez indifférent; car des esclaves mêmes peuvent avoir
à eux des esclaves *vicarii*, mais, en fait, ce renseignement me paraît indiquer
que la condition de nos colons d'Henchir Mettich est relativement assez
aisée. — Remarquer, au point de vue de la situation faite à ces indigènes,
la différence qui les sépare des barbares établis dans l'Empire comme cultivateurs. Ceux-ci, comme je l'ai montré, sont bien obligés à cultiver les terres
où l'administration les a placés, mais ils ne paraissent pas avoir été, au
moins d'une façon régulière et constante, attachés à perpétuité à un grand
domaine, avec une petite tenure pour chacun d'eux. Au contraire, telle est
bien évidemment la condition des *coloni* d'Henchir Mettich.

(2) 4º face, l. 10 à 22. — Ce passage est assez mutilé, et il est difficile
d'en expliquer sûrement le détail; mais il est, en tous cas, certain qu'il s'agit
du colon qui a abandonné la terre (*eo tempore quo ita superficies coli desit
desierit, — biennio proximo ea qua die coli desierit*, etc.). — Selon l'explication
donnée par M. Toutain (*loc. cit.*, p. 407, 408), il y aurait ici à distinguer
deux cas. Ou bien le champ ainsi délaissé a été, de la part du colon, l'objet
d'améliorations importantes; dans ce cas, pendant deux ans encore à partir
du moment où il a cessé de l'exploiter, ce colon garde le droit de le reprendre,
mais, au bout de ces deux années, l'administration du domaine en disposera.
Ou bien le champ est une simple surface cultivée; alors, dès la première
année après l'abandon du colon, l'administration annonce aux alentours que
le champ est abandonné et donne des ordres pour qu'il soit exploité de
nouveau.

(3) Voy. par exemple (pour ne citer que les textes les plus caractéristiques)
Cod. Theod. 5, 9, 1 (332, Constantin); Cod. Just. 11, 48, 15 (Honorius et
Théodose, 23 (Justinien); 11, 51, 1 (Valentinien), etc., etc. On en trouvera

dérer, en droit, les *coloni* d'Henchir Mettich comme des serfs
de la glèbe (1). Mais, en fait, ces indigènes, aux dépens de
qui Trajan a constitué le grand domaine de *Mappalia Siga*, en
prenant leurs terres et en les donnant eux-mêmes comme cultivateurs au propriétaire nouveau, on ne se les représente guère
comme des hommes qui peuvent impunément quitter cette
terre. En droit, sans doute, ils sont libres de la quitter, mais,
dans la réalité, toutes sortes de circonstances les y retien-
dront : l'habitude de vivre là, l'attachement naturel du cultivateur à la terre, la pauvreté, la difficulté de gagner leur vie
ailleurs, au besoin, j'en suis convaincu, la contrainte administrative ou celle du propriétaire lui-même qui, l'une et l'autre,
en dépit du droit civil qui n'admet pas encore un fermier lié
au sol à perpétuité, en dépit même du règlement de Trajan
qui permet expressément au *colonus* de quitter sa terre,
devaient s'employer dès cette époque à garder au grand
domaine les cultivateurs indigènes que Trajan lui avait donnés.
Les colons de Souk el Khmis, dont j'ai montré tout à l'heure
la situation si dépendante et l'attache au sol si dure et si indissoluble, ne sont-ils pas, en somme, eux aussi, des fermiers
libres ? Et de ce domaine, où ils sont persécutés par les *conductores* et les *procuratores* réunis, on ne voit pas cependant qu'un
seul instant il leur soit venu à la pensée qu'ils peuvent partir.
Au surplus, admettons même que les indigènes d'Henchir
Mettich aient pu encore, à l'époque de Trajan, user en fait de
cette faculté de quitter le sol que leur réserve le règlement de
l'Empereur ; il est certain, dans tous les cas, que bientôt l'administration et la coutume, et plus tard encore le droit lui-
même, leur ôteront cette faculté, et qu'ils deviendront, comme
tous les autres cultivateurs de l'empire romain, des colons
asservis à la glèbe à perpétuité.

Voilà donc une origine du colonat très différente de celle
que j'ai étudiée en premier lieu. Ce ne sont plus les fermiers
que leur misère et leurs dettes, le désir des propriétaires
d'avoir des cultivateurs perpétuels et la volonté de la loi d'assurer à ces propriétaires de tels cultivateurs, ont peu à peu

beaucoup d'autres encore réunis dans Karlowa, *Röm. Rechtsgeschichte*, I,
p. 918, 919.

(1) Cf. Toutain, *loc. cit.*, p. 414, 415.

fixés au sol; ce sont des indigènes dont l'Empereur a pris le te:
ritoire pour en constituer un grand domaine et qu'il a en même
temps réduits à la condition de cultivateurs de ce nouveau do
maine. Les barbares vaincus, transplantés par les empereurs su
des terres romaines et casés sur ces terres avec obligation d
les cultiver, ne sont pas tout à fait les mêmes hommes que ce
indigènes, puisqu'ils sont au contraire des étrangers transporté
là dans le but de les dépayser. Mais leur condition a dû êti
réglée de la même façon]; car d'eux aussi, comme des Numides d
Mappalia Siga, l'administration romaine, lorsqu'elle ne les a pa
réduits en servitude, a fait de force des cultivateurs, et san
aucun doute, comme je l'ai montré, des cultivateurs asservi
à la glèbe. Il y a dans de tels faits, incontestablement, un
source très intéressante du colonat. Mais je persiste à consi
dérer que ce fût là une source secondaire, accidentelle, et tout
locale. L'origine véritable du colonat, l'explication de cett
institution, surtout l'explication de son immense extension e
de sa généralité, c'est celle que j'ai donnée plus haut. Il y
eu sans doute, çà et là, dans certains milieux, par suite d
certaines circonstances, et à la suite de certains faits, des co
lons qui ne sont pas les anciens fermiers libres réduits a
servage de la glèbe par suite de l'évolution économique don
j'ai décrit les raisons et le caractère; notamment il y eut sûre
ment des indigènes dépouillés de leurs terres et des barbare
transplantés dans l'Empire, qui ont reçu de l'administratio
cette condition particulière ou au moins une condition trè
analogue. Mais ce sont là des faits après tout exceptionnel:
et essentiellement locaux. Dans la grande masse de l'Empir
romain, le colonat est né et s'est développé à la suite des fait
bien différents, et pour des raisons beaucoup plus générale:

Nous sommes bien renseignés sur les obligations des colon
par les textes juridiques ou littéraires et par les inscription:
Les colons, étant des fermiers, doivent essentiellement un
redevance. En général cette redevance consiste dans des *parte
fructuum*, c'est-à-dire une part des fruits (1). Ce sont le

---

(1) Nombreux exemples. Voyez les textes juridiques et littéraires cités ;
76, note 2, et les inscriptions africaines indiquées dans les notes suivante:
— Plus particulièrement pour l'époque du Bas-Empire, Cf. Code Just., 1:
48, 5 (Valentinien) : *Domini praediorum id quod terra praestat accipiant, p*

partes dont la mention revient régulièrement dans les inscriptions de Souk el Kmis, d'Aïn Ouassel, et d'Henchir Mettich (1). Dans les grands domaines africains, il est visible que la redevance des colons est toujours fixée en nature. La proportion courante, dans cette région au moins, est que les colons payent le tiers des fruits (*tertiae partes*), et par conséquent gardent pour eux les deux tiers (2). Je montrerai plus loin, en étudiant les domaines de l'Église de Rome au temps de Grégoire le Grand, que les colons de ces domaines payaient aussi leurs redevances en nature (3). C'est donc là une règle générale.

cuniam non requirant. — *Ibid.*, 11, 48, 8, 1 (Valentinien) : *Excolentes terras partem fructuum pro solo debitam praestiterunt*, etc.

(1) Inscript. de Souk el Kmis, col. 3, l. 8. Les colons demandent à l'Empereur qu'il soit défendu, soit au *procurator* du *saltus*, soit au *conductor*, d'augmenter leurs redevances (*ampliandi partes agrarias*). — Inscript. d'Aïn Ouassel, col. 2, l. 15 (*p*)*artes fruct*(*uum*); col. 3, l. 2, *tertias par*(*tes da*)*bit*. Cf. les lignes suivantes qui sont relatives aux diverses redevances dues pour les diverses cultures. — Le document qui entre, sur cette matière, dans le plus de détails est l'inscription d'Henchir Mettich. Presque toute la *lex* est consacrée à réglementer la part de fruits due par les colons pour chaque genre de culture. On n'indique pas, il est vrai, d'une façon précise la part qui est due par les colons indigènes qui habitent en dehors des limites du domaine de *Mappalia Siga*, la loi se contentant de dire d'eux qu'ils payeront la quote-part qui est établie par une *lex Manciana* antérieure (que nous ne connaissons pas) (voy. 1re face, l. 10 à 21). Mais, pour les colons indigènes dont les terres ont été englobées dans le domaine, la loi est, au contraire, extrêmement prodigue de détails (1re face, l. 20 et s., et les faces 2 et 3). Les colons doivent le tiers des fruits pour le blé, l'orge, le vin et l'huile, le quart (ou le cinquième) pour les fèves, pour les abeilles un setier (un peu plus d'un demi-litre) par ruche; pour le bétail une redevance qui n'est pas indiquée clairement (on s'en réfère à l'usage). Voy. pour toute cette réglementation, Toutain, *loc. cit.*, p. 397 à 406.

(2) Voy. les *tertiae partes* de l'inscription d'Aïn Ouassel citée à la note précédente. Dans l'inscription d'Henchir Mettich, les colons doivent également *partem tartiam* pour le blé, l'orge, le vin et l'huile, c'est-à-dire pour les cultures les plus importantes (1re face, l. 25 à 30). — Une inscription de Henchir Sidi Ben Hamida (Cagnat, *Année épigraphique*, 1894, n° 55) parle de la *centesima fructuum*. C'est une proportion bien différente de celle qu'on trouve dans tous les autres documents africains, et au surplus, une redevance fort insignifiante. Je ne sais comment l'expliquer. M. Schulten (p. 97 et 133) croit trouver une allusion à la même redevance dans l'inscription de Gasr Mezuar (C. I. L., VIII, 14428, l. 3); mais la restitution *centesima* dans ce passage, me semble tout à fait arbitraire. Dans tous les cas, les explications de M. Schulten sur cette *centesima* sont fort peu lumineuses.

(3) Voy. ci-dessous, § 6.

Outre les redevances, les colons doivent des corvées (*operae* (1). Ces corvées ne sont pas un fermage; ce sont des obligations tout à fait analogues à ces *operae* ou travaux publics, que les citoyens doivent à la cité (2). Pour les colons, qui sont les hommes d'un domaine et non les citoyens d'une cité, le domaine tient lieu de la *civitas*, et il en exerce les droits. Les colons font donc les *operae* pour l'entretien de la *villa*, comme les citoyens les font pour l'entretien des constructions et du domaine public de la cité (3).

D'autres droits encore pèsent sur les colons, mais moins réguliers, et l'on peut dire moins légalement établis. Un exemple très intéressant est le droit de mariage. On sait que c'est un des droits qui, au moyen âge, sont caractéristiques du servage; le serf ne peut se marier sans le congé de son seigneur, ce qui se traduit, comme toujours, par l'obligation de payer une certaine somme pour avoir le droit de se marier (4). Les sources législatives et juridiques du Bas-Empire ne contiennent pour le colon, aucune obligation de cette nature. Mais on

---

(1) Par exemple, dans l'inscription de Souk el Kmis, les colons doivent par an deux journées de labour, deux de sarclage, et deux de moissons (col. 3, l. 11 à 13, l. 26 et 27; col. 4, l. 6), en tout par conséquent six journées. — Dans l'inscription de Gasr Mezuâr, les colons doivent douze journées, quatre de chacune des espèces ci-dessus (*C. I. L*, VIII, 14428, l. 12).

(2) Voy. pour les *operae* dues à la cité, la *lex coloniae Juliae Genetivae*, 98 (*Textes* de Girard, p. 91) et Dig. 50, 4, 4 (Ulpien). — Sur l'analogie des *operae* dues au domaine par les colons et des *operae* dues à la cité par les citoyens, Cf. Mommsen, *Hermes*, XV, p. 400, *Ephemer. epigraphica*, III, p. 188, et Schulten, p. 98 et 99, 114 et 115.

(3) Exemples des travaux exécutés par les colons pour l'entretien, l'embellissement ou la fortification du domaine : C. I. L, VIII, 14457 (des thermes probablement); 8426 (un *castellum*); 8701, 8777, *Année épigraphique*, 1893, n. 66 (des murs); C. I. L, VIII, 10411 (un temple?); 11731 (un portique); 587 (des édifices avec des arcs).

(4) Distinguer d'ailleurs le droit de mariage (*maritagium*) et le droit de *formariage* (*forismaritagium*), le premier relatif au mariage du serf dans l'intérieur de la seigneurerie elle-même, le second à son mariage hors de la seigneurie. A partir du xiie siècle, l'autorisation du seigneur (c'est-à-dire en fait, le paiement du droit) n'est exigée, en règle au moins et d'une façon ordinaire, que dans ce second cas. Mais, à l'origine, le serf a besoin de l'autorisation seigneuriale même s'il se marie dans l'intérieur de la seigneurie. Voy. sur tous ces points, principalement, Viollet, *Hist. du droit civil français*, p. 315; Esmein, *Hist. du droit français*, 3e édition, p. 230 et 231; Luchaire, *Manuel des institutions françaises*, p. 301, 302.

voit très clairement, par les lettres du pape Grégoire le Grand, que, dès le temps de ce pape, les colons de l'église de Rome étaient astreints à un droit de formariage (1). C'est, je crois, la première allusion en date qu'il y ait à ce droit. Pareillement, il ressort de la correspondance de saint Augustin que, au iv° siècle, les propriétaires appliquent volontiers dans leurs domaines la règle qui fut celle des princes et des seigneurs territoriaux en Allemagne, à l'époque de la Réforme : *cujus regio ejus religio*. Le propriétaire entend et exige que son colon soit de la même église que lui (2). Le fondement

(1) Grégoire le Grand, *Epistolae*, I, 42 (édit de Éwald et Hartmann, dans les *Monumenta Germaniae*, I, p. 65, l. 1) : *Pervenit ad nos quod de nuptiis rusticorum immoderata commoda percipiantur. De quibus praecipimus ut omne commodum nuptiarum unius solidi summam nullatenus excedat.* — Dans une autre lettre de Grégoire, il s'agit d'un certain Pierre, qui a fait carrière dans l'administration patrimoniale de l'église de Rome, et qui est devenu *defensor*. La lettre du Pape nous montre que, malgré cette dignité, Pierre et ses fils sont toujours restés les sujets et les serfs du domaine auquel les a attachés leur naissance, et le Pape fait prévenir Pierre que ses fils aient, en conséquence, à se marier dans le domaine, et non pas ailleurs. Voy. *Epistolae*, IX, 128 (édition citée, II, p. 128, l. 15) : *Ut tamen ecclesiae utilitas non laedatur, hac tibi praeceptione mandamus, ut eum stricte debeas commonere, ne filios suos quolibet ingenio vel excusatione foris alicubi in conjugio sociare praesumat, sed in ea massa qua lege ex conditione ligati sunt socientur... ut, qualibet occasione, de possessione cui oriundo subjecti sunt, exire non debeant.* — Cette lettre prouve que c'est du formariage et non pas du mariage qu'il est question à l'époque de Grégoire le Grand.

(2) Saint Augustin, *Épistol.*, 58 et 66 (édit. des Bénédictins, t. II, p. 217 et 231). Dans la lettre 58, saint Augustin félicite un propriétaire parce qu'il a retenu ses colons dans l'orthodoxie. Dans la lettre 66, il en blâme un autre (ou plutôt un emphytéote, mais évidemment se comportant comme s'il était le propriétaire lui-même), parce qu'il a contraint ses colons à des pratiques hérétiques (le second baptême des donatistes). Cf. également sur ce second cas, saint Augustin, *contra litteras Petillani*, II, 184 (édit. des Bénédictins, t. IX, p. 432) et ci-dessus, p. 66, note 1. Il est évident que, dans un cas comme dans l'autre, les propriétaires avaient la même conception de leur autorité, c'est-à-dire qu'ils entendaient toujours que leurs colons, étant leurs sujets, adorassent Dieu de la même façon qu'eux. — Observer, dans le même ordre d'idées, la tendance des constitutions des empereurs orthodoxes et des conciles, à se servir de l'autorité que le propriétaire possède sur ses colons pour obliger ceux-ci à rester dans l'orthodoxie. Voy. Code Théod. 16, 5, 52, 4 (Honorius et Théodose, 412 : *Colonos verberum crebrior ictus a prava religione revocabit. — Ibid.*, 16, 5, 54, 8 (les mêmes, 414) : *Servos vero et colonos coercitio ab hujusmodi ausibus* (l'hérésie) *severissima vindicabit.* (Je crois

et l'explication de cette dépendance des colons est, comme l'a très bien vu Schulten, l'autonomie territoriale qui est le caractère essentiel du domaine. Le domaine forme un territoire indépendant du territoire, du droit et du gouvernement de la *civitas* (1). Les colons sont les hommes du domaine et non pas les citoyens de la *civitas*; le domaine est réellement leur cité, leur patrie, leur gouvernement (2). Et ils doivent, comme sujets, avoir la religion du gouvernement, c'est-à-dire du propriétaire du domaine.

Les colons trouvaient dans l'intérieur du domaine toutes les choses nécessaires à la vie : eaux, bains, boutiques diverses (3). Le motif est le même toujours ; dans la réalité aussi bien que dans la théorie juridique, le domaine tient lieu de cité pour tous ses habitants. Le document le plus caractéristique à ce point de vue est la lex *metalli Vipascensis*, qui est de la fin du premier siècle. J'ai dit déjà qu'il s'agissait, dans ce règlement, de l'administration du domaine minier que les empereurs possédaient à Aljustrel, en Portugal, et que cette *lex* pouvait passer à bon droit pour un excellent type de statut domanial (4). Or, nous voyons installés, dans le district minier d'Aljustrel, les échantillons les plus variés des métiers : commissaire-priseur, crieur public, baigneur, cordonnier, coiffeur, foulon, etc.; et nous apprenons que tous ces hommes ont loué de l'administration impériale le droit d'exercer leur profession ; car la loi ne les appelle jamais d'un autre nom que de celui de *conductor* (5). En vertu de cette location, à la condition de payer leur

qu'il ne saurait être question ici que de la *coercitio* du propriétaire, et non de peines infligées par l'autorité publique). — *Ibid.*, 16, 5, 34 (Arcadius et Honorius, 398). Cf. Concile de Tolède, de 589, can. 16 (Labbe, V, p. 1012), où c'est bien aux propriétaires eux-mêmes qu'il est fait appel pour maintenir les colons dans l'orthodoxie.

(1) Schulten, p. 99.

(2) Dans le paragraphe suivant, je montrerai plusieurs autres conséquences de la même conception.

(3) Voy. sur ce point, Schulten, p. 52; His, p. 89.

(4) Sur la *lex Vipascensis* et son caractère de statut domanial, voy. ci-dessus, p. 54, notes 1 et 2.

(5) *Lex Vipascensis* (Bruns, *Fontes*, 6° édit., p. 266), l. 1 et suiv.; *Conductor ea(rum venditionum quae per auctio)nem intra fines metalli Vipascensis fient*, etc.; l. 10 et suiv.; *Qui praeconium conduxerit*, l. 19 et suiv.; *conductor balnei*; l. 31 et suiv., *conductor* (à propos des *sutrini* ou cordonniers); l. 37

loyer et de se conformer aux obligations diverses imposées dans
leur cahier des chargés (1), ils ont un véritable monopole ; en
effet l'administration qui leur a loué le droit d'exercer leur métier leur donne en retour le privilège de l'exercer seuls et les
protège contre toute concurrence ; par exemple, personne dans
le district minier n'a le droit de fabriquer de chaussure, ou
même de vendre des clous pour mettre aux souliers, si ce n'est
le cordonnier qui a loué le monopole de la cordonnerie ; et il
en est de même pour toutes les autres professions (2). Sans
aucun doute, il y a là, dans cette organisation des divers
métiers en monopoles loués par le fisc, un régime spécial que
l'on doit considérer comme exceptionnel et qui s'explique par
une raison locale et, pour ainsi dire, topographique. Dans ces
montagnes d'Aljustrel, un pays perdu, loin de tout centre
urbain, l'administration impériale se trouvait dans la nécessité
de fournir aux hommes de la mine (employés du *procurator*,
soldats, condamnés, esclaves, ouvriers libres, etc.) les choses
indispensables au bien-être de la vie. Et, pour attirer dans
cette région déserte les métiers nécessaires, elle a loué à ceux
qui voulaient bien venir le droit de les exercer d'une façon
exclusive et avec monopole, les garantissant contre tout con-
current et leur accordant, en retour de certaines obligations
et des tarifs qu'elle leur impose pour que les hommes du

---

et suiv., *conductor* (à propos des *tonstrini* ou coiffeurs) ; l. 43 et suiv. (à
propos des foulons) ; l. 46 et suiv. (à propos des *scaurarii et testarii*, c'est-
à-dire probablement des ouvriers qui traitent le minerai et les ardoises ; cf.
sur cette expression, Flach, *Revue histor. de droit*, II, p. 677). — Comme
tous les *conductores* de l'État ou du fisc (*publicani*), les *conductores* de la
lex Vipascensis peuvent former des sociétés. *Conductor sociusve actorve ejus*,
dit notre loi à plusieurs reprises (l. 5, 6, 8, 13, 14, 15, 16, 18, 19, 24, 34,
41, 44, etc.). De même, ils peuvent sous-louer (l. 44 : *cui conductor socius
actorve ejus locaverit*).

(1) Par exemple, le salaire du crieur public (*praeco*) est fixé proportionnel-
lement à la vente des objets vendus (l. 10 à 19) ; le prix d'entrée dans les
bains publics est tarifé selon les sexes ; le *balneator* doit chauffer ses bains,
donner l'entrée gratuite aux soldats, aux esclaves et aux affranchis employés
du *procurator* de la mine (l. 19 à 32) ; le cordonnier est tenu d'avoir chez lui
un assortiment complet de chaussures (l. 36) ; le coiffeur doit avoir des gar-
çons qui sachent le métier (l. 42), etc.

(2) Voy. l. 32 et suiv. (pour le cordonnier) ; l. 37 et suiv. (défense de faire
concurrence au coiffeur qui a loué de l'administration) ; l. 43 (défense pareille
pour les foulons).

domaine ne soient pas exploités, des privilèges évidemment
extraordinaires, tels, par exemple, qu'une peine du double et la
pignoris capio contre leurs clients qui ne les payeraient pas, et la
confiscation des objets fabriqués par les concurrents (1). C'est
donc là une situation exceptionnelle, et il ne faudrait pas considérer cette réglementation des métiers à Aljustrel comme le
type de ce qui se passait dans tous les grands domaines,
même dans les domaines impériaux (2). Mais il reste vrai que
presque partout les propriétaires (l'Empereur ou les particuliers) s'arrangeaient pour que les hommes du domaine y trou-
vassent toutes les choses nécessaires à leur vie. Les textes
juridiques et les inscriptions d'Afrique nous parlent à plusieurs
reprises des *negotiatores* (3) et des *tabernae* (4) établis dans
les domaines pour l'usage de la *plebs fundi*. S'il n'y avait pas

---

(1) Voy. ce que j'ai dit ci-dessus sur ces différents privilèges, grâce auxquels les *conductores* du district minier se trouvent exercer à l'occasion presque des droits de magistrats et surtout sont assimilables aux anciens *publicani* de l'époque de la République; ci-dessus, p. 61, note 1.

(2) Cf. principalement sur ce point, Flach, *Revue histor. de droit*, II, p. 278,
279; et Hübner, *Ephemeris epigraphica*, III, p. 186, 187. — Aujourd'hui, en
Amérique et en Australie, les entrepreneurs des voies ferrées, des travaux
miniers et, en général, des diverses exploitations, qui s'installent avec des
ouvriers dans des régions désertes, se trouvent souvent dans une situation
très analogue à celle où était, au premier siècle, l'administration impériale à
Aljustrel. Généralement, les entrepreneurs pourvoient à cette situation en
débitant eux-mêmes aux ouvriers les choses dont ils ont besoin. C'est ce que
l'on nomme le *truck system*. Les ouvriers se plaignent de ce régime, parce
que naturellement l'entrepreneur donne ses marchandises à la place d'une
partie du salaire. Je crois que le système suivi par les agents de l'Empereur au premier siècle valait mieux, parce que le régime du monopole, si
mauvais qu'il soit, vaut encore mieux que le régime dans lequel l'administration se fait elle-même marchande. Mais la liberté du commerce et de l'indus-
trie vaut mieux que le monopole et que le système de l'État commerçant pour-
voyeur et tuteur. Et je n'ai pas eu la prétention de justifier, mais d'expliquer
seulement cette réglementation du travail et du commerce dont l'administration du fisc impérial nous donne un si curieux exemple dans la *lex Vipascensis*.

(3) *Negotiatores* dans les domaines impériaux. Voy. Cod. Theod. 13, 1, 5
(Valentinien, 364) : *Negotiatores si qui ad domum nostram pertinent*, etc.; *ibid.*,
10 (Valentinien, 374).

(4) Inscr. de Gasr Mezuar (C. I. L., VIII, 14428), l. 13 : *tabernae quae semper
publicis usibus.* — Quelques ruines de boutiques à l'usage de la *plebes rustica* du domaine sont encore reconnaissables dans le territoire occupé par
l'ancien *saltus Deguensis* (voy. C. I. L., VIII, p. 48).

dans tous ces *fundi* la réglementation, les privilèges et les monopoles que nous trouvons dans la *lex metalli Vipascensis*, il y avait au moins à peu près partout des *tabernae*, des boutiques et des bains publics, comme dans cette loi. Je montrerai prochainement (et cela rentre dans le même ordre d'idées) que, très souvent aussi, les propriétaires établissaient dans leur domaine des marchés à certains jours fixes pour approvisionner la *plebs fundi* (1).

J'ai déjà parlé, dans une autre partie de ce travail, des habitations des colons (2). Ces habitations étaient, comme je l'ai montré, groupées, presque toujours, en *vici* ou *castella*. Ce sont les *vici circa villam* du texte de Frontin (3). Les colons formaient là des espèces de communautés rurales. Les inscriptions d'Afrique mentionnent leurs *magistri*, leurs *defensores* (4), leurs *sacerdotes* (5); quelquefois même il est parlé de *decuriones* (6)

---

(1) Voy. ci-dessous § 5.

(2) Voy. ci-dessus, § 2 (p. 23 à 25).

(3) Frontin, p. 53, l. 7 (Voy. ci-dessus, p. 23, notes 2 et 5).

(4) Textes cités ci-dessus, p. 24, note 2.

(5) C. I. L., VIII, 580 : *Sacerdos Cererum* (une prêtresse ; l'inscription a été trouvée dans le *Saltus Massipianus*, territoire où n'existait aucune cité et qu'habitaient seulement des colons). — *Ibid.*, 280 = 11470 : *aug(ur) vici* (dans un territoire également habité par une population de colons ; voy. C. I. L., VIII, p. 47).

(6) A mon avis, il n'y a jusqu'ici d'exemples certains de pareils *decuriones* que dans les domaines impériaux. Encore cela a dû être tout à fait exceptionnel ; car une organisation municipale proprement dite ne se conçoit guère dans le *saltus*. Les deux seules inscriptions mentionnant certainement des *decuriones* de cette espèce (c'est-à-dire d'un groupe de colons) ont été trouvées à Gasr Mezuâr. Ce territoire est un saltus *impérial*, et il ne paraît pas y avoir jamais eu là de *civitas*. Voy. C. I. L., VIII, 14427 : *Victorias duas quas C. Annedius Severus (ob) honorem decurionatus C. Annedi Honorati Severi Terentiani C. Annedi Severi..., filiorum suor(um) taxatis legitim(is apud acta pro)miserat.* — *Ibid.*, 14431 : *d(ecreto) d(ecurionum)*. — Quelques autres inscriptions, dans lesquelles Schulten pense qu'il est permis de voir des décurions de groupes de colons, se réfèrent, selon moi, d'une façon beaucoup plus probable, à des décurions de cités. Dans C. I. L., VIII, 8270 : *M. Aurelio Honoratiano... Suburburi col. dec. col. Tulcensium*, il faut lire non pas, comme le propose Schulten (p. 34 et 103) : *col(ono) dec(urioni) col(onorum) Tulcensium*, mais *col(ono) dec(urioni) col(oniae) Tulcensium*. (Cette colonie est probablement la cité de *Tucca*, dont parlent Pline, Ptolémée et la table de Peutinger ; cf. sur ce point de Villefosse, *Revue archéologique*, XXXI, 1876, p. 214). — Dans le même volume du *Corpus*, 8811 : *Limes agrorum a Gar-*

et d'*ordo* (1). Mais il faut bien faire attention — et j'ai déjà prévenu contre une telle confusion — que cette communauté villageoise ne saurait être considérée comme une *civitas*. Elle n'est même pas assimilable, en droit, à ces *vici* ou *castella* qui sont des dépendances d'une *civitas*, bien que, en fait, et à peu près par la nécessité des choses, elle ait de l'analogie avec ces groupes (2).

IV.

Je ne dirai que quelques mots d'une dernière classe d'habitants du domaine, les *inquilini*. Cette expression a d'ailleurs, selon les époques et selon les circonstances, des sens très divers; en d'autres termes, il s'en faut qu'on entende toujours

gilio..., *dec, p. p.*, lire, non pas, comme le fait Schulten (p. 36) : *dec(urione) p(rincipe)*, mais, plus probablement, comme le propose le *Corpus* : *dec(urione) p(ublico) p(ositus)*. Ce Gargilius, décurion, est-il décurion d'un groupe de colons ou d'une cité? Il me paraît certain qu'il l'est d'une cité; car l'inscription provient de Equizetum, qui est un municipe au temps de Dioclétien et qui fut à une autre époque une colonie; (voy. C. I. L., *loc. cit.*, p. 761). — Enfin dans *ibid.*, 8826 et 8828, où il est question de personnages qui sont dits *dec(urio)* et *p(rinceps) g(entis)*, il faut entendre par ces décurions et ces *principes gentis* les chefs ou magistrats d'une *gens* numide, et non les décurions d'un groupe de colons, comme le dit Schulten (p. 37). Ces inscriptions proviennent en effet de Kherbet Gidra (Sertel, dans la Maurétanie Sitifiensis), et il existait là non pas un *vicus* de colons, mais un centre de population numide. Voy. C. I. L., 8826, *p(rinceps) g(entis) N(umidarum)*. — En résumé, dans l'état actuel des documents, il n'existe de *decuriones* de groupes de colons que dans les *saltus* impériaux, et encore sont-ils assez rares.

(1) Branbach, *Inscr. Rhen.*, 1633 = Orelli-Henzen 5248 : *In honorem domus divinae ex decreto ordinis saltus Sumelocennensis.* Ce *saltus* est situé sur les frontières de la Germanie, dans les champs décumates.

(2) Cf. ci-dessus, p. 24. — Il est intéressant de constater combien la condition des colons des grands domaines africains à l'époque de l'Empire romain, telle qu'elle résulte des nombreux documents que j'ai expliqués, ressemble à la condition qui était faite aux cultivateurs d'Afrique dans les *azels* (terres du gouvernement turc) à l'époque de notre conquête algérienne. Les gens établis sur les azels formaient une population à part; les familles y exploitaient de père en fils une superficie déterminée. Ils payaient le *hokor* (fermage), à raison de tant par charrue, devaient des redevances en nature et étaient astreints à des corvées au profit du caïd des azels (comparer le *conductor* des grands domaines romains). Cf. sur ces ressemblances, E. Mercier, *La population indigène de l'Afrique sous la domination romaine, vandale et byzantine,* (Recueil de la société archéolog. de Constantine, 1895-1896, p. 153).

par là la même espèce d'hommes. Dans les textes des jurisconsultes classiques, le plus ordinairement, l'*inquilinus* est le
locataire d'une maison, et s'oppose par conséquent au *colonus*
qui est le locataire d'un bien rural (1). Il est clair que, entendus dans ce sens-là, les *inquilini* ne rentrent pas dans l'objet
de cette étude. Je laisse donc de côté ces *inquilini*. Mais il est
des cas où par la même expression on entend les hommes qui
habitent le domaine. Ces habitants du domaine y sont-ils, en
droit, fixés d'une façon perpétuelle et obligatoire? A l'époque
où les *coloni* ne sont pas encore asservis à la terre, on ne saurait certainement considérer les *inquilini* comme fixés au
domaine (2). Mais ils le deviendront, comme les *coloni*, et sans
doute à peu près à la même époque et par suite de cette même
tendance à immobiliser les hommes et à rendre leur condition
perpétuelle et héréditaire. Dans certains textes, *inquilinus* est
même employé comme synonyme ou presque synonyme de
colonus (3). Mais il me paraît certain que le plus souvent ces

(1) Voy. Accarias, *Précis de droit romain* (4º édit.), II, p. 321, note 1;
Girard, *Manuel*, p. 552. — Dans un très grand nombre de passages des jurisconsultes de l'époque impériale, *inquilinus* et *colonus* se trouvent opposés
ainsi avec les deux significations respectives que je viens de dire. Voy. par
exemple, Galus, IV, 153; Dig., 19, 2, 24, 2, Paul; 19, 2, 25, 2, Galus;
41, 2, 25, 1, Pomponius; 43, 32, 1, 1, Ulpien. — Sur ce sens de *inquilinus :*
locataire d'une maison, qui est le sens régulier et classique, cf. les textes
juridiques cités par Dirkson, *Manuale*, au mot *inquilinus*.

(2) Il faut se garder, toutefois, d'invoquer à l'appui de cette opinion les
textes des jurisconsultes classiques qui nous disent d'une façon formelle que
l'*inquilinus* est libre de quitter les lieux, (par ex. Dig., 43, 32, 1, 1, Ulpien :
inquilini qui, soluta pensione, vult migrare), parce que, comme je viens de le
dire, chez les jurisconsultes classiques, le sens régulier de *inquilinus* est
celui de locataire d'une maison. Mais il est évident qu'il n'y a aucune raison
d'asservir légalement l'*inquilinus* au domaine, à l'époque où le *colonus* n'y
est pas asservi lui-même. Dans l'inscription d'Henchir Mettich, qui est du
temps de Trajan, il est parlé d'*inquilini*, qui seraient, d'après M. Toutain,
non des colons, mais des ouvriers agricoles au service des colons. Il est
impossible de considérer ces ouvriers agricoles comme des hommes asservis
à la terre; au contraire, une fois leur tâche remplie, ces *inquilini* peuvent
sans doute aller travailler ailleurs; voy. en ce sens, Toutain, *Revue histor.
de droit*, 1897, p. 388.

(3) Fustel de Coulanges (*Problèmes d'histoire*, p. 65, note 1), Schulten (p.
95) et Segré (*Archivio giuridico*, XLVI, p. 203 et suiv.), citent comme exemple de cette synonymie un passage de Marcien, Dig., 30, 112, pr. Mais, dans
ce texte, l'*inquilinus* est un esclave attaché au sol, et non pas un colon (Voy.,

deux mots désignent deux classes de personnes différentes (1).
Quelquefois l'*inquilinus* est un esclave fixé sur le sol (2). Dans

ci-dessous, note 2). Il faut donc l'écarter complètement. Au contraire, pour l'époque du Bas-Empire, la synonymie, sinon absolue au moins très approximative, des mots *inquilinus* et *colonus* est affirmée positivement par une constitution d'Arcadius et Honorius, de 400 (Cod. Just., 11, 48, 13 : *Inter inquilinos colonosve quorum... indiscreta eademque paene videtur condicio, licet sit discrimen in nomine*). Il n'en est pas moins vrai que les textes continuent à distinguer les *inquilini* et les *coloni*, comme s'ils étaient bien toujours deux catégories différentes de personnes; c'est ce que prouvent les documents cités dans la note suivante.

(1) Cela est prouvé, d'une façon certaine, par la terminologie habituelle des Codes du Bas-Empire, qui rapprochent couramment les trois mots *colonus*, *inquilinus* et *servus*, et qui évidemment entendent par ces trois mots, non pas une seule espèce d'hommes (*colonus* et *servus* ne peuvent pas, en tous cas, être considérés comme synonymes), mais bien trois catégories différentes. Voy. Cod. Just., 3, 26, 11 (442) : *Domorum nostrarum colonus aut inquilinus, aut servus*; 11, 48, 12 (Arcadius et Honorius) : *Servos vel tributarios* (*tributarius* est un synonyme très connu de *colonus*) *vel inquilinos*. Cf. les deux mots *colonus* et *inquilinus* opposés l'un à l'autre; Cod. Théod., 10, 12, 2, 2 (368) : *vel tributarius... vel inquilinus*; 5, 10, 1, 1 (419) : *Si qui colonus originalis vel inquilinus*; Cod. Just., 11, 48, 6 (366) : *adscriptitios colonos vel inquilinos*.

(2) Dans Dig., 30, 112, pr. (Marcien) : *Si quis inquilinos, sine praediis quibus adhaerent, legaverit, inutile est legatum ; sed an aestimatio debeatur ex voluntate defuncti statuendum esse divi Marcus et Commodus rescripserunt.* Il est, à mon avis, tout à fait certain que l'*inquilinus* de ce texte est un esclave, puisqu'il fait l'objet d'un legs. Fustel de Coulanges (*Problèmes d'histoire*, p. 65, note 1) soutient que c'est un homme libre, et plus précisément un colon. (Même opinion dans Schulten, p. 95, et dans Segré, *Archivio giuridico*, XLVI, p. 263 à 266). Et la preuve, dit Fustel, c'est que justement le legs est nul; il est nul parce qu'il porte sur un homme libre. Mais il suffit de lire le texte que j'ai cité pour voir combien ce raisonnement est inexact. Le legs est nul, dans l'espèce, parce qu'il s'agit d'un esclave qui est attaché spécialement à un fonds de terre et que le testateur l'a légué sans ce fonds de terre dont il est l'*instrumentum* et pour ainsi dire la dépendance. On ne peut pas trouver une autre explication de l'opinion de Marcien. Car si vraiment c'était un homme libre qui avait été légué, comme le suppose Fustel, il est clair que jamais les jurisconsultes ne se seraient demandé si un tel legs était valable ou non, la réponse étant par trop évidente. Et surtout il ne serait venu à la pensée d'aucun d'eux de déclarer que, dans un tel cas, l'objet du legs n'étant pas dû lui-même, l'héritier devrait à la place une estimation. Le fait qu'un rescrit impérial est intervenu pour trancher cette question, et pour décider dans quelle mesure et dans quelles circonstances une estimation serait due, est la preuve manifeste que le legs en question ne portait pas sur un homme libre. Cf. sur ce passage de Marcien, Esmein, *Mélanges*, p. 313. — Dans les Codes du Bas-Empire, j'ai montré que le mot *inquilinus*, d'une façon générale au

l'inscription d'Henchir Mettich, au contraire, les *inquilini* (au moins si l'on admet la lecture que donne M. Toutain) ne sont ni des esclaves, ni des colons ; ils sont des ouvriers agricoles employés par les colons, et M. Toutain traduit cette expression par « journaliers » (1). Ce qui est intéressant à observer, c'est qu'ils seraient, d'après cette lecture, les journaliers des colons et non ceux du propriétaire, du régisseur ou du *conductor* ; les colons, leurs patrons, doivent au propriétaire, au régisseur ou au *conductor*, selon les cas, un certain nombre de journées (*operae*) faites non par eux-mêmes, comme cela a lieu partout ailleurs, mais par les *inquilini* qui sont à leur service (2). Dans les textes du Bas-Empire, les *inquilini* sont autre chose encore, au moins en général (3). Le plus souvent, on entend par là des hommes fixés sur le domaine, comme les colons, mais différant essentiellement des colons par cette circonstance qu'ils ne sont pas des cultivateurs. Ce sont, autrement dit, les petits employés du domaine (lorsqu'ils ne sont pas des esclaves), les ouvriers, les petits boutiquiers exerçant un métier dans le domaine, les pâtres, les jardiniers, etc.; d'une façon générale, tous ces hommes qui, bien qu'ils ne cultivent pas la terre comme les colons, font cependant partie comme eux de ce qu'on nomme la *plebs fundi* (4).

moins, n'est plus employé dans le sens d'esclave, mais qu'il s'oppose, au contraire, à *servus* d'une part et à *colonus* d'autre part.

(1) Inscr. d'Henchir Mettich, 4° face, l. 22 à 24 : *Servum inquillinu(mv)e colont qui intra f(undum) ville (Magne sive Mappalie) Sige ha(bit)abunt*. Ces *inquilini* ne sont pas des esclaves, puisqu'on les distingue des *servi* ; et ils sont des hommes au service des colons, puisqu'on les appelle les *inquilini* des colons. Cf. sur ces *inquilini*, Toutain, *loc. cit.*, p. 398, 409, 410. Ce sens du mot *inquilinus* est sûrement unique et extraordinaire. La lecture est-elle certaine ?

(2) Inscr. d'Henchir Mettich, 4° face, l. 22 à 28. Les *inquilini* au service des colons (comme les esclaves de ces colons) doivent au propriétaire du domaine ou à son remplaçant deux journées de labour, deux (?) de moisson et deux pour chacun des autres travaux. — De plus (*ibid.*, l. 28 à 32) ils sont tenus, d'après la *lex*, de donner chaque année leurs noms au *villcus* ou au *conductor* du domaine. Sur ces obligations, Toutain, *loc. cit.*, p. 409, 410.

(3) Cf. sur le sens des mots *inquilinus* et *colonus* dans les textes du Bas-Empire, Segré, *Archivio giuridico*, XLII, p. 502, et les ouvrages cités par lui (*ibid.*, note 7).

(4) Voy. par exemple, le *furnarius inquilinus* de saint Augustin, *Contra litteras Petiliani*, II, 184 (édit. des Bénédictins, IX, p. 432), et les *horti inquilinorum* d'une charte de 471 (publiée dans Duchesne, *Liber Pontificalis*, I, p. cxlvi,

ligne 22). — Les *figuli* et les *fabri* fixés sur les domaines impériaux (Cod. Theod., 13, 1, 10) doivent être pareillement rangés au nombre des *inquilini*. J'en dirai autant (au moins pour la plupart d'entre eux) des *negotiatores* établis dans les mêmes domaines (*ibid.*, 5 : *Negotiatores, si qui ad domum nostram pertinent*). Sur ce sens du mot *inquilinus*, voy. Hls, p. 89. — A la fin de l'inscription d'Henchir Mettich, il est parlé encore d'une autre catégorie de cultivateurs appelée les *stipendiarii* (4° face, l. 32). M. Toutain pense qu'il faut voir probablement dans ces *stipendiarii* des habitants d'une commune pérégrine voisine (*civitas stipendiaria*) astreints, dans des conditions et par le fait de circonstances qui nous sont inconnues, à des obligations et à des redevances envers le domaine de Mappolla Siga (voy. *loc. cit.*, p. 388). Le texte est d'ailleurs beaucoup trop mutilé, à cette place, pour qu'on puisse émettre là-dessus autre chose que des conjectures. — Quant aux cultivateurs appelés si souvent, dans les textes du Bas-Empire, des noms de *tributarii, originarii, originales, adscriptitii, censiti, censibus ascripti*, etc., il est inutile de s'y arrêter. On sait que toutes ces expressions désignent couramment les colons. Voy. les textes dans Karlowa, *Röm Rechtsgeschichte*, I, p. 922, et Fustel de Coulanges, *Problèmes d'histoire*, p. 70 et suiv., p. 99 et 100.

NOTE ADDITIONNELLE

SUR LES QUATRE PREMIERS PARAGRAPHES.

(L'inscription d'Henchir Mettich).

I.

Depuis que les pages qui précèdent ont été imprimées, l'inscription d'Henchir Mettich a fait l'objet de plusieurs travaux qu'il me paraît indispensable de faire connaître. Le texte même de l'inscription a été publié par M. Cagnat dans la *Revue archéologique* (1897, t. XXXI, p. 148 et suiv. = *Année épigraphique*, 1897, n° 48), et par M. Zocco Rosa dans l'*Annuario dello Instituto di storia del diritto romano* de Catane (t. VI, p. 136 et suiv.). Le texte donné dans ces recueils ne diffère en rien de celui qu'a publié M. Toutain dans la *Revue historique de droit* et dans les *Mémoires de l'Académie des inscriptions* (1). Il n'y a donc pas lieu de s'arrêter à ces publications, qu'il me suffit d'avoir signalées. Il en est différemment des deux études qu'ont fait paraître, sur l'inscription d'Henchir Mettich, M. Schulten et M. Cuq; le premier dans les *Mémoires de l'Académie des sciences de Göttingen* (2), le second dans les *Mémoires de l'Académie des Inscriptions* (3).

(1) Le texte qui a été donné par M. Toutain a été établi par lui, d'après l'estampage et la photographie de l'inscription, avec la collaboration de M. Cagnat; (Voy. *Revue histor. de droit*, 1897, p. 373). C'est ce qui explique que les deux collaborateurs publient, chacun de leur côté, un texte identique. Quant à la publication de M. Zocco Rosa, celui-ci nous prévient qu'il reproduit tout simplement le texte de M. Toutain; et il reproduit pareillement les observations épigraphiques que fait sur ce texte M. Toutain, et que l'on trouvera dans la *Revue histor. de droit*, loc. cit., p. 377 à 379.

(2) Schulten, *Die Lex Manciana, eine afrikanische Domänenordnung ; (Abhandlungen der Königlichen Gesellschaft der Wissenchaften zu Göttingen; philologisch-historische Klasse*. Nouvelle série, tome II, n° 3); tirage à part, Berlin, 1897. J'indiquerai les pages d'après ce tirage à part.

(3) Cuq, *Le colonat partiaire dans l'Afrique romaine, d'après l'inscription*

Ces deux travaux me sont malheureusement parvenus à une époque où les quatre premiers paragraphes de cette étude étaient déjà entièrement imprimés. Je n'ai donc pas pu les utiliser à temps ; mais je me hâte de réparer maintenant cette omission, très involontaire.

Le mémoire de M. Schulten contient la publication du texte de l'inscription d'Henchir Mettich, et un commentaire très complet, très détaillé et très approfondi. M. Schulten n'a pas vu l'inscription elle-même, mais il en a eu, dit-il, un estampage et une photographie très exacte (1). Le texte qu'il donne, d'après cet estampage et cette photographie, diffère sensiblement, sur plusieurs points, du texte donné par M. Toutain ; et je parle de différences non seulement dans les restitutions adoptées, mais encore dans la lecture du texte lui-même. Ceux qui ont vu la pierre sur laquelle est écrite notre inscription, dans la salle du rez-de-chaussée du musée du Bardo, à Tunis, ou seulement le moulage de cette pierre qui est actuellement au Louvre dans la salle des antiquités africaines, ne s'étonneront guère de ces différences de lecture ; quant aux autres, l'excellente photogravure, qui termine l'article de M. Toutain dans les *Mémoires de l'Académie des Inscriptions* (2), suffira pour montrer combien le grain dur et raboteux de la pierre et la petitesse des lettres serrées les unes contre les autres rendent difficile le déchiffrement des caractères de l'inscription. Quant au commentaire, celui de M. Schulten, s'écarte d'une façon très marquée de celui de M. Toutain ; et ce ne sont pas seulement quelques lignes de l'inscription ou quelques dispositions de la loi, que M. Schulten entend ainsi d'une façon différente ; c'est sur le caractère même de cette loi que l'on est en complet désaccord. — Le mémoire de M. Cuq a un autre objet. M. Cuq ne reproduit pas le texte de l'inscription d'Henchir Mettich et se contente sur ce point de s'en référer aux travaux

---

d'Henchir Mettich ; (*Mémoires présentés par divers savants à l'Académie des Inscriptions*, 1re série, t. XI, 1e partie, p. 83 et suiv.) ; tirage à part, Paris, 1897. J'indiquerai les pages d'après le tirage à part.

(1) Schulten, *Lex Manciana*, p. 3.

(2) C'est le même article exactement qui a paru dans la *Revue histor. de droit*, 1897, p. 373 et suiv. ; mais cette *Revue* n'a pas reproduit les quatre planches qui donnent la photographie des quatre faces de l'inscription.

antérieurs. Son commentaire n'a pas non plus la prétention
de donner une explication complète de toutes les dispositions
de la loi. Il se borne à quelques points seulement qui sont particulièrement délicats au point de vue juridique. Comme le
titre l'indique, c'est simplement une étude sur le caractère et
sur les effets juridiques du colonat partiaire, d'après l'inscription d'Henchir Mettich. Mais, renfermée volontairement dans
ces limites, cette étude est très importante. Les observations
de M. Cuq complètent sur presque tous les points et rectifient
sur plusieurs d'entre eux les idées émises par M. Toutain ou
par M. Schulten.

II.

Je ne reproduirai pas ici le texte intégral de l'inscription
d'Henchir Mettich, d'après la lecture que M. Schulten en
donne (1). Mais il me semble que tous ceux qui s'intéressent
à cette inscription, et par conséquent, avant tout, à l'établissement de son texte exact, me sauront gré d'indiquer les points
sur lesquels la lecture proposée par M. Schulten diffère de
celle qu'en a donnée M. Toutain. Comme les lecteurs de la *Revue historique de droit* ont sous les yeux cette dernière (publiée
dans la *Revue* de 1897, p. 374 et suiv.), il me suffira d'indiquer,
ligne par ligne, les différences qui existent entre elle et la lecture proposée par M. Schulten (2).

1ʳᵉ FACE (3).

I. 1   (*pro salu*)te
6 (*leg*)is Manciano. Qui eorum (*i*)ntra fundo villae Mag-
7 *na*)e Variani id est Mappaliasigalis eos agros qui su-

---

(1) Voy. *Lex Manciana*, p. 6 à 17.

(2) Je néglige les différences qui sont tout à fait insignifiantes, aussi bien
au point de vue du sens que de la lecture du texte lui-même.

(3) Dans cette première face, les mots *tollusque domus divinae* (ligne 3 du
texte de Toutain) ont été gravés, évidemment après coup, entre la troisième
et la quatrième ligne, comme on peut s'en rendre compte d'après la photographie qui forme la planche 1 du mémoire de M. Toutain. Toutain, dans le
texte qu'il donne, fait de ces mots la ligne 3; Schulten appelle au contraire
cette ligne 1, 2 *a*, ce qui fait que les lignes 3, 4, 5 et suivantes du texte
donné par lui, pour cette première face, correspondent désormais aux li-

13 fructus cujusque culture, quot ad area(m) deportare
14 et terere debebunt, summas de(fer)ant arbitratu
16 res vilici(s)ve ejus f(undi) in assem (*partes colon*)icas
datur-
17 as renuntiaverint tabel(*lis coloni...*) es cavea-
18 nt ejus fructus partes qu(*as prestare*) debent
23 eorum in assem partes fructum et vinea(ru)m

2° FACE.

12 erunt conductoribus (vilicis)v(*e e*)orum(ve) in assem
(*dare debebunt. Quae in*)
13 f(undo) erunt ficus aride arbor(*es ... q*)ue extra pom(a-
14 rio erunt, qua pomariu(*m apud vil?*)lam ips(*am*
15 sit, ut non amplius... at, col(*on-*
16 is arbitrio suo co(*lere licebit nec fructu*)m con(*ducto-*
17 ri vilicisve ejus f(undi) par(*tes dare debebunt*) Ficeta
ve(*te-*
18 ra et oliveta que ante (*hoc tempus sata sunt, juxta?*) con-
suet(*u-*
19 dinem fructum conductori vilicisve ejus praestar(*e d-*
20 ebea(n)t. Si quod ficetum postea factum erit, ejus fic(eti)

3° FACE.

8 re debeat item pos(t) olivationes (decem) ole(*i*)
11 rit oleastra post (*annos quinque par-*
12 tem tertiam d(are) d(ebebit). (*Agri herbis consiti qui*) in
f(undo)
14 sige erunt (*praeter*) agros qui
18 agne(e Mappaliesieg(*e p*)ascentur, in pecora sin-
19 gula aera quattu(or) conductoribus vilicisve do-
23 it, exportaverit deportaverit, combuserit n seque(*n
24 tis quinque?*)nnii detrimentum conductoribus vilicisve
eju(s) f(undi) p. d.)

gnes 4, 5, 6 et suivantes du texte donné par Toutain, Afin que la comparaison
puisse être faite facilement entre ces deux lectures, j'ai numéroté ici les
lignes de la première face comme elles le sont dans l'article de Toutain et,
par conséquent, les numéros qui sont indiqués ici (6, 7, etc., 18, 23) sont
en réalité les numéros 5, 6, etc., 17, 22 du texte donné par M. Schulten.

4° FACE.

1 (*Culpa si?*) coloni erit, ei cui de(*trimentum factum est?*)
2 tantum prestare d(*ebebit*) (*Si qui in fundo ville Mag*)-
3 ne sive Mappaliesig(e) ... (*se*)
5 qui e legitim (.....
6 les tamen (... ...(*Sup-*
7 erficies (... ...) tempus (?) lege Ma(*nciana*)
8 ri ... (f)iducieve data sunt dabuntu(r)
11 ... aedificium deposuit posuerit (is)ve qui (*coluit postea*)
12 desierit per(?) desierit eo tempore quo ita superfi(*cies*)
15 servabitur, post biennium conductores vilici(s)ve eor(*um*
                            colere debunt)?
22 beto. Ne quis conductor vilicus(*ve e*)orum inquilinu(*m*
                                    ejus)
23 f ..... Coloni, qui intra f(undum) ville Magn(*e sive Map-*
                           pa)liesige ha(*bit-*
25 uodannis in hominibus (*singulis in arati*)ones ope-
26 ras n(umero) II et in messem op(*eras n. II et in sarri-*
                           tiones cujusque) generi-
27 (*s*) singulas operas bin(*as*) pr(*estare debebunt*). Colon(*i*)
28 inquilini ejus f(undi) intra (.....) anni n-
29 omina sua conductor(*ibus viliscive ejus fundi edere et*
                             operas i)n custo-
30 dias singulas qu(*attuo*)r (*præstare debent... perti?*)nent

Je ne signale pas ici ces différences de lecture pour le plaisir assez vain de collectionner des variantes, mais pour avertir ceux qui peuvent voir de leurs yeux la pierre elle-même, où est gravée notre inscription, des passages sur lesquels doit se porter principalement leur attention. J'ai dit que cette pierre est actuellement au musée du Bardo, à Tunis, et qu'un moulage en a été déposé au Louvre dans la salle des antiquités africaines. Les vérifications peuvent donc être facilement tentées. C'est à ceux qui sont sur les lieux mêmes qu'il appartient de dire ce qui, dans les lectures proposées, est certain, et ce qui, tout en restant douteux encore, est au moins vraisemblable ou admissible. Au surplus, pour un autre motif encore, je devais signaler ces différences de lecture. Très souvent la divergence d'opinion qui sépare M. Schulten et M. Toutain se fonde sur une différence de lecture ou s'explique par elle. C'est ce que je montrerai par plusieurs exemples.

M. Schulten, dans l'édition qu'il donne du texte de l'inscription d'Henchir Mettich, le divise en paragraphes; (il fait aussi 20 paragraphes). Il est clair que cette division lui est propre, car le texte lui-même n'en présente aucune. Mais cette manière de faire est commode, parce qu'elle fournit aux commentateurs de l'inscription une division méthodique et claire d'après les matières traitées.

L'affaire importante ici est surtout l'explication de cette *lex* d'Henchir Mettich. Là-dessus, les idées de M. Schulten sont très différentes de celles de M. Toutain que, d'une façon générale au moins, j'ai adoptées au cours de cette étude. Il y a aussi à tenir compte des observations de M. Cuq, qui, dans le mémoire que j'ai cité, a étudié d'une façon très approfondie les dispositions de notre *lex* relatives à la condition juridique des colons. Il résulte de ces travaux récents que ce que j'ai écrit, dans les précédents paragraphes, à propos de l'inscription d'Henchir Mettich et des colons de cette inscription, a besoin maintenant d'être repris et revu de près. C'est à cette revision qu'est consacrée la présente note. Je ne parlerai pas ici de celles des observations faites par M. Schulten ou par M. Cuq qui sont relatives à des matières que je n'ai pas encore traitées dans cette étude. C'est dans la partie de ce travail qui sera consacrée à ces matières que l'examen de ces idées trouvera place tout naturellement. Mais il est indispensable que je m'explique dès maintenant : premièrement sur le caractère général de la *lex* d'Henchir Mettich, puisque j'ai eu plusieurs fois à me servir de ce document, secondement sur celles des dispositions de cette *lex* qui se rapportent à des matières traitées dans les précédents paragraphes, afin de dire ce qui, dans les idées que j'ai exposées antérieurement, doit être, à mon avis, maintenu même après les travaux et malgré les objections de M. Schulten ou de M. Cuq, et ce qui, au contraire, doit être ou complété ou corrigé, ou décidément abandonné.

III.

Je parlerai d'abord du caractère général de la *lex* d'Henchir Mettich. Il se trouve, en effet, que sur ce point fondamental, M. Schulten a une manière de voir absolument opposée à celle de M. Toutain.

Dans l'opinion de M. Toutain que j'ai exposée au début même de cette étude, l'inscription d'Henchir Mettich serait relative à un domaine privé et contiendrait la *lex* donnée à ce domaine par l'empereur Trajan, (plus précisément par deux *procuratores* de Trajan, agissant *ex auctoritate imperatoris*) (1). Le fait qu'il s'agit ici d'un domaine privé, et non pas d'un domaine impérial, paraît à M. Toutain l'évidence même. La seule question qu'il examine est celle de savoir comment et pour quels motifs des procurateurs impériaux se sont trouvés ainsi appelés à donner cette *lex* à ce domaine privé. M. Toutain pense que l'on peut expliquer cela de deux manières ; toutes deux, dit-il, également vraisemblables *a priori* (2). Première explication : Le domaine était créé depuis longtemps déjà ; mais les propriétaires de ce domaine, soit en personnes, soit par l'intermédiaire de leurs régisseurs ou de leurs locataires, opprimaient les paysans de condition modeste qui résidaient, en qualité de *coloni*, autour ou à l'intérieur du domaine ; (par exemple, ils ont voulu leur imposer des redevances ou des corvées excessives). De là plainte de ces *coloni*, adressée à l'Empereur, portée sans doute devant les représentants de l'autorité impériale dans la province, à savoir les procurateurs mentionnés dans les premières lignes de notre inscription, et transmise par voie hiérarchique au bureau de l'administration centrale à Rome. Et sur l'ordre et d'après la décision de Trajan, les procurateurs précités ont rédigé le règlement contenu dans notre inscription elle-même, qui doit résoudre pour l'avenir les questions en litige entre les colons d'une part, et, d'autre part, les propriétaires régisseurs ou fermiers du domaine. Deuxième explication : Le règle-

_____

(1) Voy. ci-dessus, p. 14, 15.

(2) Toutain, *L'Inscription d'Henchir Mettich*, (*Nouv. Revue histor. de droit*, 1897, p. 391 à 393). — Je reproduis presque exactement les paroles mêmes de M. Toutain.

ment contenu dans l'inscription est la charte même de fondation du domaine. C'est l'empereur Trajan qui a créé le domaine, appelé dans notre texte *fundus villae Magnae Variani id est Mappalia Siga*, sur le territoire occupé jusque-là par une tribu numide ; et, par cette *lex* elle-même, il a réglé, comme nous le voyons, la condition, les redevances, les corvées, les droits et les obligations des colons de ce nouveau domaine, lesquels ne seraient autres, dans cette hypothèse, que les habitants de l'ancienne agglomération rurale sur le territoire de laquelle le domaine a été fondé par Trajan. De ces deux explications, M. Toutain (qui les déclare d'ailleurs toutes deux admissibles) préfère la seconde (1). Je la préfère aussi, et c'est même la seule explication que j'ai donnée (2). Il n'y a en effet, dans tout le cours de cette longue inscription, pas un seul mot qui indique un conflit positif et présent porté devant les *procuratores* impériaux ou devant l'Empereur. J'ajoute l'observation suivante qui me paraît décisive. Le domaine en question étant un domaine privé et non pas impérial, si des contestations s'étaient élevées entre le propriétaire d'une part (ou son régisseur, ou son fermier) et, d'autre part, les *coloni* de ce domaine, un pareil procès eût été certainement porté devant le gouverneur de la province d'Afrique, c'est-à-dire devant le proconsul. Il est impossible de voir la raison pour laquelle les *procuratores* de l'Empereur ou l'administration centrale des domaines impériaux à Rome auraient été appelés à juger une contestation de cette espèce (3).

---

(1) Toutain, *loc. cit.*, p. 393.

(2) V. ci-dessus, p. 14, 15.

(3) Cette observation est faite avec raison par M. Schulten, *Lex Manciana*, p. 49. Elle est, à mon avis, absolument décisive. On ne saurait, en effet, objecter à ce raisonnement les exemples dans lesquels nous voyons parfois, dans une province sénatoriale, un fonctionnaire de l'Empereur, notamment un *legatus Augusti pro praetore*, trancher, à la place du gouverneur, des controverses qui s'élèvent entre deux cités ou entre une cité et un temple, relativement aux limites de leurs territoires respectifs ; par exemple, la *controversia* entre la cité de Delphes et celle d'Anticyre, à propos des limites du temple de Delphes, dans la province sénatoriale d'Achaïe, tranchée, non par le proconsul d'Achaïe, mais par un légat de Trajan, (Voy. C. I. L., III, 567), ou encore, dans notre province d'Afrique elle-même, la *determinatio facta publica Mustitanorum* (délimitation officielle du territoire de Musti), *ex*

M. Schulten se fait de la *lex* d'Henchir Mettich et du domaine dont cette *lex* est le règlement une idée tout opposée. Pour lui, le domaine est sûrement une propriété impériale. La situation géographique d'Henchir Mettich en est la preuve. Ce lieu est situé au nord-ouest de Testour, tout près du confluent de l'Oued Medjerdah et de l'Oued Siliano, tout à fait dans cette région qu'on peut appeler la région des domaines impériaux d'Afrique, et qui embrasse tout le pays compris entre Simittu (Chemtou) à l'ouest, (le lieu où a été trouvée l'inscription relative au *saltus Philomusianus*) (1) jusqu'à Gasr Mezuar

---

autoritate et sententia imperatoris T. Aelii Antonini Augusti, (Carton, *Découvertes en Tunisie*, p. 62). Cf. sur ces délimitations officielles de territoires, les textes nombreux que j'ai cités, *Limitation des fonds de terre*, p. 49 et 50, notes; et Mommsen, *Droit public*, trad. V, p. 287, note 2. Il n'y a dans ces faits-là aucune objection à ce que je viens de dire. Car, outre qu'il n'est pas non plus sans exemple de voir aussi, dans des provinces sénatoriales, les proconsuls trancher ces *controversiae* sur les limites, (voy. les exemples cités dans les notes indiquées), il est certain que ces procès, relatifs à la détermination des limites des cités, sont d'une espèce tout à fait à part. En règle, de telles controverses, qui portent sur l'étendue et sur les frontières du domaine public des cités, appartiennent essentiellement à la compétence de l'Empereur, qui les tranche lui-même ou qui les fait trancher par un mandataire. Voy. Mommsen, *loc. cit.*, p. 287. Je serais même très porté à croire que, lorsqu'une délimitation semblable est faite par le proconsul de la province, celui-ci, en droit, agit dans ce cas-là, par délégation et mandat de l'Empereur plutôt que *jure proprio*. Mais ce cas tout exceptionnel de procès sur les limites des terres publiques des cités n'a aucune analogie avec celui dont il s'agirait dans notre inscription, si l'on y voyait une contestation entre le propriétaire d'un grand domaine et ses *coloni*, tranchée par des procurateurs impériaux. Une pareille contestation en effet n'offre absolument rien d'exceptionnel, et il n'y a aucune raison pour qu'elle ne soit pas portée, selon la règle, au gouverneur de la province. Il m'est impossible de voir à quel titre les procurateurs impériaux en connaîtraient.

(1) C. I. L., VIII, 14603. C'est l'inscription déjà citée, (voy. ci-dessus, p. 56, note 4) relative au soldat de la troisième légion Augusta, détaché *in praesidio ut esset in salto Philomusiano*. Évidemment, ce *saltus*, dans lequel on envoyait en garnison des soldats de la légion d'Afrique, ne peut être qu'un *saltus* impérial. L'inscription ayant été trouvée à Chemtou, dans la nécropole située près de la voie romaine qui va vers Tabarka, on peut donc considérer avec certitude que la région des domaines impériaux s'étendait environ jusqu'à Chemtou. — M. Schulten, *Lex Manciana*, p. 4, dit à tort que la frontière ouest de cette région était formée par le *saltus Massipianus*, situé près de Chemtou. *Massipianus* est sûrement une faute d'impression pour *Philomusianus*. Le *saltus Massipianus*, dont une partie au moins est effectivement

(Vaga) (1) au nord, Sicca Venoria (El Kef) au sud, et Thubursicum (Teboursouk) au sud-est (2). Il est à remarquer que Henchir Mettich est assez rapproché de Aïn Ouassel (à l'est de la région dont je viens de déterminer les limites) et que, par conséquent, le domaine pour lequel a été faite la loi contenue dans notre inscription est très voisin des *saltus Blandianus, Uden-sis, Lamianus, Domitianus* et *Thusdritanus*, dont il est parlé dans l'inscription d'Aïn Ouassel et dont le caractère de propriétés impériales n'est pas douteux. C'est également, sinon très près, au moins assez peu éloigné de Souk el Khmis, et par conséquent de ces *saltus Burunitanus*, qui est aujourd'hui, grâce à l'inscription qu'on y a trouvée, le plus célèbre de tous les domaines impériaux d'Afrique. Nous sommes donc, à Henchir Mettich, en pleine région des domaines impériaux, où, pour parler plus précisément, Henchir Mettich forme la limite orientale de cette région. Et il n'est pas possible, pense M. Schulten, que le domaine d'Henchir Mettich, compris dans cette région, et tout particulièrement voisin d'Aïn Ouassel et de Souk el Khmis, ne soit pas, comme tous les *saltus* dont il est parlé dans les inscriptions découvertes là, comme le *saltus Burunitanus* et les cinq *saltus* d'Aïn Ouassel, une grande propriété impériale (3).

En conséquence, le règlement contenu dans notre inscription, et qui a été fait par les *procuratores* de Trajan, en 116

une propriété impériale (voy. C. I. L., VIII, p. 73), n'est pas situé près de Chemtou, mais se trouve beaucoup plus au sud, aux environs d'Ad Medera, au nord de la voie romaine qui va de Vegesela à Menegesem; (Voy. Tissot, *Géographie comparée de l'Afrique*, II, p. 632, et la carte de l'Afrique romaine, à la fin du tome II du volume VIII du C. I. L.).

(1) Inscription de Gasr Mezuar (C. I. L., VIII, 14428), plusieurs fois citée dans ces études, et certainement relative à un *saltus* impérial.

(2) C'est dans la région de Teboursouk que se trouve Aïn Ouassel et qu'étaient situés, par conséquent, les cinq *saltus* impériaux nommés dans cette inscription. Voy. la description de toute cette région des domaines impériaux dans Schulten, *Lex Manciana*, p. 4 et 5. — Cf. pour l'emplacement de chacun des lieux mentionnés, la carte du C. I. L. Plus spécialement, pour la région des domaines impériaux nommés dans l'inscription d'Aïn Ouassel, voir la carte dressée par le Dr Carton, dans son commentaire de cette inscription, *Revue archéologique*, 1892, t. XIX, p. 221; et celle qui termine son livre intitulé *Découvertes archéologiques et épigraphiques en Tunisie*.

(3) Schulten, *Lex Manciana*, p. 5.

ou 117 (1), ne saurait être considéré, dit M. Schulten, ni comme la charte de fondation d'un grand domaine privé constitué par l'Empereur sur l'emplacement d'un village numide, ni comme la sentence de ces *procuratores* réglant un différend survenu entre le propriétaire d'un domaine privé et ses colons. Il faut y voir un extrait emprunté par les *procuratores* de Trajan à la *lex Manciana*, (la loi à laquelle notre inscription d'Henchir Mettich fait allusion à plusieurs reprises, et qui est visiblement la *lex* du domaine en question), emprunt tout à fait analogue au *sermo procuratorum* de l'inscription d'Aïn Ouassel. De même que, dans cette dernière inscription, nous avons la circulaire des procurateurs des domaines impériaux à l'époque de Septime Sévère, publiant la partie de la *lex Hadriana* qui est relative à la mise en valeur des terres incultes et aux redevances dues par les cultivateurs, dans l'inscription d'Henchir Mettich, nous avons pareillement la publication par les procurateurs du temps de Trajan de la partie de la *lex Manciana* qui est relative aux redevances dues par les différents colons du domaine impérial d'Henchir Mettich. En d'autres termes, nous voyons par ces inscriptions que les *procuratores* impériaux avaient l'habitude de publier et de faire afficher, dans les *saltus* confiés à leur administration, les parties ou les paragraphes des *leges* domaniales, qu'il était surtout nécessaire de faire connaître dans la région (2).

Reste à déterminer ce qu'est cette *lex Manciana*, la loi du domaine impérial d'Henchir Mettich, à laquelle se réfère le règlement des *procuratores* contenu dans notre inscription. Une *lex Manciana*, dit M. Schulten, ne peut provenir que d'un personnage dont le nom est *Mancia*; et, comme *Mancia* n'est pas un *nomen gentilicium*, mais est seulement un *cognomen* (encore est-il un *cognomen* assez rare) (3), il en résulte que nous avons af-

(1) Pour cette date, voy. Schulten, *loc. cit.*, p. 17, et ce que je dirai ci-dessous.

(2) Schulten, *loc. cit.*, p. 17 et 18. L'habitude, pour les *procuratores* impériaux, de faire ainsi afficher dans les *saltus* les *leges* domaniales ou une partie d'entre elles, est incontestable, quels que soient d'ailleurs le caractère du domaine d'Henchir Mettich et celui de notre inscription. Je m'expliquerai là-dessus dans le § 5 de cette étude, à propos de la *lex saltus*.

(3) M. Schulten, *loc. cit.*, p. 18, dit n'en avoir trouvé que trois exemples :

faire à une loi désignée par le *cognomen* de son auteur et non par son *nomen gentilicium*, ce qui est tout à fait exceptionnel (1). De plus, comme il est clair que Mancia n'est le nom d'aucun empereur, il faut en conclure que la loi en question est l'œuvre d'un magistrat. Cela ne va pas évidemment sans de très grosses difficultés. Et d'abord comment peut-il se faire que la loi d'un domaine impérial ne soit pas l'œuvre de l'Empereur lui-même, c'est-à-dire du propriétaire? M. Schulten explique ce fait en disant qu'il faut nécessairement admettre que le domaine en question, à l'origine, et notamment au temps de la *lex Manciana*, était, non pas une propriété impériale, mais une terre appartenant à l'État, et que c'est seulement dans la suite des temps qu'il est devenu un domaine de l'Empereur. Autrement dit, notre *lex Manciana* ne serait pas originairement un règlement fait par l'Empereur pour son domaine, mais une loi édictée pour une terre dépendant de l'*ager publicus;* et l'on s'expliquerait ainsi que cette loi eût été faite par un magistrat. Une autre difficulté très grave provient de ce fait que la *lex Manciana* serait, d'après M. Schulten, une *lex data* (2). Sans même faire observer qu'il n'y a pas jusqu'ici un seul autre exemple d'une *lex data* relative à l'administration de l'*ager publicus*, il est tout à fait incontestable que, à l'époque impériale, toutes les *leges datae* sans exception proviennent de l'Em-

---

C. I. L., IX, 5107 ; V, 7601 ; et un Mancia qui fut *legatus exercitus Germaniae superioris* en 55, (Tacite, *Annal.*, XIII, 56).

(1) Sur la dénomination de la loi par le *nomen gentilicium* du magistrat *rogator*, Mommsen, *Droit. public*, VI, 1, p. 359 et la note.

(2) M. Schulten regarde ce point comme incontestable, sans doute à cause de la l. 4 (1re face de notre inscription) (l. 3 d'après l'édition de Schulten) : *data a Licinio (Ma)ximo et Feliciore Aug. lib. procc.* Il restitue même, dans son édition, le mot *lex* avant *data*. Il est, en effet, certain que la *lex* contenue dans notre inscription est une *lex data* par les *procuratores* de Trajan. Mais je fais observer que le texte de l'inscription ne dit cela que de la *lex* des *procuratores*, et que, par conséquent, c'est celle-là seule, et non pas la *lex Manciana* elle-même, qui est qualifiée expressément de *lex data*. On peut donc très bien se demander si la *lex Manciana* est une *lex data* ou une *lex rogata;* et même, si l'on admet l'opinion de M. Schulten d'après laquelle cette loi Manciana est une loi agraire de l'époque de la République, il deviendra, je crois, beaucoup plus probable qu'il faille y voir une *lex rogata,* par cette raison qu'on ne connaît aucun exemple de loi agraire *data* à l'époque de la République.

pereur, de telle sorte que les magistrats ont, dans la réalité, perdu le droit de *dare leges* (1). Il faudrait donc admettre nécessairement que la *lex Manciana* appartient à l'époque de la République. M. Schulten n'hésite aucunement devant cette conclusion. Il déclare en conséquence que la loi dont il s'agit est de l'époque de la République, et que probablement (bien qu'aucun indice ne permette de la dater avec précision) elle doit être l'une de ces nombreuses lois agraires qui ont été faites dans la seconde moitié du VII° siècle (2).

En résumé, d'après M. Schulten, la *lex Manciana,* à laquelle se réfère le règlement des *procuratores* de Trajan, est une loi agraire, de la fin de la République probablement, dans tous les cas rendue sûrement à l'époque républicaine, et rendue pour un domaine qui faisait partie de l'*ager publicus* du peuple romain. Ce domaine étant devenu, par suite de circonstances que nous ignorons, la propriété de l'Empereur, a continué tout de même à être régi par cette *lex Manciana;* et notamment la condition et les redevances des cultivateurs de cette propriété étaient encore déterminées, à l'époque de Trajan, par cette loi agraire de l'époque républicaine, si bien qu'en 116 ou en 117, les procurateurs de Trajan, ayant à réglementer cette matière, se réfèrent tout simplement à cette *lex Manciana,* et se contentent d'en rappeler les dispositions. Il est à remarquer que les inscriptions de Souk el Khmis et d'Aïn Ouassel, qui sont relatives à des domaines situés tout à fait dans la même région, nous montrent ces domaines régis non par la *lex Manciana,* mais par la *lex Hadriana.* Faut-il conclure de là que, dans la même région, il y avait des règlements différents pour les domaines impériaux, et que le domaine d'Henchir Mettich était gouverné par la *lex Manciana,* tandis que le *saltus Burunitanus* et les cinq *saltus* de l'inscription d'Aïn Ouassel l'étaient par la *lex Hadriana?* Cela, dit M. Schulten,

---

(1) Cela résulte de ce fait certain que toutes les concessions à des cités ou à des individus, qui, dans le droit public romain, font régulièrement l'objet de *leges datae,* (fondation de cités, concession de statuts municipaux, concession du droit de cité), et qui, au temps de la République, étaient l'œuvre des magistrats, n'émanent plus jamais que de l'Empereur seul, à l'époque impériale. Voy. sur ce point, Mommsen, *Droit public,* trad. V, p. 166 à 169.

(2) Schulten, *loc. cit.,* p. 19.

serait tout à fait invraisemblable. Pour toute cette région de domaines impériaux, il ne devait y avoir qu'un seul règlement domanial. Seulement voici ce qui s'est passé. Primitivement, ces domaines ont tous été régis par la vieille *lex Manciana*, et ils étaient encore régis par elle à l'époque de Trajan, comme le prouve l'inscription d'Henchir Mettich. Puis Hadrien a fait un règlement nouveau pour tout cet ensemble de propriétés impériales. Ce règlement nouveau, c'est la *lex Hadriana*, connue par les inscriptions de Souk el Khmis et d'Aïn Ouassel. A partir de cette époque, tous les domaines compris dans cette région de l'Oued Medjerdah, et par conséquent notre domaine d'Henchir Mettich comme tous les autres, ont cessé d'être gouvernés par la *lex Manciana*, et l'ont été par la loi d'Hadrien (1).

Telle est l'idée générale que se fait M. Schulten et de la loi contenue dans l'inscription d'Henchir Mettich et du domaine pour lequel cette loi a été édictée. Comme on le voit, rien de plus opposé à la manière de voir de M. Toutain, qui est aussi celle que j'ai adoptée dans les premiers paragraphes de cette étude.

Réflexion faite, je reste fidèle à cette manière de voir. Le domaine d'Henchir Mettich, au moins à l'époque de notre inscription et dans cette inscription (2), me paraît bien décidément devoir être considéré comme un domaine privé. Ce qui le prouve, et, à mon avis, d'une façon tout à fait certaine, c'est l'expression *domini*, constamment employée, dans l'inscription d'Henchir Mettich, pour désigner les propriétaires de ce domaine (3). Il est évident qu'une telle expression ne veut pas

---

(1) Schulten, *loc. cit.*, p. 19.

(2) Il est possible en effet que ce domaine d'Henchir Mettich, étant voisin, comme l'observe avec raison M. Schulten, des *saltus* de l'inscription d'Aïn Ouassel et du *saltus Burunitanus*, et par conséquent de la région des domaines impériaux, ait fini, à une époque postérieure, par être annexé à cette région et incorporé ainsi aux domaines impériaux. Car l'Empereur est évidemment un voisin très porté à s'aggrandir. Je n'affirme pas cette annexion, dont il n'y a aucune preuve; je dis seulement qu'elle n'est pas impossible. Mais ce qui est impossible à mon avis, c'est que, à l'époque où a été écrite notre inscription, le domaine d'Henchir Mettich soit une propriété impériale, parce que le texte lui-même de cette inscription implique d'une façon nécessaire l'idée d'une propriété privée. C'est ce que je vais démontrer.

(3) 1re face, l. 10 (9. Schulten) : *Dominis aut conductoribus villicisve ejus f(undi)*; l. 22 (21. Schulten) : *Dominicas* (pour *dominis*) *ejus f(undi) aut con-*

dire l'Empereur. Que, déjà à l'époque de Trajan (et surtout plus tard), on appelle l'Empereur *dominus noster* d'une façon courante, cela est certain (1). Mais, sans même compter que *dominus noster*, appliqué à l'Empereur, signifie le souverain, et non pas le propriétaire, jamais, dans aucun document au monde, relatif à un domaine impérial, on a désigné l'Empereur, propriétaire de ce domaine, par la simple appellation de *dominus*. Dans les inscriptions de Souk el Khmis et d'Aïn Ouassel, les *saltus*, les *procuratores*, les colons de l'Empereur, ne sont jamais dits les *saltus*, les *procuratores* ou les colons du « propriétaire » (*dominus*). Dans les autres inscriptions relatives à des domaines impériaux ou à des colons de l'Empereur, dans les constitutions impériales si nombreuses où il est parlé de la *res privata* ou des *fundi patrimoniales* des empereurs, jamais on ne dit « le *dominus* » pour désigner l'Empereur. Si le domaine d'Henchir Mettich avait été un domaine impérial, sûrement Trajan y aurait été appelé *imperator noster*, *Caesar noster* (2), etc.; mais on ne l'aurait pas appelé « le *dominus* ». A plus forte raison, on ne l'aurait pas appelé « les *domini* », au pluriel, expression qui n'a aucun sens appliquée à l'Empereur, dans un temps comme celui de Trajan où il n'y a pas encore eu d'exemples de plusieurs empereurs à la fois (3). Cela est si clair que M. Schulten reconnaît lui-même que le mot *domini*, dans notre inscription, ne peut pas signifier l'Empereur. Mais que signifie-t-il alors? Il est de toute impossibilité, dit M. Schulten, qu'on désigne par là l'Empereur. Et (l'Empereur étant, d'après lui, le propriétaire du domaine), il faut en con-

---

ductoribus vilicisv(e). — 2º face, l. 4 : *Dominis aut conducto(ribus vili)cisve;* l. 9 : *dominis a(ut) conductoribus vilicisve.* — 4º face, l. 24 : *dominis aut conduct(oribus vilicisve).*

(1) Sur l'emploi du mot *dominus* appliqué à l'Empereur, Mommsen, *Droit public,* trad. V, p. 13 à 22.

(2) C'est ainsi, par exemple, que Trajan est désigné toujours dans les inscriptions alimentaires d'Italie. Pour dire que telle ou telle propriété est voisine d'une propriété impériale, les inscriptions de Veleia et des Ligures Baebiani, ne se servent jamais que des expressions *adf(ine) imp(eratore) n(ostro)*, ou *adf(ine) Caes(are) n(ostro)*. Voy. les passages cités ci-dessus, p. 12, note 4.

(3) On sait qu'il n'y a pas d'exemples de deux empereurs régnant ensemble avant Marc Aurèle et Verus; Voy. Mommsen, *Droit public,* V, p. 484 et suiv.

clure que *domini* ne désigne pas, dans notre inscription, les propriétaires. Il faut, dit-il, entendre par là les *conductores* (1). Combien cela est invraisemblable! Un locataire n'est pas du tout un propriétaire, et quelle apparence qu'un document officiel, du temps de Trajan, confonde deux personnages si différents et appelle *domini* des locataires? M. Schulten croit répondre à cette objection en disant que certaines constitutions du Code de Justinien emploient le mot *dominus* pour désigner en réalité un *conductor* (2). Mais il ne fait pas attention que toutes ces constitutions appartiennent à l'époque du Bas-Empire, et que, dans toutes, il est question du *conductor emphyteuticarius*. Or l'emphytéote est bien un locataire, mais un locataire avec un bail perpétuel et héréditaire et des droits si étendus sur la chose louée qu'il est en réalité un *quasi dominus* (3). Que par conséquent des textes du Bas-Empire l'appellent parfois du nom de *dominus*, c'est là sûrement une façon de parler abusive et impropre, (car il est bien clair que l'emphytéote n'est pas, en droit, un propriétaire), mais tout de même une erreur de langage qui se comprend, puisque l'emphytéote a sur la chose louée presque tous les droits du propriétaire. Au surplus, même dans les textes législatifs du Bas-Empire, s'il est vrai qu'il y a quelques exemples de ce langage, encore

---

(1) Schulten, *loc. cit.*, p. 21, 22.

(2) M. Schulten, *loc. cit.*, p. 21, note 3, ne cite pas ces constitutions, mais renvoie à l'énumération qui en a été donnée par Kuhn, *Verfassung der römischen Reichs*, I, p. 274 (Schulten a écrit par erreur 273). Voy. la note 2049 à la page citée de Kuhn, qui indique un assez grand nombre de constitutions, tant du Code Théodosien que du Code de Justinien, dans lesquelles l'emphytéote est appelé du nom de *dominus*. Quelques-unes de ces textes sont citées à tort, car le mot *dominus* y est employé certainement dans le sens de propriétaire, et non pas dans celui d'emphytéote; mais il faut reconnaître qu'il en est d'autres où c'est bien vraiment l'emphytéote qu'on désigne par l'expression *dominus*. Tel est le cas des constitutions suivantes : Cod. Théod., 2, 25, 1 (Constantin); 5, 13, 18 (Valentinien et Valens, 365); 13, 11, 6 (Arcadius et Honorius, 396); Cod. Just., 11, 62, 12, 1 (Théodose et Valentinien, 434); 11, 66, 2, pr. (Valentinien et Valens).

(3) Je reviendrai plus tard sur ce point, à propos de l'emphytéote; (Voy. le §. 7). Mais j'ai déjà indiqué cette idée, et même montré par un exemple frappant que l'emphytéote se comporte volontiers sur le fonds loué par lui comme un propriétaire; Voy. ci-dessus *Revue*, 1897, p. 682, et la note 1.

sont-ils très exceptionnels (1)! Mais, dans tous les cas, cette expression *dominus* pour désigner un *conductor*, ne se trouve jamais que dans les textes du Bas-Empire, et jamais pour désigner un autre *conductor* que l'emphytéote. Dans un document de l'époque de Trajan, et pour désigner le fermier ordinaire du droit classique, dont le bail est de cinq ans et dont le droit n'est qu'un droit personnel, une telle expression est un vrai non-sens. Non seulement il n'y en a pas un seul exemple, mais encore on ne peut même pas concevoir un homme de cette époque, sachant tant soit peu le sens des mots, qui, voulant dire les fermiers, se serve de l'expression *domini* (2).

Et voici d'autres considérations encore, non moins décisives. Non seulement il est tout à fait invraisemblable qu'un document officiel du temps de Trajan appelle *domini* des fermiers, mais encore nous voyons très bien que, toutes les fois que notre inscription veut réellement parler des fermiers du domaine, elle sait parfaitement bien leur donner leur vrai nom, et qu'elle les appelle « les *conductores* » (3). Dira-t-on maintenant, comme M. Schulten, que, pour l'auteur de cette inscription, *domini* et *conductores* sont des mots synonymes, et qu'il emploie tantôt l'un de ces mots tantôt l'autre, indifféremment et au hasard, parce que précisément pour lui ces deux mots veulent dire la même chose. Mais combien improbable est une telle supposition! Il est bien clair, au contraire, que, si les *procuratores* de Trajan, considérant que les fermiers du domaine sont

(1) C'est l'observation que fait très justement Czyhlarz, dans la continuation des Pandectes de Gluck, série des livres 41 et 42, t. I, p. 97, note 49.

(2) Observer à ce propos que Paul, parlant, non pas même du *conductor* du droit commun, qui n'a qu'un bail court et un simple droit personnel, mais du preneur de l'*ager vectigalis*, qui est un fermier perpétuel et ayant un droit réel, et par conséquent, à ce point de vue au moins, un fermier analogue à l'emphytéote, a bien soin de nous dire, en termes très exprès, que ce fermier perpétuel n'est pas cependant un *dominus*; (Dig. 6, 3, 1, 1 : *Qui in perpetuum fundum fruendum conduxerunt a municipibus, quamvis non efficiantur domini*, etc.). Si le preneur de l'*ager vectigalis* n'est pas un *dominus*, à combien plus forte raison faut-il dire la même chose du *conductor* du droit commun ! — Cf. sur cette question le mémoire cité de M. Cuq, p. 62. Comme moi, et pour la raison que je viens de dire, M. Cuq refuse de considérer le domaine d'Henchir-Mettich, comme une propriété impériale.

(3) Voy. 1ro face, l. 11, 15, 19, 21 (l. 10, 14, 18, 20. Schulten); 2e face, l. 4, 10, 12, 16, 19, 24, 29, etc., etc.

en fait des quasi-propriétaires, avaient pris le parti (bien extraordinaire) de les appeler du nom de *domini*, ils les auraient
appelés ainsi tout du long de l'inscription, et qu'ils n'auraient
pas imaginé de les nommer tantôt *domini* et tantôt *conductores*,
comme pour induire volontairement en erreur et pour faire
croire (par l'emploi alternatif et sans raison de ces deux mots
différents, qui, dans la langue de leur temps, désignent précisément deux classes de personnes différentes) qu'il existe en
effet dans le domaine ces deux classes de personnes, à savoir
des propriétaires et des fermiers. Bien plus, comment expliquer, si *dominus* et *conductor* sont synonymes, qu'on parle
dans l'inscription des *domini* et des *conductores*, côte à côte,
et sans jamais prévenir qu'il convient d'entendre par ces deux
mots la même personne (1)? Et comment expliquer surtout que
l'inscription nomme, à deux reprises, « les *conductores* des *domini*(2) » ? Est-ce que « les *conductores* des *domini* » peuvent être
autre chose que « les fermiers des propriétaires »? Et par conséquent n'est-il pas clair que les propriétaires et les fermiers ne
sont pas la même chose ?

Autre raison. L'expression *dominus*, pour désigner le propriétaire du domaine d'Henchir Mettich, est déjà par elle-
même un peu inexacte en droit. Car il est certain que le domaine d'Henchir Mettich n'est pas un *solum italicum* (3), et
par conséquent que le propriétaire de ce domaine n'est pas
exactement, en droit, un *dominus ex jure Quiritium*. Il est
certainement extraordinaire de rencontrer dans un document
officiel, comme est notre inscription, cette expression *dominus*

---

(1) Voy. les textes cités ci-dessus, p. 118, note 3. Cette manière de
parler *domini aut conductores vilicive* indique bien évidemment trois catégories différentes de personnes. Car, si l'on admet que *domini* et *conductores*
sont là des synonymes, pourquoi *vilici* ne serait-il pas aussi bien un synonyme? Ou pourquoi *conductores* ne serait-il pas tout aussi bien le synonyme
de *vilici*, et ne distinguerait-on pas les propriétaires et les fermiers (appelés
également du nom d'intendants)? L'inadmissibilité évidente de toutes ces
hypothèses rend absolument certain qu'il faut entendre, par les trois mots
dont se sert notre loi, trois classes différentes de personnes.

(2) 3° face, l. 19 : *conductoribus vilicisve dominorum ejus f(undi)*; 1re face,
l. 22 (l. 21, Schulten) : *Dominicas* (pour *dominis*) *ejus f(undi) aut conductoribus vilicisv(e) corum*.

(3) Les concessions de *jus italicum*, dans les provinces, n'ont jamais été

appliquée à un propriétaire provincial qui, dans la théorie et dans la langue juridiques, n'est rigoureusement qu'un *posses-sor*. Les premiers exemples, dans les textes juridiques au moins, de l'emploi des mots *dominus* et *dominium* pour désigner le propriétaire et la propriété provinciale, n'apparaissent pas, je crois, avant l'époque de Dioclétien (1). On pourrait donc s'éton-ner déjà de rencontrer ici, au temps de Trajan, le mot *domi-nus* appliqué au propriétaire d'Henchir Mettich. Mais combien plus invraisemblable encore serait l'emploi de ce mot *dominus*, appliqué à un simple fermier! Passe encore, en effet, que l'on appelle ainsi un propriétaire provincial, qui, somme toute, est en fait un vrai propriétaire, et qui a tous les droits pra-tiques et tous les avantages réels de la propriété; mais appeler de ce nom un fermier qui n'a ni hérédité, ni droit perpétuel, ni droit de disposer, ni même, au point de vue juridique, la possession, qui n'a rien qu'un droit de créance contre son bailleur!

Enfin, j'ai signalé le droit reconnu aux colons d'Henchir Met-

---

faites qu'à des *civitates*. Voy. Mommsen, *Droit public*, VI, 2, p. 457 à 460, et mes études sur le *jus italicum*, p. 105 et suiv., et sur la *Limitation des fonds de terre*, p. 112 à 114. Il résulte de la liste des localités qui ont ob-tenu le *jus italicum* (dressée dans les livres que je viens de citer) que cette concession n'a jamais été faite qu'à des *civitates* romaines (colonies ou mu-nicipes). Encore faut-il dire que presque toutes les *civitates juris italici* ont été des colonies, et même peut-être toutes sans exception; (Voy. *Limitation des fonds de terre*, p. 113, notes 1 et 2). Dans tous les cas, il est absolument certain que la concession du *jus italicum* n'a jamais été faite à un *saltus*, autrement dit à la *plebs rustica* d'un domaine indépendant de la cité.

(1) Constitution de Dioclétien et Maximien, de 291, dans *Fragm. Vaticana*, 315 : *Cum... dominium rei tributariae vindicetis.* — Constitution des mêmes empereurs (sans date), *ibid.*, 316 : *tributarii praedii dominus constitutus... vindicationem habere potest.* — *Res tributaria*, *tributarium praedium* sont les expressions connues qui désignent les fonds provinciaux. On voit donc, par ces textes, que Dioclétien ne se fait pas scrupule de parler du *dominium* et du *dominus* des fonds provinciaux, et qu'il donne même la *rei vindicatio* au propriétaire de pareils fonds. — Mais il est certain que les empereurs et les jurisconsultes de l'époque classique du droit, et à plus forte raison en-core les hommes du temps de Trajan, n'ont jamais pu parler un tel langage. Par exemple, dans les mêmes *Fragmenta Vaticana* (259), Papinien, parlant lui aussi des fonds provinciaux (*praedium stipendiarium*), range expressément ces fonds de terre parmi les *res nec mancipi*, et marque ainsi la différence essen-tielle qui les sépare, au point de vue juridique, des *praedia in italico solo*.

tich de quitter la terre (1). Je sais bien qu'à l'époque de
Trajan cette faculté appartient, en droit, à tous les *coloni* sans
exception, qu'ils soient les *coloni* de l'Empereur ou d'un particulier ; car, à cette époque, le droit n'attache pas encore les
colons à la terre. Mais tout de même un tel fait s'accorde beaucoup mieux avec l'hypothèse qui fait du domaine d'Henchir
Mettich une propriété privée qu'avec celle qui le regarde
comme un domaine impérial. Car, bien que les colons de l'Empereur soient libres en droit de quitter la terre, la contrainte
administrative et l'autorité des *procuratores* est certainement
beaucoup plus énergique dans les domaines impériaux que
dans les autres, et s'attache avec beaucoup plus de force et de
succès à retenir les cultivateurs sur le sol. Le temps de Commode n'est pas si loin du temps de Trajan ; et nous voyons,
dans l'inscription de Souk el Khmis, que les colons de l'empereur Commode, libres en droit sans doute, sont en fait absolument liés à la terre et incapables de la quitter, malgré les
persécutions qu'ils y subissent. La facilité avec laquelle nous
constatons, dans l'inscription d'Henchir Mettich, que les colons
abandonnent leurs cultures, est une raison de plus de considérer
le domaine dont il est parlé dans cette inscription comme un
domaine privé et non comme une propriété de l'Empereur.

Au fond, un seul motif paraît avoir fait naître l'opinion d'a-
près laquelle le domaine d'Henchir Mettich serait un domaine
impérial (2). Henchir Mettich, et par conséquent le domaine

(1) Voy. ci-dessus, p. 90.

(2) Les autres raisons en effet, qui pourraient être invoquées en faveur de
cette opinion, sont faciles à écarter d'un mot. Une certaine ressemblance
sur quelques points (à propos de la mise en exploitation des terres incultes
du domaine) entre les dispositions de notre inscription et des règles de la
lex Hadriana connues par l'inscription d'Aïn Ouassel, ne prouve pas évidemment que le domaine d'Henchir Mettich et les domaines de l'inscription d'Aïn
Ouassel aient nécessairement le même propriétaire. Le premier peut très bien
être un domaine privé, tandis que les autres sont des propriétés impériales,
et l'on ne voit pas du tout pourquoi le propriétaire d'un grand domaine privé
ne se serait pas préoccupé, aussi bien que l'Empereur lui-même, de la mise en
culture et de l'exploitation des terres incultes de son domaine. — Le fait
que la *lex* du domaine d'Henchir Mettich est « donnée » par deux procurateurs de l'Empereur, n'est pas non plus une preuve sans réplique que le domaine en question appartienne à l'Empereur. Car on peut très bien expliquer

dont il est question, se trouve situé dans la région des domaines impériaux, et, en particulier, est voisin d'Aïn Ouassel et des cinq *saltus* impériaux mentionnés dans l'inscription trouvée en ce lieu. Il semble naturel, à cause de ce voisinage, que le domaine d'Henchir Mettich soit pareillement un *saltus* impérial. Mais tout de même ce raisonnement est très loin d'être décisif. D'abord pourquoi des domaines impériaux n'auraient-ils pas pour voisin un domaine privé ? Il est évident que les propriétés impériales ne couvrent pas toute l'Afrique, et que par conséquent il est une limite où s'arrête forcément cette région des domaines des empereurs. Pourquoi cette limite ne se trouverait-elle pas en deçà d'Henchir Mettich aussi bien qu'au delà ? Il ne faut pas perdre de vue, en effet, que Henchir Mettich, situé presque exactement au confluent de l'Oued Medjerdah et de l'Oued Siliano, n'est pas du tout placé au milieu de la région dite des *saltus* impériaux, (ce qui, même vrai, ne serait pas encore une raison tout à fait suffisante pour affirmer que le domaine d'Henchir Mettich est nécessairement lui-même un *saltus* impérial), mais qu'il en forme l'extrémité orientale (1). Donc rien de plus naturel que de supposer que la région des *saltus* s'arrêtait là. Cela est d'autant plus naturel que, s'il est vrai que Henchir Mettich est voisin des cinq *saltus* de l'inscription d'Aïn Ouassel (lesquels sont des domaines impériaux), il est beaucoup plus voisin encore des *praedia* de Rufus Volusianus et du *fundus Tigi*...., c'est-à-dire de ces domaines que nous ont fait connaître deux inscriptions récemment découvertes par le Dr Carton l'une dans le massif d'El Golea, au sud de Thignica, l'autre, sur le territoire de l'ancienne colonia Teana (à l'est de Teboursouk) (2), et qui sont certainement

le rôle que jouent ici les *procuratores* impériaux par l'hypothèse d'après laquelle cette *lex* serait la charte de fondation d'un grand domaine constitué par Trajan sur l'emplacement occupé jusque-là par un groupe d'indigènes. (Voy. ci-dessus).

(1) C'est l'observation que fait très justement M. Schulten, *loc. cit.*, p. 4 et 5.

(2) Carton, *Découvertes archéologiques et épigraphiques faites en Tunisie*, p. 18 (n° 9): *Ara(m) Deo Jovi fundo Tigi... Belli f(ilii) (?) rei publicae (co)l(oniae) Teanensium posuerunt universi pagani.* Dans la région où a été trouvée cette inscription est un village auquel les habitants actuels donnent le nom de Belad Teana. Ce nom rappelle la colonie de Teana, mentionnée dans l'inscrip-

des domaines privés. Ainsi, tout concourt à démontrer que la limite orientale de la région des *saltus* impériaux était précisément dans ce pays où ont été trouvées notre inscription d'Henchir Mettich et les deux autres dont je viens de parler, (c'est-à-dire le pays qui s'étend du confluent de l'Oued Medjerdah et de l'Oued Siliane, emplacement d'Henchir Mettich, à Thignica, El Golea et la colonia Teana). Tandis que Aïn Ouassel et les cinq *saltus* cités dans l'inscription qu'on y a découverte font partie de la région des propriétés impériales, le domaine d'Henchir Mettich au contraire et les deux domaines que je viens de nommer ne sont pas compris dans cette région. Dans tous les cas, le domaine d'Henchir Mettich en particulier, dont les propriétaires sont appelés du nom de *domini*, ne peut pas être autre chose qu'un domaine privé.

Dès lors, les conjectures de M. Schulten sur la date et sur le caractère de la *lex Manciana* tombent ou au moins chancellent très fort. Et vraiment, quoique fort ingénieuses, elles n'étaient guère faites pour donner de la solidité à l'édifice dont elles faisaient partie. Cet ancien domaine du peuple romain, devenu une propriété impériale, et cette loi agraire de la fin de la République, dont aucun texte n'a jamais parlé, sont évidemment de pures hypothèses. M. Schulten pense que cette loi fut une *lex data*. Cela ne me paraît pas du tout nécessaire. Dans notre inscription, c'est le règlement fait par les *procuratores* de Trajan, et non par la *lex Manciana*, qui est qualifié de *lex data* (1). Ce qui d'ailleurs rendrait, à mon avis, l'hypothèse d'une *lex data* assez douteuse, (au moins dans l'opinion de M. Schulten qui voit là une loi agraire), c'est que

tion). — *Ibid.*, p. 112, 113 (nº 158) : *In his praed(iis) Rufi(i) Volusiani c(larissimi) v(iri)... Thiasus proc(urator) fecit.* (L'inscription a été trouvée dans le massif d'El Golea, au sud de Thignica). — Voy. pour l'emplacement exact de ces deux localités, la carte donnée par le Dr Carton à la fin de son livre que je viens de citer. — Si, sur cette carte (où Henchir Mettich n'est pas marqué), au confluent de l'Oued Medjerdah et de l'Oued Siliane, on supplée le nom de cette localité absente, et si l'on observe alors la situation réciproque d'Henchir Mettich, de la *colonia Teana*, et d'El Golea, on se figure très nettement la ligne qui formait approximativement la limite orientale de la région des domaines impériaux. Aïn Ouassel et les cinq *saltus* sont placés à l'ouest de cette ligne; et Henchir Mettich, El Golea et Teana sont à l'est.

(1) Voy. ci-dessus, p. 116, note 2.

ce serait là le seul exemple, je crois, d'une loi agraire *data*. Enfin il reste cette singularité très grande qui consiste dans le fait d'une loi désignée par le *cognomen* du magistrat qui l'a donnée, et non pas par son *nomen gentilicium*. M. Schulten convient qu'il n'y a pas un autre exemple d'un fait pareil (1). Mais il faut reconnaître que cette singularité subsiste quelle que soit la date que l'on attribue à notre loi, c'est-à-dire aussi bien si on la date de l'époque impériale que si on en fait une loi républicaine, puisque, dans tous les cas, son nom de *lex Manciana* reste toujours certain (2).

Des difficultés non moins grandes subsistent quant à la date de cette *lex Manciana*. Si l'on admet, comme M. Schulten, que notre loi est une *lex data* (par un magistrat dont le *cognomen* est *Mancia*), il faut aussi admettre nécessairement qu'elle est de l'époque de la République. Car, à l'époque impériale, toutes les *leges datae* proviennent de l'Empereur (3); si donc la *lex Mancia* a été *data* par un magistrat, elle remonte forcément aux temps de la République. M. Cuq arrive à la même opinion par une autre voie. Il remarque, dans notre inscription, plusieurs façons de parler archaïques qui sont propres à la période de la fin de la République (4); il en conclut que ces

----

(1) Schulten, *Lex Manciana*, p. 19.

(2) J'avais songé, pour échapper à cette difficulté, à dire que peut-être l'origine du nom de notre loi serait le nom d'un *fundus Mancianus* au lieu du nom d'un magistrat *Mancia*. Autrement dit, notre loi s'appellerait ainsi du nom du domaine dont elle serait le règlement. Si, en effet, la règle est que les domaines portent pour nom un *nomen gentilicium* avec la désinence *anus*, (voy. sur ce point, les ouvrages cités dans mon livre, *Limitation des fonds de terre*, p. 295, note 1), il y a quelques exemples de noms de domaines dérivés de *cognomina*, au lieu de l'être de *nomina gentilicia*; voy. des exemples, pour la Gaule, dans l'ouvrage de M. d'Arbois de Jubainville, *Les origines de la propriété foncière et les noms de lieux en France*, p. 339 à 342. Mais c'est là un fait si exceptionnel, les exemples en sont si clairsemés et si rares que décidément j'aime mieux renoncer à cette explication par trop risquée.

(3) Voy. ci-dessus, p. 117, note 1.

(4) L'emploi du mot *usus*, dans un sens vague et indéterminé, et non dans le sens précis que la jurisprudence classique donnera à ce mot, (la servitude personnelle d'usage); — les expressions *in fundo esse*, *in fundo villas habere*, pour désigner le fait d'être *colonus* et d'habiter dans le domaine. Voy. sur ces expressions, Cuq, *Colonat partiaire*, p. 64, 65.

expressions doivent avoir été empruntées par les procurateurs
de Trajan à l'ancienne loi Manciana qui leur a servi de modèle, et que cette loi par conséquent doit appartenir à la fin
de la République (1). Tout cela est sans doute conjectural ;
mais ce sont des conjectures admissibles.

Voilà assez d'hypothèses. En somme, il faut bien prendre
son parti d'ignorer ce qu'aucun document ne nous fait connaître. Or, nous ne connaissons de la *lex Manciana* que son
nom, et le fait qu'elle a servi de modèle aux procurateurs de
Trajan pour la rédaction du statut domanial contenu dans
notre inscription. Cette loi, donnée par les procurateurs de
Trajan au domaine d'Henchir Mettich, *ad exemplum legis Man-
cianae*, comme dit l'inscription, est le seul document sur lequel
nous puissions faire fonds, parce qu'il est le seul que nous
possédions. C'est le seul, par conséquent, dont il soit à propos
de parler, le seul qui existe réellement pour nous. M. Schulten
a très bien déterminé la date précise de ce statut domanial :
(entre le mois d'avril 116 et le mois d'août 117) (2). Quant à
son caractère et aux circonstances dans lesquelles il fut rendu,
si l'on admet, comme je crois l'avoir démontré, que le domaine
dont c'est là la loi est certainement un domaine privé, je ne
vois aucune autre explication possible que les deux hypothèses
que M. Toutain a proposées et que j'ai indiquées tout à l'heure.
Et comme, de ces deux hypothèses, l'une se heurte, selon
moi, à des objections très graves, il ne reste plus en réalité
que l'explication à laquelle je me suis toujours tenu dans le
cours de ce travail, et qui consiste à dire que Trajan a constitué, sur l'emplacement occupé jusque-là par un groupe indigène, un domaine au profit d'un particulier, et que notre
inscription est la *lex*, le règlement ou le statut que ses procu-

---

(1) Cuq, *loc. cit.*
(2) Voy. pour cette date, Schulten, *Lex Manciana*, p. 17. — Trajan porte,
dans notre inscription, 1re face, l. 4 (l. 3. Schulten), le nom de *Gothicus*.
Or, il a pris seulement ce nom entre le mois d'avril et le mois d'août 116,
(voy. Cagnat, *Cours d'épigraphie latine*, p. 182), (le 29 août 116, d'après M.
Dessau et M. Schulten, *loc. cit.*, p. 17) ; et il meurt probablement le 8 ou 9
août 117. (Sur la date de sa mort, Goyau, *Chronologie de l'empire romain*,
p. 189, note 5, qui cite la bibliographie et indique les autres dates proposées,
9 juillet ou 11 août). En somme, on voit que l'inscription se place sûrement,
en prenant les limites les plus extrêmes, entre avril 116 et août 117.

rateurs, en son nom et en vertu de son autorité, ont donné à ce domaine créé par lui.

IV.

Je vais signaler maintenant les parties de mon étude sur lesquelles les mémoires de M. Schulten et de M. Cuq apportent des vues nouvelles, et qui me paraissent en conséquence avoir besoin aujourd'hui d'être reprises, complétées ou corrigées :

P. 51, note 2. — J'ai indiqué l'emploi extrêmement fréquent du mot *villicus*, dans l'inscription d'Henchir Mettich, pour désigner le régisseur du domaine. Dans l'opinion de M. Schulten, le personnage ainsi nommé serait non pas, comme je l'ai admis, le *villicus* du propriétaire, mais le *villicus* des *conductores* (1). C'est la conséquence obligatoire de cette manière de voir d'après laquelle le propriétaire des domaines d'Henchir Mettich serait en réalité l'Empereur, tandis que les *domini* mentionnés dans l'inscription seraient simplement les *conductores*, sous un autre nom. J'ai dit combien cela me semblait inadmissible. Si on rejette cette opinion, il n'y a plus évidemment aucune raison de considérer les *villici* de notre inscription comme les régisseurs des fermiers et non comme ceux des propriétaires, et de nous écarter du sens ordinaire, régulier et naturel du mot *villicus*, qui est celui d'intendant du propriétaire (2).

P. 72, note 1. — J'ai contesté dans cette note qu'il y ait des preuves de l'existence du servage de la glèbe dans l'ancienne Égypte. M. Cuq, *Colonat partiaire*, p. 39, note 5, fait observer de son côté que l'on a vainement essayé d'établir,

---

(1) Schulten, *Lex Manciana*, p. 22.

(2) Je n'entends pas dire par là que des *conductores* ne peuvent avoir des *villici* à leur service. Le contraire est même tout à fait certain. Par exemple, les fermiers (*conductores*) des *vectigalia* avaient sûrement des *villici*; exemple dans Wilmanns, 1419 a : *Conductorum p(ortorii) p(ublici) Illyrici et ripae Thraciae ser(vus) vil(icus)*. Mais le sens naturel et ordinaire du mot *villicus*, lorsque rien n'indique le contraire dans le texte, et surtout lorsqu'il s'agit de l'administration d'un domaine, est évidemment celui de régisseur ou intendant du propriétaire de ce domaine.

dans ces tout derniers temps, l'existence du servage de la glèbe en Égypte, au second siècle de notre ère, et par conséquent à l'époque de la domination romaine, mais tout de même longtemps avant le triomphe et la diffusion du colonat dans la législation de l'Empire romain (1). Le texte sur lequel on a fondé l'existence à cette époque, de ces prétendus colons égyptiens (*Corpus Papyrorum Raineri*, I, n° 31, l. 18 et 20) dit seulement, selon l'observation de M. Cuq, que le fermier s'engage à ne pas abandonner la culture avant la fin du bail. Ce n'est pas là du tout le servage de la glèbe. Je renvoie, pour tout ce qui concerne cette question des prétendus colons égyptiens, à la note citée du mémoire de M. Cuq et aux articles qui y sont indiqués. Les observations de M. Cuq confirment et complètent très heureusement celles que j'ai faites moi-même relativement à une époque beaucoup plus ancienne.

P. 76, note 2. — J'ai dit quelques mots très brefs, dans cette note, du colonat partiaire, tel qu'il existe dans le droit romain à l'époque antérieure au Bas-Empire. Cette matière a fait l'objet de la part de M. Schulten et de M. Cuq, d'une étude très approfondie et très détaillée (2). Les colons d'Henchir Mettich sont, en effet, un spécimen très important et très sûr de colons partiaires pour l'époque de Trajan, puisqu'ils sont évidemment des locataires (3), et que ces locataires payent comme loyer une part des fruits (4). J'ai signalé, dans la note citée, l'erreur de Fustel de Coulanges, d'après lequel la culture à part de fruits, c'est-à-dire le colonat partiaire, n'aurait pas existé dans le droit romain classique, n'étant pour les jurisconsultes de cette époque qu'une « pratique extra-légale, tolérée, mais non reconnue ». Le mémoire de M. Cuq,

---

(1) Voy. en ce sens l'article de M. Meyer, dans le *Philologus* de 1897, p. 201 (indiqué par M. Cuq, *loc. cit.*).

(2) Schulten, *Lex Manciana*, p. 43 à 47; Cuq, *Colonat partiaire*, n. 33 à 47.

(3) Voy. sur ce point, Cuq, *loc. cit.*, p. 33 à 37, qui le démontre assez longuement. La chose, au surplus, me paraît évidente.

(4) Inscription d'Henchir Mettich, 1ʳᵉ face, à partir de la ligne 10; 2ᵉ et 3ᵉ faces. Presque toute cette inscription est consacrée au règlement de la part des fruits due par les colons du domaine pour chaque culture. Cf. ci-dessus, p. 93, note 1.

contient une réfutation très décisive et très pressante de cette opinion (1), dont au surplus les quelques textes que j'ai cités suffisent à montrer la fausseté (2).

M. Schulten, sans admettre précisément la manière de voir de Fustel de Coulanges, paraît avoir pourtant sur le colonat partiaire des idées qui se rapprochent un peu de celle-ci par certains côtés (3). Selon lui, le colonat partiaire est une institution très rare et presque inconnue dans le droit privé, et qui se trouve au contraire être la règle pour la mise à ferme des domaines impériaux ; (effectivement les inscriptions de Souk el Khmis et d'Aïn Ouassel, qui sont relatives à des domaines impériaux, et notre inscription d'Henchir Mettich, que Schulten considère également comme faite pour un domaine impérial, nous montrent toutes les cultivateurs astreints à payer comme redevance une part des fruits) (4). M. Schulten explique ainsi cette singularité. La culture de la terre moyennant une part des fruits appartiendrait originairement, non au droit privé, mais au droit public. Ce sont les terres de l'État, les *agri publici*, et non pas les terres privées, qui sont, dit-il, à l'époque ancienne, cultivées dans ces conditions. En effet, l'État à l'origine, abandonne à ceux qui veulent les occuper les terres publiques dites *agri occupatorii*, moyennant une redevance qui consiste, d'après Appien, tantôt dans un dixième, tantôt dans un cinquième des fruits (5) ; et, d'un

(1) Cuq, *Colonat partiaire*, p. 37 à 41.

(2) Voy. p. 76, note 2. — Et je laisse même de côté, pour n'entrer dans aucune discussion et ne mêler à cette question rien qui ne soit tout à fait certain et reconnu de tout le monde, les controverses qui ont été soulevées, soit sur le caractère juridique de la *politio* de Caton, *de agri cultura*, 136, qui me paraît bien, en effet, ne pas être tout à fait la même chose que le colonat partiaire, soit sur l'allusion à l'existence du colonat partiaire lui-même dans Caton, *ibid.*, 137, allusion qui me semble tout à fait certaine. Voy. sur ces questions, les ouvrages indiqués dans la note citée, auxquels il convient d'ajouter, Cuq, *Institutions juridiques des Romains*, p. 627 et 663, note 2.

(3) Schulten, *loc. cit.*, p. 45 à 47.

(4) Voy. les textes que j'ai cités, p. 93, note 1.

(5) Exactement, d'après le texte d'Appien, un dixième des fruits qui proviennent des semences, et un cinquième des fruits qui proviennent des plantations. Voy. Appien, *Bell. civil.*, I, 7. En réalité, et malgré l'affirmation d'Appien, il y a de bonnes raisons de croire que les *agri occupatorii*, qui

autre côté, l'on sait que les terres provinciales de Sicile et d'Asie, dont les habitants sont en fait propriétaires, mais qui sont tout de même, dans la théorie juridique, des terres publiques (1), payaient un impôt provincial consistant pareillement dans la dîme des fruits (2). M. Schulten pense que l'Empereur a, dans ses domaines propres, suivi tout simplement les anciennes pratiques que, sous la République, l'État appliquait aux terres publiques; et il explique ainsi que, malgré la très grande rareté du fermage à part de fruits dans le droit privé romain, les domaines impériaux, par une exception très remarquable, aient été en règle cultivés par des fermiers qui payaient comme redevance une part des fruits. M. Schulten croit aussi que l'origine de cette pratique est grecque, la dîme de Sicile et d'Asie, c'est-à-dire l'exemple le plus intéressant et le plus certain que nous ayions de culture à part de fruits dans le droit romain (3), étant sûrement un impôt que les Romains n'ont fait qu'emprunter aux gouvernements grecs qui les avaient précédés dans ces pays (4). Ainsi le colonat partiaire

étaient essentiellement des terres incultes, étaient occupées sans qu'on ait à payer pour elles la moindre redevance. Voy. sur ce point, et en général sur ce qui concerne les *agri occupatorii*, mon livre sur la *Limitation des fonds de terre*, p. 31, et spécialement la note 1 de cette page.

(1) En vertu de la fiction d'après laquelle toutes les terres provinciales sont censées, en droit, le *dominium* de l'État romain, les particuliers n'en ayant, en droit, que la *possessio* et l'*usufructus*, comme dit Gaius, c'est-à-dire, en réalité, une propriété de fait; (Voy. le texte connu de Gaius, II, 7). — Ce n'est pas ici le lieu de m'expliquer sur les origines et sur la date d'apparition de cette théorie juridique. J'ai étudié cette matière dans mon livre cité sur la *limitation des terres*. Il suffit, pour ce que j'ai à dire ici, que la théorie soit certaine; et là-dessus il n'y a pas l'ombre d'un doute.

(2) Voy. sur cet impôt provincial de la Sicile et de l'Asie, Marquardt, trad. *Finances*, p. 237 à 242. Cf. Weber, *Die römische Agrargeschichte*, p. 179 à 185. — Il existait pareillement une dîme en Sardaigne (Tite-Live, XXXVI, 2).

(3) En effet, l'autre exemple, à savoir la redevance due à l'État, d'après Appien, par les possesseurs des *agri occupatorii*, est, comme je viens de le dire, extrêmement douteuse. Et même en admettant l'existence de cette redevance, il n'y a, comme le fait observer M. Schulten (p. 46), aucune raison de supposer que l'État romain ait emprunté une telle règle (qui est ancienne) aux institutions grecques.

(4) Sur ce point, Schulten, p. 46. — En Sicile, il est certain que la dîme des fruits, due à l'État par les provinciaux, est l'ancien impôt établi par Hiéron. En effet, dans les Vérrines, nous voyons toujours que l'impôt sici-

serait, d'après lui, une institution d'origine grecque, comme l'emphytéose, que le droit romain se serait appropriée. On comprend très bien dès lors que, comme l'emphytéose, elle apparaisse si peu dans nos sources juridiques de l'époque classique. C'est qu'elle est, à cette date encore, une institution proprement grecque (1), qui, dans la pratique romaine est à

lien est levé d'après les règles de la *lex Hieronica;* (Marquardt, *loc. cit.*, p. 238). Pour l'Asie, les inscriptions nouvellement découvertes à Pergame nous montrent aussi l'impôt du dixième des fruits (δεκάτη) établi dans le royaume des Attales, et semblablement dans ceux des Séleucides et des Ptolémées. (Voy. les textes cités par Schulten, *loc. cit.,* p. 46). On doit donc considérer cet impôt de la dîme comme la règle de toutes les monarchies gréco-orientales à l'époque de la conquête romaine; et c'est certainement cet ancien impôt que les Romains ont laissé subsister dans ces pays, le levant désormais à leur profit.

(1) Il n'est pas douteux effectivement que les Grecs n'aient pratiqué le colonat partiaire, à toute époque et surtout à l'origine. Les ἑκτήμοροι de l'ancienne Attique, dans les temps antérieurs à la constitution de Solon, sont, au témoignage d'Aristote, des métayers qui cultivaient moyennant une part des fruits proportionnelle à la récolte; (ils gardaient pour eux probablement le sixième des fruits); voy. sur cette classe d'hommes, Guiraud, *Propriété foncière en Grèce,* p. 421, 422; Beauchet, *Le droit privé de la République athénienne,* II, p. 329 et suiv. A l'époque postérieure, celle des orateurs notamment, le colonat partiaire paraît avoir été assez rare en Grèce. Ce n'est pas à dire que la redevance du fermier consiste nécessairement en argent; elle est fixée assez fréquemment en nature; mais ce n'est pas pour cela un colonat partiaire, car cette redevance consiste dans une quantité déterminée de fruits, et non pas dans une part proportionnelle à la récolte. Cette redevance en nature, fixée à une quantité déterminée, n'est pas rare; (voy. des exemples dans Beauchet, *loc. cit.,* IV, p. 174 et 175, et Guiraud, *loc. cit.,* p. 431, note 14); notamment la redevance de l'emphytéote est assez souvent fixée en nature; (Beauchet, *loc. cit.,* p. 199, 200). Mais le colonat partiaire, c'est-à-dire la culture pour une part des fruits, est exceptionnelle (*ibid,* p. 175). Ce caractère exceptionnel se marque très bien, par exemple, dans le bail des Aixonéens, (Dareste, Haussoullier et Reinach, *Inscriptions juridiques grecques,* p. 238 à 241). La redevance, en principe, est fixée en argent (voy. l. 3 et 4), selon la règle ordinaire; mais il est dit que, dans le cas où il surviendrait quelque trouble ou destruction par le fait de guerre, cette redevance serait alors de la moitié de la récolte (l. 12 et 13). — A l'époque romaine, dans les pays qui continuaient à pratiquer le droit grec, par exemple en Égypte, les papyrus grecs du musée de Berlin nous montrent quelques exemples de colonat partiaire. Voy. par exemple, *Aegypt. Urkunden aus den K. Museum zu Berlin,* n° 197 (an 17) l. 12 et 13; la redevance du fermier consiste en ἐπὶ τρίτωι μέρει τοῖς μεμισθωμένοις τῶν ἐγβαλλομένων καθ' ἔτος ἐκ τοῦ κλήρου γεννμάτων. Mais il ne faut pas perdre de vue que, là aussi comme dans la

peu près inconnue des particuliers, et qui n'est usitée d'une
façon régulière et ordinaire que dans l'administration des domaines des empereurs.

Telle est l'opinion de M. Schulten. Cette origine grecque
du colonat partiaire me semble fort douteuse. Mais beaucoup
plus douteux encore est, à mon avis, le rapprochement que
fait M. Schulten entre le colonat partiaire et la redevance
du dixième des fruits que doivent les propriétaires fonciers
de la Sicile et de l'Asie, et que devraient, d'après Appien,
les *possessores* des anciens *agri accupatorii*. Sans compter
que cette affirmation d'Appien n'est pas à l'abri d'objections
graves, et que par conséquent il est plus sage de renoncer
à toute assimilation fondée là-dessus entre les *possessores*
des *agri accupatorii*, au début de la République, et les
cultivateurs des grands domaines des empereurs, il me paraît
très clair que l'on peut beaucoup moins encore assimiler ces
fermiers des domaines impériaux aux habitants de la Sicile et
de l'Asie, qui (malgré la théorie juridique qui regarde toutes
les terres provinciales comme faisant partie, en droit, de l'*ager
publicus*) sont bien vraiment, en fait et en réalité, non des fermiers à part de fruits, mais des propriétaires, soumis à l'impôt
sans doute, mais tout de même des propriétaires. Et je ne
crois pas qu'en confondant, comme on le fait, la redevance du
colon partiaire avec ce qui est réellement l'impôt foncier, on
coure la chance d'éclaircir le moins du monde les origines véritables et le caractère exact du colonat partiaire. Au surplus,
il importe toujours de remarquer que, si l'on considère le domaine d'Henchir Mettich comme un domaine privé, et non
comme une propriété impériale (et je crois avoir démontré
que cela ne peut pas faire de doute), on a alors, et pour l'époque de Trajan elle-même, un exemple très considérable et très

Grèce de l'époque des orateurs, le prix du bail, quand il consiste non en
argent, mais en nature, est le plus ordinairement d'une quantité de mesures
de blé déterminée, et que par conséquent ce bail n'est pas vraiment un colonat partiaire. Telle est la redevance notamment dans les nᵒˢ 39 (an 186), l.
11 et 12; 227 (an 150 ou 151), l. 11 et 12; 330 (an 128), l. 10 et 11; 349 (an
313), l. 7 et 8. — En résumé, le colonat partiaire est sûrement une institution que le droit grec a bien connue, mais qui, je crois, n'y a pas eu (si ce
n'est peut-être à l'origine) toute l'importance pratique que M. Schulten lui
attribue.

circonstancié de colons partiaires établis sur une propriété
privée, puisque les fermiers ou *colons* de l'inscription d'Henchir Mettich sont incontestablement des colons partiaires (1).
Donc et en résumé, ce qui reste vrai seulement (et je l'ai
dit) (2), c'est que le fermage à part de fruits est, dans la théorie
des jurisconsultes aussi bien que dans la pratique du droit
privé romain à l'époque antérieure au Bas-Empire, une institution moins fermement assise, d'un caractère juridique
moins bien arrêté et d'un emploi plus rare que le fermage
ad pecuniam numeratam. Mais il est certain tout de même
qu'on le rencontre. Il paraît même résulter sûrement de nos
textes que cette institution était surtout usitée dans les grands
domaines, au moins dans les grands domaines africains. Les
inscriptions de Souk el Khmis et d'Aïn Ouassel nous la montrent en effet fonctionnant dans les domaines impériaux; et
l'inscription d'Henchir Mettich, un peu antérieure en date,
nous en révèle également l'existence dans un grand domaine
privé, qui est situé dans la même région.

Et je n'hésite pas à dire que c'est là, au point de vue juridique, une des acquisitions les plus importantes dont nous
soyons redevables à la nouvelle inscription.

P. 88 et suiv. — J'ai admis, conformément à l'opinion
de M. Toutain, que les cultivateurs dont il est question
dans l'inscription d'Henchir Mettich, et que cette inscription qualifie du nom de *coloni*, sont des indigènes que la loi
d'Henchir Mettich a réduits à cette condition de cultivateurs
du nouveau domaine constitué par Trajan. Cette opinion est
la conséquence à peu près forcée de la façon dont j'ai dit qu'il
fallait se représenter vraisemblablement la loi d'Henchir Mettich et les conditions dans lesquelles elle est intervenue. Du
moment que l'on admet (et cela me semble incontestable) que
nous avons là la loi donnée par Trajan à un domaine privé,

(1) Je rappelle que, pour cette même époque de Trajan, il y a dans une
lettre de Pline, un autre exemple tout à fait certain de colonat partiaire;
(voir Pline, *Epist.*, IX, 37, 3, cité plus haut, p. 76, note 2). Mais l'exemple
de l'inscription d'Henchir Mettich est autrement important, à cause des détails abondants qui y sont donnés.
(2) Voy. *loc. cit.*

il en résulte à peu près nécessairement que ce domaine est une création de Trajan, que par conséquent c'est aux dépens d'un groupe indigène, qui jusque-là avait cultivé ces terres, que le domaine en question a été constitué au profit de quelque grand propriétaire romain; et dès lors il est à peu près sûr que les *coloni* dont parle notre inscription sont justement ces indigènes, que Trajan n'a pas chassés du pays, mais qu'il a donnés comme cultivateurs au nouveau domaine créé par lui. Combien, en effet, il serait invraisemblable que ces *coloni* soient des cultivateurs amenés là par le nouveau propriétaire, d'une région plus ou moins lointaine? Sur ce point, je reste donc fidèle à l'opinion que j'ai professée.

Mais, sur un autre point, j'avoue que je me suis trompé. Parmi ces indigènes qui sont devenus les *coloni* du nouveau domaine, M. Toutain distingue, comme je l'ai expliqué, deux catégories : premièrement ceux qui habitent en dehors du domaine, au delà de ses limites officiellement tracées (*ultra fundo villae Magnae Variani... eos agros qui subcesiva sunt*); secondement ceux dont au contraire les terres ont été englobées dans les limites du domaine (*qui in fundo villae Magnae... villas habent*). J'ai adopté cette lecture et par conséquent cette opinion de M. Toutain (1). M. Schulten est d'un autre avis. L'allusion, dans la loi d'Henchir Mettich, à ces *coloni* qui habiteraient en dehors des limites du domaine (*ultra fundo villae Magnae*) lui paraît tout à fait inadmissible (2), M. Cuq a la même opinion (3). Je crois qu'ils ont raison, et je rétracte par conséquent ce que j'ai écrit au sujet des prétendus *coloni* habitant en dehors du domaine. L'existence de ces personnages dans notre inscrip-

---

(1) Voy. p. 88, note 2.

(2) Schulten, *Lex Manciana*, p. 7 (note sur la ligne 5); p. 49, 50. — Il fait observer notamment que, pour exprimer cette idée de colons habitant en dehors du domaine, le mot *extra* (à la l. 6, 1ʳᵉ face) serait plus correct que le mot *ultra*. Cette observation est peut-être juste au point de vue grammatical; mais la langue parlée dans notre inscription n'est pas, je crois, tellement pure, qu'il suffise, pour écarter sûrement une lecture proposée, de faire remarquer une certaine impropriété dans les termes. C'est donc pour d'autres raisons, beaucoup plus sérieuses, à mon avis, que je préfère la lecture de M. Schulten à celle que M. Toutain a donnée et que j'ai adoptée tout d'abord.

(3) Cuq, *Colonat partiaire*, p. 8 et 9.

tion se fonde en effet uniquement sur la lecture que M. Toutain donne de la ligne 6 (1re face) de l'inscription. Cette ligne parle de ceux qui habitent... *tra fundo villae May(n)e Variani.* Il est certain qu'il n'y a, dans le premier de ces mots, que les lettres T R A qui soient parfaitement lisibles et incontestables. M. Toutain croit distinguer avant ces lettres les traces d'une L (1), et restitue en conséquence (*u*)*ltra fundo*, etc. On aurait donc bien à faire ici à des cultivateurs qui habitent en dehors des limites du domaine. Mais M. Schulten et M. Cuq considèrent que la lecture *ultra* est impossible, non sans doute pour des raisons épigraphiques, mais parce qu'elle donne un sens tout à fait inadmissible. Il serait en effet très invraisemblable : 1º que dans une loi qui est, comme dit M. Toutain, la charte même de fondation du domaine de *Mappalia Siga*, les procurateurs de Trajan se fussent occupés des cultivateurs qui sont étrangers à ce domaine ; 2º que l'on eût donné à ces cultivateurs le nom de *coloni*, alors qu'ils sont étrangers au domaine, et que par conséquent aucun rapport de droit ne peut exister entre eux et le propriétaire du domaine ; 3º qu'on leur eût imposé une redevance, alors qu'ils cultivent des terres qui sont situées en dehors du domaine et qui par conséquent ne dépendent pas du propriétaire de ce domaine (2). Ces raisons me paraissent décisives. Il est donc infiniment probable que nous avons à faire ici, non, comme le suppose M. Toutain, à des cultivateurs habitant en dehors du fonds (*ultra fundo*), mais au contraire à des colons qui ont leurs tenures dans le domaine lui-même (*in fundo, intra fundum*, ainsi que dit notre inscription partout ailleurs) (3) ; et il faut dès lors, je crois, lire à la ligne 6, au lieu de *qui eorum* (*u*)*ltra fundo*, etc., (lecture pro-

---

(1) Toutain, *Revue historique de droit*, 1897, p. 377 et 378 (note sur les lignes 6 et 7, de la 1re face). Le texte publié par M. Cagnat dans la *Revue archéologique, loc. cit.* donne aussi naturellement la lecture (*u*)*ltra*, c'est-à-dire considère la lettre L comme certaine ou au moins très probable. — Je n'ai à ma disposition ni la pierre ni le moulage ni aucun estampage. La photogravure publiée par M. Toutain, ne laisse (à mes yeux au moins) apercevoir aucun signe distinct qui permette de se faire là-dessus une opinion.

(2) Voy. surtout pour l'exposé de ces raisons, Cuq, *loc. cit.*

(3) Voy. 3e face, l. 17 et 18 : *Pro pecora qu(ae) intra f(undum) ville Magn(ae) t(d) e(st) Mappalia Sig(e)* etc. ; 4e face, l. 23 : *Coloni qui intra f(undum) Ville... ha(bit)abunt.*

posée par M. Toutain) : *qui eorum (i)ntra fundo*, etc., (lecture de M. Schulten).

Dans ce passage de l'inscription. d'Henchir Mettich, il est donc question de colons du domaine, habitant nécessairement, comme tous les colons dont parle notre document et comme tous les colons paisibles, dans l'intérieur du domaine. Et la loi d'Henchir Mettich donne à ces colons du domaine le droit de défricher les *subcesiva* (1). C'est ce droit-là dont il est traité dans les lignes 6 à 20 (1re face) de l'inscription. L'explication que M. Toutain donne de ces lignes (explication que j'ai résumée, voy. ci-dessus, p. 88, note 2), est actuellement fort insuffisante, et il y a sur ce point à tenir compte surtout des observations très judicieuses faites par M. Schulten et par M. Cuq (2). Il faut évidemment entendre par *subcesiva* les terres incultes attenant au domaine, qui sont restées en dehors de ses limites officielles (3). La loi donne aux colons du domaine le droit de défricher ces terres incultes. Comme l'observe M. Cuq, c'est un droit analogue à celui que, dans les premiers siècles de la République, l'État reconnaît aux citoyens sur l'*ager occupatorius*, c'est-à-dire précisément sur les terres qui, comme nos *subcesiva*, n'ont fait l'objet d'aucune assignation ni d'aucune autre opération impliquant une limitation publique, et qui se trouvent par conséquent en dehors des *limites* officielles (4). Comme l'occupation par les citoyens romains de l'ancien *ager occupatorius*, l'occupation par les colons des terres incultes attenant au domaine est soumise

---

(1) Voy. 1re face, l. 6 et suiv. (l. 5 et suiv. Schulten) : *Qui eorum (i)ntra fundo villa Mag(na)e Variant, id est Mappalia Siga, eis (Mappaliasigalis,* Schulten) *eos agros qui su(bc)esiva sunt excolere permittitur lege Manciana, ita ut eos qui excoluerit usum proprium habeat.* La lecture *su(bc)esiva* est absolument certaine. Cette restitution *b c*, au début de la ligne 8 (l. 7, Schulten), proposée par M. Toutain et admise par M. Schulten (*loc. cit.*, p. 19) ne peut pas, je crois, être contestée.

(2) Schulten, *loc. cit.*, p. 21 à 24; Cuq, *loc. cit.*, p. 9 à 20.

(3) C'est le sens du mot *subcesiva*, dans les nombreux passages des *Gromatici* qui parlent de la limitation officielle des terres. Voy. sur ce point, Toutain, *Revue historique de droit*, 1897, p. 394, et ce que je dirai plus loin (§ 5), à propos de la limitation des domaines.

(4) Voy. Cuq, *loc. cit.*, p. 9; et pour tout ce qui concerne les *agri occupatorii*, mon livre sur la *Limitation des fonds de terre*, p. 31 à 33.

à l'obligation de payer une redevance qui consiste en une part des fruits (1). Notre loi le dit expressément : les colons payeront la part de fruits fixée par la loi Manciana (2). Moyennant cette condition, ils auront, sur les terres qu'ils ont défrichées ainsi, l'*usus proprius*, dit la loi. Que faut-il entendre par cet *usus proprius?* M. Toutain et M. Schulten entendent la servitude d'usage (3). M. Cuq croit au contraire que les colons acquièrent, sous ce nom d'*usus*, non l'usage seulement (dans le sens assez étroit que donnent à cette expression les textes des jurisconsultes classiques), mais bien une propriété de fait complètement analogue à cette propriété de fait qu'avaient les divers *possessores* de l'*ager publicus* (4). Cette opinion me paraît s'appuyer sur des raisons très fortes. Dans nos textes juridiques, la servitude d'usage n'est jamais établie par la loi, mais toujours, en fait, par un testament. De plus, il est remarquable qu'elle offre une utilité assez mince. Appliquée, comme c'est ici le cas, à un fonds de terre, elle confère uniquement à l'usager le droit de résider sur le fonds, de s'y promener, et, par une interprétation bienveillante du legs, qui d'ailleurs n'appartient pas au droit originaire, d'y prendre ce qui est nécessaire à son entretien ou à celui de sa famille (5). Dans ces conditions, on ne voit pas bien de quelle utilité serait vraiment la servitude d'usage pour ces colons qui ont déjà de quoi vivre avec la part de fruits qui leur revient de droit sur les parties cultivées du domaine. M. Cuq remarque de plus que, dans tous nos textes juridiques sans exception, l'usager reste étran-

(1) Pour les colons d'Henchir Mettich, cette redevance est certaine; (Voy. la note suivante). Pour les citoyens qui possèdent des *agri occupatorii*, elle est formellement indiquée par le texte d'Appien, *Bull. civil*, I. 7; mais j'ai dit ci-dessus qu'il existait tout de même des doutes sur l'existence de cette redevance.

(2) Voy. 1ro face, l. 10 et suiv. (9 et suiv., Schulten) *Ex fructibus qui eo loco (dans les subseciva dont il vient d'être question) nati erunt, dominis aut conductoribus villicisve ejus f(undi) partes e lege Manciana prestare debedunt hac condecione*, etc.

(3) Toutain, *Revue historique de droit*, 1897, p. 396, 397; Schulten, *loc. cit.*, p. 21.

(4) Cuq, *loc. cit.*, p. 10 à 14.

(5) Voy. sur tous ces points, Cuq, *loc. cit.*, p. 11 et 12, et les textes juridiques cités par lui. Cf. Girard, *Manuel* (2o édition), p. 361.

ger à la culture. On peut dire exactement qu'il y a incompatibilité entre la qualité d'usager et celle de colon (1). Pour toutes ces raisons, il n'est pas vraisemblable que l'*usus* attribué par notre loi aux colons cultivant les *subcesiva* soit la servitude personnelle d'usage. M. Cuq pense qu'il faut entendre par cette expression la propriété de fait reconnue par le droit aux différents *possessores* de l'*ager publicus*, un droit tout à fait analogue, en d'autres termes, à la propriété provinciale. C'est extrêmement probable. Il n'y a jamais eu, dans la langue du droit romain, d'expression technique pour désigner cette propriété de fait (2). Gaius se sert des mots *possessio vel usufructus* (3); les textes législatifs disent très ordinairement *habere possidere frui licere* (4). Aucune expression n'est rigoureuse et propre. Rien n'empêche donc que notre document, en déclarant que les colons auront l'*usus proprius* des terres qu'ils auront défrichées, n'ait voulu dire tout simplement qu'ils auront le droit de tirer de ces terres toute l'utilité qu'il est possible d'en tirer, en d'autres termes toute l'utilité que la propriété pourrait leur procurer; et cela revient bien à dire,

---

(1) Voy. Cuq, p. 12, et les passages très caractéristiques de Labéon, de Gaius et de Paul, qui sont cités par lui, (Dig. 7, 8, 10, 4; *ibid.*, 11; *ibid.*, 15, 1).

(2) C'est ce que j'ai montré ailleurs. Voy. *Limitation des fonds de terre*, p. 2 et 3, note.

(3) Gaius II, 7. : *In provinciali solo... dominium populi Romani est vel Caesaris, nos autem possessionem tantum vel usufructum habere videmur.* Il est clair que les mots *possessio* et *usufructus* ne sont pas pris ici dans un sens technique et propre; car, dans la terminologie juridique exacte, la propriété provinciale n'est ni l'usufruit, ni la possession du droit civil.

(4) Voy. notamment loi agraire, l. 11 (*viasii vicani* d'Italie; voy. *Limitation des fonds de terre*, p. 162 à 165); l. 32 (*trientabula*; voy. *ibid.*, p. 160 à 162); l. 40; l. 52 et 82 (propriété provinciale en Afrique). Comme le montrent ces passages, l'expression *habere possidere frui licere* est très générale et très compréhensive, et s'applique à la plupart des cas divers de propriété de fait, c'est-à-dire de droit de propriété exercé sur des terres, dont, en droit, le *dominium* appartient à l'État. Mais il faut observer aussi qu'on l'emploie pareillement pour nommer le genre de propriété qu'ont sur leurs terres les habitants des cités autonomes, c'est-à-dire un droit qui n'est certainement pas la propriété provinciale, (non plus qu'aucune variété de cette propriété de fait dont il est question en ce moment); voy. *Limitation des fonds de terre*, p. 211 à 216.

d'une façon plus brève et plus claire, qu'ils en auront la propriété de fait (1).

Les lignes 13 à 20 de l'inscription sont très difficiles à traduire et même à comprendre exactement (2). Voici l'explication qu'en donne M. Schulten (3). Elle me paraît très heureuse. Les colons devront déclarer (*deferant*, d'après la lecture de M. Schulten), aux *conductores* ou aux régisseurs des domaines le produit total (*summas*) de la récolte perçue par eux, et ils apporteront cette récolte toute prête (*fructus deportare et terere debebunt*) (4). Les *conductores* ou les régisseurs fixeront là-dessus la part des fruits qui doit revenir aux colons (*partes colonicas*); et, quand ils l'auront fait connaître (*renuntiaverint*), les colons devront s'engager par écrit (*tabellis caveant*) à laisser aux *conductores* ou aux régisseurs la part qui leur revient d'après la loi, tandis que, de leur côté, ces derniers s'engageront pareillement à remettre aux colons leur part (*partes colonicas praestare debeant*). Il importe de remarquer que, d'après notre loi, les colons, qui doivent déclarer aux *conductores* ou aux régisseurs le produit total de la récolte, font cette déclaration *arbitratu suo*, c'est-à-dire qu'ils évaluent eux-mêmes la récolte et que le *conductor* ou le régisseur sont obligés de s'en rapporter à leur évaluation. C'est une marque de confiance que

(1) Observer, à l'appui de cet emploi possible du mot *usus* pour désigner la propriété de fait, le passage connu de Festus, *Possessiones* (Bruns, *Fontes*, 6° édition, II, p. 25), sur les anciens *agri occupatorii* et la propriété de fait acquise sur ces terres : *Possessiones appellantur agri late patentes publici privatique, quia non mancipatione sed usu tenebantur.*

(2) Je reproduis, en les comparant, les deux lectures proposées pour ce passage, par M. Toutain et par M. Schulten, en mettant entre parenthèses celle de M. Schulten — : 1re face, l. 13 à 20 (l. 12 à 19, Schulten) : *Fructus cujusque culture, quota dare adportare (quot ad aream deportare, Schulten) et terere debebunt summas reddant (deferant, Schulten) arbitratu suo conductoribus villicisve ejus fundi, et si conductores villicisve ejus fundi in assem... icas (partes colonicas, Schulten) datur et (?) (daturas, Schulten) renuntiaverint tabellis..... (coloni, Schulten) caveant ejus fructus partes quas prestare debent conductores villicisve ejus fundi coloni colonicas partes prestare debeant.*

(3) Schulten, *loc. cit.*, p. 22 et 23.

(4) Mot à mot, les colons doivent apporter et moudre la récolte. Il en résulte, comme le fait justement observer M. Cuq (*loc. cit.*, p. 16), qu'ils ne sont responsables ni du défaut de rendement ni du déchet. C'est un avantage pour eux.

lour donne la loi ; et évidemment pour eux un assez grand avantage (1).

P. 90, 91. — J'ai parlé à cette place des règles indiquées par la loi d'Henchir Mettich pour le cas où un lot de terre cultivée a été abandonné par le colon qui l'occupe (4° face, l. 10 à 22). Ce passage de l'inscription étant extrêmement mutilé, on ne peut guère rétablir que par conjecture les prescriptions de la loi sur ce sujet. J'ai indiqué (p. 90, note 2), l'explication proposée par M. Toutain. M. Schulten (p. 32 et 33) et M. Cuq (p. 29 à 31) donnent des explications un peu différentes. Je ne crois pas à propos d'insister sur une question qui, étant donné l'état du texte, n'est pas susceptible de réponse.

J'ai fait remarquer, à propos de ce passage de notre loi, ce qu'il y a de très remarquable dans ce fait que le règlement d'Henchir Mettich, supposant qu'une terre a été abandonnée par le colon qui la cultivait, prend différentes mesures (insuffisamment connues de nous) pour remédier à cet inconvénient, mais n'ordonne pas de courir après le colon fugitif et de le ramener de force à sa glèbe, comme l'ordonneront en pareil

---

(1) Cf. sur ce point en particulier Cuq, p. 15. — Les colons sont-ils autorisés à déduire, de la masse à partager avec le propriétaire ou le *conductor*, ce qui leur est nécessaire pour leur consommation personnelle ? Autrement dit, payent-ils une quote-part de toute la récolte ou seulement une quote-part de ce qui reste, déduction faite des fruits employés à leur usage ? Le cultivateur de l'inscription d'Aïn Ouassel, qui a défriché une terre inculte et qui doit une quote-part des fruits, doit seulement une quote part des fruits (*poma*) qu'il a vendus ; (col. 3, l. 11 à 13 : *Nec alia poma in divisione umquam cadent quam quae venibunt a possessoribus*). Donc il déduit sûrement de la récolte des *poma* les fruits destinés à sa consommation. M. Schulten pense qu'il doit en être de même des colons de l'inscription d'Henchir Mettich. Mais cette dernière inscription ne contient rien de semblable. Et c'est sûrement abuser du raisonnement par analogie que d'appliquer aux colons d'Henchir Mettich une règle que nous savons seulement avoir existé dans la *lex Hadriana*, pour de tout autres cultivateurs et pour un tout autre domaine. De plus, comme l'observe avec raison M. Cuq, cette clause de l'inscription d'Aïn Ouassel vise seulement la récolte des *poma*, et il est douteux qu'elle s'applique aux autres cultures dont il est question également dans cette inscription, et pour lesquelles la loi d'Henchir Mettich ne dit pas que le cultivateur sera autorisé à faire aucune déduction. Il faut donc, je crois, se garder de voir là une règle générale applicable à toutes les cultures et à tous les domaines. Cf. sur cette question, Schulten, *loc. cit.*, p. 21 ; Cuq, *loc. cit.*, p. 16 et 17.

cas tant de constitutions du Bas-Empire. J'ai montré combien,
à ce point de vue, les colons d'Henchir Mettich sont différents,
en droit, des colons de l'époque du Bas-Empire, dont on sait
l'attache indissoluble à la terre ; mais j'ai dit que pourtant il
était bien probable que ces colons, libres en droit, en fait
ne pouvaient guère abandonner leurs terres impunément.
M. Cuq arrive par une autre voie à des conclusions tout à fait
semblables. Il remarque que notre loi, dans toutes ses dispositions, fait dépendre les obligations et les droits des colons,
non pas de la preuve d'un contrat conclu par eux avec le propriétaire, le *conductor* ou le régisseur, mais du seul fait de leur
résidence dans le domaine. (*Qui in fundo Villae Magnae... villas
habent*, etc., dit le texte à plusieurs reprises). Ou, si l'on veut
maintenir ici, en droit, l'existence et la nécessité d'un contrat,
le contrat entre les colons et les maîtres du domaine se forme
et se renouvelle tacitement par le seul fait de la résidence des
colons sur le fonds. Cette façon de s'exprimer a eu pour résultat, dit M. Cuq, « d'assurer la stabilité des colons sur le fonds
qu'ils cultivent. En droit, ils sont libres d'abandonner la culture ; en fait, ils n'usent guère de cette faculté. Les propriétaires, les fermiers changent, les colons restent; ils sont en
conséquence immobilisés sur le fonds. A la longue, l'état de fait
se transforma en un état de droit » (1). C'est exactement l'idée à
laquelle se ramène toute l'étude que j'ai faite, dans le § 4 de
mon travail, sur l'origine du colonat.

P. 93. — Il est question, dans cette page, de la redevance
des colons. J'ai montré que cette redevance, qui consiste
essentiellement dans une part des fruits, est en général du
tiers (*tertiae partes*). C'est là spécialement la règle dans les
domaines africains, et en particulier dans notre domaine d'Henchir Mettich. (Voy. *loc. cit.*, note 1). J'ai cité, dans cette note,
les passages de la loi d'Henchir Mettich où il est question de
cette redevance des colons, et, pour les détails (qui sont ici très
nombreux), j'ai renvoyé tout simplement aux explications que
donne M. Toutain. Il est utile de comparer à ces explications
de M. Toutain, celles que donnent sur le même sujet M. Schul-

(1) Cuq, *loc. cit.*, p. 43.

ten et M. Cuq. Il s'agit là d'une réglementation très minutieuse, et je n'ai pas cru devoir aborder, dans mon travail, l'examen de tous ces cas. Il serait donc hors de propos de relever maintenant toutes les observations que M. Schulten et M. Cuq font à ce sujet. J'aurai d'ailleurs à revenir plus tard sur quelques-unes d'entre elles, celles qui portent sur les redevances imposées par la loi d'Henchir Mettich aux colons qui ont défriché et planté des terres incultes ; il y a là, en effet, diverses règles qu'il est intéressant de comparer à celles de l'inscription d'Aïn Ouassel, et qui, comme ces dernières, peuvent éclairer d'un jour très vif l'histoire et les origines de la tenure emphytéotique (1). En ce qui concerne les autres matières traitées ici, j'indique seulement, parmi les corrections proposées par M. Schulten, celle qui me paraît la plus intéressante.

Dans la 3° face de l'inscription, l. 17 et suiv., il est question de la redevance due par les colons pour le bétail (*pecora*). M. Toutain lit : *In pecora singula aera quae jus (?) conductoribus vilicisve dominorum ejus fundi praestare debebunt ;* et il traduit en conséquence : « les colons devront payer pour chaque tête de bétail la redevance usuelle aux locataires ou aux régisseurs » (2). A la place de cette lecture *aera quae jus*, que M. Toutain lui-même déclare douteuse, (le texte de l'inscription donne exactement *aera quatius* ou *aera quattus*) (3), et qui, d'autre part, ne donne qu'un sens très vague et très indéterminé, (la redevance usuelle), M. Schulten lit : *aera quattu(or)*. Au point de vue épigraphique, rien n'est plus près du texte. Quant à la signification que la phrase prend, grâce à cette correction, elle est à mon avis, très satisfaisante. On veut dire que les colons devront aux locataires ou aux régisseurs une redevance de quatre as par chaque tête de bétail. Sans doute, comme l'observe M. Schulten, cette redevance de quatre as, autrement dit d'un seul sesterce, est insignifiante. C'est une redevance purement récognitive du droit de propriété des maîtres du domaine. Donc, pratiquement, cela signifie que les colons ont le droit de faire paître leurs troupeaux dans les pâtura-

---

(1) Voy. ci-dessous, § 7.

(2) Toutain, *Revue historique de droit*, 1897, p. 381. Cf. p. 405, 406.

(3) Toutain, *Revue hist. de droit*, 1897, p. 379, note sur la l. 19 de la 3°
face. M. Schulten (*loc. cit.*, p. 10 et 11) voit sur la pierre : *aera quattus*.

ges du domaine. Mais tout cela est extrêmement naturel (1).

En ce qui concerne la redevance due pour le miel (2), je me contenterai de renvoyer aux explications très détaillées que M. Cuq surtout a données sur cette matière (3). Je renverrai également à ce mémoire, pour tout ce qui concerne la matière des dommages causés aux récoltes (4). Il faut tenir compte aussi de ce que dit M. Schulten à propos de la lecture et de l'explication des lignes 12 à 17 (3° face) de notre inscription. Dans ce passage, M. Toutain croit qu'il est simplement question des champs de vesces, et que la récolte de ces champs est déclarée par la loi d'Henchir Mettich appartenir tout entière au régisseur ou au fermier du domaine, sans que les colons aient le droit d'en réclamer leur part (5). M. Schulten lit le passage d'une façon qui donne un sens tout différent. Il résulte en effet de cette lecture que toutes les terres mises en pâturages échapperaient à la règle ordinaire de l'exploitation des domaines d'Henchir Mettich, qui est le partage des fruits entre le fermier ou le régisseur d'une part et les colons d'autre part. Dans l'opinion de M. Schulten, tous les fourrages en principe appartiendraient au fermier ou au régisseur, et les colons n'y auraient aucun droit. Seulement, par exception, on leur abandonnerait les champs de vesces (6). L'état de l'inscription ne permet pas, à mon avis, de décider d'une façon certaine, ou même approximative, quelle est, des deux, la bonne lecture, ou,

---

(1) Schulten, *loc. cit.*, p. 29 et 30. — Cf. l'inscription de Henchir Snobbeur, qui nous fait connaître les plaintes des propriétaires africains relativement à l'abus de la vaine pâture, ainsi qu'un fragment de rescrit impérial intervenu pour remédier à cet abus; (Cagnat, *Année épigraphique*, 1894, n° 61). Le droit pour les cultivateurs du domaine de faire paître librement leurs troupeaux est donc, dans cette région d'Afrique principalement, une chose extrêmement naturelle.

(2) 2° face, l. 1 à 12.

(3) Cuq, *loc. cit.*, p. 49 à 55. — Cf., sur le même sujet, Toutain, *loc. cit.*, p. 400 à 402 et Schulten, p. 25 et 26.

(4) 3° face, l. 20 à 24; 4° face, l. 1 et 2. — Voy., sur ce sujet, Cuq, *loc. cit.*, p. 56 à 58; Toutain, *loc. cit.*, p. 406, 407; Schulten, *loc. cit.*, p. 30 et 31.

(5) Toutain, *Revue historique de droit*, 1897, p. 404 et 405.

(6) Schulten, *Lex Manciana*, p. 29. — Cf. pour la lecture du passage en question, p. 15, 50 et 51. — M. Cuq, *loc. cit.*, p. 48, adopte la lecture et l'explication de M. Schulten.

ce qui revient à peu près au même, quelle est l'opinion la plus
croyable. Mais je veux laisser de côté toutes ces questions de
réglementation portant sur des points de détail ; et je ne m'attache ici qu'aux choses qui sont réellement importantes pour
la connaissance de la condition des colons et de l'administration des grands domaines. En somme, l'idée que j'ai indiquée dans mon article, à savoir la redevance du tiers des fruits,
non comme principe sans exception, mais comme règle générale, dans les grands domaines africains, demeure incontestable. M. Cuq fait remarquer (et cela est vrai) que cette proportion n'a pas toujours été celle de la redevance des colons, dans
toutes les parties de l'Empire romain et à toutes les époques ;
et il cite un papyrus grec de Berlin, de l'an 17, provenant
d'Égypte, dans lequel les colons, au lieu d'avoir droit, comme
dans nos inscriptions africaines, aux deux tiers des fruits, ne
peuvent, à l'inverse, en réclamer que le tiers (1). Ces exemples
d'une pratique contraire à celle que nous trouvons en Afrique
sont intéressants à observer. Je crois cependant que la redevance consistant dans le tiers des fruits a été, en fait, la plus
fréquente.

P. 94 (sur les *operae* ou journées de travail dues par les
colons). — Il est important de rapprocher des dispositions
des inscriptions de Souk el Khmis et de Gasr Mezuâr sur ce
sujet (citées, p. 94, note 1), la disposition toute semblable de
l'inscription d'Henchir Mettich (3º face, l. 23 à 27), d'après la
lecture et l'explication qu'en donne M. Schulten. Voir là-dessus
les observations qui vont suivre.

P. 103 (Cf. p. 90, note 1, et p. 101, note 2). — Dans l'opinion de M. Toutain, les colons du domaine d'Henchir Mettich pourraient avoir eux-mêmes des *servi* et des *inquilini*, et
il faudrait entendre par cette dernière expression des ouvriers
agricoles, autrement dit des journaliers, employés par les colons. Ce seraient ces *inquilini* qui feraient, pour le compte des
colons, les journées (*operae*) dues au propriétaire, au régisseur
ou au *conductor* du domaine. La lecture de l'inscription (4º face,

---

(1) Voy. *Aegyptische Urkunden aus K. Museum zu Berlin*, n. 197, l. 12 et 13,
cité ci-dessus (p. 55, note 1). — Cf., sur ce sujet, Cuq, *loc. cit.*, p. 59.

l. 22 à 27), telle qu'elle est donnée par M. Toutain et par M. Cagnat, est formelle en ce sens-là, puisqu'il y est parlé de l'*inquilinus coloni*, et que les *operae* y sont représentées comme faites par cet *inquilinus* (1). J'ai fait observer toutefois que c'était là un sens du mot *inquilinus* unique et extraordinaire, et je me suis même demandé si la lecture du texte était bien certaine (2). M. Schulten donne pour les mêmes lignes une lecture toute différente. Je crois utile de la reproduire (3) :

Ne quis conductor vilicus(*ve e*)orum inquilinu(*m ejus*) f..... Coloni qui intra f. ville Magn(*e sive Mappa*)liesige ha(*bit-* abunt dominis aut conduct(*oribus vilicisve eorum in*)assem(*q-uodannis* in hominibus (*singulis in arati*)ones ope- [ras n(umero) II et in messem op(*eras n. II et in sarritiones cujusque*) generi- (*s*) singulas operas bin(*as*) pr(*estare debebunt*).

Le sens de la première phrase (*Ne quis* jusqu'à *coloni*) ne peut pas être déterminé, parce que, au commencement de la seconde ligne, il y a une lacune trop considérable. Mais on voit que, si l'on admet la lecture de M. Schulten, il n'est plus question de l'*inquilinus* du colon. Quant au reste du texte, toujours d'après cette lecture, il est clair qu'il se rapporte aux *operae* dues par les colons du domaine d'Henchir Mettich. Ces colons devront aux propriétaires, régisseurs ou *conductores* du domaine, chaque année et pour chaque homme, deux journées de labour, deux journées de moisson et deux journées de sarclage (4). Il est très intéressant de remarquer que c'est là

---

(1) 4º face, l. 22 à 28 (d'après la lecture de Toutain).; *Ne quis conductor vilicusve servum inquilinu(mv)e coloni qui intra f(undum) Ville Magne sive Mappalie) Sige ha(bit)abunt, dominis aut (conductoribus vilicisve in) assem (qu)odannis in hominibus (plusquam (?) in aratio)nes operas' n. II et in messem operas (? et in curas cujusqu)e generis singulas operas bin(as prestare cogat?).*

(2) Ci-dessus, p. 103, note 1.

(3) Schulten, *Lex Manciana*, p. 16.

(4) Voy. sur cette règle, Schulten, *loc. cit.*, p. 34 et 51. — La restitution (*arati*)ones, à la ligne 25, est admise à la fois par MM. Toutain et Cagnat et par M. Schulten, et peut être considérée comme certaine. Quant à la lecture (*sarritiones*), à la ligne 26, dans le texte donné par M. Schulten, elle me paraît certaine aussi, ou au moins infiniment probable, à cause de l'analogie

exactement la règle de l'inscription de Souk el Khmis; les colons du *saltus Burunitanus*, au temps de Commode, doivent absolument les mêmes corvées (1). La lecture et l'explication que propose M. Schulten, pour cette partie de notre inscription, sont à mon avis, beaucoup plus vraisemblables que celles de M. Toutain. N'ayant à ma disposition ni la pierre elle-même, ni le moulage, ni l'estampage, je ne puis pas dire ce qui, au point de vue épigraphique, me semblerait le plus probable. Mais la photogravure que j'ai sous les yeux, suffit je crois, à montrer très bien que le passage en question est extrêmement embarrassé, très mal lisible, et qu'il faut, dans ces conditions-là, en gardant fidèlement et fermement les quelques lettres qui sur la pierre paraissent certaines, adopter pour les restitutions, malheureusement indispensables, la lecture qui donne la signification la plus satisfaisante. Or, à ce point de vue, le sens du texte, tel que M. Schulten le lit, est très satisfaisant, et l'on ne peut pas dire la même chose de la traduction de M. Toutain. Avec la lecture de M. Schulten, nous échappons en effet à l'obligation d'admettre, pour le mot *inquilinus*, une signification bizarre et jusqu'ici tout à fait inconnue, celle de journalier au service d'un colon; et, au lieu de ces étranges corvées qui, d'après M. Toutain, seraient faites, non par les colons eux-mêmes, mais par leurs journaliers (*inquilini*), nous avons à faire dans notre inscription, à des corvées dues tout simplement par les colons eux-mêmes, comme cela a lieu dans tous les documents relatifs au colonat, et consistant exactement dans la même quantité de journées de travail que celles dont il est question pour les colons dans l'inscription de Souk el Khmis. Les dispositions de notre inscription sur ce sujet, au lieu d'être extraordinaires et bizarres, deviennent donc ainsi tout

---

avec les inscriptions de Souk el Khmis et de Gasr Mezuâr (*C. I. L.*, VIII, 14428), qui, parlant des corvées imposées aux colons, distinguent les journées de labour, celles de moisson et celles de sarclage. Il n'y a donc rien de plus naturel que de supposer que notre inscription distinguait de la même manière, les *arationes*, les *messes* et les *sarritiones*.

(1) Deux journées de labour, deux de moisson et deux de sarclage, comme à Henchir Mettich. Au contraire, à Gasr Mezuâr, les colons doivent quatre journées de labour, quatre de moisson et quatre de sarclage. Voy. les passages cités ci-dessus, p. 94, note 1.

ce qu'il y a de plus simple, de plus régulier et de plus habituel.

En résumé, la disposition de notre loi, relative aux corvées dues aux propriétaires ou aux fermiers du domaine, s'applique aux colons, et est à rapprocher des dispositions toutes semblables ou très analogues contenues dans les autres documents où il est parlé de la condition et des obligations des colons, tels que l'inscription de Souk el Khmis et celle de Gasr Mezuâr (citées p. 94, note 1).

Ce n'est pas à dire qu'il ne soit pas question d'*inquilini* dans notre inscription. Les lignes 22 et 28 (4° face), les mentionnent d'une façon certaine. Mais les hommes dont s'occupe notre loi (même face, l. 23 à 27) pour leur imposer les corvées (*operae*), ce ne sont pas ces *inquilini*, ce sont, comme dans tous les documents où il est parlé d'*operae*, les colons eux-mêmes ; (l. 23, citée : *Coloni qui intra fundum ville Magne,* etc.). Relativement aux *inquilini*, notre loi nous dit seulement qu'ils doivent (ainsi d'ailleurs que les *coloni*) déclarer leurs noms, dans un certain délai, aux régisseurs ou aux *conductores* du domaine (1). Cette mesure est évidemment ordonnée pour assurer le paiement des redevances et l'exécution des travaux qui peuvent être dues par ces colons ou par ces *inquilini* (2).

(1) 4° face, l. 27 à 30 (d'après la lecture de M. Schulten) : *Colon(i) inquilini ejus f(undi) intra (...) anni nomina sua conductor(ibus vilicisve ejus fundi edere et operas i)n custodias singulas qu(attuo)r (praestare debent).* — Lecture de M. Toutain : *Et coloni inquilini ejus f(undi) tra(dant initio cujusque(?) anni nomina sua conductor(ibus vilicisve ejus fundi) in custodias singulas qua(s prestare debebunt).*

(2) Cf. Schulten, *loc. cit.*, p. 34. — L'expression *custodiae*, aux lignes 29 et 30 (lecture certaine), est une allusion à l'existence dans le domaine de *custodes*, c'est-à-dire d'agents du régisseur ou du fermier, chargés de surveiller les colons, et de veiller à ce que leurs prestations soient exécutées. Il est question de ces *custodes* dans un autre passage de notre inscription (3° face, l. 16), à propos des pâturages du domaine (d'après M. Schulten), ou des champs de vesces (d'après M. Toutain). J'ai déjà dit que, dans l'opinion de M. Schulten, les colons du domaine n'auraient pas droit aux fourrages (on ne leur abandonnerait que les champs de vesces), et que M. Toutain croit au contraire qu'il ne s'agit dans ce passage que des champs de vesces, et que la récolte de ces champs est déclarée par la loi appartenir tout entière au régisseur ou au fermier du domaine, sans que les colons aient le droit d'en prendre leur part. Cf. ci-dessus, p. 145. Dans tous les cas, il est sûrement question là d'une récolte dont le fermier ou le régisseur du domaine sont les seuls à profiter ; et la loi d'Henchir Mettich déclare en con-

Que sont alors ces *inquilini?* Notre inscription ne nous l'apprend pas. J'ai expliqué ci-dessus que cette expression *inquilini* est susceptible de sens assez variés. Peut-être des esclaves; peut-être des colons d'une catégorie un peu spéciale; plus probablement des hommes qui ne sont ni des esclaves ni des colons, mais qui sont attachés tout de même au domaine et font partie de la *plebs fundi.* Je renvoie sur ce point aux explications que j'ai données antérieurement sur la signification du mot *inquilinus* (1).

séquence que les *custodes* de ces personnages veilleront à faire rentrer cette récolte intégralement (3º face, l. 16, 17 : *custodes exigere debebunt*).

(1) Cf. ci-dessus, p. 101 à 103.

§ 5.

L'AUTONOMIE TERRITORIALE DU GRAND DOMAINE (1).

I.

J'ai dit au début de cette étude que le grand domaine (le *saltus* proprement dit) est en dehors du territoire et de la juridiction de la *civitas*, qu'il constitue lui-même un territoire indépendant et autonome, et j'ai ajouté que c'est là un principe fondamental, duquel découlent des conséquences juridiques et historiques très nombreuses et très importantes (2). Je vais maintenant étudier ces conséquences.

Mais tout d'abord il importe de ne pas exagérer la portée du principe que je viens de dire. Le grand domaine est en dehors de la cité, mais il n'est pas en dehors de l'État. Il est indépendant vis-à-vis de la *civitas*, non vis-à-vis de l'État; il échappe à l'autorité des agents municipaux, non à celle des fonctionnaires du peuple romain ou de l'Empereur. Cela est vrai même des domaines impériaux. Les textes juridiques déclarent très positivement que, même dans les domaines des empereurs, le gouverneur de la province peut entrer pour

---

(1) Sur cette matière, Schulten, *Römischen Grundherrschaften*, p. 107 à 119, et His, *Domänen der römischen Kaisezeit*, p. 100 à 117. — Cf. pour l'Afrique en particulier, Jung, *Die romanischen Landschaften des römischen Reiches*, p. 175 à 180.

(2) Ci-dessus, § 1, p. 8 et suiv.

rechercher les criminels (1). Le gouverneur garde donc, même sur les hommes du domaine impérial, la juridiction et les droits de police. Je montrerai prochainement que, dans toutes les affaires graves, il reste leur juge, jusque dans le droit du Bas-Empire. Ce qui est vrai pour la justice est vrai également pour l'impôt; je parle naturellement non des taxes municipales, mais de l'impôt dû à l'État, et par exemple de l'impôt foncier, qui est la plus importante des contributions portant sur la propriété foncière (2). Même les domaines impériaux sont, en droit, soumis à l'impôt foncier. Telle est au moins la règle qui

(1) Dig., 11, 4, 3 (Ulpien) : *Sed et divus Marcus, oratione quam in senatu recitavit, facultatem dedit* (sous-entendez *praesidibus*, comme l'indique le commencement du texte, qui parle de la nécessité pour les particuliers de s'adresser au *praeses* pour faire des recherches dans les propriétés) *ingredi tam Caesaris quam senatorum et paganorum praedia, volentibus fugitivos inquirere.*

(2) Pour certains autres impôts (dus à l'État) il y aurait sans doute des exceptions à la règle que même le domaine impérial est sujet à l'impôt. Ces exceptions se comprennent d'ailleurs fort bien, et s'expliquent très naturellement par une idée de faveur; on ne saurait s'étonner que les domaines des empereurs soient privilégiés au point de vue fiscal. De telles exceptions ne sont donc pas de nature à nous faire croire que les domaines des empereurs sont, au point de vue de l'impôt, en dehors de l'État; et il suffit, pour bien établir le principe contraire, que ces domaines soient, en règle, soumis à l'impôt foncier. Ainsi par exemple, il est certain que les domaines impériaux, (au moins en règle, car il y a quelques exceptions), ne payent pas les *munera extraordinaria* ou les *superindictiones.* Mais ce sont là, comme le nom l'indique, des charges extraordinaires. De même, ils ne sont pas astreints (sauf exceptions très rares) aux *munera sordida,* (c'est-à-dire aux corvées exigées pour l'entretien des routes ou des ponts, aux réquisitions de bois, charbon, chaux, etc. pour les constructions publiques, à la mouture du blé et à la confection du pain pour les troupes de passage, aux fournitures de chevaux et de voitures pour la poste, etc.). Mais des corvées et des réquisitions de cette nature ne sauraient évidemment être exigées des domaines ni des agents de l'Empereur. Pour l'exemption dont jouissent en règle, au point de vue de ces deux classes d'impôts, les domaines impériaux, voy. les textes cités par His, *loc. cit.,* p. 111 (pour les biens de la *res privata*), et p. 112 (pour les *fundi patrimoniales*). Cf. Wiart, *Régime des terres du fisc au Bas-Empire,* p. 62 à 65 et Schulten, *loc. cit.,* p. 120. Il est d'ailleurs très digne de remarque que des exemptions toutes semblables, et motivées par la même raison de faveur, étaient accordées, dans le droit du Bas-Empire, aux domaines des églises, des sénateurs, des décurions, et en général de tous les personnages un peu considérables; (voy. sur ce point, His, p. 113). Il serait, dès lors, tout à fait incompréhensible que les biens des empereurs n'eussent pas joui de pareils privilèges.

a été démontrée, à mon avis, d'une façon très sûre par M. His (1).
M. His est certainement, de tous ceux qui se sont occupés de
cette matière, celui qui est parvenu à y voir le plus clair. La
question de savoir si les domaines impériaux sont ou non soumis à l'impôt foncier est, en effet, fort embrouillée, non parce
que les textes manquent là-dessus, car tout au contraire les Codes
du Bas-Empire sont remplis de constitutions relatives à ce
sujet, mais parce que ces textes renferment, comme il arrive si
souvent, beaucoup de pathos, d'obscurité et de contradictions.
M. His distingue, parmi les biens des empereurs à l'époque du
Bas-Empire, (c'est sur cette période à peu près exclusivement
que nos sources juridiques nous renseignent, et par conséquent
c'est seulement pour cette période qu'on peut essayer de
résoudre la question), la *res privata* et le *patrimonium*. Les
biens de la *res privata*, à l'époque de Constantin, sont à peu
près sûrement exempts de l'impôt foncier (2). Les choses ont
duré ainsi plus ou moins longtemps (3). Mais sûrement, en
383, il en est différemment; car une constitution de cette année
déclare que les biens de la *domus* impériale (et l'on doit ici
entendre par ce langage la *res privata* des empereurs) ne joui-
ront désormais d'aucune immunité (4). Et cette règle paraît

---

(1) Voy. His, p. 107 à 113. — Cf. sur le même sujet, Wiart, *loc. cit.*, p. 55 à 62.

(2) Cod. Théod., 11, 1, 1 (315?) : *Praeter privatas res nostras... nemo ex
nostra jussione praecipuis emolumentis familiaris juvetur substantiae.* Ce langage (assez peu clair) paraît bien signifier que la *res privata* de l'Empereur
n'est pas soumise à l'impôt foncier; voy. le commentaire de Godefroy sur ce
texte.

(3) Les constitutions de 365 (Cod. Théod., 10, 4, 2) et de 382 (*ibid.*, 11,
16, 13), d'où on a voulu conclure quelquefois que les biens de la *res privata*
étaient soumis à l'impôt foncier, sont, à mon avis, d'un sens trop peu précis
pour pouvoir prouver grand chose. En revanche et tout au contraire, la
constitution de 343 (*ibid.*, 11, 16, 5), en déclarant en termes exprès que ces
biens ne seront pas soumis aux *munera sordida* ou *extraordinaria* ni aux
superindictiones, c'est-à-dire aux impôts extraordinaires, semble bien par là
même les assujettir implicitement à l'impôt ordinaire. Voy. sur tous ces textes,
les observations de His, p. 108.

(4) *Ibid.*, 13, 10, 8 (Gratien, Valentinien et Théodose, 383) : *Nemo aliquid
immune possideat, et sit irritum si quid domui nostrae tale concessimus.* Dans
cette constitution il me paraît certain, comme à M. His (voy. p. 108), qu'il
faut entendre par *domus nostra* la *res privata* elle-même, et non pas la classe
spéciale de biens appelée proprement *domus divina* ou *praedia tamiaca*. His,
en effet, a très bien montré que, dans les sources législatives du Bas-Empire,

bien être celle que rappelent encore les constitutions des années postérieures (1); enfin elle est la règle du droit de Justinien lui-même, puisque les constitutions que je viens de dire ont été insérées dans son Code. On peut donc, je crois, considérer comme démontré que les biens de la *res privata*, exemptés de l'impôt foncier sous Constantin, (et peut-être dès l'origine, c'est-à-dire à l'époque de l'ancien Empire), y ont été au contraire soumis, sans doute dès l'époque des fils de Constantin, au plus tard à la fin du ive siècle, et y sont restés assujettis jusque dans le droit de Justinien inclusivement (2). Quant aux biens qui composent le *patrimonium*, ils ont été, à toute époque, soumis aux impôts ordinaires et en particulier à l'impôt foncier. C'est ce que prouvent plusieurs constitutions très expresses, dont l'une remonte même au début du ive siècle (3). En résumé, les

---

domus nostra est une expression très large et très vague, qui ne s'emploie que d'une façon exceptionnelle dans le sens spécial de *praedia tamiaca*, et qui, le plus souvent, signifie la *res privata* ou même quelquefois les biens impériaux en général et sans aucune distinction à faire entre les différentes classes de ces biens; (Voy. His, p. 21 et 22). Dans la constitution citée, le sens de *res privata* me paraît certain, ou au moins très probable; et, dans tous les cas, le sens de *praedia tamiaca* serait tout à fait invraisemblable.

(1) Voy. Cod. Just., 7, 38, 3 (396), qui suppose que les biens de la *res privata* sont compris dans les listes du *census*. — *Ibid.*, 11, 74, 3 (Arcadius et Théodose), qui dit que ces mêmes biens supporteront *omnes species annonarias ... atque integram opinionem* (par ces derniers mots on ne peut guère entendre que l'impôt foncier). Cf. deux autres constitutions (*ibid.*, 10, 17, 1 et 11, 69, 2), l'une datée de 410, l'autre de l'empereur Zénon, à mon avis beaucoup moins expresses, mais que M. His (p. 109) interprète dans le même sens.

(2) Cf. dans His, p. 109 et 110, la réfutation des objections dirigées contre cette manière de voir. L'opinion la plus ordinaire est que les biens de la *res privata* sont restés à toute époque exempts de l'impôt foncier. (Voy. par ex. Godefroy, sur Cod. Théod., 11, 1, 1; Wiart, p. 58; Karlowa, *Röm. Rechtsgesch.*, I, p. 900, note 2). J'ai dit pour quels motifs je n'admettais pas cette manière de voir.

(3) Cod. Théod., 11, 16, 2 (323) : *Ab extraordinariis omnibus fundi patrimoniales atque emphyteuticarii per Italiam nostram constituti habeantur immunes, ut canonica tantum et consueta dependant.* — *Ibid.*, 11, 19, 2 = Cod. Just., 11, 65, 3 (362) : *Omnes qui patrimoniales fundos retinent pro his conveniendi sunt ad universorum munerum functiones, sicut unumquemque privatorum necessitas publicae pensitationis adstringit.* Cf. sur ce point, His, p. 111, 112; Wiart, p. 58 à 62. — Observer, toutefois, qu'une constitution de Valentinien de 431 (Cod. Théod., 11, 1, 36) paraît bien exempter le *patrimonium* de tout

biens impériaux, à quelque catégorie qu'ils appartiennent,
(à part la *res privata*, mais seulement à l'origine) (1), payent
l'impôt foncier (2). On peut ajouter qu'ils sont assujettis
pareillement à l'*annona* (3). Et la conclusion évidente qui

impôt : (*excepto patrimonio pietatis nostrae, cujus quidem reditus necessitatibus
publicis frequentissime deputamus, universos possessores functiones in canonicis
et superendicticiis titulis absque ullius beneficii exceptione agnoscere oportere
censemus*). Ce texte est très embarrassant. M. Wiart, p. 58 (d'après Godefroy), considère qu'il doit être question ici non pas du *patrimonium* proprement dit, mais plutôt de la *res privata*, laquelle, dans son opinion, est exempte
de tout impôt; ce qui fait que la constitution de Valentinien ne serait, ainsi
comprise, qu'un argument plus en faveur de cette opinion. (La phrase inci-
dente *cujus quidem reditus necessitatibus publicis deputamus* viendrait assez
bien à l'appui de la supposition qu'il s'agit ici de la *res privata*, car c'est,
en principe, la *res privata*, plutôt que le *patrimonium* lui-même, qui est employée aux *necessitates publicae*). Mais pour ceux qui considèrent, comme je
l'ai admis ci-dessus, que, à partir au moins de 383, les terres de la *res privata* sont soumises à l'impôt, la difficulté reste entière. Brunner, *Deutsch.
Rechtsgesch.*, II, p. 287, conclut de la constitution citée que les domaines des
empereurs, soumis à l'impôt foncier ordinaire jusqu'en 431, en ont été exemptés, à cette date, par cette constitution. Mais cela ne me paraît pas très sûr.
Dans tous les cas, ce qui reste certain, c'est que, au moins jusqu'en 431, les
terres des *patrimonium* impérial ont dû payer l'impôt foncier.

(1) Si, à l'origine, (sous Constantin, et probablement sous l'ancien Empire),
les biens de la *res privata* sont exemptés de l'impôt foncier, tandis que les
fundi patrimoniales y sont assujettis déjà en vertu d'une constitution de 323
(voy. la note ci-dessus); cela tient évidemment à ce que la *res privata* est
composée des biens qui appartiennent à l'Empereur à un titre public et par
conséquent qu'elle peut, jusqu'à un certain point, être regardée comme une
sorte de trésor public, tandis que le *patrimonium* est la fortune strictement
personnelle et privée de chaque empereur, qu'il n'y aurait par conséquent,
aucune raison d'affranchir des charges ordinaires qui frappent la propriété
privée. (Voy. ci-dessus, § 3, p. 32, 34, 37).

(2) Une preuve très sûre que les biens impériaux sont soumis à l'impôt
foncier, en dehors des textes des Codes cités ci-dessus, résulte de l'acte de
Ravenne de 489 (Marini, *Papiri*, nos 82 et 83), que j'ai expliqué au début de
cette étude. (Voy. § 1, p. 19, 20).

(3) Voy., pour ce qui est de la *res privata*, Cod. Théod., 11, 7, 6 (349); et
Cod. Just., 11, 74, 3 (Arcadius et Théodose). — Pour les *fundi patrimoniales*,
Cod. Théod., 11, 16, 1 = Cod. Just., 11, 65, 2 (319). Cette dernière constitution, qui exempte les *fundi patrimoniales* des *onera extraordinaria*, mais qui
les déclare expressément soumis au *frumentum*, est adressée au proconsul d'A-
frique; et l'on sait que la province d'Afrique était par excellence la *provincia
annonaria*. — Cf. Cod. Théod., 11, 16, 2 (323) qui, parlant des *fundi patrimoniales* de l'Italie et de l'Afrique, déclare qu'ils doivent payer *canonica et consueta*, c'est-à-dire ici l'*annona*, qui est l'impôt ordinaire et régulier dans ces

résulte de ces faits, c'est que les domaines impériaux, s'ils sont indépendants de l'autorité de la cité et affranchis des impôts dus à la cité, dépendent au contraire de l'autorité de l'État et payent les impôts dus à l'État. Or, si cela est vrai des domaines impériaux, à plus forte raison est-ce vrai des grands domaines des particuliers. Car certainement, ni en droit ni en fait, ceux-ci ne peuvent avoir une autonomie que ne possède pas le domaine impérial lui-même. Au surplus, on ne se représente pas, dans le droit public du Bas-Empire, où il s'en faut que la nation de l'État soit éteinte encore, des propriétaires privés et des domaines privés qui échapperaient aux autorités de l'État, seraient indépendants des fonctionnaires publics et ne payeraient à l'État aucun genre d'impôt.

Le grand domaine dépend donc toujours de l'État. Mais il ne dépend pas de la cité. Quand on parle de son autonomie territoriale, c'est seulement vis-à-vis de la *civitas* qu'on doit entendre qu'il est autonome (1).

---

deux parties de l'Empire. Cf. sur cette matière, His, p. 110 et 112; Wiart, p. 62. — M. His, p. 113, pense aussi que, dans les domaines du *patrimonium* impérial, les colons payaient, comme tous les autres colons, la *capitatio humana*, et les *negotiatores*, la *lustralis collatio*, comme tous les commerçants. Cela est vraisemblable. Mais les textes que cite M. His pour prouver cela ne me paraissent pas décisifs.

(1) Je ne crois pas que, dans cette étude sur l'autonomie territoriale des domaines, il y ait grand compte à tenir de la définition abstraite que les jurisconsultes et les *Gromatici* donnent du mot *territorium*. Voy. Dig., 50, 16, 239, 8 (Pomponius) : *Territorium est universitas agrorum intra fines cujusque civitatis; quod ab eo dictum quidam aiunt quod magistratus ejus loci intra eos fines terrendi, id est summovendi, jus habent.* (Cf. Frontin, édit. Luchmann, p. 20, l. 1, qui donne le même sens et la même étymologie). M. Schulten, p. 107 et 108, paraît faire un très grand fonds sur cette définition (et même sur l'étymologie!), et il conclut de là que le caractère essentiel du *territorium*, en droit, est une juridiction propre et des magistrats propres dans une certaine étendue territoriale. Le grand domaine, qui est un *territorium*, comme la cité, doit donc être considéré, au même titre que la cité, comme ayant sa juridiction et ses magistrats à lui. Nous aurons à voir, dans le courant de ce paragraphe, jusqu'à quel point cette idée se trouve être exacte. Mais, quels que soient les résultats donnés par des recherches sur des points déterminés, je considérerais comme très imprudent de rattacher ces résultats au prétendu principe contenu dans la définition théorique de Pomponius. Ce principe abstrait mènerait en effet, si on l'appliquait tant soit peu rigoureusement, à des exagérations manifestes et même à des erreurs formelles ; il est beaucoup plus sage de ne s'en point préoccuper.

Étudions maintenant les conséquences de cette autonomie (1).

II.

Le domaine, étant un territoire qui ne dépend pas du territoire de la cité, est limité (2). Il est limité comme la cité elle-
même, parce qu'il constitue un territoire comme la cité; et ces
limites le séparent du territoire de la cité, parce qu'il ne fait pas
partie de ce territoire. En d'autres termes, la séparation qui
existe, en droit, entre le territoire du domaine et celui de la
cité se marque, d'une façon matérielle, par cette circonstance
que le territoire du domaine est limité à part, au lieu d'être
compris dans les limites de la cité. Les *rei agrariae scriptores*
parlent à plusieurs reprises de cette limitation des domaines, et
signalent les *controversiae* qui s'élèvent entre les cités et les
domaines au sujet de leurs limites respectives (3). Pareillement, nous possédons les inscriptions de plusieurs des bornes
qui ont servi, en Afrique, à la limitation de domaines soit
impériaux (4), soit privés (5). L'inscription d'Henchir Mettich

(1) J'ai déjà eu l'occasion, en parlant de la condition des colons, de signaler
quelques-unes des conséquences de cette autonomie du domaine et de l'assimilation du domaine à la *civitas*. Par exemple, j'ai montré que les *operae* dues par
les colons pour l'entretien et l'embellissement du domaine correspondent exactement aux *munera* dus par les citoyens à la *civitas* pour la confection des travaux publics qui intéressent la cité. Voy. ci-dessus, § 4 (p. 94).

(2) Sur cette matière, Schulten, p. 41 à 44, 106 et 107.

(3) Frontin, p. 46, l. 3; p. 53, l. 3. Voy. ces textes cités ci-dessus, § 1
(*Revue*, 1897, p. 551).

(4) C. I. L., VIII, 8811 (Bordj Medjana, dans la Mauretanie Sitifienne) :
*Limes agrorum a Gargilio ... goddo dec(urione) p(ublice) p(ositus) secundum
jussionem v(iri) p(erfectissimi) Jucundi Peregrini p(raesidis) n(ostri) inter territorium Aurelianse et privata(m r)atione(m).* — *Ibid.*, 8810 (même provenance) : *Ex aucto(ritate imp. C)aes. T. Aeli H(adriani Antonini Aug. pii) pro-
cura ..... (rationis) privatae Asciler..... termin(os) posuit.* — Dans cette dernière inscription, assez mutilée, le fait que les bornes ont été posées par un
procurator de la *ratio privata* me paraît indiquer qu'il s'agit d'un domaine
impérial. — Il faut, je crois, dire la même chose, et pour le même motif, de
l'inscription de C. I. L., VIII, 8812 (même provenance) : *terminac(iones a)gro-
rum definicionis Matidiae adsignantur colonis Kasturrensi(bus) jussu v(iri)
e(gregii) Axt Aeliani proc(uratoris) Aug. r(ationis) p(rivatae) per Cas(sium)
Martiale(m) agrimesore(m).* — Cf. encore *ibid.*, 10567 (Vaga, Afrique proconsulaire) : d'un côté de la pierre : *Caes(aris) n(ostri)*; de l'autre : *f. m. r.*
(probablement : *fines municipii R...*).

(5) C. I. L., VIII, 7148 (près de Constantine) : *Limes fundi Sallustiani.* (Il

parle des *subseciva* du domaine de Mappalia Siga (1). Un tel langage signifie évidemment que ce domaine a été limité. Dans les *scriptores rei agrariae*, les *subseciva* sont les terres qui n'ont pas été comprises dans l'assignation (2). Pareillement, les *subcesiva* d'un domaine ne peuvent être que les terres qui sont restées en dehors des limites du domaine. On voit par là que, dans la limitation du domaine et dans celle de la cité, les mêmes règles essentielles sont suivies et le même langage est employé. Il est d'ailleurs, je crois, à peu près impossible de dire, d'une façon sûre, quels procédés de limitation étaient employés pour le domaine. J'imagine qu'on a dû en employer plusieurs, selon les circonstances, comme d'ailleurs pour la cité elle-même (3). L'inscription d'Aïn Ouassel nous offre l'exemple d'un *saltus* impérial qui est limité probablement *per centurias* (4). On

n'est pas prouvé qu'il y ait là un souvenir du séjour que fit en Afrique l'historien Salluste, lequel fut d'ailleurs, comme l'on sait, le premier en date des gouverneurs de la Numidie. Cf. sur ce point, Pallu de Lessert, *Fastes des provinces africaines*, I, p. 309). — Inscription d'Er Rahel (Maurétanie Césarienne), dans Cagnat, *Année épigraphique*, 1895, n° 68 : *termini pos(iti in) ter Regienses et saltum Cu ... per C. Petronium Celerem proc Au(g)*. Ce saltus, dont le nom nous manque, est-il un domaine impérial ou un domaine privé, je n'en sais rien. Sur cette inscription, et sur le *procurator* C. Petronius Céler, qui fut non pas un *procurator rationis privatae*, comme ceux des inscriptions citées dans la note précédente, mais bien le gouverneur de la Maurétanie Césarienne (en 137 ap. J.-C.), voy. Pallu de Lessert, *loc. cit.*, I, p. 485, 486.

(1) Inscription d'Henchir Mettich (*Revue histor. de droit*, 1897, p. 374), 1re face, l. 7 et 8 (l. 6 et 7, Schulten) : *eos agros qui su(bc)esiva sunt.*

(2) Hygin, p. 132, l. 25 (édit. Lachmann) : *Subsiciva ea dicuntur quae assignari non potuerunt.* — Siculus Flaccus, p. 163, l. 15 (*ibid.*) : *Subsecivorum diximus hanc conditionem esse factam, quod silvae et loca aspera in assignationem non venerunt.* — Isidore, p. 369, l. 25 (*ibid.*) : *Subseciva sunt propriae quae sunt ut sutor de materia praecidens quasi supervacua abicit*, etc. Cf. dans les *Gromatici*, p. 6, 7, 8, 53, 81, 117, 171, 199, etc. — Sur le sens exact du mot *subcesiva*, dans le langage technique des *Gromatici*, et sur les deux espèces de *subcesiva* que ces *Gromatici* distinguent, (les uns qui se trouvent en dehors de l'*ager adsignatus*, les autres qui forment des enclaves à l'intérieur des lots assignés), voy., outre les textes que je viens d'indiquer, Rudorff, *Gromatische Institutionen* (dans le t. II des *Schriften der römischen Feldmesser*), p. 390 à 393, 455 à 457; et Toutain, *Revue histor. de droit*, 1897, p. 394, 395.

(3) Ce que M. Schulten dit sur ce sujet (p. 106, 107) est un peu obscur, et (autant que je m'en rends compte) ne me semble pas très juste.

(4) Inscr. d'Aïn Ouassel, col. 2, l. 1 : *quas in centu(riis)*. Ce mot doit faire

peut, je crois, dire la même chose du domaine privé de Mappalia Siga; car la mention des *subseciva*, dans l'inscription d'Henchir Mettich, tendrait à prouver que ce domaine fut mesuré et cadastré par le même procédé (1). Mais cela ne prouve pas qu'on ait employé ce système dans tous les cas, et d'autres domaines, soit impériaux, soit privés, ont pu très bien être limités d'une autre manière (2). Lorsqu'il s'agit de domaines

allusion à une limitation *per centurias*, bien que, au fond, l'absence complète du contexte rende toute affirmation là-dessus assez dangereuse. — Les observations que M. Schulten a faites sur ce passage (*Hermes*, XXIX, p. 220, 221) contiennent, à mon avis, des inexactitudes. Il est, je crois, inexact de comparer ces *centuriae* de l'inscription d'Aïn Ouassel aux *centuriae* dont nous parlent, à propos de la levée de l'impôt foncier, les constitutions du Code Théodosien ou les Novelles (Cod. Théod., 11, 1, 10, Valentinien; *ibid.*, 11, 28, 13, Honorius et Théodose; Cf. Novelles de Valentinien, 33, 2). La *centuria* des constitutions du Bas-Empire est simplement une mesure de superficie employée, dans certaines provinces, (en Afrique notamment), par l'administration du *census*, mais n'impliquant en aucune façon l'ancienne et proprement dite limitation *per centurias*, règle de l'assignation coloniale. Voy. sur ces *centuriae* du droit du Bas-Empire, Marquardt, *Finances*, trad. p. 289, et les ouvrages cités par lui.

(1) C'est la remarque que fait M. Toutain, *Revue histor. de droit*, 1896-1897, p. 413. Le domaine, dit-il, a dû être mesuré à la manière des *agri colonici*. La manière des *agri colonici* (*mos colonicus*, selon l'expression constante des *Gromatici*), c'est la limitation *per centurias* ; (voy. mon livre sur la *limitation des fonds de terre*, p. 7, 8, 79 à 107). Or, c'est bien effectivement à propos de la *centuriatio* ou de l'assignation coloniale que les *Gromatici* nous parlent toujours des *subseciva* : voy. les textes indiqués dans la note ci-dessus, p. 158, note 2.

(2) Par exemple, nous savons par un passage d'Hygin (p. 122, l. 15 et suiv.) que Vespasien fit limiter les terres publiques de Cyrénaïque, et que cette limitation fut faite non *per centurias*, non pas même *per strigas* ou *per scamna*, mais par des procédés égyptiens et avec des mesures égyptiennes, et non romaines. (Voy. là-dessus, *Limitation des fonds de terre*, p. 60, 61). Sans doute les terres de Cyrénaïque, dont il est parlé dans ce passage, sont, non pas des domaines impériaux, mais des terres publiques au sens propre du mot. (Cf. dans Hygin, *loc. cit.*, la mention inscrite sur les termes plantés par ordre de Vespasien à la suite de cette limitation : *Occupati u privatis fines : Populus Romanus restituit*). Mais il est très légitime de conjecturer que, si les terres publiques ont été quelquefois, à l'époque impériale, limitées même par des procédés pérégrins, (et dans tous les cas, en règle, elles ne paraissent pas avoir été limitées *per centurias* ; cf. *Limitation*, p. 61, 62), il a dû en être de même, dans la plupart des cas au moins, des domaines impériaux. Ils ont dû être limités en réalité par les procédés les plus divers, procédés romains et même quelquefois procédés pérégrins.

impériaux, il est certain que la limitation a un caractère officiel; car elle est faite nécessairement sur l'ordre et par les soins
d'un fonctionnaire de l'État ou de l'Empereur, (l'administrateur
des biens impériaux ou quelquefois le gouverneur de la province) (1). Lorsqu'il s'agit, au contraire, de la limitation d'un
domaine privé, nous sommes renseignés par nos textes d'une

---

(1) M. Schulten (p. 42) affirme que la limitation des domaines impériaux
est toujours faite par les soins du *procurator provinciae*, et non par ceux du
procurator saltus. Effectivement, je ne connais pas d'exemple de limitation
faite par un *procurator saltus*. Mais l'affirmation de M. Schulten n'en est pas
moins inexacte, en ce qui concerne l'attribution qu'il donne à celui qu'il appelle
le *procurator provinciae*. D'abord il importe d'observer que, dans les provinces
sénatoriales, comme dans l'Afrique proconsulaire par exemple (où il existe
de si nombreux *saltus* impériaux ; noter toutefois que, parmi les inscriptions
citées ci-dessus, une seule, C. I. L., VIII, 10567, est relative à un domaine
impérial situé en Afrique proconsulaire, et que cette inscription ne dit pas
qui a fait la limitation), un *procurator provinciae* ne saurait être qu'un administrateur des biens de l'Empereur dans la province. De plus, les textes nous
font connaître en général les auteurs de ces limitations, et (dans ceux au
moins que nous possédons), nous ne voyons jamais que l'auteur de la limitation porte le titre de *procurator provinciae*. Dans C. I. L., VIII, 8812, la
limitation est faite *jussu proc(uratoris) Aug(usti) r(ationis) p(rivatae)*, c'est-à-
dire sur l'ordre du directeur général du service de la *res privata*. Il en est de
même à peu près sûrement (bien que l'inscription soit un peu restituée) dans
C. I. L., VIII, 8810. Au contraire, dans 8811, les limites sont posées *secundum jussionem praesidis*. Dans l'inscription citée d'Er Rahel (p. 158, note de
la page 157), la limitation entre la cité de *Regiae* et le *saltus* voisin est faite également *per procuratorem Augusti*, c'est-à-dire (la province de Maurétanie Césarienne étant procuratorienne) par le gouverneur de la province. Mais il est
impossible de dire si le *saltus* en question est un domaine impérial ou un
saltus privé. — On voit, par les textes que je viens de citer, qu'il n'y a sur
ce point aucune règle fixe, et que la limitation du domaine impérial est l'œuvre tantôt du directeur de la *res privata*, et tantôt du gouverneur de la province. Mais, dans tous les cas, cette limitation, qui est l'œuvre du fonctionnaire public, a certainement le caractère officiel. Cf. sur ce dernier point,
Schulten, p. 44. — Toutefois, c'est sûrement par erreur que Weber, *Römische
Agrargeschichte*, p. 255, note 20, considère que la *forma*, dont il est parlé dans
l'inscription de Souk el Khmis (col. 4, l. 7 et 8), à propos du *saltus Burunitanus*,
est le plan cadastral ou la carte officielle de ce *saltus*. Il est certain que de
tout domaine impérial il y a une *forma publica*, ou plan cadastral officiel,
puisque la limitation de ce domaine a été faite officiellement. Mais, dans l'inscription de Souk el Khmis, le mot *forma* désigne d'une façon incontestable
non pas ce plan cadastral, mais le statut domanial, la *lex* donnée par l'empereur Hadrien. Cf. sur ce point, Schulten, p. 43, note 48 ; et *Hermes*, XXIX,
p. 221, note 1.

façon insuffisante (1). On ne saurait affirmer, je crois, que la limitation soit toujours et nécessairement officielle dans un cas pareil, mais elle a dû l'être assez souvent (2); et, par exemple, les limites du domaine de Mappalia Siga, dont l'origine remonte à l'empereur Trajan et dont la *lex* a été donnée par les procurateurs de l'Empereur lui-même, me paraissent bien devoir être considérées sûrement comme des limites officielles (3).

Au surplus, il me semble certain qu'avec le temps, même ces domaines privés ont fini par recevoir, et d'une façon nécessaire, une limitation officielle. Le fait que tous les domaines restaient sûrement, comme je l'ai montré, assujettis à l'impôt foncier implique en effet, d'une façon forcée, qu'ils figuraient sur les registres et sur les plans de l'administration du *census*. Or, il est incontestable que les fonctionnaires du *census* procédaient toujours à la limitation officielle des terres; et dans un autre travail, où j'ai donné de nombreuses preuves et des exemples de ces limitations opérées par les agents du *census*, j'ai montré que de cette pratique résultait ce fait certain que, grâce au *census*, à peu près tous les fonds de terre se sont trouvés, avec le temps, l'objet d'une limitation officielle (4). On voit la conclusion qui en ressort pour nos études présentes : les grands domaines, même privés, ont fini par être tous limités officiellement. Seulement, c'est là la conséquence d'une pratique générale suivie par l'administration du *census*, d'une sorte de limitation universelle qui s'applique sans distinc-

(1) Il est certainement faux de poser en règle comme le fait Schulten (p. 42, 43) que les domaines privés sont, d'une façon nécessaire, des *agri arcifinii*, c'est-à-dire des terres non limitées officiellement. La plus grande partie des domaines privés ont été en effet limités, et limités officiellement.

(2) Par exemple, si le *saltus* dont il est question dans l'inscription d'Er Rahel est un domaine privé, nous avons là un exemple d'un *saltus* privé limité *per procuratorem Augusti*, c'est-à-dire par le gouverneur de la province (Voy. p. 158, note de la page 157), et par conséquent limité officiellement.

(3) Le fait que ce domaine est une création officielle implique bien à peu près nécessairement que sa limitation fut également officielle. Voy. en ce sens, Toutain, *loc. cit.*, p. 393, 413. Je tirerais volontiers la même conclusion de l'expression *subsèciva* dans la *lex* d'Henchir Mettich. Ce mot indique, je crois, autre chose qu'une simple limitation privée.

(4) Voy. *Limitation des fonds de terre*, p. 225 à 243.

tion à toutes les terres de l'Empire romain ; et il ne s'agit plus
ici par conséquent de cette limitation propre au *saltus*, faite
pour lui d'une façon toute spéciale, dans le but de la séparer
du territoire de la cité dont il ne fait pas partie en droit, et
d'affirmer matériellement son autonomie vis-à-vis de la cité.
La limitation dont je viens de parler en dernier lieu, au lieu de
séparer le *saltus* de la cité, le traite au contraire comme sont
désormais traitées toutes les terres qui dépendent de la cité.

III.

Le domaine a sa loi propre (*lex saltus*) (1), c'est-à-dire son
règlement intérieur, son statut domanial, comme la cité a sa
lex municipalis (2). Ce statut détermine les droits et les devoirs
des tenanciers, les pouvoirs de l'intendant et du *conductor*, les
diverses redevances à payer ; en un mot il règle l'administration du domaine (3). Nous avons plusieurs exemples de ces

(1) L'expression *lex* est la plus usitée et la plus exacte ; (voy. les exemples
qui vont être cités). Mais quelquefois on trouve employées d'autres expressions ; par exemple la *lex Hadriana* (règlement d'Hadrien pour le *saltus Burunitanus*) est appelée quelquefois *forma* par l'inscription de Souk el Khmis (col.
4, l. 7 et 8 ; cf. col. 3, l. 10) ; j'ai dit déjà que, par cette *forma* il fallait entendre sûrement la *lex* du domaine et non pas le plan cadastral. Dans l'inscription d'Henchir Mettich, la *lex Manciana*, à laquelle se réfère à plusieurs
reprises le règlement édicté par les procurateurs impériaux pour le domaine
de Mappalia Siga, est appelée aussi dans deux passages, *consuetudo Manciana*
(1ʳᵉ face, l. 24 ; 2ᵉ face, l. 18 et 19), au moins d'après la lecture du texte
donnée par Toutain ; le texte de Schulten ne donne pas cette lecture.

(2) L'analogie entre la *lex saltus* et la *lex municipalis* se marque même par
des détails matériels. La *lex saltus* est divisée en chapitres (*capita*), comme la
lex municipalis ; (Inscript. de Souk el Khmis, col. 3, l. 4 et 5 : *kapite legis
Hadriane*). Comme elle, elle est inscrite sur l'airain ; (ibid., l. 14 : *in aere
inciso*). Parfois cette loi est même gravée sur un autel, étant le document
capital et sacré (*perpetua forma*, dit l'inscription de Souk el Khmis), auquel
tous les hommes du domaine, depuis l'administrateur jusqu'aux colons, doivent avoir recours dans les cas de contestation. Exemple intéressant dans
l'inscription d'Aïn Ouassel (col. 1, l. 3 et suiv.) : *Aram legis divi Hadriani
Patroclus Aug(ustorum) lib(ertus) proc(urator) instituit et legem infra sc(r)ip-
tam intulit. Exemplum legis Hadrianae in ara proposita.*

(3) C'est pour cela qu'il est affiché dans tout le domaine, afin que tous
les intéressés puissent en prendre connaissance, comme les lois proprement
dites ou les édits des magistrats. Voy., dans la note précédente, l'allusion où
caput legis Hadrianae réglant les redevances et les corvées dues par les

leges saltus. Le type le meilleur et le plus connu est la *lex Hadriana*, à laquelle font allusion l'inscription de Souk el Khmis et celle d'Aïn Ouassel (1). C'est le règlement fait par Hadrien pour ces vastes et nombreux *saltus* que les empereurs possédaient en Afrique, dans la vallée de l'Oued Medjerda (2). La *lex* donnée par les procurateurs de Trajan au domaine de Mappalia Siga, et que nous fait connaître l'inscription d'Henchir Mettich, se réfère à plusieurs reprises, à un règlement antérieur, la *lex Manciana* (3), qui lui sert de type et de modèle. Nous n'avons d'ailleurs aucun autre renseignement sur cette *lex Manciana* (4). Enfin, j'ai déjà fait observer que la *lex metalli Vipascencis* était pareillement un règlement impérial, fait au premier siècle, pour l'administration du domaine minier d'Aljustrel en Portugal (5).

colons du *saltus Burunitanus*, inscrit sur airain (*in aere inciso*), et lu par tous les hommes du domaine (*et ab omnib(us) omnino undiq(ue) versum vicinis nost(ris) lecto*); (Inscript. de Souk el Khmis, col. 3, l. 14 et 15). — Très intéressante à ce point de vue l'inscription suivante de *Ephem. epigraphica*, V, 471. = C. I. L., VIII, 14451 : A gauche : *Exe(mplum) sa(crum) praescriptum unci* (sans doute pour *hunce* = *hoc*). A droite : *Imp. Caes. M. Aureli(us) Commodus Antoninus.... Lurio Lucullo et nomine aliorum. Procuratores contemplatione disctpulinae*, etc. La région où a été trouvée cette inscription (Aïn Zaga) fait partie du *saltus Burunitanus*, et l'on remarquera que le texte de droite est tout à fait identique à la partie de l'inscription de Souk el Khmis (col. 4, l. 1 et suiv.) qui contient le texte du rescrit impérial. Il faut conclure de là que des exemplaires du rescrit de Commode ont été envoyés dans les diverses localités du *saltus Burunitanus*, pour y être affichés et portés ainsi à la connaissance de chacun des groupes de colons habitant le *saltus*. Cf. aussi sur ce dernier point, Schulten, *Lex Manciana*, p. 18.

(1) Inscript. de Souk el Khmis, col. 3, l. 4 et 5 : *ut kapite legis Hadriane quod supra scriptum est* : l. 24 à 27 : *non amplius praestare nos quam ex lege Hadriana debemus.* — Inscr. d'Aïn Ouassel, col. 1, l. 3 à 7; col. 2, l. 10. — L'opinion de M. Esmein (*Mélanges*, p. 319 et 320), d'après laquelle cette *lex Hadriana* ne serait autre que l'édit de Salvius Julien, est tout à fait inadmissible.

(2) Sur cet ensemble de domaines impériaux, et sur les limites géographiques de la région occupée par eux, voy. ce que j'ai dit ci-dessus, p. 113 et 114, 125 et 126.

(3) *Lege Manciana* (voy. 1re face, l. 8, 11 et 12; cf. l. 6; 2e face, l. 23, 29; 4e face, l. 7). — *Ex consuetudine Manciane* (1re face, l. 24; 2e face, l. 18 et 19; d'après la lecture de Toutain).

(4) Voy. sur la loi *Manciana*, ci-dessus, p. 116, 117, 126 à 128.

(5) Voy. sur ce point, ci-dessus, p. 54, note 2. — Autre exemple encore

Il est assez difficile de déterminer le caractère de ces statuts domaniaux, au point de vue juridique. Dans l'opinion générale, et qui semble bien effectivement la plus naturelle au premier abord, il faut voir là tout simplement le règlement que fait un propriétaire d'une façon souveraine et en vertu de son droit de propriété (une *lex privata*). Le propriétaire fait de sa chose ce qu'il veut en faire, et arrange son bien comme il l'entend (1). Lorsqu'il s'agit de domaines impériaux, cette manière de voir est très défendable. La *lex* que l'Empereur a établie pour l'administration de ses domaines (par exemple la *lex Hadriana* ou la *lex Vipascensis* dont je viens de parler), peut très bien être considérée non comme une loi proprement dite, et non pas même comme une véritable *lex data* (2), mais simplement comme le règlement d'un propriétaire. Mais il est très remarquable que jusqu'ici nous ne connaissons pas d'exemple de *lex* domaniale, émanant d'un propriétaire privé, et réglant d'une façon complète et détaillée la condition et l'administration d'un grand domaine privé, comme la *lex Hadriana* règle l'administration des domaines de l'Empereur dans la vallée de l'Oued Medjerda et comme la *lex Vipascensis* règle l'administration de la mine de l'Empereur à Aljustrel. Le seul exemple que nous possédions d'une *lex* de cette nature, c'est-à-dire d'un véritable et complet statut domanial établi pour un domaine privé, est l'inscription récente d'Henchir Mettich; et précisément il se trouve que cette *lex* n'émane pas du propriétaire du domaine, mais tout au contraire, qu'elle est l'œuvre de deux *procuratores* de l'empereur Trajan, et qu'elle est dite en termes exprès « donnée » (*data*) au domaine en question sur l'ordre de l'Empereur lui-même (*ex auctoritate Imperatoris*

---

d'une *lex saltus* dans l'inscription de Gasr Mezuâr (C. I. L., VIII, 14428), et dans une inscription de Henchir Sidi Ben Hamida (Cagnat, *Année épigraphique*, 1894, n° 55) : *ex hac lege dari debitam (f)ructum natum centesim(a) qui ex hac lege*, etc.

(1) Cf. sur ces *leges privatae*, le texte de Paul, Dig., 23, 4, 20, 1 : *legem enim suae rei dicit* (sous-entendu *dominus*). Dans l'opinion que je viens de dire, les *leges saltus* ne seraient pas autre chose qu'une application de ce principe de droit privé. Dans ce sens Mommsen, *Ephem. épigraph.* III, p. 187 à 189 (à propos de la *lex metalli Vipascensis*).

(2) Sur le caractère des *leges datae* impériales, Mommsen, *Droit public*, trad. Girard, V, p. 166 à 173.

Trajani) (1). Cette déclaration formelle que la loi du domaine
est l'œuvre, non du propriétaire lui-même, mais de l'Empereur, ce fait qu'elle est rédigée par des procurateurs impériaux, enfin ce nom de *lex data* qu'elle se donne elle-même,
tout cela ne laisse pas, à mon avis, que de rendre extrêmement
douteuse l'opinion ordinaire, d'après laquelle la *lex saltus* ne
serait pas autre chose que le règlement d'un propriétaire et
n'aurait pas le caractère d'une *lex data*. Tout au contraire,
puisque nous voyons la *lex saltus* toujours faite par l'Empereur ou sur son ordre, non seulement, ce qui va sans dire,
quand c'est l'Empereur qui est le propriétaire, mais encore, ce
qui est très grave, quand le propriétaire est un particulier,
nous avons une très forte raison de croire que ce statut domanial n'est point du tout, comme on le dit, l'œuvre d'un propriétaire qui règle tout simplement ses affaires en vertu de son
droit de propriété, mais qu'il est nécessairement l'œuvre de
l'Empereur, attendu que c'est de lui que le statut émane dans
tous les cas. La loi du domaine est donc, je crois, non pas un
règlement de propriétaire, mais très bien, quoi qu'on en dise,
une *lex data*. Et je dis une *lex data* dans tous les cas, c'est-à-
dire que le domaine soit impérial ou privé, parce que évidemment le caractère de la *lex saltus* est le même dans tous
les cas, ce caractère étant seulement moins facilement recon-
naissable lorsque le propriétaire est en même temps l'Empereur. J'ajoute que cette analogie très frappante qui fait ressembler les *leges saltus* aux *leges municipales*, lesquelles sont
certainement des *leges datae*, est une raison de plus (une probabilité au moins) en faveur de l'opinion qui fait pareillement
du statut domanial une *lex data*. Je ne veux pas répondre
tout à fait de l'avenir. Des découvertes nouvelles obligeront
peut-être un jour à abandonner cette manière de voir, puisque aussi bien, il peut se faire que l'on trouve un jour une
véritable *lex saltus* faite pour un domaine privé, et émanant
du propriétaire même de ce domaine. Mais jusqu'à ce qu'on
trouve une pareille *lex*, je continuerai à considérer le statut do-

---

(1) Inscr. d'Henchir Mettich, 1re face, l. 1 et suiv. : (*Ex auctorita*)*te*
Aug(*usti*) *n*(*ostri*) *Im*(*p*). *Cae*(*saris*) *Trajani Aug*(*usti*)... *Data a Licinio* (*Ma*)*ximo*
et Feliciore Aug(*usti*) *lib*(*erto*) *proco* (= *procuratoribus*).

manial comme une *lex data*, parce que c'est la seule opinion, à mon avis, qui soit d'accord avec les documents actuellement existants.

IV.

La cité, centre urbain, lien de toute la population des environs, a son marché (*nundinae*). Le domaine, lui aussi, a ses *nundinae*, son marché propre, parce qu'il vit à part de la cité. Déjà, au temps de Pline, le Sénat ou l'Empereur autorisaient parfois les grands propriétaires à établir un marché dans leurs domaines (1). Pour l'Afrique en particulier, nous possédons deux inscriptions intéressantes relatives à l'établissement de pareils marchés. La première, qui est la plus importante, est le texte du sénatus-consulte *de nundinis saltus Beguensis*, de 138, qui autorise un grand propriétaire africain, Lucius Africanus, personnage sénatorial, à tenir un marché deux jours par mois (le 2 et le 20 de chaque mois), dans son *saltus Beguensis* (auj. Henschir Bégar, en Tunisie) (2). Encore maintenant, des ruines subsistent des anciennes boutiques établies là à l'occasion de ce marché (3). La seconde inscription parle d'un marché semblable établi dans son domaine, deux jours par mois, par une femme, nommée Antonia (4). En dehors de l'Afrique, on a aussi des

---

(1) Pline, épist., V, 4 (édit. Keil) : *Solers a senatu petiit ut sibi instituere nundinas in agris suis permitteretur.* — Cf. Dig., 50, 11, 1 (Modestin) : *Nundinis impetratis a principe.* — Code Just. 4, 60, 1 (Valentinien) : *Qui exercendorum mercatuum aut nundinarum licentiam... nostra auctoritate meruerunt.*

(2) C. I. L., VIII, 270 = 11451 = Bruns, *Fontes* (6º édit.), p. 196, 197. — Voy. surtout, l. 18 et suiv. qui contiennent la décision du Sénat : *Permittendum Lucilio Africano, c(larissimo) v(iro), in provincia Afric(a), regione Beguensi, territorio Musulamiorum, ad Casas, nundinas IIII non(is) Novemb. et XII k(alendis) Decembr. et ex eo omnibus mensibus IIII non(is) et XII K(alendis) sui cujusq(ue) mensis, instituere et habere coque vicinis advenisq(ue) nundinandi dumtaxat causa coire convenire sine injuria et incommodo cujusquam liceat.* — Cf. sur ce sénatus-consulte le commentaire de Wilmanns et de Mommsen, *Ephem. epigraphica*, II, p. 271 et suiv.

(3) Voy. la notice sur le *saltus Beguensis* dans C. I. L., VIII, p. 45 et l'article Wilmanns cité, *Ephem. epigraphica*, II, p. 271, 272.

(4) C. I. L., VIII, 8280 : *Antonia L(ucii) f(ilia) Saturnina vicu et nundina V kal et V idus sui cujusque mensi(s) constituit.* — Ce *saltus* d'Antonia, et le marché par conséquent qui y fut établi, est situé à Aïn-Mechira, dans le ter-

exemples de ces créations de marchés (1). Il est à remarquer
que, en droit, le propriétaire n'établit pas un marché de sa seule
autorité de propriétaire. Il faut que le Sénat, à l'origine, et plus
tard l'Empereur lui en donnent l'autorisation (2). Mais on voit
toute l'importance d'une telle création. Par le marché, le domaine devient, comme la cité elle-même, un centre pour toute
la région d'alentour. Dans la réalité, fonder un marché, c'est
fonder un *vicus. Vicu et nundina constituit*, dit l'inscription
d'Antonia (3). Et ainsi le domaine est vraiment, pour tous ses
habitants, la vraie cité, le lieu des relations, des affaires et du
commerce, celui où les hommes se rencontrent et viennent chercher toutes les choses nécessaires à la vie (4).

V.

Cette autonomie du grand domaine vis-à-vis de la cité a
donné lieu également à plusieurs conséquences importantes, au
point de vue de l'impôt :

1º Le grand domaine, qui est assujetti, comme je l'ai montré,
aux impôts dus à l'État, ne paye pas au contraire les taxes et
les *munera* qui sont dus à la cité. Cela résulte de la condition
même des propriétaires de ces grands domaines. Comme je

ritoire des quatres colonies (Cirta, Mileu, Chullu et Rusicade), au sud de la
route de Mileu à Sitifis. Sur cette Antonia Saturnina, voy. l'inscription de
Cirta, C. I. L., VIII, 7032 qui la mentionne avec son mari et ses trois neveux.
Cf. Schulten, p. 33.

(1) Voy. ces exemples réunis dans l'article cité de Wilmanns, *Ephem.
epigraph.*, II, p. 280, note 1.

(2) L'autorisation d'établir un marché est donnée, pendant les deux premiers siècles de l'empire, par le Sénat. Dans la lettre de Pline citée (V, 4),
la permission est demandée au Sénat. Le sénatus-consulte *de nundinis saltus
Beguensis*, qui est daté de 138, nous montre pareillement la permission donnée
par le Sénat. Suétone (*Claud.* 12) dit que l'empereur Claude *jus nundinarum
in privata praedia a consulibus* (par conséquent au Sénat) *petit*. Mais dans
la suite, c'est l'Empereur qui donne cette autorisation, comme le prouvent
les textes du Digeste et du Code Justinien cités (p. 87, note 1). Cf. *C. I. L.*
III, 4121 (sous Constantin).

(3) Voy. C. I. L., VIII, 8280, cité p. 87, note 4.

(4) Cf. ce que j'ai dit antérieurement à propos des *negotiatores* établis dans
les grands domaines, par les soins des propriétaires et pour l'usage des habitants du domaine. Voy. ci-dessus, § 4 (p. 96 à 98). — Cf. sur ces marchés du domaine, Schulten, p. 114, 115.

l'ai dit déjà, les propriétaires des grands domaines sont (pour citer seulement les plus importants) l'Empereur et les personnages de rang sénatorial (1). Or ni l'Empereur ni les sénateurs ne sont à proprement parler citoyens de la cité (2), et en ce qui concerne spécialement les *munera* dus à la cité, de très nombreux textes juridiques proclament à l'envi que les sénateurs (et l'Empereur à plus forte raison) sont affranchis de tous ces *munera* (3).

2° Le grand domaine paye les impôts d'État. Notamment j'ai prouvé qu'il paye toujours (et cela est vrai même des domaines impériaux) le plus important de tous les impôts d'État, l'impôt foncier. Or, on sait qu'en règle cet impôt était levé par les *decuriones* des cités; cette charge que la loi leur confiait était même pour eux le plus intolérable de tous les fardeaux. Mais justement, comme les grands domaines sont en dehors de la cité, les *decuriones* n'avaient pas le droit d'entrer dans ces domaines pour y lever l'impôt foncier. Les constitutions impériales le déclarent en termes exprès pour les *praedia senatorum* (4). Au moins telle est la règle (5). A plus forte raison

---

(1) Voy. ci-dessus, p. 10, 11. — Cf. surtout le § 6.

(2) Cf. ci-dessous, § 6.

(3) Dig., 50, 1, 22, 5 (Paul) : *Senatores et eorum filii filiaeve... itemque nepotes, pronepotes et proneptes ex filio, origini eximuntur.* — *Ibid.*, 50, 1, 23 (Hermogenien) : *Municeps esse desinit senatoriam adeptus dignitatem, quantum ad munera.* — Cf. Mommsen, *Droit public*, trad. Girard, VI, 2, p. 65, et Kuhn, *Städtische und burgerliche Verfassung des röm. Reichs*, 1, p. 224 à 226.

(4) Cod. Théod., 6, 3, 2 (Arcadius et Honorius, 396) : *Senatoriae functionis curiaeque sit nulla conjunctio, et, ne laedendi curialibus praebeatur occasio, per appparitores rectorum provinciae de senatorum fundis fisco postulentur.* Cf. dans le même sens, *Ibid*, 6, 3, 3, (même date) et 11, 7, 12 (Gratien et Valentinien, 383).

(5) Il y eut cependant des exceptions à cette règle. En 397, une constitution d'Arcadius et Honorius, décida que désormais les *curiales* lèveraient l'impôt foncier dans les domaines des sénateurs; (Cod. Théod., 6, 3, 4 : *ut senatorii fundi non per officia, sed per curiales potius exigantur*). Le motif de cette réforme est, dit la constitution, que les sénateurs, mis à l'abri de toute poursuite de la part des *curiales*, profitaient de cette situation pour payer leurs impôts très irrégulièrement; (*exactionem tributorum senatus non posse concurrere, adeo ut in nonnullis provinciis senatorii canonis medietas in debitis resideret*). — Mais, à mon avis, cette réforme de 397 n'a été qu'une mesure transitoire. Car, dans les lois d'une date postérieure, nous voyons, je crois, très distinctement que ce sont les fonctionnaires de l'État (en règle les gou-

est-ce la règle aussi pour les domaines des empereurs. En conséquence le propriétaire, qui doit tout de même l'impôt, devra le remettre lui-même, ou le faire remettre par son intendant, aux agents de l'État, en principe, au gouverneur de la province; et le gouverneur ou ses *officiales* seront les seuls qui pourront exiger de lui l'impôt (1). Ces règles de droit ont eu les conséquences les plus graves. Le grand propriétaire sur ses domaines, que les agents de la cité ne peuvent pas aborder pour l'obliger à payer l'impôt, s'est donné de plus en plus l'attitude d'un seigneur, seul maître sur sa terre. Sans doute, il doit l'impôt à l'État. Mais, traitant presque d'égal à égal avec les agents de l'État, en fait, il s'habitue à payer l'impôt quand et comme il l'entend. Les constitutions impériales du Bas-Empire, qui luttent de leur mieux contre ces usurpations, sont remplies de plaintes sur ces grands propriétaires qui, par force, par ruse ou par intimidation, échappent à leurs obligations fiscales (2). Bien pis

verneurs des provinces), et non ceux de la cité, qui poursuivent le paiement de l'impôt, lorsqu'il s'agit de sénateurs, *potentes* ou grands personnages quelconques. Voy. Novelles de Majorien, 2, 1, 4 (458), où le droit de poursuivre les *actores seu procuratores clarissimarum domorum vel potentium* est donné au *judex per provinciam discurrens*, c'est-à-dire au gouverneur de la province.

(1) Voy. Cod. Théod., 6, 3, 2 cité, et 11, 7, 12 (383) : *Potentiorum possessorum* (par ces *potentes*, il faut entendre sûrement les sénateurs) *domus officiorum provinciae rectoris exigere debet;* (le gouverneur et ses *officiales,* mais non les *curiales*). *Ibid.*, 11, 1, 13 (366) : Les grands propriétaires d'Afrique ne sont pas poursuivis par les décurions des cités, mais doivent envoyer leurs *procuratores* verser l'impôt entre les mains du *vicarius* d'Afrique ; *placuit... missis brevibus indicari, eosdemque compelli, ut procuratores instructos ad officium tuae sinceritatis* (au bureau du proconsul d'Afrique) *pro celebranda solutione transmittant.* Cf. Nov. de Majorien, 2, 1, 4, que pose la même règle et se plaint que les intendants des *potentes* ne viennent pas exactement payer leurs impôts.

(2) Voy. surtout sur ce point la Novelle de Majorien citée, 2, 1, 4 (458) : *Habenda sane ratio est potentium personarum, quarum actores per provincias solutionem fiscalium negligunt, dum pro sui terrore fastidii minime perurgentur, ac se in praediis retinent contumaces, nec ad eos praeceptum judicis possit aut conventio pervenire.* — Cf. déjà des plaintes analogues, dans une constitution de Constantin de 313 (Cod. Théod., 13, 10, 1), contre les *potentes* (les sénateurs) qui s'arrangent de façon à ce que toute la charge de l'impôt retombe sur les autres, (*quoniam tabularii civitatum per collusionem potentiorum sarcinam ad inferiores transferunt*); et *ibid.*, 13, 11, 3 (Gratien et Valentinien, 386) : *Si, peraequatore misso, aliquis aut procuratorem suum retraxerit aut*

encore, on en voit qui couvrent de leur protection les petits propriétaires voisins, heureux de recourir à leur *patrocinium* pour se défendre contre les exactions du fisc (1); et ce n'est plus alors le grand seigneur seulement qui ne paye, en fait d'impôt, que ce qu'il veut bien payer, c'est la masse des protégés ou des clients qui ne payera aussi que ce que son seigneur consentira à laisser percevoir aux agents de l'État (2). Et déjà se dessinent, à travers ces pratiques des *potentes* du iv° ou du v° siècle, les traits essentiels de la société du moyen âge et le portrait du seigneur souverain dans sa terre, qui ne lèvera plus qu'à son profit propre l'ancien impôt d'État dont il aura fait un droit seigneurial.

3° Les colons des grands domaines restaient soumis, en prin-

---

colonum ad contumaciam retractationis armaverit, etc. — Mêmes plaintes dans un édit de Théodoric (Cassiodore, *Variar* II, 25, 2, édit. Mommsen dans les *Monumenta Germaniae*, p. 60). — Saint Augustin parle d'un évêque, qui, ayant acheté un domaine, le mit sous le nom d'un homme puissant, pour éviter les réclamations du fisc; (*Epist.*, 96, édition des Bénédictins, II, p. 391). — Voir sur ce sujet Lécrivain, *Le sénat romain depuis Dioclétien*, p. 89 à 91.

(1) Sur le *patrocinium*, voy. la note suivante.

(2) Voy. par ex. Cod. Théod., 12, 1. 146 (Arcadius et Honorius, 395) : *Multos animadvertimus, ut debita praestatione patriam defraudarent, sub umbra potentium latitare.* — Cf. les allusions, dans les lois du Bas-Empire, aux *négotiatores*, qui, pour éviter le paiement de la *lustralis collectio*, c'est-à-dire de l'impôt qui frappe spécialement sur eux, se mettent sous la protection d'un grand; (Cod. Théod., 13, 1, 15 : *Si quis potentior negotiatorem quempiam quo minus aurum debitum inferat, contra fisci nostri commoditates, putaverit defendendum; et ibid.*, 21). — De même les grands propriétaires aident leurs colons à échapper à l'impôt; (Cod. Théod., 13, 11, 3). — Voir aussi, d'une façon générale, les constitutions impériales qui prohibent le *patrocinium*, parce que le *patrocinium*, sert, en pratique, à échapper à l'impôt; spécialement Cod. Théod, 11, 24, 4 (Arcadius et Honorius, 399) : *eos qui fraudandorum tributorum causa ad patrocinia solita fraude confugerunt;* et Cod. Just., 11, 54, 1 (Léon et Anthémius, 468) : *Si quis... in fraudem circumscriptionemque publicae functionis, ad patrocinium cujuscumque confugerit,* etc. Cf. sur ce point Lécrivain, *loc. cit.;* Fustel de Coulanges, *Les origines du système féodal,* p. 242 à 244; Flach, *Les origines de l'ancienne France,* 1, p. 75 à 77 (surtout les notes); et mon article sur *la recommandation et la justice seigneuriales,* (*Annales de l'enseignement supérieur de Grenoble,* I, p. 117 à 122), dans lequel j'ai insisté sur cette habitude des hommes du Bas-Empire de recourir à la protection d'un homme puissant pour échapper à leurs obligations fiscales.

cipe, à la *capitatio humana*, qui est l'impôt dû à l'État par les colons (1). Le domaine en effet, ni les hommes du domaine, ne sont en dehors de l'État. Mais les colons sont-ils astreints aux *munera* municipaux? Les textes juridiques et les constitutions impériales répondent d'une façon formelle que les colons des domaines de l'Empereur n'y sont pas soumis (2). Pour ceux-là, par conséquent, la réponse est tout à fait sûre. Je ne vois aucun texte qui déclare aussi expressément qu'il en est de même des colons des grands domaines privés; mais il me semble certain qu'ils ne sont pas non plus astreints à ces *munera*. Toutes les observations qui viennent d'être faites montrent bien effectivement que le domaine est en dehors de la cité et n'est pas soumis aux charges et aux autorités de la cité. J'ai signalé également cette tendance si remarquable qu'ont les grands propriétaires à écarter de leurs domaines tous les agents de la cité; on ne conçoit pas du tout, après ce que j'ai dit, les *decuriones* envahissant les terres d'un sénateur et

(1) Sur la *capitatio humana* ou *plebeia*, due par les colons, voy. principalement Marquardt, *Finances* (trad. Vigié), p. 299 et suiv., et en général les différents ouvrages sur l'administration romaine.

(2) Dig., 50, 6, 6, 11 (Callistrate) : *Coloni quoque Caesaris a muneribus liberantur* (s. e. *municipalibus*), *ut idoniores praediis fiscalibus habeantur*. (Observer qu'un manuscrit donne même ici expressément la lecture *municipalibus;* voy. l'édition du Digeste de Mommsen). — Cf. Cod. Théod., 11, 16, 5 (Constance, 343), spécialement pour les *munera sordida* ou *extraordinaria;* et 1, 32, 7 (389), où il est dit que les procurateurs impériaux sont exemptés de l'*instauratio operum publicorum*, c'est-à-dire des obligations qui incombent régulièrement aux citoyens de la cité pour l'exécution des travaux publics municipaux, ce qui revient à exempter de ces travaux les colons eux-mêmes à qui naturellement les procurateurs les faisaient exécuter. — Toutefois un passage de Papirius Justus (sous Marc-Aurèle) dit que, d'après une constitution de cet Empereur, les colons impériaux pouvaient être, dans certains cas, astreints aux *munera*, à la condition que cela ne préjudiciât pas à la culture des domaines de l'Empereur; Dig., 50, 1, 38, 1 : *Item rescripserunt* (Marc-Aurèle et Verus) *colonus praediorum fisci muneribus fungi sine damno fisci oportere, idque exactere praesidem adhibito procuratore debere*. Il me paraît tout à fait incontestable qu'il faut prendre ici le mot *fiscus* (comme aussi le mot *praedia fiscalia* du texte de Callistrate, cité plus haut) dans un sens général, et entendre par là non seulement le fisc proprement dit, mais encore tous les biens impériaux quels qu'ils soient. En d'autres termes, les *coloni praediorum fisci* sont tout simplement, je crois, les colons de l'Empereur, et non les colons dépendant particulièrement et proprement de l'administration des *fiscus*.

s'emparant des colons qui cultivent ces terres pour les astreindre aux obligations et aux travaux que la cité réclame en principe de ses citoyens; non seulement il est sûr que ces *decuriones*
n'auraient pas eu la force et les moyens d'agir ainsi impunément,
mais encore il est encore tout à fait improbable qu'ils en aient
eu le droit. Enfin j'ai montré antérieurement que les *operae*
dues par les colons au domaine correspondaient, d'une façon
exacte aux travaux que les citoyens devaient à la cité (1). Les
colons, qui fournissent au *procurator* ou au *conductor*, pour l'entretien et l'embellissement du domaine, les corvées que j'ai
dites, en revanche, ne doivent être tenus à aucun service ni
aucun travail pour la cité, dont ni en droit ni en fait ils ne
dépendent.

VI.

Comme les *saltus* vivent à part de la cité, et que, d'un autre
côté, ils ont une étendue très vaste, très souvent il arriva, à l'é-
poque du Bas-Empire, qu'ils eurent leurs églises propres, leurs
prêtres, parfois même leurs évêques à eux (2). Ce point est intéressant et mérite quelques explications.

J'ai déjà montré à plusieurs reprises que l'Afrique est par
excellence la terre des *saltus*. Aussi bien, est-ce surtout dans
les provinces de l'Afrique que nous rencontrons des exemples
tout à fait caractéristiques de ces églises des domaines et de
leurs évêques. Les écrits relatifs au mouvement donatiste y font
des allusions (3). Mais la preuve la plus décisive de l'existence
de ces églises domaniales, c'est la mention qui est faite de plusieurs d'entre elles dans les listes épiscopales d'Afrique. Une
grande partie des noms de lieux mentionnés dans ces listes
comme sièges d'évêques paraissent bien être des noms de
domaines (4). Une observation intéressante de M. Schulten

---

(1) Voy. ci-dessus, p. 94.
(2) Sur ce sujet, voy. Schulten, p. 115 à 117.
(3) Voy. *Gesta collat. Carthagin.* (Migne, *Patr. lat.,* XI, p. 1326) : *In villis
vel in fundis esse episcopos ordinatos.* — Cf. Saint Augustin, *Epist.,* 65, 1
(édit. des Bénédictins, II, p. 230) : *Presbyterum fundi Armemanensis, in
Campo Bullensi.* Cf. même lettre (*ibid.,* p. 229) : Lettre au primat de la Numidie pour l'avertir, *Abundantium quemdam, in fundo Strabonianensi, perti-
nente ad curam nostram, ordinatum fuisse presbyterum.*
(4) Voy. particulièrement Victor Vitensis, *Persecut. Vandal.,* appendice :

à ce sujet, c'est que le donatisme, à peu près sûrement, s'est répandu surtout parmi les populations des domaines. Ce sont sans doute les donatistes qui, voyant les évêques des cités presque tous attachés à l'orthodoxie, établirent alors dans les campagnes des évêques de leur parti, si bien que le siège de ces évêchés fut un *vicus* ou un *castellum* (1). Et c'est aussi au schisme donatiste et à l'établissement de ces églises domaniales que se rattache un autre mouvement, d'une allure autrement révolutionnaire et brutale, la révolte et les pillages des *circumcelliones* (2). Ces bandes fanatiques qui, depuis le commencement du quatrième siècle jusqu'à l'invasion des Vandales, et même après, promenèrent dans toutes les campagnes d'Afrique la dévastation et la guerre, portaient ce nom de *circumcelliones*, parce qu'elles se recrutaient dans la population paysanne, sortie des *cellae* des grands domaines et continuant à rôder autour de ces domaines (3). Que le mouvement ait eu le caractère d'une révolution à la fois agraire et religieuse, c'est ce que prouvent tous les renseignements que nous avons sur son histoire : la classe dans laquelle se recrutaient les *circumcelliones*, les dévastations des propriétés, la guerre aux riches (4), les conditions sociales changées vio-

---

liste des évêques d'Afrique qui furent convoqués par le roi Hunéric en 484 (édition de Halm dans les *Monumenta Germaniae*, p. 63 et suiv.). — Observer en particulier, dans le récit de la persécution des Vandales, de Victor Vitensis, I, 11, 38, la mention d'un *Faustus, Burunitanus episcopus* (édition citée, p. 10), c'est-à-dire d'un évêque dont le siège est ce *saltus Burunitanus,* si célèbre par l'inscription de Souk el Khmis. Sur ce passage de Victor Vitensis et sur l'emplacement de ce diocèse, Fernique et Cagnat, *Revue archéolog.*, 1881 (t. XLI), p. 142.

(1) Schulten, p. 117.

(2) Sur les *circumcelliones*, la source principale est le chapitre d'Optat de Mileu, *De schismate donatistarum*, III, 4 (Migne, *Patr. lat.*, t. XI, p. 1006 et suiv.). Cf. Tillemont, *Mémoires pour servir à l'histoire ecclésiast.*, VI, p. 88 à 99 ; Iung, *Die romanischen Landschaften des römischen Reiches*, p. 179, 180.

(3) Saint Augustin, *Contra Gaudentium*, I. 32 (alias 28) (édit. des Bénédictins, IX, p. 1001) : *Genus hominum in horrendis facinoribus inquietum ... maxime in agris terrilans, ab agris vacans, et victus sui causa cellas circumiens rusticanas, unde et circumcellionum nomen accepit.*

(4) Optat de Mileu, *loc. cit.* (Migne, *loc. cit.*, p. 1007) : *Nulli licuit securum esse in possessionibus suis, debitorum chirographa amiserant vires,* etc.

lemment (1), le rêve d'un partage égal de tous les biens de la terre, le nom de *agonisti*, c'est-à-dire soldats du Christ, pris par les révolutionnaires (2), et celui de *sanctorum duces* porté par les chefs (3), la soif du martyre poussée jusqu'au délire frénétique et au suicide (4), enfin ce cri de *Deo laudes*, le cri de ralliement des donatistes, accompagnant régulièrement leurs dévastations et leurs meurtres (5). Il n'est donc pas douteux que c'est dans les campagnes, et autour des églises domaniales, généralement donatistes, que cette jacquerie est née et s'est développée. Les procédés de guerre des *circumcelliones* n'étaient même pas toujours très éloignés de ceux des évêques donatistes, puisque l'évêque donatiste Optat (6) procédait, du temps de saint Augustin, au partage systématique des terres entre les adhérents de son parti (7). Ce lien qui existe d'une façon sûre entre les donatistes et

(1) *Ibid.*, (Migne, p. 1008) : *Domini de vehiculis suis excussi ante mancipia sua, dominorum locis sedentia, serviliter cucurrerunt. Illorum judicio et imperio, inter dominos et servos conditio mutabatur.*

(2) Sur ce nom de *agonisti* que se donnaient les *circumcelliones*, et sa signification (dans la pensée de ceux qui le portaient) de *milites Christi*, voy., saint Augustin, *Enarratio ad Psalmum* 132, 6 (édit. des Bénédictins, VI, p. 2118, 2119). Saint Augustin s'attache surtout dans ce passage, à montrer la différence essentielle qui sépare les *circumcelliones* donatistes des moines catholiques.

(3) Optat, *loc. cit.* (p. 1007) : *Cum Axido et Fasu* (les chefs des *circumcelliones*), *ab ipsis insanientibus sanctorum duces appellantur.*

(4) *Ibid.* (p. 1010) : *Sub cupiditate falsi martyrii, in suam perniciem conducebant.* — Par besoin du martyre, les *circumcelliones* allaient très souvent jusqu'à se tuer eux-mêmes ou à se faire tuer par des passants à qui ils donnaient de l'argent pour cela ou qu'ils contraignaient à ces assassinats. Voy. sur ces pratiques, Tillemont, *loc. cit.*, p. 89 à 92.

(5) Saint Augustin, *Enarratio ad Psalmum* 132, 6 (édition citée, VI, p. 2119). Ce cri de *Deo laudes*, qui annonçait l'approche des bandes de *circumcelliones*, était plus redouté, dit saint Augustin, que le rugissement du lion.

(6) Ne pas confondre cet évêque donatiste avec Optat, l'évêque catholique de Mileu, et l'auteur du livre *de schismate donatistarum.*

(7) Saint Augustin, *contra litteras Petiliani*, II, 82 (édition des Bénédictins, IX, p. 395). L'évêque donatiste Optat y est appelé *patrimoniorum alienorum proditorem, venditorem, divisorem.* — Cf. *ibid.*, I, 26 (alias 24) (édition citée, IX, p. 355) en parlant des donatistes : *Omitto tyrannicas in civitatibus et maxime in fundis alienis dominationes.* — Saint Augustin, dans tous ceux de ses écrits où il fait allusion aux *circumcelliones*, les considère toujours comme des donatistes. (*Circumcelliones vestri*, dit-il en s'adressant aux donatistes; voy. par exemple, *Epist.*, 108, 14; édition citée II, p. 466).

les révolutionnaires *circumcelliones* n'est nullement en contradiction avec l'attitude très délibérément hostile que pri-
rent quelques-uns de ces évêques, lorsqu'ils virent que le
mouvement religieux dégénérait trop en guerre sociale et que
les excès des fanatiques les compromettaient (1). Comme le
dit très justement M. Jung, les évêques donatistes agirent en
ce temps-là avec les *circumcelliones*, comme Luther, au seizième
siècle, agit avec les paysans révoltés (2). Les réformateurs
religieux, dans les deux cas, eurent peur de l'insurrection,
fille plus ou moins légitime, mais inquiétante, de leurs prédi-
cations ; et, quand ils virent leurs fidèles faire la guerre à la
société établie, ils firent appel contre eux à toutes les forces
de cette société pour les châtier et les exterminer. Et cela
n'empêcha pourtant, même après ces événements, lorsqu'en
347, l'empereur Constant envoya en Afrique Paulus et Maca-
rius, l'évêque donatiste de Vaga, Donatus, de recourir encore
aux *circumcelliones*, et de lancer leurs bandes contre les agents
de l'Empereur (3).

Les églises domaniales n'eurent jamais, dans les autres parties de l'Empire romain, la même importance qu'en Afrique.
On en rencontre pourtant ailleurs.

En Italie notamment, les lettres du pape Grégoire le Grand
parlent de certains évêques établis dans les grands domaines
ou *massae* de la Sicile ou du midi de l'Italie qui dépendaient de l'église de Rome (4). Pour les provinces de Gaule,

---

(1) Optat, *loc. cit.* (Migne, *loc. cit.*, p. 1008). *Unde cum vestrae partis episcopis* (aux évêques donatistes) *tunc invidia fieret, Taurino tunc comiti scrip-
sisse dicuntur, hujusmodi homines corrigi in ecclesia non posse; mandaverunt
ut a supradicto comite acciperent disciplinam. Tunc Taurinus, ad eorum litteras, ire militem jussit armatum per nundinas, ubi circumcellionum furor va-
gari consueverat. In loco Octavensi occisi sunt plurimi, detruncati sunt multi,*
etc. Sur l'attitude des évêques donatistes vis-à-vis des *circumcelliones*, Tillemont, *loc. cit.*, p. 94, 98.

(2) Jung, *Romanische Landschaften*, p. 179.

(3) Sur l'insurrection des *circumcelliones* à cette époque, et sur le rôle
d'instigateur joué en cette affaire par l'évêque donatiste de Vaga, voy. tout
le chapitre cité d'Optat. C'est à l'occasion de ces événements qu'Optat nous
fait la description de la secte des *circumcelliones*.

(4) Grégoire le Grand, *Epistolae*, VII, 38 (édit. des *Monumenta Germaniae*,
I, p. 487, l. 13) : *In ecclesia quae est in massa Largia constituta*, (en Sicile ;
localité d'ailleurs inconnue). — *Ibid.*, VI, 38 (I, p. 415, l. 2) : *Ex habitatorum*

je ne connais pas d'exemple d'évêques institués dans un domaine; les évêques, dans ces provinces, sont toujours des évêques d'une cité. Mais, à défaut d'églises épiscopales, des églises paroissiales ont été très souvent établies dans de grands domaines. On sait combien de ces églises rurales furent fondées en Gaule, dans les derniers siècles de l'Empire romain (1). Parmi les nombreux *vici*, *pagi* ou *castra*, qui devinrent le siège de ces églises, un grand nombre sans doute sont des *vici* ou *pagi*, dépendances de la cité voisine. Mais incontestablement un très grand nombre aussi sont des *vici* de domaines, c'est-à-dire des groupes formés par les colons et les différents cultivateurs attachés à un grand domaine. Pour plusieurs églises rurales des Gaules, le caractère domanial peut être déterminé avec certitude. C'est un grand propriétaire qui, sur ses terres et pour ses paysans, a établi une église paroissiale (2).

En somme, il est tout à fait incontestable que les églises do-

---

massae *Nichoteranae quorum episcopus*, etc. (Observer toutefois que cette *massa Nichoterana*, qui, à l'origine, à cause de son nom, n'a pu être autre chose qu'un grand domaine, pourrait bien être devenue une ville au temps de Grégoire le Grand, comme cela est d'ailleurs arrivé à tant de grands domaines. Voy. sur cette localité du Bruttium, qui aujourd'hui encore s'appelle Nicotera, la note dans l'édition des *Monumenta Germaniae*, I, p. 415, note 1. L'évêque de Nicotera figure également dans deux autres lettres de Grégoire le Grand, IX, 120 et 134). — Ajoutez à ces exemples l'*episcopus Carmeianensis*, qui assista aux synodes romains de 501 et 502, (Mommsen. *Neues Archiv.*, XV, p. 187), évidemment l'évêque de ce *saltus Carminianensis*, dont il est fait mention dans la *Notitia dignit. Occid.*, chap. 11 (Böcking, II, p. 63) : *procurator rei privatae per Apuliam et Calabriam, sive saltus Carminianenses.*

(1) Voy. sur ce point l'article très important de M. Imbart de la Tour, *Les paroisses rurales de l'ancienne France* (*Revue historique*, 1896, t. LX), spécialement, p. 242 à 257, où est donnée, par provinces, une liste très complète de toutes les églises établies en Gaule dans les différents *vici*, à l'époque du Bas-Empire.

(2) Exemples nombreux dans la liste donnée par M. Imbart de la Tour, pour chacune des provinces de la Gaule. Voy. particulièrement *loc. cit.*, p. 250 (églises rurales fondées dans le *locus Cantellensis* et dans l'*ager Octavianus* en Auvergne); p. 232 (basiliques et baptistères fondés par des *possessores* en Aquitaine); *ibid.* (églises du *locus Secundianensis* et du *locus Pontianensis*, sans doute des domaines, dans la province lyonnaise); p. 253 (église du *fundus Epponiacus*, dans le diocèse d'Auxerre); p. 254 (églises domaniales dans le diocèse d'Angers); p. 256 (église du *locus Mutiniacus*, dans le diocèse de Reims). Voy. pour toutes ces églises les textes cités par Imbart de la Tour. — Cf. encore *loc. cit.*, p. 258, 263, 264.

maniales ont existé presque partout et ont été nombreuses. Une constitution d'Arcadius et d'Honorius parle en termes exprès de ces églises, fondées très fréquemment, dit-elle, par les propriétaires dans leurs domaines (1).

On sait comment à l'époque barbare, les églises, (même les églises épiscopales), devinrent en très grand nombre la propriété privée du seigneur (2). Cette appropriation des églises par des particuliers, absolument contraire aux principes essentiels du droit ecclésiastique, à l'époque de l'Empire romain (3), au fond n'est pas autre chose qu'un résultat (lointain encore, mais très direct et très naturel) des pratiques que je viens de dire. Le grand propriétaire, maître dans son domaine, d'où il écarte rigoureusement toute autorité, toute juridiction et tout pouvoir émanant de la *civitas*, veut avoir son église à lui, son évêque et ses prêtres du domaine, indépendants de l'église, de l'évêque et des prêtres de la *civitas*. Le domaine a son église, comme il a son marché et sa *lex* domaniale, d'abord parce qu'il vit à part de la cité, et ensuite parce qu'il est lui-même la cité pour tous les hommes qui l'habitent. Et, quand, après la chute de l'Empire romain, le propriétaire sera devenu tout à fait seigneur, et de plus en plus se sera rendu maître de tous les droits, de toutes les attributions et de tous les profits de la puissance publique, l'appropriation des églises par ce seigneur, qui était encore une usurpation dans le droit de l'Empire romain, deviendra un fait général et régulier (4), exactement

(1) Cod. Théod., 16, 2, 33 (Arcadius et Honorius, 398) : *Ecclesiis quae in possessionibus, ut assolet, diversorum, vicis etiam vel quibuslibet locis sunt constitutae, clerici non ex alia possessione vel vico, sed ex eo ubi ecclesiam esse constiterit, eatenus ordinentur,* etc. Remarquer que ces fondations d'églises, dans les *possessiones* des particuliers, sont indiquées par la constitution comme un fait fréquent (*ut assolet*).

(2) Voy. principalement sur cette matière les ouvrages récents de Ulrich Stutz, *Geschichte der kirchlichen Beneficialwesens, von seinen Anfängen bis auf die Zeit Alexanders III*, et *Die Eigenkirche als Element des mittelalterlich-germanischen Kirchenrechtes* avec le compte-rendu de Paul Fournier, *Revue historique de droit*, 1897, p. 486 à 508.

(3) Voy. Paul Fournier, *loc. cit.*, p. 487 à 490.

(4) Général et régulier dans la pratique et dans les faits. Mais il ne faut pas oublier que les évêques et les papes n'ont guère cessé, avec plus ou moins d'énergie, de protester, contre cette appropriation des églises, et surtout contre les abus qui en résultaient. Cf. là-dessus les observations de Paul Fournier, *loc. cit.*, p. 493 à 503.

B.

pour les mêmes raisons et à la même époque que, par exemple,
l'appropriation de la justice ou celle des impôts (1).

VII.

Une autre preuve encore et bien frappante de cette assimilation du domaine à la cité est l'emploi, dans une inscription
récemment découverte, du mot *vectigalia*, pour désigner les
redevances dues au propriétaire par les colons du domaine (2).
On sait que l'expression *vectigalia* désigne proprement les
redevances qui sont dues à l'État ou à une cité. L'emploi d'un
mot pareil, dans l'inscription que je viens de dire, où il est tout
à fait impossible d'entendre par là autre chose que les redevances des colons, est une marque intéressante de cette conception qui fait du domaine comme une cité ou un petit État. Le
domaine a donc ses *vectigalia*, comme l'État et comme la cité.
Bien mieux, cette inscription nous apprend que ces *vectigalia* du
domaine sont loués, toujours comme ceux de l'État et des cités.
Et l'on remarquera que, dans ce texte, il ne s'agit pas d'un *saltus* impérial, pour lequel de pareilles expressions et de pareilles
pratiques se comprendraient à la rigueur, mais bien du domaine d'un particulier (3).

VIII.

C'est surtout en ce qui concerne les droits de justice que cette
autonomie territoriale du domaine donne lieu à des observations
très importantes, et qu'elle a eu, comme on verra, des suites on
ne peut plus graves au point de vue historique (4). Pour com-

(1) C'est l'opinion de Fournier (*loc. cit.*, p. 504 à 506). Elle me semble
incontestable. M. Stutz, dans l'ouvrage que j'ai cité, rattache au contraire
cette pratique de l'appropriation des églises à de prétendues traditions ou
habitudes des Germains primitifs. Rien n'est, je crois, plus invraisemblable.

(2) Gsell, *Mélanges de l'École de Rome*, 1893, p. 470, note 2 (inscription
trouvée à Tamagra, près de Khenchela) : *In his praediis privatis (Iu)niani
Martialiani c(larinimi) v(iri) vectigalia locantur.* — Ce personnage est, sans
aucun doute, P. Julius Julianus Martilianus, qui fut légat de Numidie sous
Sévère Alexandre, ou l'un de ses descendants; (voy. sur ce légat, Pallu de
Lessert, *Fastes des provinces africaines*, I, p. 430 et suiv.).

(3) Sur cette inscription, voy. les observations de Gsell, *loc. cit.*, et de
Schulten, *Grundherrschaften*, p. 134, et *Lex Manciana*, p. 44.

(4) Cette matière est traitée, mais d'une façon incomplète, et non sans

prendre en quoi consiste la juridiction domaniale, il est indispensable de distinguer les domaines des empereurs et ceux des particuliers.

Les domaines impériaux sont gouvernés par des personnages à qui leur qualité d'intendants ou *procuratores* de l'Empereur confère en réalité le caractère de fonctionnaires publics. Le propriétaire de pareils domaines étant en même temps le chef de l'État et, en fait, à peu près l'État lui-même, l'intendant du propriétaire se trouve être par là un fonctionnaire et, en fait, presque un magistrat. Aussi n'est-il pas étonnant que l'administrateur des domaines impériaux ait une juridiction, c'est-à-dire de véritables pouvoirs de magistrat. C'est là, en effet, un droit qui appartient, à l'époque impériale, à la plupart des fonctionnaires de l'Empereur (1).

---

erreurs, à mon avis, par Schulten, *Grundherrschaften*, p. 78 à 81, 117 et 118. Elle est étudiée avec plus de détails et de précision (surtout en ce qui concerne la période du Bas-Empire) par His, *Domänen der Kaiserzeit*, p. 7, 50 à 52, 59 à 61, 113 et 114. Mais il n'est question dans cet ouvrage que des seuls domaines impériaux. On trouvera également de très utiles renseignements sur ce sujet dans Brunner, *Deutsche Rechtsgeschichte*, II, p. 288 et suiv., et dans deux articles récents de M. Wilhelm Sickel, *Privatherrschaften im fränkische Reiche*, (*Westdeutsche Zeitschrift*, 1896, p. 111 et suiv., et 1897, p. 47 et suiv.). Voy. surtout, 1896, p. 119, note 23; et 1897, p. 59, note 14.

(1) Observer, en effet, que presque tous les fonctionnaires impériaux, sans être, à proprement parler, au point de vue du droit public, des magistrats véritables, ont cependant une juridiction par délégation du magistrat suprême, l'Empereur, dont ils sont les mandataires (*jurisdictio mandata*). Et cela est vrai non seulement des très hauts fonctionnaires, tels que le *praefectus urbi* ou le *praefectus praetorio*, dont la juridiction est si connue et si importante, mais encore de fonctionnaires beaucoup moins considérables. Par exemple, en matière criminelle, la juridiction de tous les gouverneurs de provinces, allant même jusqu'au droit de vie et de mort (*jus gladii*), droit que évidemment les gouverneurs ne peuvent avoir que par délégation impériale, (Mommsen, *Droit public*, trad. III, p. 310, 311; V, p. 526, 527), — même de simples *procuratores*, gouverneurs de provinces équestres, ont eu parfois ce *jus gladii*, (exemples dans Orelli, 3888, 3664); — en matière civile, la juridiction des *juridici* d'Italie, (Mommsen, *loc. cit.*, V, p. 392, 393), etc. Noter surtout, dans cet ordre d'idées, parce que cela se rapproche aussi près que possible de la matière que je traite ici, la juridiction des procurateurs du *fiscus* impérial. Voy. sur cette matière, Mommsen, *loc. cit.*, V, p. 318 à 321, et Lécrivain, *La juridiction fiscale d'Auguste à Dioclétien* (*Mélanges de l'École de Rome*, 1886, p. 91 et suiv.).

Dès l'époque de l'ancien Empire, le *procurator* du *saltus* impérial, comme je l'ai montré, exerce, dans l'intérieur et sur tous les hommes du domaine, une *coercitio* et une *cognitio*. L'inscription de Souk el Khmis nous montre, il est vrai, l'abus de cette *coercitio*, et non pas son exercice régulier et légal ; mais, quels qu'aient pu être les abus en fait, des textes juridiques très positifs ne laissent aucun doute sur les droits de police qui appartiennent, dans le domaine, au *procurator* impérial (1) ; et notamment la *lex metalli Vipascensis* donne en termes exprès au *procurator* du domaine le *jus multae* (2). Les *milites* que, dans les grands domaines, l'administration mettait à la disposition du *procurator* (3), lui permettaient d'exercer très sûrement ses droits de police. Je cite de cela un seul exemple, que j'emprunte à un document publié depuis peu, la passion de saint Typasius. A l'époque de la persécution de Dioclétien contre les chrétiens, (cette époque est sûrement antérieure aux textes législatifs du Bas-Empire que je vais citer tout à l'heure et à l'organisation compliquée du service des domaines impériaux que nous connaissons par la *Notitia*, et que j'ai exposée dans une autre partie de cette étude), nous voyons saint Typasius, dans la province de Maurétanie Césarienne, arraché violemment de son ermitage par le *praepositus* du *saltus* impérial et par les soldats placés sous ses ordres (4). Les pouvoirs de police du

---

(1) Dig., 1, 19, 3, 1 (Callistrate) : *Si tamen quasi tumultuosum vel injuriosum adversus colonos Caesaris prohibuerint* (les *procuratores* des domaines impériaux) *in praedia Caesariana accedere, abstinere debebit, idque divus Pius Julio rescripsit.* (Lire, dans le *principium* de ce fragment, au lieu de *curatores*, qui est donné par le manuscrit, *procuratores*; correction certaine proposée par Mommsen dans son édition).

(2) Voy. le § 3 ci-dessus, p. 54, 55.

(3) Voy. les textes ci-dessus, p. 56.

(4) *Passio Sᵗ Typasii veterani* (*Analecta Bollandiana*, IX, p. 119) : *Tunc praepositus saltus atque decurio eum cum, cingulo quod deposuerat... de eadem cellula protraxerunt, atque eum Claudio, qui tunc provinciae dux fuerat, tradiderunt.* — Le *decurio* dont il est parlé ici est, sans aucun doute, non pas un membre d'un *ordo* municipal, mais un décurion militaire; voy. sur ces sous-officiers de cavalerie, Marquardt, *Organisation militaire*, trad. Brissaud, p. 39; p. 176, note 1, p. 194, note 1; Cagnat, *Armée romaine d'Afrique*, p. 201. Quant à Claudius, que notre document appelle *dux provinciae*, il ne peut être que le gouverneur de la Maurétanie Césarienne, où ces événements se passent; car l'expression *dux provinciae* ne peut guère avoir un autre sens. Ce

procurator saltus sont donc incontestables. Mais, dans les causes graves, et notamment dans les affaires criminelles importantes, il est tout à fait certain que ce *procurator* ne saurait avoir aucune juridiction. Les textes juridiques le disent d'une façon formelle. Ils déclarent que le *procurator* n'a le droit d'infliger aucune peine criminelle (1). Même ce *jus multae*, que cependant la pratique lui reconnaissait, dans certains cas au moins, dès le premier siècle, une constitution impériale du III° siècle, dit expressément qu'en droit il ne la possède pas (2); écho bien remarquable des scrupules qu'inspirait aux juristes la concession à un simple *procurator* impérial (qui souvent n'était qu'un affranchi) de pouvoirs qui, d'après le droit, étaient essentiellement des attributions de magistrat. Le passage que je citais tout à l'heure de la passion de saint Typasius confirme au sur-

---

gouverneur est d'ailleurs inconnu. Le Claudius Constans dont parle une inscription de Tipasa (C. I. L., VIII, 958), qui fut *procurator*-gouverneur de la Maurétanie Césarienne, a dû l'être à peu près sûrement avant l'époque de Dioclétien, probablement entre 212 et 238. (Voy. sur ce point, Pallu de Lessert, *Fastes des provinces africaines*, I, p. 522).

(1) Dig., 1, 19, 3. pr. (Callistrate) : *Curatores* (lire : *procuratores*) *Caesaris jus deportandi non habent, quia hujus poenae constituendae jus non habent.* — Cod. Just., 3, 26, 1 (Septime Sévère et Caracalla, 197) : *Non defensae mortis quaestionem apud procuratores nostros non oportere tractari quis ignorat?* — *Ibid.*, 3, 26, 3 (Caracalla, 215); 9, 47, 2 (Caracalla, 212) : *Procurator meus, qui vice praesidis non fungebatur, exilii poenam tibi non potuit inrogare, ac propterea frustra vereris sententiam, quae nulla juris ratione subnixa est.* — Application de ce principe au crime du *plagium*, puni par la loi Fabia : un *procurator*, non gouverneur de province, qui a prononcé dans ce cas la peine de la loi Fabia, a agi sans droit, et sa sentence est nulle. Voy. *Collatio*, 14, 3, 2 (Ulpien); Cod. Just., 9, 20, 4 (Gordien, 239) : *Non valet procuratoris sententia, si vicem praesidis non tueatur, qui legi Fabiae locum esse pronuntiavit.* Par exception, toutefois, des constitutions de Caracalla donnèrent aux *procuratores*, dans certains cas au moins, le droit de connaître des affaires de *plagium* et de celles d'adultère (*Collatio*, 14, 3, 3, Ulpien). — Cf. sur la juridiction des *procuratores* impériaux en général, Mommsen, *Droit public*, trad. V, p. 320, 321.

(2) Cod. Just., 1. 54. 2 (Sévère Alexandre, 228) : *Procuratores meos... indicendae multae jus non habere saepe rescriptum est.* — Cf. pour le procurateur, juge dans les matières fiscales, *ibid.*, 10. 8. 1 (Caracalla, 216) : *nec enim multam tibi procurator meus inrogavit ultra quam placitum est;* (le *procurator* du fisc n'a donc le droit d'infliger d'amende qu'exceptionnellement et à condition de ne pas dépasser un certain taux).

plus ces règles. L'administrateur du domaine a sans doute arraché violemment saint Typasius à sa retraite; mais ce n'est pas
lui qui l'a jugé. Il l'a saisi seulement pour le traduire devant
le gouverneur de la province, le seul juge, en droit, dans les
affaires criminelles (1). Il en est de même dans les affaires civiles. En règle (sauf, je crois, dans les causes de peu d'importance), le *procurator* de l'Empereur n'a pas plus la juridiction
civile qu'il n'a la juridiction criminelle (2). En résumé, il faut
reconnaître aux *procuratores* des domaines de l'Empereur le
droit de faire la police, le *coercitio*, en fait *jus multae*, au moins
dans la plupart des cas, une certaine juridiction par conséquent,
suite nécessaire de leur *coercitio*, dans les affaires légères, mais
non pas la justice criminelle au sens propre du mot, et pas
davantage la justice civile, au moins dans les causes graves.
Mais il importe d'ajouter que, forts du prestige qui leur est
donné par leur dignité d'agents de l'Empereur, et pouvant
au besoin faire marcher les soldats que l'administration mettait
sous leurs ordres, les *procuratores* impériaux ont très souvent,
en dépit de toutes les règles du droit, exercé, dans les domaines confiés à leur garde, tous les pouvoirs qu'il leur a plu de
s'attribuer, gouverné ces domaines comme de véritables poten-

---

(1) Voy. le texte de la *Passio sancti Typasii*, cité ci-dessus, p. 180, note 4.

(2) Dig., 49, 1, 23, 1 (Papinien) : *Cum procurator Caesaris, qui partibus praesidis non fungebatur, in lite privatorum jus dandi judicis
non habuisset*, etc. — Cod. Just., 3, 22, 2 (Dèce, 250) : *Procuratores
nostros status causas examinare non posse omnibus notum est. — Ibid.,
3, 3, 1 (Gordien, 242); 3, 13, 1 (Septime Sévère et Caracalla, 214) : Non
quidem fuit judex procurator noster in lite privatorum.* — Toutefois,
cette dernière constitution déclare que le *procurator* a le droit de juger, si
d'un commun accord les deux parties l'ont accepté comme juge (*cum ipsi
eum judicem elegeritis... intelligitis vos adquiescere debere rei ex con-
sensu vestro judicatae*). Cf. dans le même sens, *ibid.*, 3, 26, 4 (Sévère
Alexandre, 233) : *procurator meus, si ejus audientiam elegeris, cognos-
cet*). Or il me paraît évident que cette disposition, en droit, implique nécessairement que le *procurator* a, dans certains cas, une certaine juridiction,
juridiction que les parties prorogent tout simplement dans l'hypothèse visée
par nos textes. Et c'est bien là en effet le motif que donne la constitution
citée de Septime Sévère et Caracalla (Cod. Just., 3, 13, 1) : *Cum et procurator judicandi potestatem inter certas habeat personas.* Donc il faut,
à mon avis, reconnaître au *procurator* une certaine juridiction civile, dans
quelques cas, (entre personnes dépendant du domaine certainement, et sans
doute dans les causes de peu d'importance).

tuts, et, sans aucun doute, jugé et condamné arbitrairement
les hommes qui en faisaient partie (1).

Venons maintenant à la législation du Bas-Empire. De nombreuses constitutions de cette époque nous renseignent sur les
pouvoirs des administrateurs des domaines impériaux. Elles
nous montrent que ces fonctionnaires possédaient alors, outre
leurs droits de police ou leur *coercitio*, une juridiction, mais
non pas dans toutes les causes et sans nulle limite (2).

Dans les affaires criminelles, (laissant de côté les contraven-
tions légères dont l'administrateur du domaine connaît naturellement en vertu de ses droits de police), la règle reste encore,
au Bas-Empire, que tous les hommes du domaine, le *conductor* aussi bien que les colons, ont pour juge le juge de droit
commun. C'est le principe essentiel du droit de l'ancien Empire; il demeure le principe du droit du Bas-Empire (3). Mais

---

(1) C'est ce que prouvent, à mon avis, d'une façon sûre les nombreuses
constitutions et les autres textes juridiques cités ci-dessus, qui défendent aux
procuratores impériaux d'exercer la justice criminelle et d'infliger des peines.
Il n'eût pas été besoin de répéter avec tant d'insistance et à tant de reprises
ce principe de droit, si les *procuratores* n'avaient pas eu l'habitude de le
mettre absolument de côté. — Cf. à l'époque de Gordien, les abus de pouvoir et les violences commis en Afrique par un *rationalis. Vita Gordiani*,
7 : *Cum quidam rationalis acrius contra plurimos Afrorum saevisset
quam Maximus ipse* (le proconsul d'Afrique) *pateretur, proscribens plurimos, interficiens multos, et sibi ultra procuratorem omnia vindi-
cans, retunsus deinde a proconsule*, etc.

(2) Je laisse tout à fait de côté, dans cette étude de la juridiction des
administrateurs des domaines à l'époque du Bas-Empire, la justice qu'exercent le *comes rei privatae* et les *rationales rei privatae* des diocèses
sur les employés qui composent leur *officium*. C'est là, sans doute, une
juridiction exercée par les fonctionnaires du domaine, mais ce n'est pas
vraiment une juridiction domaniale. Sur ce droit qu'ont les hauts fonctionnaires que je viens de dire de juger leurs propres *officiales*, (droit qui appartient d'ailleurs, d'une façon générale, dans la législation du Bas-Empire,
à tous les fonctionnaires importants), voy. His, p. 50 et 51 (pour le *comes
rei privatae*), p. 59 (pour les *rationales*). A peu près sûrement, le *comes
patrimonii*, à partir de l'époque où l'administration des *fundi patrimoniales* cessa d'être une simple dépendance de la *res privata*, possède une
juridiction semblable; et il faut en dire autant des différents chefs du service de la *domus divina*.

(3) Cela résulte de l'admission dans le Code de Justinien des nombreuses
constitutions des empereurs du IIIᵉ siècle, citées ci-dessus, qui refusent
expressément aux administrateurs des domaines impériaux la justice crimi-

à cette époque, et dès le temps de Constantin, nous voyons
poindre une pratique nouvelle dont les conséquences seront
très importantes. Les hommes du domaine restent bien justi-
ciables du juge du droit commun ; mais celui-ci doit les juger
en présence de l'administrateur de ce domaine, *praesente rationali vel procuratore domus nostrae* (1). Par là le fonctionnaire
du domaine n'acquiert pas sans doute un droit de juridiction ;
mais il obtient comme un droit de surveillance et de contrôle
sur la juridiction du *judex ordinarius*, quand celle-ci s'applique
aux hommes dont il est le chef. En réalité, ces hommes sont
bien considérés par le droit comme les hommes de l'Empereur
(ou du *procurator* son représentant), que le juge du droit commun garde encore sans doute le droit de juger, mais qu'il ne
peut juger sans la présence du *procurator*, leur maître, leur
protecteur et leur répondant en justice. Et très vite la législation fit un pas de plus dans cette voie. Le fonctionnaire impérial (en règle, le *rationalis*) a la charge et l'obligation de faire
lui-même comparaître devant le juge du droit commun les
hommes du domaine. Ainsi le veut une constitution de Valentinien, probablement de 365 (2). Rien de plus important que

nelle, c'est-à-dire le droit d'infliger des peines. — Une constitution de Constantin de 313 déclare que si le *procurator* d'un domaine impérial a abusé de
son autorité pour léser quelqu'un, la victime a le droit de le poursuivre devant la justice ordinaire ; (Cod. Théod., 10, 4, 1 : *Si quis ab actore rerum
privatarum nostrarum sive a procuratore fuerit vexatus, super ejus calumniis
vel depraedationibus deferre querimoniam non dubitet*). Cette constitution est
répétée, avec quelques modifications seulement quant à la forme, mais avec
l'attribution à Valentinien et la date de 365, dans Cod. Just., 3, 26, 9 ; (remarquer la concession très expresse de la compétence dans ce cas-là au
gouverneur de la province, c'est-à-dire au juge du droit commun : *deferre
querimoniam... rectori provinciae non dubitet*). Ainsi, d'après les contitutions
du Bas-Empire, le *procurator* lui-même est soumis, au point de vue crimi-
nel, au juge du droit commun. Cf. Cod. Théod., 2, 1, 1 (Constance, 349).

(1) Cod. Just., 3, 26, 8 (358) : *Cum aliquid colonus aut servus rei privatae
nostrae contra disciplinam publicam adseratur perpetrare, ad judicium rectoris
provinciae venire cogendus est, sic videlicet ut, praesente rationali vel procuratore domus nostrae, inter eum et accusatorem causa tractetur*. — L'attribution
de cette constitution, dans le Code de Justinien, à Constantin est évidemment une erreur, puisque la constitution est datée de 358. L'auteur est
Constance et non pas Constantin.

(2) Cod. Théod., 10, 4, 3 (Valentinien, 365 ?) : *In negotio criminali per ra-
tionalem colonos vel conductores rei privatae nostrae, quorum repraesentatio*

cette disposition. Il semble que le droit commun et la justice ordinaire ne puissent déjà plus s'appliquer dans le domaine impérial sans le concours de celui que l'Empereur a préposé à la garde du domaine et à la surveillance des hommes qui l'habitent. Pour juger ces hommes, le juge du droit commun doit s'adresser à l'administrateur du domaine et attendre qu'il les lui ait remis. Une constitution de Valentinien défend expressément aux *officiales* du *judex ordinarius* d'entrer dans le domaine pour en saisir les hommes et les faire comparaître en justice (1). C'est déjà presque le régime de l'immunité franque (2).

---

poscitur, exhibendos esse sinceritas tua cognoscat. — Schulten, p. 78 (qui date, sans en dire le motif, cette constitution de 373) considère ici le *rationalis* comme le même personnage exactement que le *procurator saltus*. C'est évidemment une erreur.

(1) Cod. Théod., 1, 11, 2 (Arcadius et Honorius, 398) : *Divae memoriae Valentiniano juniori subreptum est, ut ordinariorum judicum officiis actores seu conductores dominicos conveniendi licentia negaretur; et idcirco ad rationales privatae rei exigendorum fiscalium debitorum ex illo tempore cura translata est. Ad hanc tamen inutilem praecepti novitatem etiam illud adjectum est ut, si quid in rei privatae nostrae praediis sceleris esset admissum... exhibendorum reorum, nisi qui per dominicos deducerentur et defenderentur actores, ordinario judici copia non pateret.* Ainsi, d'après la constitution de Valentinien, soit lorsqu'il s'agit de la poursuite des impôts ou des redevances, soit lorsqu'il s'agit de crimes, les *officiales* des *judices ordinarii* n'ont pas le droit de saisir les hommes du domaine (*conveniendi licentia*); mais c'est le *rationalis rei privatae* ou les *actores dominici* qui ont seuls le droit de les *convenire*, de les *exhibere*, et de les *deducere et defendere* devant le tribunal du juge ordinaire. — Il est vrai que la constitution citée d'Arcadius et Honorius s'élève contre ces règles de droit et les abroge; (*Ibid.* : *quod ne deinceps fiat, hac sanctione prohibemus*, Cf. Cod., Théod., 2, 1, 11, de la même date et des mêmes empereurs). Mais, cette tentative faite par les empereurs pour rendre au juge du droit commun une autorité perdue, ne paraît guère avoir été couronnée de succès. Car, au Code de Justinien, ces constitutions ne reparaissent plus, et l'on y trouve au contraire la constitution citée de Constance de 358 (faussement attribuée à Constantin), qui défend au juge public de connaître des crimes dont sont accusés les colons de la *res privata*, hors de la présence du *rationalis* ou du *procurator* impérial ; (Cod. Just., 3, 26, 8, cité ci-dessus).

(2) Ce n'est pas ici le lieu d'aborder les difficultés très nombreuses que soulèvent l'histoire de l'immunité et l'étude des droits concédés par elle au propriétaire. Il suffit de rappeler que le caractère fondamental de l'immunité, la clause qui résume et comprend tout l'ensemble des privilèges contenus dans cette concession, le fonds et l'essentiel, est précisément l'interdiction du domaine de l'immunité au *judex publicus*, la prohibition de l'*introitus judicum*, comme s'expriment tant de documents. Voy. sur ce point, Brünner,

C'est déjà surtout cette tendance si frappante des capitulaires
des rois francs à se servir du seigneur, comme d'un intermédiaire naturel — et en fait indispensable — entre l'État et les
hommes du domaine ou les recommandés, afin que le seigneur
oblige ceux-ci à accomplir les obligations qu'ils ont, en droit,
envers l'État (et particulièrement l'obligation de venir en justice) (1).

Dans les procès civils, les mêmes idées ont triomphé. Le
juge ordinaire reste, en droit, le juge des hommes du domaine,
des colons comme des *conductor* (2). Mais ici, comme en matière
criminelle, l'idée d'une juridiction domaniale va s'introduire de
différents côtés. D'abord, comme en matière criminelle, le procès doit être jugé en présence du fonctionnaire du domaine (3).

Deutsche Reichtsgeschichte, II, p. 293 et suiv.; Fustel de Coulanges, *Les
origines du système féodal*, p. 367 et suiv.; et généralement tous les travaux
consacrés à l'étude de l'immunité.

(1) Cf. sur ces règles du droit franc et sur leur extrême importance au
point de vue historique, mon article déjà cité sur la *recommandation et la
justice seigneuriale* (*Annales de l'enseignement supérieur de Grenoble*, I, p.
76 à 133). — C'est par application de la même idée, (et par là je reviens aux
pratiques mêmes du droit du Bas-Empire), que les constitutions impériales et
les conciles se servent du propriétaire pour obliger les hommes des domaines à demeurer dans l'orthodoxie, Voy. ci-dessus, *Revue*, 1897, p. 95, note 2.

(2) Voy. là-dessus, par exemple, la déclaration formelle du Cod. Théod.,
10, 15, 4 (Valentinien, 367) qui, à propos des procès intéressant la *res privata* impériale, parle de la justice rendue par les *vicarii praefecturae
ordinartique rectores*, c'est-à-dire par les juges du droit commun.

(3) Constitution de Valentinien, datée de 365 (Cod. Théod., 10, 4, 3).
Après avoir dit (voy. le texte, p. 105, note 2) que, dans les affaires criminelles, le *rationalis rei privatae* a le droit et l'obligation de faire comparaître les hommes du domaine (*conductor* et colons) devant le juge du droit
commun, cette constitution ajoute : *In civili vero causa, defensorem domus nostrae adesse debere*. — Le *defensor domus nostrae* est ici sûrement, à mon avis, un administrateur des domaines impériaux. (*Domus nostra*
doit être entendue ici, ou des biens impériaux quels qu'ils soient, ou plus
particulièrement, et d'une façon plus probable, de la *res privata* dont parle
le début de la constitution). Mais je ne saurais dire s'il faut voir dans ce
personnage le *rationalis* du diocèse, comme le pense Godefroy (commentaire sur cette loi), ou le *procurator* du domaine, comme l'admet Schulten,
p. 78. Dans tous les cas, je ne crois pas qu'il soit possible de comprendre par
defensor domus nostrae, l'*advocatus fisci*, comme le disent His, p. 66 et 114,
et Wiart, *Régime des terres du fisc*, p. 37, note 10. L'*advocatus fisci*, dans
certains textes juridiques porte bien, il est vrai, le nom de *patronus fisci*;
(voy. Hirschfeld, *Verwaltungsgeschichte*, p. 51, note 2; His, p. 66, note 6

Ensuite, toutes les fois que les intérêts de l'administration domaniale sont mis en cause, (et, en pratique, presque tous les procès où sont engagés les hommes du domaine peuvent être considérés comme touchant à ces intérêts), le juge ordinaire — et cela dès l'époque de Constantin — doit en référer au *comes rei privatae* (1). A-t-on été plus loin dans cette voie? Cela me paraît certain. Les *rationales rei privatae* ont dû obtenir le droit de trancher eux-mêmes les procès, au moins ceux de peu d'importance, qui s'élèvent entre les hommes du domaine, (de même qu'ils ont, en matière criminelle, une juridiction de police dans les causes légères). Ce droit qu'ils n'ont pas, à l'origine, comme je l'ai prouvé, ils le possèdent au moins à partir de 383 (2). Il est d'ailleurs extrêmement difficile de déterminer

et les textes qu'ils citent); mais je ne connais aucun document où on le nomme *defensor* de la *domus* impériale. (*Defensacula fisci*, pour désigner sa fonction dans Cod. Théod., 10, 15, 2, n'est nullement la même chose que *defensor domus nostrae*). — Quoi qu'il en soit de cette question, il est, en tout cas, évident que ce *defensor* de la *domus* impéria le, d'après notre constitution, n'est pas le juge de l'affaire, comme le dit Schulten, p. 78. L'affaire est seulement jugée en sa présence.(*adesse debere*), ce qui est très différent. Cf. la même règle de droit dans une autre constitution du même Empereur et de la même date, (Cod. Théod., 2, 1, 5 : *Si quis rem nostram caeperit lite pulsare, rationali praesente confligat. Quo defensante, et controversia omnis agitetur, et judex sententiam reddat*). Observer dans ce texte cette expression *defensari*, pour qualifier le rôle du *rationalis*; elle justifie pleinement l'opinion que je viens d'exposer d'après laquelle le *defensor domus* du Cod. Théod. 10, 4, 3, ne saurait être l'*advocatus fisci*, mais est sûrement l'administrateur du domaine. Plus précisément encore, notre constitution donnerait à penser que le *defensor domus* est plutôt le *rationalis* que le *procurator* du domaine, et par conséquent tendrait à confirmer là-dessus l'opinion de Godéfroy.

(1) Cod. Just., 3, 26, 6 (Constantin) : *Si quis adversus conductorem nostrum aliquid agendum crediderit, viro illustri comiti rerum privatarum referri oportet.*

(2) Toute cette matière est très difficile. Il y a eu en effet là-dessus des changements de législation, et beaucoup de points restent encore obscurs. La constitution de Constance de 349 (Cod. Just., 3, 26, 7; faussement attribuée dans le Code à Constantin) déclare bien à un *rationalis* qu'il doit être lui-même *disceptator* dans les affaires des *coloni domestici et patrimoniales*; et l'on a très souvent conclu de là que les *rationales* des domaines sont, dès 349, les juges des contestations qui s'élèvent entre les hommes du domaine; (voy. en ce sens, His, p. 114, note 7 ; Brunner, *Deutsche Rechtsgeschichte*, II, p. 289, note 16 ; W. Sickel, *Westdeutsche Zeitschrift*, 1896, p. 119, note 2). Mais on ne fait pas attention que cette constitution est adressée à un *rationalis summae rei*,

d'une façon précise les limites de cette juridiction civile. Dans tous les cas, il est sûr que les *rationales rei privatae* ne jugeaient qu'à charge d'appel. Mais les constitutions impériales du Bas-Empire ont confié ces appels aux fonctionnaires les plus divers, selon les époques et selon les régions (1). En somme

c'est-à-dire à un fonctionnaire du *fiscus*, et non de la *res privata* ou même du *patrimonium* proprement dit. Or, il est tout à fait certain (et M. His, notamment, l'a très bien montré, voy. p. 59) que les *rationales* du *fiscus* ont possédé une juridiction très longtemps avant les *rationales rei privatae*; (le *procurator* du fisc a déjà sûrement une juridiction à l'époque de l'ancien Empire; cf. sur ce point Mommsen, *Droit publio*, trad. V, p. 318 à 321). On ne peut donc pas du tout, du fait que, dans la constitution citée, les *rationales* du fisc ont le droit de juger certaines contestations qui s'élèvent entre les hommes des domaines impériaux, conclure que, pareillement et par analogie, les *rationales rei privatae* ont aussi une juridiction dans des cas semblables. En réalité, His a prouvé que les *rationales rei privatae* n'ont pas eu de juridiction avant 383; au moins les premières traces qu'on puisse signaler dans les textes d'un droit de justice exercé par eux remontent à une constitution de Gratien, Valentinien et Théodose, datée de cette année, (Cod. Théod., 11, 30, 41). D'après les constitutions antérieures (Cod. Théod., 2, 1, 5; 10, 15, 4, citées ci-dessus) le juge, dans les affaires domaniales, reste toujours, en principe, le juge du droit commun, et ce ne peut être que par exception que les *rationales* de l'administration du fisc se trouvent avoir en 349, une juridiction entre les colons qui dépendent du *patrimonium*. Au contraire, à partir de la constitution datée de 383, le juge, dans ces affaires, est le *rationalis rei privatae*. Les termes mêmes de cette constitution ne laissent pas de doute sur l'existence de cette juridiction : (*Rationales privatae rei causis... examen, praesente fisci advocatione, suscipiant. Ac si eorum sententia*, etc.). Mais quelle en est exactement l'étendue, c'est très difficile à dire d'une façon sûre. Les *rationales rei privatae*, répond His (voy. p. 59), ont juridiction dans les affaires où la *res privata* se trouve partie intéressée. Ils ont juridiction, dit Brunner (*loc. cit.*, p. 289), dans les affaires qui s'élèvent entre hommes du domaine, tandis que le juge du droit commun garde le droit de juger (d'ailleurs en présence du *rationalis*, comme je l'ai montré ci-dessus) les procès entre les hommes du domaine et des tiers. Dans l'état actuel des textes, il est impossible, je crois, de donner à ces questions une réponse absolument certaine.

(1) D'après la constitution de 383 (Cod. Théod., 11, 30, 41), l'appel du *rationalis rei privatae* est porté aux juges ordinaires en matière d'appel. En 385, il est porté au *comes rei privatae*. (*Ibid.*, 11, 30, 45, et 11, 36, 29). En 389, si le procès a lieu à Rome, au même *comes*, dans le cas où l'intérêt de l'affaire dépasse 200 livres d'argent, et au *praefectus Urbi* dans le cas contraire. (*Ibid.*, 11, 30, 49). En 429 (constitution spéciale à l'Afrique), l'appel du *rationalis* est porté au proconsul d'Afrique. (*Ibid.*, 11, 30, 68). Sur ces changements de législation, voy. His, p. 60. Cf. le commentaire de Godefroy sur Cod. Théod., 11, 30, 18.

la règle me paraît être la suivante : le fonctionnaire du domaine n'est pas sans doute le juge ordinaire et régulier des hommes de ce domaine, mais il tranche les affaires de peu d'importance qui s'élèvent entre eux ; et, pour les plus graves, le juge du droit commun ne les décide qu'en sa présence et sous son contrôle.

Il faut même ajouter ceci : Cette pleine juridiction que l'administrateur des domaines impériaux n'a pas obtenue d'une façon régulière, il la possède toutefois, par un privilège spécial, dans certains domaines, soustraits à ce point de vue au droit commun. Une constitution de Théodose II, de 442, décida que les colons de la *domus divina* de Cappadoce (1) auraient exclusivement pour juge le *comes domorum*, c'est-à-dire le fonctionnaire placé, à cette époque, à la tête de l'administration des domaines de la *res divina*, et, en appel, le supérieur hiérarchique du *comes domorum*, le *praepositus sacri cubiculi* (2).

Telle est la juridiction domaniale sur les terres des empereurs. Les domaines des particuliers sont-ils à ce point de vue dans la même condition que les domaines impériaux ?

En droit, certainement non. L'administrateur (*procurator, vilicus*, etc.) d'un domaine privé ne saurait posséder, en droit, aucune justice sur les hommes du domaine ; car non seulement il

---

(1) Voy. sur cette catégorie spéciale de biens impériaux et sur leur administration, ci-dessus § 3 (p. 39).

(2) Cod. Just., 3, 26, 11 (442), (adressé à un *praepositus sacri cubiculi*) : *Hac lege sancimus ut, sive agat domorum nostrarum colonus aut inquilinus aut servus, seu pulsetur ab aliquo, super criminali vel civili negotio, non alibi quam tui culminis ac viri spectabilis comitis domorum petatur examen ; nullius adlegatione super fori praescriptione penitus admittenda.* — Dans cette constitution, il est certain que l'expression *domus nostrae* ne peut pas s'entendre, comme cela arrive assez souvent, des domaines impériaux quels qu'ils soient ou de la *res privata*, mais qu'elle désigne sûrement la *domus divina* proprement dite (les domaines de Cappadoce) ; car il n'y a que cette catégorie de domaines qui soit gouvernée par le *comes domorum*, et (au-dessus de lui) le *praepositus sacri cubiculi*. — Au point de vue de l'histoire de la société du moyen âge et de l'origine des justices privées dans notre Occident, il importe d'observer toutefois que cette constitution de 442, qui marque une tendance très remarquable vers l'accroissement des droits de juridiction des administrateurs domaniaux, est faite exclusivement pour l'Orient et n'a eu aucune application en Occident.

est un *privatus*, mais encore le propriétaire du domaine est lui-même un *privatus*. Il ne peut donc avoir aucune des attributions de la puissance publique et, moins que toute autre attribution, la *jurisdictio*, qui est essentiellement, en droit, un pouvoir de magistrat, et que même les *procuratores* impériaux ne possèdent (quand ils la possèdent) que par une exception aux principes rigoureux du droit public, explicable seulement par la toute-puissance de l'Empereur dont ils sont les agents.

Le propriétaire privé et son intendant n'ont donc aucun droit de juridiction. Il est vrai qu'ils doivent échapper, en vertu des règles que j'ai développées, à la juridiction des magistrats de la cité; le grand domaine, en effet, même le domaine privé, est en dehors de la cité et indépendant d'elle. Mais il n'est pas douteux qu'ils restent soumis, eux, leurs terres et tous leurs hommes, à la juridiction du gouverneur de la province et des autres *judices ordinarii* de l'Empire romain. Le domaine est en dehors de la cité, mais il n'est pas, comme je l'ai montré, en dehors de l'État (1).

Seulement, voici ce qui est très remarquable, et ce qui aura des conséquences historiques énormes. Cette juridiction que le droit ne reconnaît pas au grand propriétaire privé, en fait celui-ci s'en empare. D'abord sur les hommes de son domaine, ensuite sur les pauvres gens qui l'entourent, sur les cultivateurs sans protection qui sont à sa merci, il exerce son *patrocinium*, qui n'est pas un patronat seulement, mais qui est surtout une domination. Comme propriétaire, il est le maître de ses colons. Par le *patrocinium* il se fait de véritables clients, au sens très propre du mot, des subordonnés et des sujets, que ni le droit public ni le droit privé ne lui reconnaissent, mais qu'il gouverne en vrai seigneur (2). Maître et seigneur, il se

---

(1) Ci-dessus, p. 151 à 156. Cf. sur ce point, Schulten, p. 117. Voy., en particulier, sur l'autorité des gouverneurs de province dans tous les domaines (même les domaines impériaux), Dig., 11, 4, 3 (Ulpien), cité ci-dessus, p. 152, note 1.

(2) Les passages de Salvien relatifs au *patrocinium* sont extrêmement connus. Voy. principalement *de gubernat. Dei*, V, 8, 39 et suiv. (édit. Halm, dans les *Monumenta Germaniae*) : *Tradunt se* (les pauvres) *ad tuendum protegendumque majoribus, dediticios se divitum faciunt, et quasi in jus eorum dicionemque transcendunt;* et tout le développement qui suit. — Cf. sur ces passages de Salvien, et plus généralement sur

fait le juge de tous ses hommes (1), de ceux qui se sont mis sous
son autorité par le *patrocinium*, et de ceux qui s'y trouvent, en
fait, parce qu'ils habitent et cultivent son domaine, c'est-à-dire
parce qu'ils sont ses colons. En dépit des lois impériales, il a
des *carceres privati* pour enfermer et punir les délinquants (2).
Il a sous ses ordres des soldats privés, des bandes d'hommes
à lui, clients, esclaves, barbares armés par lui (3). Il interdit
aux agents de l'autorité publique l'entrée de son domaine, dont
il fait ainsi une terre d'asile pour les déserteurs en fuite et les

le *patrocinium* du Bas-Empire, Roth, *Feudalität und Unterthanverband*,
p. 285 à 288; Lécrivain, *Le Sénat romain depuis Dioclétien*, p. 126 à
128; Flach, *Les origines de l'ancienne France*, I, p. 70 à 78; Fustel de
Coulanges, *Les origines du régime féodal*, p. 235 à 247; Wilhelm Sickel,
Westdeutsche Zeitschrift, 1896, p. 113 à 118; 1897, p. 57 à 60; et mon
article *La recommandation et la justice seigneuriale*, (*Annales de l'enseignement supérieur de Grenoble*, I, p. 116 à 122).

(1) *Homines sui*, dit déjà la langue du Bas-Empire, tout comme celle du
moyen âge. Voy. cette expression dans plusieurs passages de Symmaque,
cités par M. Esmein, *Quelques renseignements sur l'origine des juridictions privées* (*Mélanges de l'École de Rome*, 1886, p. 423, note 4).

(2) Cod. Théod., 9, 11, 1 (Valentinien, Théodose et Arcadius, 388) : *Si
quis posthac reum privato carceri destinarit, reus majestatis habeatur.*

(3) Voy. principalement Cod. Just., 9, 12, 10 (Léon, 468) : *Omnibus per
civitates et agros habendi bucellarios vel Isauros armatosque servos
licentiam volumus esse praeclusam. Quid si quis... armata mancipia
seu bucellarios aut Isauros in suis praediis aut juxta se habere tem-
ptaverit*, etc. — Nov. Valentinien, 18, 14 : *Ne cuiquam ad occasionem
vexandarum provinciarum armatos habere liceat.* — Allusion aux bandes
d'hommes armés qui suivent les *potentes*, dans la Novelle 30 de Justinien,
sur l'administration de la Cappadoce, 5, 1, et 7, 1, et dans l'édit de Justinien, 8, praef. — En 445, un évêque d'Arles, Hilaire, ordonne des évêques
et les installe dans les cités, malgré les résistances des habitants, avec l'aide
de bandes armées; (Nov. Valentinien, 16, 1 : *manum sibi contrahebat
armatam et claustra murorum in hostilem morem vel obsidione cin-
gebat.* Rapprocher la lettre du pape Léon I, de 445, chap. 6, dans Migne,
Patrol. lat., t. LIV, p. 633). — Cf. sur ces soldats privés, les textes réunis dans l'article de Mommsen, *Das römische Militärwesen seit Diocletian*, (*Hermes*, XXIV, p. 234 à 239), dans celui de Lécrivain, *Études sur
le Bas-Empire*, (*Mélanges de l'École de Rome*, 1890, p. 267 à 283), et dans
l'article de W. Sickel, *Westdeutsche Zeitschrift*, 1896, p. 115, note 14.
Sur le même sujet, Otto Seeck, *Das deutsche Gefolgswesen auf römis-
chem Boden*, (*Zeitschrift der Savigny-Stiftung*, partie germanique,
XVII, p. 107 à 119). En particulier sur les *bucellarii*, voy. Viollet, *Hist.
du droit civil français*, p. 627 à 631, et *Hist. des institutions politiques*,
p. 421.

contribuables qui se refusent à payer l'impôt (1). Il arrange
lui-même, en dehors du juge public et sans l'appareil et les
formes du droit, mais avec une autorité pleine, les contestations qui s'élèvent entre les hommes du domaine (2). Il est
vraiment, dans la réalité, un *judex privatus* (3). Sans doute,
de telles pratiques sont on ne peut plus contraires au droit.
Une longue série de constitutions impériales prohibent en
termes exprès le *patrocinium* (4); et j'ai dit déjà que rien

(1) Très nombreuses constitutions impériales dirigées contre les grands
propriétaires et contre les *actōres*, *procuratores* ou intendants, qui donnent
asile dans leurs domaines aux déserteurs et aux fugitifs de tout genre. Voy.
Cod. Théod., 7, 18, 2 à 14. Cf. Dig., 11, 4, 1 (Ulpien). — Voy. aussi Cod.
Théod., 13, 11, 3 (386), contre les propriétaires qui organisent dans leur domaine la résistance aux agents de l'impôt; (si... *colonum ad contumaciam
retractationis armaverit*); cf. sur ce point-ci-dessus, p. 70, note 2, et
Lécrivain, *Sénat romain*, p. 118.

(2) Exemples intéressants de cela, d'après la correspondance de Sym-
marque, dans l'article cité de M. Esmein, *Origine des juridictions privées*
(*Mélanges de l'École de Rome*, 1886, p. 416 à 428). J'en ai donné d'autres
tout pareils, tirés des lettres de Sidoine Apollinaire, dans mon article sur *la
recommandation et la justice seigneuriale*, (*Annales de l'enseignement
supérieur de Grenoble*, I, p. 110 à 113). Lire principalement Symmaque,
I, 74 (édit. Seeck, p. 32, dans les *Monumenta Germaniæ*), où l'on voit le
grand propriétaire (Symmaque) arranger lui-même une affaire relative à une
terre usurpée par l'un de ses hommes; et Sidoine Apollinaire, V, 19 (édit.
Luetjohann, p. 92, dans les *Monumenta* cités), où une affaire de rapt entre
la fille de la nourrice de Sidoine et un colon d'un autre grand propriétaire
est pareillement arrangée par Sidoine, du consentement de l'autre propriétaire, en dehors de tout tribunal et de toute procédure régulière. Cf., sur ce
point, Lécrivain, *Sénat romain*, p. 121, 122, 124, où sont cités d'autres
exemples encore.

(3) Noter tout spécialement, à ce propos, l'allusion faite par l'*interpretatio* dite wisigothique (sur Cod. Théod., 3, 11) au cas où *in eadem provincia sunt duo judices, unus privata et alius dominica jura gubernans*.
Cela ne peut faire allusion qu'à un juge privé (*privata jura gubernans*).
Observer que l'*interpretatio* n'est, en aucune façon, comme on le croyait
autrefois, une œuvre wisigothique, mais bien le travail d'une école de droit
de la fin du quatrième siècle ou du commencement du cinquième ; (voy. Krüger, *Sources du droit romain*, trad. Brissaud, p. 416 à 418); ce qui fait
que l'allusion de notre texte à des justices privées ne peut pas du tout être
rattachée à l'état social et politique qui a suivi les invasions, mais est très
bien relatif au droit romain des quatrième et cinquième siècles.

(4) Voy. les diverses constitutions qui forment le titre ayant pour rubrique
de *patrociniis vicorum* dans Cod. Théod., 11, 24. — Cf. Code Just., 11,
54 : *ut nemo ad suum patrocinium suscipiat vicos vel rusticanos eorum.*

n'est plus illégal qu'un *jurisdictio* exercé ainsi par un *privatus* pour cette seule cause qu'il est propriétaire. Ces efforts répétés de la loi pour faire rentrer les *potentes* (comme on les nomme déjà) dans le droit commun, sont très intéressants; ils témoignent, sans doute, de l'illégalité de leurs prétentions et du combat sérieusement engagé contre elles par l'administration impériale; mais ils ne témoignent pas moins des usurpations perpétuelles de ces *potentes*, et, en réalité, de l'impuissance de la loi à en triompher (1). Et la loi elle-même, qui combat ces usurpations, ne leur fournit-elle pas pourtant, dans certains cas, contrainte évidemment par des habitudes et par une organisation sociale plus forte que les volontés des empereurs, des armes et des occasions? Cette règle qui veut que le procurateur du domaine impérial fasse lui-même comparaître, devant le juge public, les hommes du domaine, les lois l'ont appliquée aussi aux intendants des domaines des particuliers. Le maître ou son *procurator* est obligé par les constitutions impériales à livrer les malfaiteurs qui sont dans son domaine; il doit les amener devant le juge public (2). Et sans doute c'est là une affirmation très expresse que le seul juge, en droit, est le juge public et non pas le grand propriétaire. Mais c'est aussi la reconnaissance de la souveraineté de celui-ci dans son domaine,

(1) Pour l'étude de cette lutte de l'État romain contre les pouvoirs publics que s'arrogent les *potentes,* je renvoie à mon article cité déjà, *Annales de Grenoble*, 1, p. 115 à 122.

(2) Cod. Just., 9, 39, 2, pr. (Marcien, 451) : *Si qui latrones seu aliis criminibus obnoxii in possessione degunt seu latitant, dominus possessionis, si praesto est, aut procuratores, si dominus abest, seu primates possessionis, ultro eos offerant, aut si scientes hoc sponte non fecerint, conveniantur a civili officio ut tradant provinciali judicio eos qui requiruntur.* — Cf. *ibid.*, § 1 et 2 qui développent cette règle; Cod. Théod., 9, 29, 2 (383); 7, 18, 7 (383); 7, 18, 12 (403); 16, 5, 52, 1 (412). — Dès l'époque de l'ancien Empire, les jurisconsultes posent la même règle, lorsqu'il s'agit d'un délit commis par un esclave. (Voy. Dig., 9, 4, 22, 3, Paul : *Dominus qui servum in sua potestate esse confitetur aut exhibere eum debet, aut absentem defendere*). Mais il importe d'observer que, dans ce cas-là, l'obligation imposée au maître de livrer l'esclave se rattache au principe de l'action noxale, tandis que celle dont il est question dans la constitution de Marcien a bien évidemment pour fondement et pour explication cette tendance des lois du Bas-Empire à se servir du propriétaire pour atteindre, par son intermédiaire, les hommes placés sous sa puissance, tendance dont j'ai déjà donné plusieurs exemples.

et l'aveu que l'autorité publique, impuissante à entrer dans ce domaine malgré le grand propriétaire, a besoin de lui pour remplir son rôle essentiel qui est le maintien de l'ordre. En fait, le juge public reste le juge des hommes du domaine, mais il ne peut communiquer avec eux que par l'intermédiaire du grand propriétaire. Il l'avoue, il se sert du grand propriétaire pour obliger les hommes du domaine à comparaître devant lui ; et cette obligation que la loi lui impose est en réalité la reconnaissance d'un droit de police qu'elle lui confère, ou plutôt qu'elle lui a laissé prendre, mais qu'elle sanctionne et qu'elle utilise, parce qu'elle se sent elle-même impuissante à faire la police dans le domaine. Représentez-vous maintenant ce château fortifié que j'ai décrit dans une autre partie de ces études, et les villages des colons humblement blottis tout autour, et tout le domaine lui-même entouré de sa ceinture de murs (1) ; et vous vous ferez l'idée de ce que pouvait être déjà, à l'époque du Bas-Empire, dans ce domaine qui est un camp retranché et presque un royaume, la souveraineté d'un grand propriétaire.

On voit, sans qu'il soit besoin d'insister longuement sur ces pratiques, de quelle importance sont les règles et les faits que je viens de dire pour l'intelligence des origines de la société du moyen âge, et en particulier quelle clarté ils jettent sur la naissance du régime seigneurial et des justices privées. Je reviendrai sur ce point à la fin de la présente étude.

§ 6.

LES PROPRIÉTAIRES DES GRANDS DOMAINES (2).

Comment dans l'Empire romain, où les *civitates* forment les divisions essentielles et le groupement régulier des hommes et des territoires, a-t-il pu se constituer des domaines, comme ceux dont je viens de décrire les caractères, c'est-à-dire des territoi-

---

(1) Voy. ci-dessus, § 2 (p. 23, 24, 28, 20) les passages cités de Frontin, d'Ammien Marcellin, de Sidoine Apollinaire, les allusions aux *castella* et aux *turres* des domaines dans les inscriptions d'Afrique, et les descriptions des *villae* de Oued Athmenia, de Tabarka et de Kaoua.

(2) Sur cette matière, Schulten, *Grundherrschaften*, p. 119 à 124.

res autonomes, indépendants de la cité, libres des charges municipales, et placés en dehors de la juridiction et du droit de
la cité ? J'ai déjà montré que cette autonomie s'explique par
la façon même dont la plupart des domaines ont été formés ;
ils ont été dès leur origine, ils sont réellement nés en dehors
du territoire de la cité (1). Mais elle s'explique aussi par une
autre cause ; je veux dire par la condition juridique des propriétaires de ces domaines. C'est ce que je vais montrer dans
ce paragraphe.

Au fond (non pas toujours peut-être, mais presque toujours), le domaine est indépendant de la *civitas*, par la raison
que son propriétaire en est indépendant lui-même. Autrement
dit, c'est parce que le propriétaire n'appartient pas à la cité,
que le domaine est en dehors du territoire et de l'autorité de
la cité.

Les propriétaires des grands domaines sont en effet les suivants :

1° Les empereurs. — L'Empereur est incontestablement le
plus grand propriétaire de tout l'Empire. On connaît le passage
où Pline nous raconte que, sous Néron, la moitié de l'Afrique
proconsulaire fut confisquée, et devint ainsi domaine impérial (2). D'innombrables inscriptions sont relatives à ces domaines impériaux d'Afrique (3). Les constitutions impériales
du Bas-Empire y font également des allusions très fréquentes (4). Mais les empereurs possédaient également des domai-

(1) Voy. ci-dessus, p. 13 à 15.

(2) Pline, *Hist. nat.*, XVIII, 6, 35 (édit. Jahn) : *Sex domini semissem Africae
possidebant, cum interfecit vos Nero.*

(3) Voy. la liste des *saltus* d'Afrique connus par des inscriptions, dans
Schulten, p. 28 à 41. Quelques-uns parmi ces *saltus* appartiennent à des
particuliers, mais de beaucoup le plus grand nombre sont des domaines impériaux. Il est à peine utile de rappeler ici, comme exemple, les immenses
domaines que les empereurs possédaient dans la vallée de l'Oued Medjerdah
et auxquels se réfèrent notamment les inscriptions déjà tant de fois citées
de Souk el Khmis et de Aïn Ouassel. Voy. sur l'étendue de ces domaines
impériaux de l'Oued Medjerdah, ci-dessus, p. 113, 114, 126, note. Assez
loin de cette vallée, et plus au sud, aux environs d'Ad Medera, se trouve
un autre *saltus*, dont une partie au moins est propriété impériale, le *Saltus
Massipianus*. Voy. C. I. L. VIII, p. 73, et ci-dessus, p. 113, note 1.

(4) Une remarque intéressante de Schulten, c'est que la plupart des cons-

nes dans toutes les parties de l'Empire, dans toutes les provinces, et même en Italie (1). La liste des *procuratores* de
domaines impériaux dont les noms nous sont connus par les
inscriptions (2), la mention, dans la *Notitia Dignitatum*, des
nombreux administrateurs (*rationales, procuratores,* etc.) de la
res privata ou du *patrimonium,* dans presque tous les docièses
et provinces de l'Empire (3), (sans compter les directeurs généraux de ces ces deux services), l'énumération interminable
des domaines impériaux qui furent donnés par Constantin aux
différentes églises de Rome et de l'Italie (4), tous ces documents, s'ils ne permettent pas absolument de faire la statistique
exacte des domaines possédés par les empereurs, nous donnent au moins une idée très claire de l'immensité de leur richesse territoriale (5).

Je ne ferai pas à ce propos l'étude de la façon dont étaient
administrés, exploités, aménagés ou cultivés ces vastes domaines, puisque, aussi bien, ce travail tout entier est consacré à ces matières. Je rappelle seulement (ce que démontrent
tant d'observations déjà faites) que ces *saltus* impériaux sont
par excellence le type parfait du vrai *saltus,* au sens propre du
mot, c'est-à-dire du domaine autonome, indépendant du territoire et de la juridiction de la cité. Quant à la raison pour
laquelle, en droit, les *saltus* de l'Empereur sont ainsi indépen-

titutions relatives à l'administration des domaines impériaux que contient
le Code Théodosien, sont adressées précisément à des personnages africains,
(à des gouverneurs, à des *rationales,* aux *vicarii* d'Afrique, quelquefois aux
provinciales ou à un *possessor*). Voy. la liste de ces constitutions dans Schulten, p. 119, note 120.

(1) Voy. la liste des *horti, villae, praedia, fundi,* etc., dont les empereurs
étaient propriétaires, tant en Italie que dans les provinces, dressée par
Hirschfeld, *Verwaltungsgeschichte,* p. 24 à 26, note. — Cf. la liste également
très détaillée que donne Lécrivain, *De agris publicis imperatoriisque,* p. 30 à 36.

(2) Liste dans Hirschfeld, *loc. cit.,* p. 45, notes 2 et 3. Cf. ce que j'ai dit
ci-dessus sur ces administrateurs, soit provinciaux, soit italiens, p. 40 à 57.

(3) *Notitia Occid.* chap. 11 (Böcking, II, p. 52, 53). Voy. sur ces personnages le § 3 ci-dessus (p. 46 à 50).

(4) *Vita Silvestri* (*Liber Pontificalis,* édit. Duchesne, I, p. 170 et suiv.).
Cf. sur ce document ci-dessus, p. 13, note.

(5) On trouvera un tableau assez complet de ces domaines impériaux,
pour l'époque du Bas-Empire, dans Ilis, p. 45 à 48 (biens appartenant à la
res privata) et p. 71, 72 (biens appartenant au *patrimonium*).

dants de la cité, (outre des motifs de fait qui sautent aux yeux), c'est évidemment la suivante : le propriétaire de ces domaines, l'Empereur, n'est pas lui-même citoyen de la cité.

2° Les impératrices, et les princes et princesses de la famille impériale (1). — Tous ces personnages ont pareillement des domaines considérables, principalement les impératrices (2). Les domaines des impératrices sont administrés, selon la règle ordinaire, par des *procuratores* (3). Au surplus, pendant les deux premiers siècles de l'Empire, il ne semble pas que leur administration diffère de celle des domaines privés, en d'autres termes que ces *procuratores* des biens des impératrices aient le caractère de fonctionnaires publics (4). Mais, à partir de l'époque ou fut établie, sous Septime-Sévère, à côté de l'ancien *patrimonium* impérial, l'administration de la *ratio privata* de l'Empereur, la *ratio Augustae*, c'est-à-dire l'administration des biens de l'Impératrice, prit, elle aussi, le caractère d'un service public et d'une administration officielle (5). Il est probable que les administrateurs des domaines des impératrices, devenus dès lors des fonctionnaires, dépendirent du *procurator rationis privatae* lui-même, autrement dit que l'administration de la *ratio Augustae* fut considérée simplement

(1) Voy. sur les domaines des impératrices et des membres de la famille impériale, Lécrivain, *loc. cit.*, p. 37 et 38; Hirschfeld, *loc. cit.*, p. 28 et 29; His, p. 5, p. 81 et 82.

(2) Agrippine, par exemple, possédait, dit Tacite, des biens presque aussi considérables que ceux de l'Empereur lui-même (*Ann.*, XIII, 13). — Liste des biens des impératrices, d'après les inscriptions qui nous font connaître les noms des divers personnages attachés à l'administration de ces biens, dans Hirschfeld, *loc. cit.*, p. 28 et 29, notes. Cf. Lécrivain, *loc. cit.*, p. 36. Pour l'époque du Bas-Empire en particulier, voy. les textes cités par His, p. 81, note 6. — Quelques-uns des domaines des impératrices étaient la propriété commune de l'Empereur et de l'Impératrice; exemples dans plusieurs inscriptions citées par Hirschfeld, p. 29, note 1.

(3) Exemples : C. I. L. X, 1738 (Baies) : *proc. Domitiae Domitiani; ibid.* 7587 : *proc. Plotinae Aug.;* VI, 9021 (Rome) : *proc. Matidiae Aug. f(iliae).* Autres exemples dans les listes citées par Hirschfeld, *loc. cit.* — Ajoutez à ces *procuratores* tout le personnel d'affranchis et d'esclaves attachés, sous la surveillance du *procurator,* au service des biens des impératrices; (exemples dans Hirschfeld, *loc. cit.*)

(4) En ce sens, Hirschfeld, *loc. cit.*, p. 28, 29.

(5) Voy. Dig. 49, 14, 6, 1 (Ulpien) : *Quodcumque privilegii fisco competit, hoc idem et Caesaris ratio et Augustae habere solet.*

comme une branche particulière de l'administration de la *res privata* impériale (1). A l'époque du Bas-Empire, où il existe une catégorie spéciale de biens impériaux, les *praedia tamiaca* ou *domus divina* de Cappadoce, les impératrices ont eu pareillement, en Cappadoce, des domaines particuliers, dont l'administrateur en chef était le *praepositus sacri cubiculi* de l'Impératrice. Et lorsque Justinien réorganisa toute cette administration de la *domus divina*, il y eut aussi, à côté des deux *curatores dominicae domus* institués par lui, un *curator divinae domus serenissimae Augustae* (2).

Quant aux domaines des princes et des princesses de la famille impériale (3), nous sommes moins bien renseignés sur la façon dont ils étaient administrés. Ils l'étaient sûrement par des *procuratores* (4) ; mais cela ne les distingue en rien des domaines des particuliers. Toutefois, à l'époque du Bas-Empire au moins, leur administration était considérée sans doute comme un service public, et non pas comme une simple affaire privée. Car ce service paraît avoir été placé sous la direction du *comes rei privatae* lui-même, et plus tard du *curator divinae domus* (5).

---

(1) C'est l'opinion de Hirschfeld, *loc. cit.*

(2) Voy. l'*inscriptio* de la constitution de Justinien de 531 (Cod. Just. 7, 37, 3) : *Imp. Justinianus Aug. Floro comiti rerum privatarum et curatori dominicae domus, et Petro viro illustri curatori divinae domus serenissimae Augustae, et Macedonio viro illustri curatori et ipsi dominicae domus.* On voit là très clairement les deux *curatores* de la *domus divina* de l'Empereur, créés par Justinien et mis à la tête de ce service réorganisé par lui, (Cf. ci-dessus p. 40), et, à côté d'eux, le *curator* de la *divina domus* de l'Impératrice.

(3) Sur ces domaines, voy. His, p. 82 (spécialement pour l'époque du Bas-Empire).

(4) Exemple d'un *procurator* des biens de Flavia Domitilla, la nièce de Domitien, dans Suétone, *Domitian*, 17 : *Stephanus, Domitillae procurator.* — *Procuratores* de Marc-Aurèle, encore enfant : *Vita Marci*, 7, 1. — Pour l'époque du Bas-Empire, voy. Cod. Théod., 10, 25, 1 (Arcadius et Honorius, 406) : *procuratores per singulas quasque provincias nobilissimarum puellarum filiarum mearum.*

(5) Une inscription de Mylasa (en Carie), qui est de la fin du cinquième siècle, (Zachariae von Lingenthal, *Monatsberichte der Akademie zu Berlin*, 1879, p. 159 à 160), appelle le *comes rei privatae* γενικὸς κουράτωρ τῶν προσ(ηκόν)των πραγμάτων Πλακιδία (voy. l. 2 et 3), c'est-à-dire l'administrateur général, le

J'ai à peine besoin de faire observer que, pas plus que les empereurs, les impératrices et les princes et princesses de la famille impériale ne sont citoyens de la cité. Et c'est pour cela que leurs domaines, comme ceux des Empereurs, sont indépendants du territoire et de l'autorité de la cité.

3° Les sénateurs (ou plus exactement les membres de l'ordre sénatorial) (1). — Ces personnages aussi avaient souvent d'immenses domaines. En Afrique spécialement, patrie des grands *saltus*, il n'y a pas témérité à affirmer que presque tous (sinon tous) les *saltus*, que mentionnent nos inscriptions et qui ne sont pas la propriété des empereurs, sont la propriété de quelque personne de famille sénatoriale (2). Pareillement en Gaule, les

directeur de l'administration des biens de Placidia (la fille de Théodose Ier). Ce personnage a au-dessous de lui l'administrateur proprement dit des biens de cette princesse, ὁ λαμπρότατος φροντίζων πραγμάτων τῆς αὐτῆς ἐπιφανεστάτης οἰκίας (l. 3).

(1) Sur les domaines des sénateurs, Schulten, p. 121, 122.

(2) Exemple : le *saltus Beguensis*. Le propriétaire de ce grand domaine était un certain Lucilius Africanus, d'ordre sénatorial (*clarissimus vir*). C'est ce que nous apprend le sénatusconsulte *de nundinis saltus Beguensis* (cité plus haut, p. 166, note 2); Voy. l. 14 et 19. — Autre exemple : le *saltus* de Caecilia Maxima, *clarissima femina*; (C. I. L. VIII, 8209). — Le *saltus Massipianus* comprenait deux parties distinctes. La partie méridionale appartenait aux empereurs; mais la partie septentrionale était la propriété d'un Junius Faustinus Postumianus, dont l'inscription honorifique a été trouvée dans cette partie du *saltus;* (voy. Tissot, *Géographie comparée de l'Afrique*, II, p. 633, et Wilmanns, C. I. L. VIII, p. 73). Or, cette inscription honorifique (C. I. L. VIII, 597) montre que Junius Faustinus était de famille sénatoriale et sénateur lui-même. Cf. une autre inscription relative à un Junius Faustinus Postumianus, qui fut consul et gouverneur des provinces d'Espagne et de Bretagne, inscription trouvée également dans le *saltus Massipianus*, (C. I. L. VIII, 11763). — Le Julianus Martialianus d'une inscription précédemment citée, qui met à ferme les *vectigalia* de son domaine (voy. ci-dessus, p. 178, note 2) est dit également *clarissimus vir*. — Antonia Saturnina, qui établit dans son domaine un marché et un *vicus* (C. I. L. VIII, 8280; ci-dessus p. 166, note 4) est sûrement de noblesse sénatoriale. (Voy. C. I. L. VIII, 7032). Elle appartient à la famille des *Arrii*, qui est certainement sénatoriale; et son fils en particulier, qui a vécu sous Marc-Aurèle, est très connu comme sénateur. (Voy. Schulten, p. 33) — Même chose des *Lollii*, dont les domaines se trouvaient dans les environs de Cirta. (Voy. les inscriptions relatives à des personnages de cette famille, trouvées à Tiddis, près de Cirta, certainement dans leurs domaines; C. I. L. VIII, 6705, 6706. Ces inscriptions donnent des *cursus honorum* absolument sénatoriaux). — Cf. encore, dans le massif d'El Golea, l'inscription trouvée récemment par Carton, *Découvertes en Tunisie*, p.

familles sénatoriales ont possédé de très grands domaines (1).
Or, les personnes sénatoriales, quel que soit d'ailleurs le lieu
de leur naissance, ont toujours pour *origo*, en droit, et pour
patrie, non la *civitas* où ils sont nés, mais Rome (*Roma comu-
nis patria*) (2). Et c'est là ce qui fait que leurs domaines, comme
ceux des empereurs ou des impératrices, sont en dehors de la
civitas. Le sénateur et son domaine sont l'un et l'autre indépendants de la cité, parce qu'ils n'appartiennent pas à la cité.

Et dans la réalité il n'est pas douteux, à mon avis, que les
textes juridiques ne considèrent les domaines des personnes
sénatoriales comme en dehors de la cité. Dans ces textes, les
praedia senatorum sont séparés avec soin des *praedia* des *curiales* et de tous les *praedia* qui peuvent appartenir à des *possessores* municipaux (3). C'est que les derniers dépendent essentiellement du territoire et de la juridiction de la cité, tandis que les
premiers n'en dépendent pas. J'ai signalé antérieurement deux
conséquences très remarquables de cette autonomie des domaines sénatoriaux. Ces domaines ne sont pas soumis aux
charges fiscales municipales. Et s'ils sont astreints à payer au
contraire les impôts dus à l'État, ces impôts n'y sont pas levés
par les agents de la cité, par les *decuriones*, chargés en règle
de la perception de l'impôt foncier, mais par les agents du
gouverneur de la province (4).

112 et 113 : *In his praed(iis) Rufi Volusiani c(larissimi) v(iri) et Caecinae Lolila-
niae c(larissimae) f(eminae) et filiorum c(larissimorum) v(irorum) Thiasus proc(u-
rator) fecit.* — D'une façon générale sur les immenses propriétés des grandes
familles en Afrique, voy. le passage de saint Cyprien, *Epistola ad Donatum*,
12 (*Patrol. lat.*, IV, p. 217) : *Divites ... continuantes saltibus saltus, et de con-
finio pauperibus exclusis, infinita ac sine terminis rura latius porrigentes.*

(1) Sur les propriétés des familles sénatoriales en Gaule, à l'époque du
Bas-Empire, voy. les textes réunis dans Fustel de Coulanges, *Alleu*, p. 35 à 38.

(2) Code Just. 10, 40, 8 (Valentinien, 390) ; *Senatores in sacratissima urbe
domicilium dignitatis habere videntur.* — Cf. Dig. 1, 22, 5 et 6 (Paul) — Sur
le domicile officiel des sénateurs, et sur les conséquences de la règle que je
viens de dire, Mommsen, *Droit public*, trad. VI, 2, p. 65 à 67 ; VII, p. 77.

(3) Voy. par exemple Dig. 11, 4, 1, 2 (Ulpien) : *ad investigandum fugiti-
vum in praedia senatorum vel paganorum.* — *Ibid.* 11, 4, 3 (Ulpien) : *ingrediendi
tam Caesaris quam senatorum et paganorum praedia* — Cod. Théod. 6, 3, 2
(396) et 3 (même date) : *A curialibus terris senatoria gleba discreta sit, nec ulla
fiat in possidendo clarissimarum domorum curialiumque conjunctio.* — Cod.
Just. 12, 1, 4 (340 à 349) ; etc.

(4) Voy. sur ces deux règles, ci-dessus § 5 (p. 108 et 109).

4º Les églises. — Bien qu'il y ait, en principe, une église et un évêque dans chaque *civitas*, et que l'église et l'évêque soient essentiellement l'église et l'évêque de la *civitas*, il est certain pourtant que l'église est essentiellement en droit, indépendante de la cité. Ni l'évêque n'est un magistrat de la cité, ni les prêtres ne sont des agents ou des fonctionnaires de la cité, ni les domaines de l'Église ne sont des terres municipales, ni l'administration de l'évêque, ni les lois ou règlements ecclésiastiques ne sont des affaires qui regardent la curie ou les magistrats municipaux. L'église de la cité est indépendante du gouvernement de la cité. C'est ce qui fait que les domaines des églises doivent être également considérés comme des *saltus*, c'est-à-dire comme des territoires autonomes vis-à-vis de l'autorité municipale (1).

Ce n'est pas ici le lieu de dire comment les églises se trouvèrent à l'époque du Bas-Empire, propriétaires d'un nombre très considérable de grands domaines (2). Je n'entends traiter ici que de la façon dont étaient administrées et exploitées ces terres de l'Église.

Le document le plus important pour la connaissance de l'administration des domaines ecclésiastiques est la correspondance

(1) Ce n'est pas à dire que l'Église, en tant que propriétaire, est en dehors du droit de l'Empire et que les lois civiles ne s'appliquent pas à elle. Qu'elle ait obtenu, à plusieurs points de vue, par exemple en ce qui concerne la capacité de recevoir par testament, ou en ce qui concerne l'impôt, des privilèges et des faveurs, cela n'est pas douteux; et ce n'est pas ici le lieu d'étudier ces privilèges. Mais il est certain d'abord que c'est des lois elles-mêmes qu'elle tient ces faveurs, ensuite que, d'une façon générale, la propriété ecclésiastique, quels que soient les privilèges que les lois civiles lui accordent, est réglé par ces lois civiles et en reconnaît l'autorité. Voy. à ce sujet Löning, *Geschichte des Kirchenrechts*, I, p. 233, et les déclarations très catégoriques, sur ce point, de saint Augustin et de saint Ambroise, citées dans cet ouvrage. Mais l'Église qui dépend de l'autorité de l'État ne dépend pas de l'autorité de la cité.

(2) Sur la capacité d'acquérir reconnue aux églises dans le droit du Bas-Empire, spécialement la capacité d'acquérir par testament, et sur les encouragements prodigués aux donations et aux legs faits aux églises, voy. Löning, *loc. cit.*, I, p. 220 à 230 — J'ai cité ci-dessus un exemple extrêmement important de ces donations aux églises, la liste des terres très nombreuses données par Constantin à différentes églises de Rome et de l'Italie, liste qui nous a été conservée dans la *vita Silvestri*. Voy. p. 13, note de la page 12.

du pape Grégoire le Grand (1). Les lettres de ce pape sont remplies, en effet, de recommandations relatives à l'administration des biens très considérables que possédait à cette époque l'Église de Rome (2). Comme ces domaines de l'Église de Rome ne sont pas gouvernés tout à fait selon les mêmes règles que les domaines des empereurs ou des particuliers, étudiés jusqu'ici, il convient de s'arrêter un instant sur cette question (3).

Les domaines de l'Église de Rome, à l'époque de Grégoire le Grand, étaient répartis en différentes circonscriptions extrêmement vastes, appelées *patrimonium*, (par exemple, le patrimoine de Sicile, celui de Campanie, celui de Toscane, les patrimoines des Gaules, de la Dalmatie, de l'Afrique, etc.) (4). A la tête de l'administration de chaque *patrimonium* était un fonctionnaire ecclésiastique appelé *rector* (5). On peut prendre

---

(1) Édition donnée dans les *Monumenta Germaniae* par Ewald et Hartmann, deux vol. parus (1887-1895). Cette édition n'est pas entièrement terminée, mais elle est assez avancée pour qu'elle soit désormais la seule dont il faille se servir.

(2) Sur les origines du *patrimonium* de l'Église de Rome et sur son étendue, spécialement à l'époque de Grégoire le Grands, voy. Paul Fabre, *De patrimoniis romanae ecclesiae usque ad aetatem Corolinorum* (Thèse, Paris, 1882), p. 53 à 93.

(3) Voy. sur cette matière principalement l'article très important de Mommsen, *Die Bewirthschaftung des Kirchengüter unter Papst. Gregor. I*, (*Zeitschrift für social und Wirtschaftgeschichte*, I, p. 43 et suiv.). Il faut ajouter deux articles du P. Grisar, *Ein Rundgang durch die Patrimonien des heiligen Stuhles um das Jahr 600*, et *Verwaltung und Haushalt der päpstlichen Patrimonien um das Jahr 600*, (*Zeitschrift für kathol. Theologie*, 1880, p. 321 et suiv., 526 et suiv.); Lécrivain, *De agris publicis imperatoriisque*, p. 103 à 105; Fustel de Coulanges, *Problèmes d'histoire*, p. 146 à 151; surtout la thèse de M. Paul Fabre citée à la note précédente et son article, *Les colons de l'Église romaine au sixième siècle*, (*Revue d'histoire et de littérature religieuses*, I, p. 74 et suiv.).

(4) Liste des *patrimonia* de l'Église de Rome, dans Fabre, thèse citée, p. 59 à 93. Dans l'Italie méridionale, les patrimoines de Sicile, d'Apulie et Calabre, et de Campanie. Dans l'Italie centrale, le *patrimonium urbanum*, les patrimoines de Toscane et de Sabine, le *patrimonium Labicanum*, le *patrimonium Appiae*, les patrimoines de Samnium et de Picenum. Dans l'Italie du nord, les patrimoines de Ravenne et d'Istrie, de Ligurie et des Alpes Cottiennes, de la Corse et de la Sardaigne. En dehors de l'Italie, les patrimoines de Dalmatie, de la Gaule et d'Afrique. — Sur les dénominations des domaines ou ensembles de domaines compris dans chacun de ces *patrimonia*, (*fundus, massa, saltus*), Fabre, *loc. cit.*, p. 8 à 15.

(5) Sur le *rector*, voy. Fabre, thèse citée, p. 35 à 49. Pour l'étude des

comme type de ces *patrimonia* de l'Église de Rome et de ces *rectores*, le *patrimonium* de Sicile et le *rector* de ce patrimoine, le sous-diacre Pierre. C'est à lui que Grégoire le Grand a écrit la longue lettre qui est le document le plus important que nous possédions relativement à l'administration des domaines ecclésiastiques ; nous pouvons nous faire, en lisant cette lettre, pleine de recommandations, de réglementation et de détails, une idée très complète de la façon dont était administré un grand domaine de l'Église de Rome, des hommes qui y vivaient et de la condition faite à ces hommes, à la fin du vi° siècle (1). Le *rector* est, dans la patrimoine à la tête duquel il est placé, le représentant du propriétaire, c'est-à-dire de l'Église de Rome, et par conséquent le chef de toute l'administration domaniale (2). Il gouverne les colons, et fait en sorte que leurs prestations soient exactement fournies ; il choisit les *conductores*, et veille à ce qu'ils n'oppriment pas les colons (3) ; il représente l'Église dans le procès qu'elle peut avoir, par exemple avec les grands propriétaires voisins (4) ; il fait rentrer toutes les redevances dues à l'Église, l'argent comme le blé, qu'il a la charge d'envoyer à Rome (5) ; il préside à toute la comptabilité, à tout le gouvernement, à tout ce qui touche à l'exploitation et à l'administration du domaine (6).

attributions et du rôle des *rectores*, voir, outre la correspondance de Grégoire le Grand, le *Liber Diurnus*, formules 51, 52, 53 et 54 (édition Th. Sickel, p. 41 à 44). Sur ce recueil, qui remonte à l'époque de Charlemagne, cf. la préface de Th. Sickel, en tête de son édition.

(1) *Epistolae* I, 42 (édition citée, I, p. 61 à 69) ; la lettre est du mois de mai 591.

(2) Voy. *Ibid.*, I, 1 (édition citée, I, p. 1) (lettre adressée *universis episcopis per Siciliam constitutis*) : *Ubis nos praesentes esse non possumus, nostra per eum cui praecipimus repraesentatur auctoritas. Quamobrem Petro, subdiacono sedis nostrae, intra provinciam Siciliam, vices nostras, Deo auxiliante, commisimus.*

(3) Textes cités dans Fabre, *loc. cit.*, p. 39 et 40.

(4) *Epistolæ* I, 42 (I, p. 65, l. 25) ; I, 71 (*ibid.*, p. 91, l. 14 et suiv.).

(5) Voy. les textes cités par Fabre, *loc. cit.*, p. 40, 42 à 45, et, en particulier les explications détaillées sur l'obligation imposée au *rector* de Sicile d'envoyer à Rome le blé des domaines.

(6) Textes nombreux dans Fabre, *loc. cit.* Ajouter les formules citées du *Liber Diurnus* ; par exemple la formule 51 (Sickel, p. 41) : *Quapropter tibi illi...omne patrimonium juris sancte Romane... ecclesiae per insulam illam constituimus presenti preceptione percquandum sive ordinandum committimus, etc.* — En dehors et en sus de ces fonctions d'administrateurs des domaines, les *rec-*

Au-dessous de lui et sous ses ordres, sont d'ailleurs différents agents ou fonctionnaires (1), choisis par lui (2), par exemple les *actionarii*, qui veillent à la rentrée des redevances, les *notarii* et les *defensores* qui l'assistent dans l'administration du domaine (3). En un mot, le *rector* du *patrimonium* ecclésiastique, à la fin du vi° siècle, peut être très bien comparé aux *procuratores* des *saltus*, qui sont les intendants du propriétaire, et les administrateurs du grand domaine, ou, plus exactement encore, à ces *procuratores* des *tractus* impériaux, chefs d'une grande circonscription domaniale, que nous rencontrons dans les inscriptions d'Afrique, et à ces *rationales rei privatae*, chargés du service de la *rex privata* dans tout un diocèse, que nous font connaître les constitutions des Codes du Bas-Empire et la *Notitia Dignitatum* (4).

Je n'insiste pas plus longtemps sur le rôle et sur les fonctions des *rectores*. Mais il me paraît très important de faire observer principalement le caractère essentiel de ce domaine ecclésiastique et de cette administration patrimoniale. C'est celui que j'ai dit déjà être par excellence, au point de vue juridique, le caractère essentiel du *saltus* de l'époque impériale, à savoir l'autonomie vis-à-vis de la cité. Le *patrimonium* des lettres de Grégoire le Grand, tout comme l'ancien *saltus*, constitue un territoire à part, indépendant du territoire et de la juridiction de la cité. Les hommes qui l'habitent sont dits les *patrimoniales*, les *rustici*; ils sont les hommes du domaine, non les ci-

---

tores avaient aussi diverses fonctions d'un caractère plus particulièrement ecclésiastique, par exemple, veiller à la régularité des élections et à l'observation des lois canoniques, convoquer des synodes, s'occuper de la conduite des évêques et des clercs, leur transmettre les ordres ou les recommandations du pape, poursuivre la restitution des biens enlevés aux églises, entretenir les monastères, et les hôpitaux, etc. Voir sur ces diverses obligations dont, au surplus, l'étude ne rentre pas dans le cadre de ce travail. Fabre, *loc. cit.*, p. 41, 45 et 46.

(1) Sur ces agents du *rector*, Fabre, p. 46 à 49.

(2) *Epistolae*, II, 38 (I, p. 138, l. 18) : *Si vero de laicis Deum timentes inveneris, et tonsari debeant, et actionarii sub rectore fieri, omnino libenter fero.* La nomination par le *rector* devait toutefois être confirmée par le pape. Voy. sur les règles relatives à la nomination de ces agents, Fabre, *loc. cit.*, p. 48.

(3) Sur tous ces agents, textes cités dans Fabre, *loc. cit.*, p. 47, notes 1 à 8.

(4) Sur ces fonctionnaires impériaux, voy. ce qui a été dit ci-dessus, p. 41 à 50.

toyens de la *civitas*; ils s'opposent à ces derniers qui, habitant hors du domaine et étant citoyens d'une cité, s'appellent les *cives* ou les *urbani* (1). Sans doute, le domaine dépend toujours de l'État; il fait essentiellement partie de l'Empire; il n'est pas une souveraineté, un État vis-à-vis de l'Empire (2). L'homme du domaine, en conséquence, paye l'impôt foncier dû à l'État (3). Il est astreint au service militaire, comme tous les sujets de l'État (4). Le *judex publicus*, le

(1) *Epistolae*, II, 38 (I, p. 136, l. 8 et 9), où les *rustici*, d'une part, c'est-à-dire les hommes du *patrimonium* de l'Église, sont opposés aux *extranei et urbani*, c'est-à-dire à ceux qui sont hors du *patrimonium*. Cf. *Vita Cononis*, 4, dans le *Liber Pontificalis* (édit. Duchesne, I, p. 369) : Une révolte éclate dans le *patrimonium* de Sicile, en 686-687, contre le *rector* de ce patrimoine, *horta a civibus et patrimoniales*.

(2) Cf. sur ce point les observations de Fabre, *Thèse citée*, p. 5 et 23. Comme M. Fabre l'a très bien montré, les pouvoirs que le pape Grégoire le Grand possède et exerce dans ses domaines, c'est uniquement comme propriétaire qu'il les exerce, et non pas comme chef d'État ; en d'autres termes, il a exactement les pouvoirs qui sont, à cette époque, ceux que le droit commun reconnaît à tous les grands propriétaires de *saltus*. Les auteurs modernes qui, en s'appuyant sur ces lettres, ont essayé de faire remonter jusqu'à l'époque du vi⁰ siècle le « pouvoir temporel » du pape, c'est-à-dire, plus clairement, l'existence d'un véritable État pontifical, se sont trompés sûrement. Il est vrai que, dans quelques lettres (très rares), nous voyons le pape Grégoire exercer réellement, à l'occasion, quelques-uns des attributs de la puissance publique, par exemple préparer des armements contre les Lombards ; mais, dans ces cas-là, il est certain qu'il agit au nom et par mandat de l'Empereur, et non pas en tant que chef d'un État indépendant. (Voy. par ex. : II, 34, édition citée, I, p. 131, l. 5 : *pro serenissimorum dominorum utilitate*). Dans toutes les lettres où Grégoire le Grand s'occupe de l'administration de ses domaines, c'est comme grand propriétaire qu'il agit et qu'il parle, et non pas comme souverain. Cf. Fabre, *loc. cit.*, p. 5 à 7.

(3) La *burdatio*, dont il est question dans la longue lettre de Grégoire le Grand au *rector* du patrimoine de Sicile, et qui nous est représentée, dans cette lettre comme une charge très lourde pour les colons (I, 42; édition citée, I, p. 64, l. 9 : *inlatio burdationis rusticos nostros vehementur angustat*), est, à peu près certainement, l'impôt foncier; et l'on voit par conséquent que les colons restent tenus de l'impôt foncier envers l'État. Voy. sur la *burdatio* des lettres de Grégoire le Grand, la note de Ewald, dans l'édition citée, I, p. 64, note 6. Cf. Fabre, *Thèse citée*, p. 20 à 23; et article cité, p. 80, 81.

(4) *Epistolae*, II, 38 (I, p. 137, l. 9) : *Venientibus scribentibus qui, sicut audio, jam illic tyrones colligunt.* — Sur cette matière, Fabre, *Thèse citée*, p. 23.

gouverneur de la province, ou l'Empereur dans les cas très graves, restent le juge de contestations qui s'élèvent entre les hommes du domaine et les personnes étrangères au domaine (1). Mais le domaine ne fait pas partie de la *civitas*; l'homme du *patrimonium* n'est pas le citoyen de la cité. Au-dessous des fonctionnaires de l'Empire, il a, non seulement pour *dominus*, mais pour magistrat, le propriétaire du domaine et ses agents. C'est le *rector* ou les agents du *rector* qui ont la police et la *coercitio* dans le domaine; ce sont eux qui, au moins dans les causes dont l'importance n'est pas très grande, jugent les contestations qui s'élèvent entre les hommes du *patrimonium* (2).

(1) Voy. par exemple le passage cité de la *Vita Cononis* (686-687), 4 (Duchesne, *Liber Pontificalis*, I, p. 369) : Une sédition ayant éclaté contre le *rector* du *patrimonium* de Sicile, *horta a civibus et patrimoniales*, c'est le gouverneur de la province de Sicile et l'Empereur qui sont appelés à juger cette affaire : *A judice provinciae* (le gouverneur de Sicile) *sub certa custodia retrusus, pro eo quod in dissentione judicum invenibatur* (parce que les juges ne s'entendaient pas, voy. la note 9, p. 370, dans l'édition Duchesne), *sententiae imperiali discutiendum direxit.*

(2) Voy. la formule 53 du *Liber Diurnus*, relative aux pouvoirs du *rector* (Sickel, p. 43) : *Cui talem dedimus potestatem, ut eos qui contumaces exstiterint, districta severitate corripiat.* Cette formule est inspirée d'une lettre de Grégoire le Grand, adressée *colonis et familiae in Syracusano et Catanensi territorio constitutis*, qui reconnaît les mêmes pouvoirs, et dans les mêmes termes exactement, au *defensor* chargé de l'administration de ce territoire; (IX, 30, édition citée, II, p. 62 : *Cui totam dedimus potestatem, ut eos qui inobaedientes vel temptaverint contumaces existere districta ultione corripiat*). Cf. la suite de cette lettre et la suite de la formule 53 citée. — Dans la lettre, déjà citée plusieurs fois, au *rector* du *patrimonium* de Sicile, il est question des châtiments que le *rector* a le droit d'infliger aux colons en cas de faute de leur part; (I, 42; édition citée, I, p. 65, p. 14 à 18 : *Quod si quis ex familia culpam fecerit*, etc.). — Il importe toutefois de ne pas perdre de vue l'observation suivante qui est capitale. Les pouvoirs de *coercitio* que, dans ce cas-là, le *rector* peut avoir dans le domaine comme magistrat du domaine, se confondent presque toujours avec ceux que, de plein droit, un propriétaire ou son intendant ont toujours et régulièrement sur les colons, de telle sorte qu'il est généralement impossible de dire, d'une façon sûre, si le *rector,* qui châtie des colons coupables, agit réellement comme *judex patrimonialis*, ou si plutôt il n'agit pas comme intendant du *dominus*, en vertu du droit de propriété tout simplement, et non en vertu d'un pouvoir de quasi-magistrat, et par application de cette règle essentielle et très connue qui donne au propriétaire le droit de *castigare* ses colons. (Voy. par ex. : Cod. Just., 11, 47, 24, 1, Justinien: *liberam habere potestatem dominum ejus...*

Voyons maintenant comment étaient cultivés ces domaines de l'Église de Rome, au temps de Grégoire le Grand. Comme tous les domaines de ce temps-là, ils étaient cultivés par des esclaves et par des colons.

La présence d'esclaves n'est pas douteuse. Bien que sans doute, comme l'observe avec raison Mommsen, il ne faille pas toujours et nécessairement, dans la langue de cette époque et spécialement dans les lettres de Grégoire le Grand, par les mots *servus, ancilla, mancipium, famulus*, etc., entendre l'esclave au sens propre et juridique du mot (1), et que de telles expressions soient employées parfois dans une acception large, pour désigner tout simplement des personnes dépendantes et à peu près indifféremment des esclaves ou des colons (2), il est pourtant certain qu'il existe, dans les domaines de l'Église de Rome, de véritables esclaves; car il est parlé plusieurs fois, dans les lettres de Grégoire, de ventes d'esclaves (3), de donations d'esclaves (4), d'affranchis-

castigatione moderata corrigere). — Remarquez que dans la lettre XIV, 5, de Grégoire le Grand (II, p. 423-424), dans laquelle il s'agit d'un procès entre un *conductor* d'un domaine et un *defensor*, la cause est jugée, sur l'ordre du pape Grégoire, par l'évêque de Palerme, et que par conséquent on ne peut guère voir dans cette lettre une allusion à une juridiction domaniale.

(1) Ces expressions sont assez fréquentes dans les lettres de Grégoire le Grand. Voy. par exemple, I, 39 a, n. 3 (édition citée, I, p. 53) : *de amissis mancipiis; servum ecclesiastici juris*, etc.; VI, 32 (*ibid.*, 1, p. 410) : *qui vero servi fuerint et dominos eorum*, etc.; IX, 84 (*ibid.*, II, p. 99) : *ecclesiae nostrae ancillam*, etc. — Cf. d'autres exemples encore, tirés des mêmes lettres, et indiqués par Mommsen, article cité, p. 49, notes 22, 23 et 24.

(2) C'est une constitution de Justinien lui-même (Cod. Just. 11, 48, 21, 1) qui s'exprime ainsi : *Quae etenim differentia inter servos et adscriptitios intellegetur, cum uterque in domini sui positus est potestate?* Comme le dit très justement Mommsen (*loc. cit.*, p. 49), lorsqu'on vit l'Empereur lui-même, et dans un document essentiellement législatif, s'exprimer dans des termes si inexacts, on ne doit pas s'étonner que l'évêque de Rome fasse, lui aussi, la confusion des esclaves et des colons et emploie à l'occasion le mot *servus* dans un sens qui n'est pas son sens rigoureusement juridique.

(3) *Epistolae*, IX, 123 (édition citée II, p. 125, l. 6): *Debeat mancipia comparare. Et ideo... et bono pretio et talia debeat comparare*, etc.

(4) *Ibid.*, IX, 98 (II, p. 107, l. 25): *Ideoque Johannem juris ecclesiastici famulum, natione Savinorum, ex massa Flaviana, annorum plus minus decem et octo... fraternitati tuae jure directo donamus atque concedimus, ita ut eum habeas, possideas atque juri proprietatique tuae vindices atque defendas, et quicquid de eo facere volueris, quippe ut dominus, ex hoc donatione jure per-*

sements (1); et de telles opérations supposent nécessairement la vraie et juridique servi-tude (2).

Quant aux colons, ils doivent être, comme dans tous les domaines de cette époque, la classe la plus nombreuse de cultivateurs. Les passages très fréquents des lettres de Grégoire font allusion à leur condition. C'est la condition ordinaire des colons telle que la règlent les constitutions du Bas-Empire. Au point de vue personnel, la condition d'homme libre (3); mais l'attachement obligatoire au sol, la servitude de la glèbe (4).

fecta libero potiaris arbitrio. Comme on le voit, cette lettre est un type très complet et très pur d'acte de donation d'un esclave.

(1) *Ibid.*, VI, 12 (I, p. 390, 391). — Cette lettre contient un acte d'affranchissement d'esclave, très détaillé, très circonstancié, et très important pour l'histoire de la servitude et de l'affranchissement dans le droit romano-barbare. Voy., pour la comparaison avec les autres documents juridiques, romains ou barbares, les notes de Hartmann sur cette lettre dans l'édition citée.

(2) Je fais remarquer que, dans les formules du *Liber Diurnus*, il est fait également allusion plusieurs fois à la servitude, et sans contestation possible à la servitude proprement dite. Voy. les formules 76, 77, 78 et 79 du *Liber Diurnus* (édit. Sickel, p. 27 à 30); les deux premières sont des formules d'échange d'esclaves (*preceptum de commutando mancipio*); la troisième un acte de donation d'esclave (*preceptum de donando puero*), avec condition d'affranchissement à la mort du donataire; la quatrième une formule d'affranchissement (*preceptum libertatis*).

(3) *Epistolæ*, IV, 21 (édition citée, I, p. 256, l. 5) : *licet et ipsi ex legum districtione sint liberi* (en parlant de colons). — Les lettres de Grégoire le Grand contiennent plusieurs applications très juridiques de cette règle que le colon est personnellement un homme libre et non pas un esclave. Par exemple, les colons reçoivent des salaires pour les travaux qu'on leur fait faire en dehors de la culture de la terre à laquelle ils sont attachés; (IX, 43; édition citée, II, p. 70); ils se marient; (I. 42; édition citée, I, p. 65, l. 1; Cf. ci-dessus ce que j'ai dit déjà du droit de mariage payé par les colons); il y en a, parmi eux, qui ont des biens et qui sont riches, tandis que d'autres sont pauvres; (I, 42; édition citée, I, p. 65, l. 3 et 4). En droit, ce sont là des règles tout à fait étrangères à la servitude. Il faut observer cependant que si, d'après la loi, les esclaves ne jouissaient d'aucun de ces droits, en fait, il arrivait souvent qu'ils en jouissaient par la tolérance des maîtres. Voy., notamment, à ce propos, une lettre du pape Gélase, citée par Mommsen (*loc. cit.*, p. 51, note 31). Même à l'époque de l'ancien Empire, les esclaves ont jusqu'à un certain point, non en droit, mais dans la pratique, la possibilité de contracter des mariages, de tester, de posséder des biens, etc. Voy. les exemples cités par Marquart, *Vie privée*, trad. Henry, I, p. 191, 207, 221, 222.

(4) Allusion à cette servitude de la glèbe dans plusieurs lettres de Gré-

Il est à remarquer que les redevances des colons de l'Église de Rome consistent toujours, d'après les lettres du pape Grégoire, dans des prestations en nature (1). J'ai déjà fait observer la même règle dans les inscriptions d'Afrique qui nous parlent de la condition faite aux colons des grands domaines impériaux ou des domaines privés à l'époque de l'ancien Empire (2). Les constitutions impériales affirment d'ailleurs cette règle en termes exprès (3). On peut donc la considérer à la fois comme un principe de droit et comme une pratique à peu près universelle. Dans les domaines africains que je viens de dire, c'est, en règle, le tiers de la redevance (*tertiae partes*) que doivent les colons (4). Les lettres de Grégoire le Grand n'indiquent nulle part cette proportion, ni d'ailleurs aucune autre. Au contraire, dans ces lettres, les terres de l'Église sont presque toujours évaluées par la quantité de *modii* de blé que les colons de ces terres doivent payer chaque année (5). J'en conclus que, en principe, les colons de l'Église de Rome doivent

goire. Voy. par exemple, IV, 21 (édition citée, I, p. 255, 256) : Les esclaves chrétiens possédés par des maîtres juifs doivent être déclarés libres, en vertu de la constitution de Constantin, (Cod. Just., 1, 10, 1). Mais Grégoire décide que, parmi ces esclaves, ceux qui sont attachés à la culture seront sans doute libres en droit, mais qu'ils resteront asservis à la glèbe et auront par conséquent la condition de *coloni*. — Cf. IX, 128 (II, p. 128, l. 15 et suiv.) : Un certain Pierre est devenu *defensor*, dans l'administration des domaines de l'Église. Lui et ses fils n'en restent pas moins des colons et demeurent attachés à la glèbe. En conséquence, Grégoire fait prévenir Pierre que ses fils aient à se marier dans le domaine et non pas ailleurs (*in ea massa qua lege ex conditione ligati sunt socientur... ut qualibet occasione de possessione, cui oriundo subjecti sunt, exire non debeant*).

(1) Voy. sur ce point Mommsen, *loc. cit.*, p. 51, 52. Il importe toutefois d'observer que la redevance, bien que fournie en nature, est toujours estimée en argent. Les colons doivent du blé pour une valeur de tant de *solidi*, le prix du blé devant être estimé d'après le cours de l'année présente, et par conséquent variant avec la plus ou moins grande abondance de la récolte. Voy. *Epistolae*, I, 42 (I, p. 62, l. 1 et suiv.). Sur cette estimation, qui donne lieu à d'assez grandes difficultés, voy., les explications de Fabre, article cité, p. 77 à 80.

(2) Voy. ci-dessus, p. 92, 93.

(3) Cod. Just., 11, 48, 5 (Valentinien, 366); *Domini praediorum id quod terra praestat accipiant, pecuniam non requirant.*

(4) Voy. ci-dessus, p. 93, notes 1 et 2.

(5) Exemples : IX, 37 (édition citée, II, p. 66, l. 30); *terrulam modiorum plus minus... decem;* IX, 96 (*ibid.*, p. 107, l. 1) : *terrulam modiorum XXX.*

non pas une redevance fixée à une quote-part de la récolte (le tiers ou toute autre proportion), mais une quantité déterminée de mesures de blé ; en d'autres termes, ces colons sont bien, il est vrai, des cultivateurs qui payent une redevance en nature et non pas en argent, mais ils ne sont pas des colons partiaires.

Quoi qu'il en soit de cette différence essentielle qui les sépare des anciens colons d'Afrique, le fait de la redevance fixée en nature reste certain. Il est intéressant. Les *horrea* de l'Église de Rome, dans la décadence des anciennes institutions administratives de l'Empire avaient remplacé les anciens *horrea* impériaux (1). C'étaient précisément les prestations en nature fournies par les colons qui remplissaient ces greniers de l'Église, et, d'une façon toute particulière, les prestations dues par les colons du *patrimonium* de Sicile. Comme au temps de l'Empire, les arrivages du blé de Sicile nourrissaient le peuple de Rome (2). On attendait toujours ce blé de Sicile avec la même impatience qu'autrefois, et, comme autrefois, la vie des Romains restait à la merci des vents et de la mer. Les terres situées dans des provinces éloignées étaient les seules qui ne fussent pas astreintes à ces prestations en nature ; pour celles-là, (par exemple pour les domaines que l'Église de Rome possédait en Gaule, à Arles), au lieu de blé, qu'il eût été trop difficile et trop coûteux de faire voyager jusqu'à Rome, les cultivateurs donnaient de l'argent (3). A côté et en sus de ces prestations en nature,

---

(1) *Epistolae*, I, 2 (I, p. 3, l. 16) : *ad replendum sitonicum.* — *Ibid.*, I, 42 (I, p. 62, l. 8) : *in horreis Ecclesiae infertur.* — *Ibid.*, IX, 115 (II, p. 120, l. 16) : *omnis tritici quantitas quae in horreis Ecclesiae nostrae suscepta fuerat.* — Cf. sur ces greniers de l'Église de Rome, le passage de Grégoire de Tours, *Hist. Franc.*, X, 1, dans lequel il est parlé de l'inondation du Tibre qui, en 590, détruisit les maisons et les *horrea Ecclesiae.* — Voy. là-dessus les observations de Mommsen, *loc. cit.*, p. 51, note 33, et surtout de Hartmann, dans l'édition citée des lettres de Grégoire le Grand, I, p. 319, note 3.

(2) Allusion à ces envois de blé de la Sicile dans la lettre très intéressante, de 591, à Pétrus, le *rector* du *patrimonium* de l'Église de Rome en Sicile (I, 70 ; édition citée, I, p. 89, 90).

(3) *Epistolae*, VI, 51 (édition citée, I, p. 427, l. 8 et suiv.) : lettre adressée à l'évêque d'Arles, Virgile, pour lui recommander d'envoyer à l'Église de Rome les *pensiones* du *patrimonialum* d'Arles, que son prédécesseur a gardées

dues à l'Église de Rome, les colons étaient astreints à d'autres redevances (*pensiones*), notamment au profit des différents administrateurs locaux des biens de l'Église; et ces *pensiones* consistaient non pas toujours, mais le plus souvent, en argent (1). Enfin, une lettre de Grégoire le Grand parle aussi des *angariae* que l'on était en droit d'exiger des colons (2). Je crois qu'il faut entendre par cette expression les corvées ou journées de travail qui sont dues par le colon au propriétaire ou à son représentant ou au fermier (3). C'est une des obligations que nous savons avoir pesé le plus régulièrement sur les colons (4).

A tous ces points de vue, la condition des colons des domaines de l'Église de Rome ne diffère pas d'une façon essentielle de celle des colons des autres domaines. La particularité la plus remarquable qu'offre à ce sujet la correspondance du pape Grégoire est, sans aucun doute, le paiement d'un droit de mariage que l'on exige du colon lorsqu'il se marie (5). C'est là en effet, une obligation dont ne parlent pas les constitutions impériales du Bas-Empire, non plus qu'aucun texte appartenant à la période antérieure aux invasions barbares. Mais on sait que c'est là, pour les serfs du moyen-âge, une règle tout

pour lui pendant plusieurs années. Cf. VI, 53 (I, p. 428, l. 25), qui rappelle la même recommandation. Les *pensiones* sont certainement une redevance en argent.

(1) Voy. *Epistolae*, I, 37 (I, p. 50, l. 11 et suiv.); I, 42 (*Ibid*, p. 63. l. 5 et suiv.; p. 66, l. 18); II, 38 (*Ibid.*, p. 136, l. 13); IV, 28 (*Ibid.*, p. 262, l. 23) : allusions à des redevances en *solidi* ou en *librae*, ou à des *pensiones*. Cf. sur ces redevances Mommsen, *loc. cit.*, p. 53, et la thèse citée de Fabre p. 17 et 18. — Ajoutez les *excepta* et les *vilicilia* dont parle Grégoire le Grand, I, 42 (I, p. 64, l. 7 et 8) : *praeter excepta et vilicilia nihil aliud volumus a colonis ecclesiae exigi.* M. Fabre pense qu'il faut entendre par ces expressions des fournitures supplémentaires et des cadeaux que les colons étaient obligés de faire aux *conductores* des domaines; (voy. article cité, p. 80 et 86).

(2) *Epistolae*, V. 7 (I, p. 289, l. 6) : *ne* (les colons) ... *aut in angariis aut rerum pretiis gravarentur.* L'expression *rerum pretia* doit faire allusion, pense M. Fabre, à la vente obligatoire par les colons d'une certaine quantité de blé à l'Église.

(3) En ce sens, Fabre, article cité, p. 86, 87, et sa thèse, p. 20.

(4) Voy. les textes cités ci-dessus à propos des *operae* dues par les colons, p. 94, notes 1 à 3.

(5) Lettres de Grégoire le Grand, citées ci-dessus, p. 95, note 1.

à fait caractéristique (1). A l'époque de Grégoire le Grand, cette obligation est déjà établie, et les lettres de ce pape sont le premier document, à ma connaissance, où on la trouve mentionnée.

Esclaves et colons, tels sont les cultivateurs des domaines de l'Église de Rome, au vi° siècle. Il est certain que, dans les lettres de Grégoire le Grand, il n'est jamais fait mention de petits fermiers libres. Tous les cultivateurs sont, ou des non-libres comme les esclaves, ou des demi-libres comme les colons. Ce fait est d'ailleurs très naturel. J'ai montré que, presque dès la fin du second siècle, les lois comme les habitudes agricoles tendaient à la disparition du petit fermier libre et à son remplacement par le serf de la glèbe, et que l'institution du colonat, s'étendant, à l'époque de Constantin, à toutes les parties de l'Empire et à tous les domaines, fut le triomphe de cette tendance et l'aboutissant inévitable de cette évolution. Comment y aurait-il encore de petits fermiers libres en Italie, à la fin du vi° siècle, alors que les lois du Bas-Empire ont travaillé depuis deux siècles à faire de ces hommes des colons, en asservissant à la glèbe tous les cultivateurs du monde (2)?

Pourtant, il y a bien des fermiers libres, dans les lettres de Grégoire le Grand. Mais il est clair que ce ne sont pas des cultivateurs. Ces fermiers sont, en effet, des emphytéotes, c'est-à-dire des fermiers à très long terme, des *quasi domini*, exerçant, moyennant le paiement de leur *pensio*, à peu près tous les droits de la propriété. Évidemment ces grands personnages ne sont pas des cultivateurs. Il y a aussi, dans les domaines de l'Église, des hommes qui s'appellent *conductores*. La condition de ces hommes mérite d'être étudiée de près; car c'est précisément en ce qui les concerne que l'administration des do-

---

(1) Cf. ci-dessus, p. 94, note 4.

(2) A remarquer notamment la règle posée par la constitution d'Anastase (491-518), d'après laquelle tout cultivateur, qui est resté sur une terre pendant trente ans, devient par là même colon; (C. Just. 11, 48, 19). Il est clair que cette constitution met fin systématiquement au petit fermage libre, puisque les fermiers libres deviennent, d'après la loi, des colons au bout de trente ans de fermage. Cf. Code Just. 11, 48, 23, 1 (Justinien), qui répète la même règle; et sur tout cela, Fustel de Coulanges, *Problèmes d'histoire*, p. 94 à 96.

maines de l'Église de Rome présente des différences très intéressantes avec l'administration des autres grands domaines que nous avons étudiés jusqu'ici.

Quant à la condition faite aux cultivateurs proprement dits, c'est-à-dire aux esclaves ou aux colons, l'Église de Rome ne se distingue pas très sensiblement des autres grands propriétaires de l'époque du Bas-Empire. Au contraire, pour ce qui est du fermier (emphytéote et *conductor*), les lettres de Grégoire le Grand nous offrent des particularités tout à fait remarquables et un état de choses très différent de celui que nous avons rencontré dans les grands domaines étudiés précédemment.

Dans ces grands domaines, principalement dans ceux de l'Empereur, qu'il convient de prendre comme types, parce que c'est sur eux que nous avons surtout des renseignements nombreux et précis, à côté et au-dessus des colons, il y a, comme je l'ai montré, le gros fermier ou *conductor*, qui a pris à bail l'ensemble du domaine (ou le domaine tout entier ou une très vaste étendue de terre), et qui, au moins à l'époque du Bas-Empire, est un fermier à perpétuité, (*perpetuarius*, emphytéote, etc.), par la même un *quasi dominus* (1). *Conductor* et emphytéote sont donc, dans ces domaines impériaux, deux mots tout à fait synonymes. Exactement et en un seul mot, le fermier du domaine impérial, à l'époque du Bas-Empire, est un *conductor emphyteuticarius* (2). Il n'y a donc pas là deux espèces d'hommes, deux catégories différentes de fermiers, mais bien un seul et même fermier. Il en est tout autrement dans les domaines de l'Église de Rome. Les lettres de Grégoire le Grand parlent plusieurs fois de domaines

(1) Voy. ci-dessus, p. 58 à 66.

(2) Voy. ce que je dirai plus loin (§ 7) à propos de l'emphytéose. Il est vrai que les textes législatifs du Bas-Empire évitent généralement de se servir du mot *conductor* à propos de l'emphytéote, afin d'éviter la confusion entre celui-ci et le fermier du droit classique (le fermier de la *locatio conductio* proprement dite), dont les droits sont beaucoup moins étendus. Mais il n'en est pas moins certain que l'emphytéose est un louage ; et les textes le disent expressément. Voy. par exemple, Cod. Theod. 5, 13, 17 et 18 (Valentinien et Valens, 364 et 365). Les Institutes de Justinien, (III, 24, 3), emploient même le mot *conductor*, à deux reprises, dans un passage où évidemment il est question de l'emphytéote.

donnés en emphytéose (1), et plusieurs fois aussi des *conductores* des domaines. Mais l'emphytéote et le *conductor* ne sont pas du tout un seul et même personnage. Non seulement ces deux expressions n'alternent jamais, dans nos lettres, et ne sont employées nulle part l'une pour l'autre indifféremment comme des synonymes, mais encore il est remarquable que ce n'est jamais à propos des mêmes terres qu'il est parlé de l'emphytéote ou de *conductor*. L'emphytéote d'un domaine n'est jamais appelé le *conductor* de ce domaine ; et réciproquement les domaines dans lesquels nous rencontrons des *conductores* ne sont jamais des domaines qui ont été donnés en emphytéose (2).

L'emphytéote est très facile à caractériser, et sa condition juridique est on ne peut plus claire. C'est l'homme qui a pris à ferme un domaine de l'Église, pour un temps très long, et qui paie pour cette tenure un fermage, appelé *pensio*. Ses droits et ses obligations sont ceux qui dérivent du contrat d'emphytéose, tel qu'il est régi par le droit du Bas-Empire. Je traiterai plus loin de sa condition juridique, en parlant des règles du bail à ferme des grands domaines et par conséquent des règles de l'emphytéose (3) ; pour le moment, la définition que je viens de donner suffit à faire comprendre ce qu'il est d'une façon générale. Le *conductor* est un personnage très différent. A l'époque de Grégoire le Grand, les domaines de l'Église de Rome sont répartis en un certain nombre de circonscriptions appelées *condumae* ; et dans chaque *conduma* se trouve un *conductor* (4). La fonction essentielle de

---

(1) J'expliquerai plus loin, à propos de l'emphytéose ecclésiastique (§ 7), les passages des lettres de Grégoire qui sont relatifs à ce contrat.

(2) Voy. sur ce point Mommsen, *loc. cit.*, p. 47, 53, 57 à 59. Cf. Fabre, article cité, p. 89, 90.

(3) Voy. ci-dessous, § 7. — Je fais seulement observer ici que, dans le droit du Bas-Empire, il y a, pour l'emphytéose contractée par les églises, des règles tout à fait spéciales. Je les étudierai plus tard.

(4) *Epistolae*, II, 38 (édition citée, I, p. 135, l. 1) : *Conductoribus singulae condomae.* — Sur le sens du mot *conduma* ou *condoma*, voy. le dictionnaire de Ducange, au mot *conduma* (t. II, p. 517), et la note de Ewald, dans l'édition citée, p. 135, note 1. Dans l'opinion de Mommsen, le patrimoine de l'Église de Rome en Sicile aurait compris quatre cents *condumae* ou circonscriptions de *conductor*. C'est ce qui semble en effet résulter de la lettre citée (II, 38), dans laquelle Grégoire écrit à l'administrateur de ce patrimoine de

ce *conductor* consiste à faire rentrer les redevances, soit en nature, soit en argent, dues à l'Église par les colons de la circonscription (1), ainsi que l'impôt que ces mêmes colons doivent à l'État, mais que l'État réclame du propriétaire, et que le propriétaire fait lever par ses agents, à savoir par les mêmes *conductores* (2). C'est donc toujours le *conductor*, et jamais l'emphytéote, que nous voyons, dans la correspondance de Grégoire le Grand, en rapport avec les colons des domaines de l'Église (3) ; non pas,

faire vendre les juments des domaines, et d'en garder seulement, pour la reproduction, quatre cents, qui seront remises aux *conductores* de chacun des domaines, moyennant une redevance annuelle. Voy. Mommsen, *loc. cit.*, p. 56.

(1) *Epistolae*, I, 42 (édit. citée, I, p. 62, l. 13, et p. 63) ; il est question dans ce passage des exactions commises par les *conductores* qui exigent des colons des redevances exagérées. (Cf. la note de Ewald, *loc. cit.*, p. 62, note 5). — *Ibid.*, p. 64, l. 4 à 8 ; p. 65, l. 19 : *quotiens conductor aliquid colono suo injuste abstulerit, hoc quidem a conductore exigitur, sed et non redditur a quo ablatum est.* — *Epistolae*, V, 31 (I, p. 311, 312), lettre adressée *conductoribus massarum sive fundorum per Galliam constitutis ;* il est recommandé à ces *conductores* de mettre à part les *pensiones fideliter collectae* par eux pour les verser entre les mains de l'envoyé que le pape chargera d'aller les recueillir. — *Ibid.*, XIII, 37 (II, p. 401, l. 2) : *ea quae fraudulenter conductores a rusticis abstulerunt*, etc. — Les *conductores* percevaient sûrement, aussi bien les redevances en nature, qui étaient les plus habituelles comme je l'ai montré, que les redevances en argent. (Voy. par exemple dans la lettre citée, V, 31, les *conductores* de la Gaule, c'est-à-dire d'une région où la redevance des colons consiste en argent). Cf. sur ce point, Mommsen, article cité, p. 55, 56.

(2) Voy. sur ce point Mommsen, *loc. cit.*, p. 55, note 52, et surtout Fabre, article cité, p. 80 à 83. C'est de l'impôt dû à l'État qu'il est question, comme je l'ai dit, dans les lettres de Grégoire, où il est parlé de la *burdatio*. Voy. *Epistolae*, I, 42 (I, p. 64, l. 9 et suiv., et p. 66, l. 6 et suiv.). Le *conductor* Théodose étant mort après avoir touché la *burdatio* des colons, mais avant d'avoir eu le temps de la verser dans les caisses publiques, l'État l'exige de nouveau des colons, et Grégoire fait rendre aux colons les cinq cent sept sous d'or qu'ils avaient versés pour la *burdatio* entre les mains du *conductor* défunt ; mais il est visible par sa lettre qu'il n'était nullement obligé par la loi à agir ainsi.

(3) Voy. le passage déjà cité de I, 42 (édit. citée, I, p. 65, l. 19) : *quotiens conductor aliquid colono suo injuste abstulerit*, etc. — Cf. V, 31 (I, p. 311), lettre adressée aux *conductores* des domaines de Gaule : *Debetis ... eos quibus praeestis* (c'est-à-dire les colons) ... *adsidue commonere ut ... familia ecclesiae non solo nomine sed et meritis honoretur.* La *familia* de l'Église, c'est exactement l'ensemble de ses serviteurs, les esclaves et les colons par conséquent ; mais c'est principalement les colons qui sont la classe la plus nombreuse de cultivateurs.

bien entendu, qu'il faille en conclure que l'emphytéote n'a pas lui-même des colons pour cultiver les terres qu'il a prises à ferme; (il en a évidemment, puisque, à cette époque, le colonat est la condition du plus grand nombre des cultivateurs) (1) ; mais, cet emphytéote s'arrangeant lui-même avec ses colons comme il l'entend, grâce à son autorité de grand fermier et de *quasi dominus*, le pape n'a pas, dans ses lettres, à s'occuper de ce qui se passe et de ce que doivent les colons dans les domaines loués à bail emphytéotique, tandis que, dans les *condumae*, à la tête desquelles il a placé des *conductores*, il lui appartient de veiller à ce que les obligations des colons soient exactement remplies par eux, et aussi à ce que le *conductor* ne les opprime pas par des exactions (2). Donc le *conductor* est essentiellement un receveur ou percepteur des redevances dues à l'Église de Rome. Au surplus, personnellement, un assez petit personnage, un homme dépendant comme les colons eux-mêmes (3), comme eux un demi-libre, et parfois même un esclave (4).

(1) Dans une de ses lettres (IX, 125, édit. citée, II, p. 126, l. 20), Grégoire, écrivant à un emphytéote, le prie de lui prêter, pour un charroi de poutres destinées aux basiliques romaines, le secours de ses hommes et de leurs bœufs, (*hac in re homines cum bobus suis faciat praebere*). Évidemment, ces hommes que l'emphytéote est prié d'envoyer au pape, ce sont les colons de cet emphytéote, qui, d'après les règles ordinaires du colonat, sont astreints à des corvées. Voy. Fabre, article cité, p. 90, 91.

(2) Allusions fréquentes à ces exactions. Voy. les passages cités ci-dessus.

(3) Voy. sur ce point, Mommsen, *loc. cit.*, p. 54, et Fabre, article cité, p. 88. Un exemple de cette condition très dépendante des *conductores* est la prétention qu'émettent parfois les administrateurs des patrimoines de l'Église, à la mort d'un *conductor*, de s'emparer de tous ses biens, comme s'il n'était qu'un esclave. Voy. I, 42 (I, p. 65, l. 7) ; *Cognovimus etiam, quod quibusdam conductoribus morientibus parentes sui non permittuntur succedere, sed res eorum ad usum ecclesiae pertrahuntur.*

(4) Exemple : *Epistolae* I, 42 (I, p. 68, l. 27) : *Felix, conductor domnae Campanae, quem liberum reliquerat atque esse indiscussum jusserat.* Comme le remarque Mommsen (*loc. cit.*, p. 54, note 44), Félix est l'affranchi d'une femme, affranchi tout à fait dans les conditions que nous présentent plusieurs textes du Digeste, (Dig., 3, 5, 44, 1, Ulpien; — 40, 5, 41, 10, Scaevola). Il a donc commencé par être un esclave. Cf. une lettre du pape Gélase (492-496), citée par Mommsen, *loc. cit.*, p. 54, note 45, où il est question d'un certain *Ampliatus, conductor, quem ... servum constat esse ecclesiae*, et une autre lettre du pape Pelage Ier (556-561), qui recommande à l'administrateur d'un patrimoine de garder soigneusement les esclaves agricoles dont on peut faire des *conductores*; (citée par Fabre, article cité, p. 88, note 6).

Dans l'opinion de M. Mommsen et de M. Schulten, les *conductores* des domaines de l'Église de Rome n'auraient pas d'autres attributions que celle que je viens de dire (1). Ils seraient les receveurs des redevances dues par les colons à l'Église, mais ils ne seraient par les fermiers de ses domaines. Sans aucun doute ils sont des fermiers, puisqu'ils en ont le nom (*conductores*) (2); mais ils ne seraient, dans cette opinion, que les fermiers des redevances, dont ils ont pris à bail la perception, tout à fait analogues par conséquent à ces anciens fermiers de l'État romain, les publicains, qui sont, à parler exactement, des *conductores vectigalium publicorum*. Fermiers de la redevance, mais non fermiers de la terre, telle serait leur condition. M. Mommsen considère, en effet, que les passages des lettres de Grégoire le Grand où il est question de l'emphytéose et ceux où il est parlé des *conductores* se réfèrent en réalité à deux modes tout à fait différents et même opposés d'exploitation des domaines de l'Église. Dans les premiers, il s'agit de la mise à ferme de ces domaines, l'emphytéote ne pouvant être évidemment que le fermier du domaine. Dans les seconds, au contraire, il faudrait entendre nécessairement et implicitement que le domaine, au lieu d'être donné à bail à un fermier, est exploité directement en régie, par les agents eux-mêmes de l'Église de Rome (3). Ces agents, ce sont les *rectores*, dont j'ai parlé, qui sont les administrateurs d'un grand domaine, ou plus exactement d'une grande circonscription de domaines; et ces administrateurs, pour lever plus commodément les redevances dues par les colons de leur circonscription, emploient

(1) Mommsen, *loc. cit.*, p. 57, 58; Schulten, *Grundherreschaften*, p. 123, 124.

(2) Voy. sur le bail passé ainsi entre l'administration et le *conductor* patrimonial, Mommsen, *loc. cit.*, p. 57, et surtout Fabre, article cité, p. 82 à 84. Le bail du *conductor* (*libellus*) est généralement à court terme, parce que le recteur du patrimoine touche à chaque renouvellement de bail un droit appelé *libellaticum*, proportionné au prix du fermage; voy. I, 42 (édition citée I, p. 65, l. 28 à 32). Grégoire voudrait augmenter la durée de ce bail, et le moins possible changer les *conductores*. (*Ibid.* : *ne conductores frequenter mutentur*). Le *conductor* en contractant un bail, engage à l'Église ses propres biens (même lettre, p. 66, l. 13 : *res suas quas in pignori dederat*), absolument comme, à l'époque de la République ou de l'Empire, ceux qui traitaient avec l'État, ou avec l'Empereur, ou avec une cité.

(3) Mommsen, *loc. cit.*, p. 43, 47, 57, 58. — Cf. dans le même sens Schulten, p. 123, 124.

des *conductores*, à qui ils louent la perception de ces redevances, comme autrefois l'État romain ou l'Empereur louaient à des publicains (*conductores vectigalium*) la perception des redevances de leurs domaines.

Je ne sais si cette manière de se représenter les choses est très exacte (1). Sans doute, on ne saurait douter que les *conductores* des lettres de Grégoire le Grand ne soient des percepteurs, chargés, avant toutes choses, de faire rentrer dans les caisses de l'Église ou dans ses *horrea*, les redevances en nature ou en argent dues par les colons. Les textes sont sur ce point on ne peut plus formels. Mais il ne me semble pas démontré que ce soit là nécessairement la seule fonction de ces *conductores*, et que, percepteurs ou, si l'on veut, fermiers de la redevance, ils ne soient pas en même temps fermiers du sol lui-même. Avec M. Fabre, je me représenterais plus volontiers le *conductor* comme percevant les redevances des colons dans sa *conduma*, et exploitant lui-même la terre avec ces mêmes colons. Les lettres du pape appellent formellement les colons les « colons du *conductor* » (2) ; et nous voyons par ces lettres que les *conductores* touchent eux-mêmes des redevances de leurs colons ; j'entends par là des redevances dues non pas à l'Église, mais à eux-mêmes (3). Notamment le plus curieux de tous ces droits, le droit de mariage, profite au *conductor* lui-même et non pas à l'Église (4). Faut-il maintenant, comme le

---

(1) Voy. sur ce point Fabre, article cité, p. 84 et 90.

(2) Voy. le passage déjà cité de I, 42 (I, p. 65, l. 19) : *quotiens conductor aliquid colono suo injuste abstulerit.* Cette façon de s'exprimer me semble indiquer que le colon est vis-à-vis de « son » *conductor* dans un rapport plus étroit, plus dépendant et plus personnel que le rapport de contribuable à percepteur.

(3) Il me paraît à peu près certain, comme à M. Fabre, que les *vilicilia* que doivent les colons, en sus de leurs *pensiones* ou redevances ordinaires, et dont parle la lettre de Grégoire, I, 42 (I, p. 64, l. 8), sont une redevance qui est payée au *conductor*. Quant aux *angariae*, c'est-à-dire aux corvées, dues par les colons, dont parle une autre lettre (V, 7 ; édition citée, I, p. 289, l. 6), je ne sais si ces corvées sont dues au *conductor* ou au représentant de l'Église. Voy. sur tous ces points, Fabre, article cité, p. 80, note 3, p. 86 et 87 ; et sa thèse, p. 26 et 27.

(4) Cela est dit formellement dans la lettre de Grégoire, I, 42 (I, p. 65, l. 4) : *Quod nuptiale commodum nullatenus volumus in nostra ratione redigi, sed utilitati conductorum proficere.*

propose M. Fabre, considérer le *conductor* comme le fermier
de la *villa* elle-même, c'est-à-dire de la partie du domaine réservée au propriétaire ou à son représentant, de la *villa indo-
minicata*, ainsi qu'on dira au moyen-âge? C'est possible, bien
que je n'en voie pas de preuve bien certaine (1). Mais, dans
tous les cas, il reste pour moi probable que les *conductores* des
lettres de Grégoire le Grand ne sont pas, comme le pensent
Mommsen et Schulten, de simples agents de transmission. Il
est vraisemblable qu'ils ont aussi « une tenure propre à côté
de celle des colons » (2). Je reconnais toutefois que la question est très délicate, et que, pour la trancher d'une façon
décisive, dans un sens ou dans un autre, il serait bon peut-être
d'attendre de nouveaux documents, plus clairs sur ce point
particulier que ne le sont les lettres du pape Grégoire le
Grand (3).

§ 7.

L'EXPLOITATION DU DOMAINE (4).

I.

Il était extrêmement rare que le propriétaire exploitât lui-
même son domaine. Dans les grands *saltus* surtout, cette pra-

---

(1) M. Fabre, article cité, p. 90, note 2, donne comme preuve de cela la
définition du mot *conduma*, d'après Papias, dans le dictionnaire de Ducange,
à ce mot (t. II, p. 517) : *domus cum curia et caeteris necessariis*.

(2) Expression de Fabre, article cité, p. 90.

(3) Les formules 34 et 35 du *Liber Diurnus* (édit. Sickel, p. 25 et 26) sont
incontestablement relatives à la mise à ferme par l'Église de Rome, non pas
de redevances, mais de terres. Il suffit de les lire pour voir que tel est leur
caractère évident. Or ces formules se donnent elles-mêmes, en termes exprès,
comme des formules de *conductio*. On pourrait donc être tenté de tirer de là
un argument en faveur de l'opinion qui voit dans le *conductor* des lettres de
Grégoire le Grand un locataire qui a affermé des terres de l'Église; et effectivement M. Fabre (thèse, citée, p. 24 et 25) rapporte ces formules aux *conductores*, et s'en sert pour étudier la condition de ces personnages au temps
de Grégoire le Grand. Mais ces formules ne seraient-elles pas plutôt, en dépit
du mot *conductio* dont elles se servent, des modèles de bail emphytéotique ?
C'est l'opinion de Mommsen (voy. article cité, p. 45) ; et j'avoue que la question me paraît embarrassante, mais que l'opinion de Mommsen me paraît
bien la plus probable.

(4) M. Schulten, dans son livre sur les grands domaines (*Römischen Grun-*

tique est à peu près inconnue (1). Les domaines sont mis en valeur de l'une ou de l'autre des deux manières suivantes : ou bien l'exploitation en régie par l'intendant du propriétaire, c'est-à-dire par le *procurator* ou *vilicus*, ou bien la mise à ferme du domaine, c'est-à-dire sa location à un *conductor*.

La seconde manière est à beaucoup près la plus usitée. Il y a cependant des exemples de la première. Il y en a pour

---

dherrschaften), a presque complètement négligé cette matière. Quelques mots seulement (p. 127 à 129) sur l'exploitation des terres incultes du domaine, d'après l'inscription d'Aïn Ouassel. En revanche, son mémoire sur l'inscription d'Henchir Mettich (*Lex Manciana*, p. 28, 32 et 33, 38 à 43), contient des observations très ingénieuses et très suggestives sur les origines, dans le droit romain, de la tenure emphytéotique. Cf. sur le même sujet et, relativement à la même inscription, Cuq, *Le colonat partiaire dans l'Afrique romaine*, p. 21 à 28. — Les deux autres ouvrages sur les grands domaines, qui sont cités en tête de ce travail, consacrent aux modes d'exploitation du domaine et aux différents procédés de fermage dont ils sont l'objet, une étude très approfondie et très bien faite. Voy. Wiart, *Régime des terres du fisc au Bas-Empire*, p. 39 à 99, et His, *Domänen der römischen Kaiserzeit*, p. 7 à 11, 14, 82 à 106. Les chapitres de M. His sur ce sujet sont même, à mon avis, l'étude la plus exacte, la plus complète et la plus claire que nous possédions, à l'heure qu'il est, sur cette question si importante des procédés de mise à ferme des grands domaines, qui n'est autre que l'histoire du bail perpétuel et héréditaire dans la législation de l'Empire romain. — Ajouter un article récent de M. Rostowzew, *Conductor*, dans la *Dizionario epigrafico* de M. de Ruggiero (t. II, p. 578 et suiv.). — Parmi les ouvrages plus anciens écrits sur ce sujet, il importe surtout de signaler les deux suivants : la thèse citée de M. Lécrivain, *De agris publicis imperatoriisque*, p. 51 à 67, 79 à 95, et le livre de M. Garsonnet, *Hist. des locations perpétuelles et des baux à longue durée*, p. 147 à 181. Ajouter également les chapitres consacrés à l'emphytéose dans les différents traités de droit romain, et les livres spéciaux écrits sur cette institution (j'indiquerai plus loin les principaux). L'ouvrage de M. Weber, *Die Römische Agrargeschichte*, qui s'occupe aussi, et avec détails, de la matière que je traite ici (voy. p. 136 à 179), est, à mon avis, d'une valeur extrêmement surfaite.

(1) Cependant, dans l'inscription d'Henchir Mettich, il est dit, à quatre reprises différentes, que les redevances dues par les colons de ce domaine devront être payées au propriétaire, ou au fermier ou au régisseur (*dominis aut conductoribus vilicisve ejus fundi*); voy. les textes cités ci-dessus, p. 118, note 3. Or ce langage suppose nécessairement que la *lex* d'Henchir Mettich prévoit comme possible le cas où le domaine serait exploité par les propriétaires eux-mêmes, puisque, pour ce cas-là, elle déclare que la redevance des colons sera payée à ces propriétaires, comme elle le serait aux *conductores* si le domaine était donné à bail à des fermiers, et comme elle le serait aux *vilici* s'il était exploité par les régisseurs du propriétaire.

les domaines des particuliers. Notamment l'inscription d'Henchir Mettich (qui est relative sûrement, comme je crois l'avoir prouvé, à un domaine privé) suppose, à presque toutes les lignes, l'existence possible de l'un et de l'autre mode d'exploitation que je viens de dire; car elle déclare, à propos de chacune des redevances dues par les colons, que ces redevances seront payées, soit au *conductor*, soit au *vilicus* (1). Or il est clair que, par ce langage, elle fait allusion à deux cas qui peuvent se présenter, soit l'exploitation par le régisseur (*vilicus*), soit la mise à ferme du domaine (à un *conductor*), et qu'elle entend dire que les colons auront à s'acquitter de leurs obligations entre les mains du *vilicus*, dans le premier cas, ou entre celles du *conductor*, dans le second cas (2). Les domaines impériaux, eux aussi, ont été quelquefois exploités en régie, par les *procuratores*. C'est là sûrement un procédé rare; mais il a été employé parfois (3). Il l'a été surtout pour une certaine catégorie de biens. Les palais impériaux, par exemple (4), ou les jardins d'Engaddi, en Judée, dans lesquels se cultivaient des plantes balsamiques, étaient exploités de cette façon, par des administrateurs de l'Empereur (5). Il en était de même des haras (6). Les mines, les carrières, les salines, qui apparte-

(1) L'expression *conductoribus vilicisve* revient à presque toutes les lignes de l'inscription d'Henchir Mettich. Voy. les textes cités ci-dessus, p. 51, note 2. Quelquefois, mais beaucoup plus rarement, l'inscription dit que ces redevances seront payées *dominis aut conductoribus vilicisve* (Voy. la note précédente).

(2) Voy. sur ce point Toutain, *L'inscription d'Henchir Mettich* (*Revue histor. de droit*, 1897, p. 387). Cf. ci-dessus, p. 53, note 1, et p. 60, note de la p. 59.

(3) Voy. sur ce point, His, *Domänen der Kaiserzeit*, p. 7 et 83.

(4) Voy. Cod. Théod., 5, 14, (Valentinien et Valens). Il est dit dans cette constitution que les *fundi* des empereurs feront l'objet, d'une façon générale, de concessions de *jus perpetuum*, (voy. ci-dessous pour l'étude de cette concession), *palatiis tantum hortisque* (?) *in rei privatae sollicitudine retentandis*, ce qui indique bien que la *res privata* garde l'administration des palais impériaux.

(5) Pline, *Hist. nat.*, XII, 25, 111 à 113 (édit. Jahn) : *Sed omnibus odoribus praefertur balsamum, uni terrarum Judaeae concessum, quondam in duobus tantum hortis*, etc... *Seritque nunc eum* (l'arbre balsamique) *fiscus*. Cf. Marquardt, *Organisation financière*, trad., p. 325.

(6) Voy. spécialement Cod. Théod. 15, 10, 1 (Valentinien et Valens, 371), où il est dit que la nourriture des chevaux des haras est fournie *ex horreis*

naient en très grand nombre aux empereurs (1), étaient aussi non pas toujours, mais très souvent, exploitées en régie par des *procuratores* impériaux (2). Par exemple, dans la *lex me-*

fiscalibus. C'est donc l'administration impériale elle-même, et non un *conductor*, qui avait la charge de leur entretien. — Cf. *ibid.*, 10, 6, 1 = Cod. Just. 11, 76, 1 (Arcadius et Honorius, 395); *Notitia Orientis*, 13 (Böcking, 1, p. 44) : *praepositi gregum et stabulorum ;* (sur ce fonctionnaire, voy. Böcking, *loc. cit.*, I, p. 209, note 9, et p. 260, note 5).

(1) Voy. en particulier pour les mines, les textes nombreux réunis dans Marquardt, *Organisation financière*, p. 326 à 328 et dans Hirschfeld, *Röm. Verwaltungsgeschichte*, p. 73 à 75. Cf. Rostowzew, *Conductor*, p. 583 à 586. Quelques mines appartiennent encore aux particuliers, à l'époque impériale ; (exemple de mines qui sont des propriétés privées]dans Dig. 27, 9, 3, 6, Ulpien) ; mais c'est l'exception. Presque toutes sont devenues la propriété de l'empereur. Il en est de même pour les salines et pour les carrières. Un très petit nombre sont à des particuliers ; mais en règle, elles appartiennent aux empereurs ; voy. les textes cités dans Marquardt, *loc. cit.*, p. 328 à 330. Pour les carrières en particulier, et les *procuratores marmorum*, voy. Ramsay, *Inscriptions inédites des marbres phrygiens* (*Mélanges de l'École française de Rome*, 1882, p. 290 et suiv.) et Cagnat, *Inscriptions inédites de Dougga et de Chamtou* (*Bulletin épigraphique*, 1886, p. 21 à 26).

(2) Les exemples de ces *procuratores* impériaux sont extrêmement nombreux. Voy. notamment pour les mines, C. I. L., III, 6575 : *proc(urator) argentariarum Pannoniarum et Dalmatiarum;* le *procurator* des mines de fer de Virunum et de Noreia, en Norique (C. I. L., III, 4809, 5036) ; celui de Siscia dans la Pannonie supérieure (*ibid.*, 3953) ; le *procurator aurariarum* de Ampelum, en Dacie (*ibid.*, 1311, 1312) ; le *procurator ferrariarum*, de la Lyonnaise et de l'Aquitaine probablement (Boissieu, *Inscriptions de Lyon*, p. 276 = Allmer, *Musée de Lyon*, I, p. 187 à 189) ; le *procurator* des mines de cuivre du *Mons Marianus*, (*procurator Montis Mariani*), dans la Sierra Morena (C. I. L, II, 1179) ; le *proc(urator) metalli Alboc(olensis)*, dans la Tarraconaise (*ibid.*, II, 2598) ; le *procurator* de la mine de Karystos en Eubée (Wilmanns, 2771), etc., etc.; et surtout le *procurator* de la mine impériale d'Aljustrel dont il est parlé à plusieurs reprises dans la *lex metalli Vipascensis* (voy. la note suivante). Pour les administrateurs des carrières, voy. surtout les inscriptions relatives aux *praefecti montis Berenicidis* (administrateurs des carrières d'émeraudes situées aux environs de Bérénice), dans Marquardt, *loc. cit.*, p. 330, note 8, et le *procurator Augusti novarum lapicaedinarum Aurelianarum* en Numidie (*ibid.*, p. 332, note 1). — Seulement, il est très important d'observer que la présence certaine d'un *procurator* impérial à la tête de l'administration d'une mine ou d'une carrière n'implique pas nécessairement l'exploitation en régie par ce *procurator* lui-même. En effet, dans les mines à la tête desquelles nous voyons mentionnés le plus souvent des *procuratores*, nous rencontrons également, à côté d'eux, des *conductores* de la mine. Sans parler ici des *conductores* de la *lex metalli Vipascensis*, parce qu'ils sont des fermiers d'une espèce tout à fait à part, remarquer en par-

talli Vipascensis, qui est de la fin du premier siècle, c'est bien de l'exploitation en régie qu'il est question, et non de la mise à ferme du domaine minier (1). Il est arrivé aussi quelquefois

ticulier, pour les mines de fer de la province de Norique à la tête desquelles était sûrement un *procurator* (voy. les textes qui viennent d'être cités), des allusions certaines et fréquentes à des *conductores* de ces mines (*conductores ferrariarum Noricarum*); voy. C. I. L., III, 4788, 4809, 5036; V. 810. Par conséquent, il peut très bien se faire que, dans le service de la mine, un *procurator* coexiste avec un *conductor* de la mine, et il ne serait pas exact de dire que le premier exclut forcément le second. En réalité, tantôt le *procurator* dirige lui-même l'exploitation (qui a lieu alors en régie), tantôt il afferme cette exploitation à un *conductor*. Voy. des exemples de cette dernière façon de faire, non seulement dans les inscriptions de Norique que je viens de citer, où à côté du *procurator* sont mentionnés des *conductores*, mais encore dans Orelli-Henzen, 7253 : *cond(uctor) ferr(ariarum) ripae dextrae*, en Narbonnaise, et dans les allusions faites plusieurs fois par les textes juridiques aux publicains qui ont pris à ferme l'exploitation des mines, salines ou carrières; Dig. 3, 4, 1, pr. (Gaius) : *vectigalium publicorum sociis permissum est corpus habere, vel aurifodinarum vel argentifodinarum et salinarum ;* 39, 4, 13 pr. (Gaius) : *Hi qui salinas et cretifodinas et metalla habent, publicanorum loco sunt.;* 28, 5, 60, 1 (Celsus) : *socius in vectigali salinarum.* Cf. d'autres exemples de *socii* ayant affermé des mines (en Bétique ou dans la Lyonnaise); textes cités par Marquardt, *loc. cit.*, p. 332, note 8. Exemples plus nombreux encore de *conductores* qui ont affermé des mines, dans Hirschfeld, *loc. cit.*, p. 75 à 77 (les notes) et Rastowzew, article *conductor*, *loc. cit.* Pour les *conductores* des salines ou *socii salarii*, voy. de Ruggiero, *Bullettino del Instituto di diritto romano*, 1, p. 71 à 76. En résumé, il est tout à fait certain que, pour les mines, carrières ou salines des domaines impériaux, la mise à ferme a continué à être usitée.

(1) Cela est prouvé, non pas du tout par cette circonstance que la *lex metalli Vipascensis* fait allusion à plusieurs reprises au *procurator metallorum* (l. 2, 3, 13, 15, 21, 30, 57), qui est à la tête de l'administration de la mine (*qui metallis praeerit*, comme dit la l. 21), — car je viens de montrer que la présence d'un *procurator* à la tête du service de la mine n'exclut en aucune façon la mise à ferme de cette mine et l'existence de *conductores* qui l'auraient affermée, — mais par ce fait que la *lex Vipascensis* donne en termes exprès à ce *procurator* le droit de vendre lui-même les puits de mine, (l. 3 : *ex pretio puteorum quos proc. metallorum vendet*), ce qui démontre que c'est lui qui exploite la mine. Il est vrai qu'il est fait aussi mention dans la *lex Vipascensis*, et à presque toutes les lignes, de *conductores*. Mais j'ai montré, dans une autre partie de ces études, le caractère de ces *conductores*. Ils ne sont en aucune manière les fermiers de la mine, mais des boutiquiers ou des gens de métier auxquels l'administration impériale a loué le droit d'exercer leurs différentes professions dans l'étendue du district minier. Voy. ci-dessus, p. 53, note 1 ; p. 96 à 98. Sur cette réglementation spéciale de la *lex Vipascensis*, cf. Karlowa, *Römische Rechtsgeschichte*, II, p. 25. — D'une

que des domaines impériaux, consistant en terres, ont été exploités en régie (1). Mais cela est exceptionnel ; certainement le procédé ordinaire d'exploitation des domaines a été la mise à ferme à un *conductor*. Et cela est vrai tout particulièrement des propriétés qui consistent en terres destinées à la culture, c'est-à-dire de ce que l'on peut appeler proprement et vraiment des domaines, et de ce qui fait l'objet de cette étude.

II.

Cette mise à ferme, à l'époque de la fin de la République et sous l'Ancien Empire, est la *locatio-conductio*. Ce n'est pas ici le lieu d'en faire l'étude. Il suffit de renvoyer là-dessus à n'importe quel traité de droit romain. A l'époque du Bas-Empire, la mise à ferme des grands domaines impériaux se fait encore, dans certains cas, par l'ancienne *locatio conductio* du droit romain classique ; mais, très souvent aussi, elle est réalisée par d'autres procédés et donne lieu à d'autres opérations juridiques qui sont spéciales au droit de cette époque. Ces opérations juridiques, dont le résultat général et le trait commun sont la mise à ferme du domaine à un tenancier perpétuel

façon générale, sur l'administration des mines et des carrières impériales, et sur leur exploitation, tantôt en régie par les *procuratores* et tantôt par la mise à ferme à un ou plusieurs *conductores*, voy. Marquardt, *loc. cit.*, p. 332 à 334 ; Hirschfeld, *loc. cit.*, p. 75 à 91. D'après Hirschfeld (*loc. cit.*, p. 77), l'exploitation en régie des mines d'argent, d'or et de cuivre et des carrières de marbre par les *procuratores* impériaux aurait remplacé partout le système de la mise à ferme, dans le cours du second siècle.

(1) Il y a, je crois, des allusions à l'exploitation en régie de domaines impériaux dans plusieurs constitutions du Bas-Empire, Voy. Code Théod., 11, 19, 4 (Arcadius et Honorius, 398), où les fermiers des domaines impériaux sont opposés aux *dominici actores*, c'est-à-dire aux agents de l'empereur exploitant eux-mêmes ; *ibid.*, 11, 7, 6 (Constance, 349) ; 10, 4, 2 (Valentinien et Valens, 365) ; 11, 16, 12 (Gratien et Valentinien, 380), et peut-être quelques autres encore. Mais il faut prendre garde à deux choses dans l'explication que l'on donne de ces constitutions ; la première, c'est que le mot *actores* seul n'est pas une preuve de l'exploitation en régie, parce qu'il peut très bien se faire qu'il s'agisse d'*actores* du fermier ; (voy. sur ce point, His, *loc. cit.*, p. 83) ; la seconde, c'est que, lorsque même qu'il est sûrement question d'*actores* de l'empereur, la présence d'un administrateur impérial du domaine (*actor*) se concilie parfaitement bien avec celle d'un *conductor* du même domaine (voy. les notes ci-dessus).

et héréditaire, sont le *jus perpetuum*, le *jus privatum salvo canone*, et l'emphytéose. Cela fait, en somme, quatre espèces de
tenures (la *locatio conductio* et les trois catégories de baux pra-
tiqués dans le droit du Bas-Empire). Je vais les étudier l'une
après l'autre. Mais auparavant quelques observations générales sont utiles, qui s'appliquent à toutes ces variétés de bail.

J'ai expliqué, dans une autre partie de ce travail, que presque
toujours le grand domaine est affermé, non par parcelles, mais
tout entier ou par parties très considérables (1). Le fermier du
domaine est, en règle, un très gros fermier, dont la tenure est
extrêmement étendue. C'est là, comme je l'ai montré, une suite
et une tradition des pratiques que suivaient l'État romain et
les censeurs, dans la mise à ferme des terres publiques. Les
terres de l'*ager publicus* étaient toujours louées par immenses
lots, non à des cultivateurs, mais à des sociétés de gens
d'affaires (les *publicani*), et l'existence de ces sociétés de publicains a même pour cause unique l'impossibilité pour un
seul capitaliste, si riche qu'il fût, à plus forte raison pour un
cultivateur, de prendre à ferme d'aussi vastes entreprises. Des
gens riches, en plus ou moins grand nombre, associaient donc
leurs capitaux pour se porter enchérisseurs dans les locations
censoriales; mais les cultivateurs étaient tout à fait incapables
de prendre part à de telles affaires (2). Il résulte de là que le
fermier de l'État (le *publicanus*) et le cultivateur établi sur des
terres publiques sont deux classes de personnes tout à fait
différentes, et même deux classes de personnes ennemies,
puisque le premier ne s'enrichit que par l'exploitation du second. Et quant à l'État qui a donné ses terres à bail, ce
n'est pas avec le cultivateur, mais avec le publicain seul
qu'il a traité et qu'il a à faire.

Telle est sûrement la pratique courante. Il y eut cependant parfois des dérogations à cette pratique. La plus certaine est celle dont parlent Cicéron et surtout un passage de
l'historien Granius Licinianus. Dans les deux derniers siècles
de la République, les terres publiques que l'État romain
conservait encore en Campanie étaient louées, non en masse

(1) Voy. ci-dessus, § 4 (p. 63).
(2) Voy. ci-dessus, p. 63.

ou par immenses lots à une société de publicains, selon la
règle ordinaire, mais par petites parcelles, à un grand
nombre de modestes cultivateurs (1). On a cru pouvoir
signaler d'autres exemples encore d'une pareille façon de faire,
à l'époque impériale, dans une autre partie du monde romain, sur les frontières de la Germanie. Là, sur ces terres
vagues, connues sous le nom d'*agri decumates*, vivaient,
nous dit Tacite, des cultivateurs isolés, gaulois pour la
plupart, véritables pionniers en quête d'un sol où se fixer,
et que n'avaient pas effrayés les hasards d'un établissement
en pays barbares (2). Depuis quelques années, les fouilles
très nombreuses, qui ont été entreprises en Allemagne, sur
le territoire de l'ancien *limes* de Germanie, ont mis au jour
un grand nombre de ces établissements. Et l'on peut aujour-
d'hui se figurer d'une façon très exacte ces habitations rurales
dont les ruines, retrouvées, étudiées, mesurées, avec un soin
pieux, parsèment toute la région du moyen Neckar (3). Voyez,
par exemple, les ruines étudiées par M. Naeher à Hagens-
chieswald, près de Pforzheim (grand-duché de Bade) (4) : Un
mur d'enceinte, enfermant toute la ferme. A l'intérieur de cette
enceinte, des constructions au nombre de huit ou dix en gé-

---

(1) Voy., Cicéron, *de lege agraria*, II, 31, 84, et surtout le passage de Granius Licinianus (dans l'*Histoire romaine* de Mommsen, trad. Alexandre. V.
p. 409, appendice) : *Agrum eum* (le sol public de la Campanie) *in fundos
minutos divisum mox ad pretium indictum* (à un prix fixe et non aux enchères, comme c'était la règle dans les locations censoriales) *locavit* (le préteur
P. Lentulus, en 589 de R = 165 avant Jésus-Christ).Voy. sur ces faits, mon
livre sur la *Limitation des fonds de terre*, p. 57 à 59.

(2) Tacite, *Germania*, 29 : *Non numeraverim inter Germaniae populos, quan-
quam trans Rhenum Danubiumque consederint, eos qui decumates agros exercent. Levissimus quisque Gallorum, et inopia audax, dubiae possessionis solum
occupavere.*

(3) La bibliographie relative à cette matière est presque infinie, mais la
substance et le résumé de tous ces travaux se trouve très clairement et très
complètement dans l'ouvrage de Meitzen, *Siedelung und Agrarwesen der Westgermanen und Ostgermanen*, t. I, p. 351 à 355. Cf. dans le même ouvrage, t.
III, p. 147 à 161, et les planches du t. IV (pl. 32, 33 et 34).

(4) Description dans Meitzen, *loc. cit.*, t. I, p. 352 et 353. La figure 47
(*ibid.*, p. 353) donne la vue de tout l'ensemble de l'exploitation rurale, restitué par M. Naeher. Cf. également, sur les mêmes ruines, l'appendice 32 de
l'ouvrage de Meitzen (t. III, p. 147 à 153), et le plan de la ferme (t. IV, planche 32, n. 2).

néral. La plus importante est la maison du fermier, comprenant au centre un atrium avec une salle et un vestibule, et des deux côtés les différentes pièces, la salle à manger, les chambres à coucher, la cuisine, la cave, des garde-manger. Toutes ces pièces sont chauffées par des hypocaustes; tous les murs sont peints : des lignes rouges, des arabesques, des fleurs ou des ornements architectoniques; les pavés sont en dalles polies, très rarement en mosaïque. Le reste de la ferme est occupé par les différents bâtiments d'exploitation, les chambres pour les esclaves, les greniers, les écuries, les étables, les jardins (1). Tout cet ensemble donne sans doute l'impression d'une vie aisée, mais dénote aussi une exploitation d'assez médiocre étendue; car le mur d'enceinte n'occupe pas en général une superficie très considérable (2). Il est certain que nous n'avons pas affaire ici à ces grands domaines des empereurs ou des personnages de familles sénatoriales, dont j'ai signalé les ruines, en Afrique surtout, et dont les mosaïques africaines nous représentent avec éclat la magnificence (3). M. Meitzen et M. His ne doutent pas qu'il ne s'agisse là sûrement d'établissements ruraux fondés par des fermiers du domaine public; en d'autres termes, ils considèrent les cultivateurs dont je viens de décrire l'habitation comme des fermiers de l'État, et ils en concluent que, dans les *agri decumates* des frontières de Germanie, comme dans l'*ager Campanus* du temps de Cicéron, l'État affermait son domaine, par petites parcelles, à des cultivateurs qui, sans doute, devaient payer, comme loyer, le dixième de la récolte; (d'où le nom d'*agri decumates* donné à ces terres) (4).

---

(1) On peut comparer à ces ruines de Pforzheim, d'autres restes d'exploitations rurales analogues et appartenant à la même région : ruines de Münchingen (description dans Meitzen, *loc. cit.*, t. I, p. 383; cf. appendice 33; *ibid.*, t. III, p. 153 et 156, et t. IV, planche 33); ruines de Friedberg (*ibid.*, t. I, p. 353; appendice 34, t. III, p. 157 à 160; t. IV, planche 34). Y joindre aussi les petites habitations rurales découvertes par M. Schumacher, dans la région de Bade, et décrites par lui dans la *Westdeutsche Zeitschrift*, de 1896 (t. XV, p. 1 et suiv.). Cf. sur ces ruines, ci-dessus, p. 26, note de la p. 25, et p. 63, note 4.

(2) Meitzen, *loc. cit.*, t. I, p. 353.

(3) Ci-dessus § 2 (p. 27, 28).

(4) Meitzen, *loc. cit.*, t. I, p. 351 et p. 354; His, *Domänen der Kaiserzeit*,

Cela ne me paraît pas très exact. Deux considérations très graves empêchent qu'on ne puisse se représenter ainsi les choses. Premièrement, les *agri decumates*, (au moins à l'époque à laquelle se réfère la description de Tacite) (1), sont bien sans doute la propriété de l'État, ou, pour parler plus exactement, la propriété de l'Empereur (2); et, par conséquent, les Gau-

p. 8. — M. Meitzen dit, il est vrai (p. 354) que le fermier des *agri decumates* devait sans doute payer sa redevance entre les mains d'un *conductor* (general-pâchter); mais il est clair qu'il entend par ce dernier personnage le fermier qui a loué du fisc le droit de percevoir les redevances des terres publiques dans cette région, et que, dans sa pensée, cela n'empêche pas du tout le domaine d'être ici divisé par petites parcelles et donné à bail, par chaque parcelle, à de petits cultivateurs; car il déclare très expressément (p. 351) que c'est ainsi que les choses se passaient dans les *agri decumates*. M. His (*loc. cit.*) considère que les *villae* rustiques découvertes et décrites par M. Schumacher, dans la région de Bade, et par conséquent dans le pays des *agri decumates* et des *limes* de Germanie, sont également les habitations de petits fermiers du domaine public.

(1) La *Germania* de Tacite a été écrite en 98. Voy. Schanz, *Geschichte der Römischen Litteratur*, t. II, p. 367. A cette époque, le *limes* de Germanie, c'est-à-dire la ligne de défense qui borde justement cette région du Neckar où sont situés les *agri decumates*, existait d'une façon certaine. Mais Tacite, dans le passage cité, nous avertit que sa description des *agri decumates* se réfère à une époque antérieure à l'établissement de cette ligne de défense. En effet, tout de suite après cette description (citée ci-dessus), Tacite ajoute (*Germ. loc. cit.*) : *Mox, limite acto promotisque praesidiis, sinus imperii et pars provinciae habentur*. Donc ce que Tacite nous dit sur les *agri decumates* se rapporte à un temps antérieur à l'établissement du *limes*.

(2) Je dis qu'ils sont la propriété de l'Empereur plutôt que celle de l'État, par la raison que les provinces de Germanie sont impériales et non sénatoriales, et que par conséquent le sol en appartient, en droit, à l'Empereur et non au peuple romain. Mais il est bien entendu tout de même que c'est là une propriété essentiellement publique, c'est-à-dire que le sol de cette région appartient à l'Empereur en tant que chef et représentant de l'État romain, et non en tant que propriétaire privé, en d'autres termes que ce sont là des terres qui dépendent proprement du *fiscus* impérial, et non pas du *patrimonium* ou de la *res privata* des Empereurs. — Seulement je n'affirmerais cela que pour l'époque à laquelle se réfère la description de Tacite; car, à l'époque postérieure à l'établissement des *limes* de Germanie, (et je fais remarquer que cette époque est précisément celle à laquelle appartiennent en général les exploitations rurales dont je viens de parler), rien ne prouve que ce territoire soit encore le domaine de l'État ou de l'Empereur; et même je crois la chose très improbable. Voy. ce que je dirai tout à l'heure relativement à cette période.

lois qui se sont établis dans cette région (1) sont bien des
cultivateurs installés sur des terres publiques, ou plus exactement sur des terres impériales. Mais la description que Tacite
fait de ces cultivateurs (*levissimus quisque Gallorum, et inopia
audax, dubiae possessionis solum occupavere*) (2), n'éveille pas du
tout l'idée de fermiers qui ont loué régulièrement et en bonne
forme des terres données à bail par les administrateurs du domaine public ou du fisc impérial ; elle nous représente beaucoup
mieux des aventuriers établis dans cette région, peu sûre encore à cette époque, en vertu d'un simple droit d'occupation.
L'Empereur probablement laissait occuper par qui voulait cette
bande de terre « comme un marécage abandonné » (3) ; et,
sans doute, pour prix de sa tolérance, demandait à l'occupant
la redevance d'un dixième des fruits (4). Secondement, il
est très important de faire observer que la description de
Tacite se rapporte à une époque où la ligne de défense du
Neckar, et par conséquent l'établissement du *limes* de Germanie, n'existaient pas encore (5) ; et, d'une façon tout à fait

(1) Des Gaulois et non des Germains. Tacite, *loc. cit.*, le dit expressément.
Il déclare même que les habitants de cette région ne doivent pas être mis
au nombre des Germains, bien qu'ils habitent, en fait, au delà du Rhin. Voy.
le texte ci-dessus, p. 226, note 2. On peut, je crois, conclure de là, comme Mommsen, que, à peu près sûrement, l'administration romaine, dans un but de défense militaire et pour la sûreté de la ligne du Rhin, défendait aux Germains
à cette époque de s'établir dans cette région. Voy. Mommsen, *Hist. romaine*,
trad. IX, p. 192. Cf. Brunner, *Deutsche Rechtsgeschichte*, I, p. 33 ; Iung,
Die Romanischen Landschaften, p. 248.

(2) Voy. le texte ci-dessus, p. 226, note 2.

(3) Expression de Mommsen, *loc. cit.*, p. 192.

(4) Comparer l'ancien *ager occupatorius* du début de la République, laissé
pareillement à l'occupation du premier venu, moyennant une redevance du
dixième des fruits (d'après Appien, *Bell. civil.*, I, 7). Voy. ci-dessus, p. 131,
note 5. — C'est à cause de cette dîme des fruits due par les occupants
que ce territoire porterait le nom d'*agri decumates*, au moins d'après
l'explication que l'on donne le plus ordinairement de cette expression.
Mais, comme Mommsen l'observe avec raison, l'explication n'est pas très
satisfaisante ; car, au point de vue de la langue, il n'est pas sûr que
decumas puisse signifier « sujet à la dîme » ; et, pour dire que ces terres
doivent payer la dîme, l'expression correcte eût été plutôt *agri decumani*.
Voy. Mommsen, *Hist. rom.*, IX, p. 192, note 1. Cf. Humbert, *Decumates agri*
(*Dictionnaire des antiquités*, II, p. 38).

(5) Cela résulte du texte même de Tacite. Voy. ce que j'ai dit sur ce point
ci-dessus, p. 228, note 1.

certaine à mon avis, cet événement a transformé complètement la condition politique et économique de la région des *agri decumates*. Son caractère essentiel, dans la description de Tacite, c'est l'insécurité. Le pays, d'après Tacite, est *dubiae possessionis*; et pour oser s'établir là, il faut le caractère aventureux des Gaulois, leur amour des entreprises hasardeuses. Au contraire, à partir de l'établissement du *limes* (1) et jusqu'après le règne d'Aurélien, époque où les frontières de l'Empire furent définitivement débordées (2), il me semble tout à fait incontestable que cette région, à l'abri de son mur de défense, a dû jouir de la sécurité la plus complète. D'autre part, il est reconnu par tous ceux qui se sont occupés des fouilles si nombreuses faites dans cette partie de la Germanie, (le caractère des constructions, les objets, vases, monuments divers, inscriptions, monnaies trouvées dans les fouilles, en sont la preuve), que les habitations rurales dont je viens de parler, appartiennent presque toutes approximativement à l'époque de Marc-Aurèle, ou à l'époque un peu postérieure (3). Or, dans cette période, tout prouve que

(1) Sur l'établissement du *limes* de Germanie, sur sa direction, son histoire et sa description, on a écrit des bibliothèques. On trouvera un résumé très suffisant des nombreuses études consacrées à cette matière, et les résultats essentiels, dans l'*Histoire romaine* de Mommsen, IX, p. 102 à 203; Marquardt, *Organisation de l'Empire romain*, trad. Lucas, II, p. 141 à 143; Iung, *Die romanischen Landschaften der Römischen Reiches*, p. 248 à 252; Gsell, *Essai sur le règne de l'empereur Domitien*, p. 193 et 194. Ce dernier ouvrage en particulier, dont la date est assez récente (1894), indique toute la bibliographie. — Ajouter un article de M. Jacobi, paru plus récemment encore (en 1895), dans la *Westdeutsche Zeitschrift für Geschichte und Kunst*, XIV, fasc. 2. MM. von Sarwey et Hettner publient, sous le titre de *Obergermanisch-raetische Limes der Römereiches*, la description détaillée de chacun des *castella* situés sur le *limes*; le sixième fascicule de cette publication a paru dans les premiers mois de 1898. — Selon l'opinion générale, le *limes Germaniae*, ou au moins la plus grande partie de ce *limes*, serait l'œuvre de Domitien. En tous cas, Tacite, dans le passage cité, en mentionne l'existence. — Cf. pour la direction du *limes* de Germanie, la carte qui se trouve dans l'*Histoire romaine* de Mommsen, trad. IX, p. 148 ou celle de l'*Histoire des Romains* de Duruy, VI, p. 358; et, pour l'emplacement de la région des *agri decumates*, la carte 12 de l'*Atlas de géographie historique* de Schrader.

(2) Voy. Marquardt, *loc. cit.*, II, p. 143; Mommsen, *loc. cit.*, p. 210, 212.

(3) Sur ce point, Meitzen, *loc. cit.*, I, p. 354. — Les objets trouvés par M. Schumacher, dans les fouilles de la région de Bade, sont d'une époque un peu antérieure, fin du premier siècle ou commencement du deuxième; voy. cidessus, p. 64, note de la p. 63.

cette région est parfaitement pacifiée et sûre ; et, sans en chercher d'autre preuve, il suffira de rappeler ici le bien-être que
dénotent ces exploitations rurales elles-mêmes dont je viens
de donner la description. Ces habitations sont visiblement celles
de cultivateurs aisés, pacifiques, sûrs du lendemain, qui mè-
nent là une vie large, dans de bonnes installations conforta-
bles ; nous sommes aussi loin que possible des premiers pionniers gaulois qui jadis se sont aventurés dans le pays. Et je ne
parle pas même ici des villes florissantes établies pareillement
à l'abri de ce *limes*, et de la vie municipale qui s'y épa-
nouit, aussi prospère que sur la rive gauche du Rhin (1). Donc
que cette région ait été couverte, au second et au troisième
siècles, d'une foule de petites exploitations rurales, dont les
ruines qui parsèment encore aujourd'hui le pays du Neckar
nous permettent de nous figurer la vie tout à la fois laborieuse
et aisée, cela ne peut pas être mis en doute ; mais que ces cultivateurs soient proprement et exactement de petits fermiers à
qui l'État ou l'Empereur ont loué des terres, c'est là, à mon avis,
une chose très improbable. Et certes, je reconnais volontiers
qu'ils sont beaucoup moins encore des colons attachés à quelques grands domaines, comme le seront les cultivateurs de
l'époque du Bas-Empire, ou comme le sont déjà ces colons que
nous voyons dans les grands domaines africains, à Souk-el-
Khmis ou à Henchir Mettich. Mais j'avoue que je suis très tenté
de les considérer, en général au moins, et sauf des exceptions,
comme de véritables propriétaires ruraux ; propriétaires comme
le sont sans doute tous les propriétaires des provinces romaines, c'est-à-dire, dans la théorie juridique et en vertu d'une
fiction de droit, simples possesseurs de terres dont, en droit,
la propriété appartient à l'État ou à l'Empereur, mais, en fait
et dans la réalité, véritables propriétaires tout de même, dans
le sens pratique et réel du mot (2). En résumé, les Gaulois dont

(1) Sur ce développement de la vie municipale, dans la région du *limes*,
voy. Mommsen, *loc. cit.*, p. 202. D'une façon générale, sur la prospérité et
sur la civilisation de cette région, Iung, *Romanischen Landschaften*, p. 252
à 255.
(2) Que le droit de propriété de la terre (la propriété provinciale bien entendu) existe pleinement dans cette région, à l'époque des Sévères, comme
il existe dans toutes les provinces romaines, c'est ce que prouve notamment

parle Tacite qui, au premier siècle, occupent les *agri decumates*, doivent être considérés comme des occupants, et non comme des fermiers de terres publiques, et les Germains qui, au second et au troisième siècles, sont établis dans cette même région, devenue désormais très sûre par suite de la création du *limes* de Germanie, sont, à mon avis, des propriétaires provinciaux, et non pas des fermiers de l'État (1).

En somme, il reste tout à fait incontestable que, sous la République comme sous l'Empire, les terres publiques ont fait l'objet de locations en masse, et que la location par petites parcelles à des cultivateurs, dont il y a sans doute quelques exemples, a été un fait absolument exceptionnel. En réalité, je n'en connais qu'un seul exemple tout à fait sûr, celui dont j'ai parlé plus haut, à propos de la mise à ferme des terres publiques de la Campanie (2).

Ce procédé de mise à ferme du domaine public de l'État

---

un passage de Paul (Dig., 21, 2, 11), qui suppose une personne achetant là des fonds de terre; (*Lucius Titius praedia in Germania trans Renum emit*, etc.). *In Germania trans Renum* ne peut désigner que le territoire des anciens *agri decumates*, qui sont précisément situés en Germanie, sur la rive droite du Rhin; (voy. la carte 12 citée de l'*Atlas historique* de Schrader).

(1) L'histoire des *agri decumates* aurait, à mon avis, besoin d'être reprise en détail et avec attention. On trouvera sur cette question toute la bibliographie ancienne dans l'article de Humbert, *Decumates agri* (*Dictionnaire des antiquités*). Cf. principalement sur ce point, Mommsen, *Hist. romaine*, trad. IX, p. 192, note 1; Marquardt, *Organisation de l'Empire romain*, trad. II, p. 143; Iung, *Romanischen Landschaften*, p. 248, 252 à 255.

(2) M. Meitzen, *loc. cit.*, I, p. 337 et 351, prétend que la location des terres publiques à des cultivateurs, par petites parcelles, a eu lieu d'une façon ordinaire dans plusieurs provinces; et il cite comme preuve le passage dans lequel Hygin décrit le mode de limitation de l'*ager arcifinius et vectigalis*, dans les provinces; (*Gromatici*, édit. Lachmann, p. 204, l. 16 et 17; p. 205 et suiv.). La division de cet *ager* provincial en petites parcelles, dont chacune est limitée (par le procédé de la *scamnatio*), implique, dit M. Meitzen, sa division en petites tenures de fermiers; car sans cela elle n'aurait aucun sens. C'est là une erreur certaine. L'*ager vectigalis*, dans ce passage d'Hygin, signifie sûrement, non les terres qui sont vraiment la propriété de l'État et que en conséquence l'État donne à ferme, mais les fonds provinciaux, qui payent à l'État un impôt ou *vectigal*, et qui sont réellement, en pratique et en fait, l'objet du droit de propriété des particuliers qui les possèdent, bien que, en vertu d'une fiction théorique, l'État en soit censé propriétaire. Voy. sur ce passage d'Hygin et sur le sens du mot *ager vectigalis* dans ce passage, mon livre sur la *Limitation des fonds de terre*, p. 62 et 63, note, et p. 237.

par grandes masses et étendues de terres très considérables
a certainement passé, de la pratique de l'État, dans celle des
administrateurs des domaines impériaux. Il n'est pas douteux
que, à l'imitation des anciens censeurs, ces administrateurs
impériaux n'aient toujours, ou presque toujours, loué les domaines de l'Empereur par masses très vastes (1). C'est par là
notamment qu'on peut expliquer cet orgueil, ces tyrannies,
ces allures de magistrats et de potentats que signalent si souvent les textes dans lesquels il est parlé des *conductores* des domaines impériaux (2). Et, bien que nous ayions beaucoup moins
de renseignements sur les *conductores* des grands domaines
des particuliers, il me paraît infiniment probable qu'ils sont,
eux aussi, des locataires qui ont pris à ferme des terres très
étendues (3). Il est naturel d'ailleurs qu'ici, comme à tous les
autres points de vue, dans l'administration et l'exploitation de
leurs très grands domaines, les particuliers riches et puissants
aient imité les procédés qu'ils voyaient suivis par l'Empereur
et ses fonctionnaires.

Au reste, j'ai montré déjà que cette location par vastes étendues de terre n'a nullement empêché l'existence, dans tous les
grands domaines, d'un nombre très considérable de petites tenures. Le *conductor*, en effet, grand fermier et fermier de l'ensemble du domaine, le reloue ensuite par petites parcelles à
des cultivateurs. Ces cultivateurs sont les *coloni*, que nous
avons trouvés sur tous les grands domaines et qui sont,
comme je l'ai expliqué, en droit et exactement, des sous-fermiers
du *conductor* du domaine (4).

(1) Voy. Schulten, *Grundherrschaften*, p. 88; His, *Domänen der Kaiserzeit*,
p. 84. — Cf. ci-dessus, p. 64.

(2) Voy. les textes cités ci-dessus, p. 61, 62, et p. 66, note 1.

(3) Par exemple, dans l'inscription d'Henchir Mettich, il est évident que le
conductor, auquel les colons doivent payer les redevances si nombreuses indiquées par le règlement pour les différentes cultures qui y sont énumérées, est,
vis-à-vis de ces colons, un fermier de tout l'ensemble du domaine, les colons
étant au contraire, par rapport à lui, d'humbles cultivateurs qui tiennent chacun une petite parcelle de ce même domaine.

(4) C'est ce que j'ai démontré ci-dessus, p. 58 à 60. — Allusions à
cette sous-location faite par le *conductor* aux colons, par parcelles, dans
Dig. 19, 2, 53 (Papinien) : *quae manceps* (le locataire qui a pris à ferme les terres de l'État; voy. Festus, v° *Manceps*, dans Bruns, 6° édition, II, p. 13) *colono*.

Voici encore une autre pratique très ordinaire, suivie par les administrateurs des grands domaines, certainement au moins par les administrateurs des domaines impériaux, qui provient pareillement de l'imitation des règles de l'ancienne location censoriale. On sait que la mise à ferme des terres de l'État était toujours faite aux enchères publiques (1). Elle avait lieu au forum, *sub hasta* et avec le ministère d'un *praeco*, comme cela se fait dans toutes les ventes et dans toutes les enchères publiques (2). Celui qui offrait le prix le plus élevé était déclaré adjudicataire (3); et cet adjudicataire, pour garantir l'obligation qu'il prenait ainsi envers l'État, donnait des *praedes* et des *praedia*, c'est-à-dire des cautions qui répondaient pour lui, et des biens qu'il engageait à l'État (*subsignatio praediorum*) pour assurer sa solvabilité (4). A l'époque impériale, lorsqu'il

locavit; et dans Dig. 49, 14, 47, 1 (Paul) : *Aemilius Ptolemaeus conduxerat a fisco possessionem eamque paulatim pluribus locaverat majore quantitate quam ipse susceperat,* etc. — Cf. d'autres textes juridiques supposant pareillement des sous-locations du *conductor* du domaine aux *coloni*, cités ci-dessus, p. 60, note 1, et dans Schulten, *Grundherrschaften*, p. 90, 91.

(1) Voy. sur cette règle, pour les détails, Hahn, *De censorum locationibus*, p. 16 à 21, et surtout Karlowa *Römische Rechtsgeschichte*, II, p. 27 à 59.

(2) Cicéron, *de lege agraria*, I, 3, 7 : *Censoribus vectigalia locare nisi in conspectu populi romani non licet. Ibid.*, II, 21, 55 : *Vectigalia locare nusquam licet nisi in hac urbe, hoc ex loco* (au forum). — Sur la formalité de la *hasta*, dans la location des terres publiques, comme dans toutes les opérations juridiques faites par l'État, (cf. la *venditio sub hasta* des biens de l'État faite par les questeurs), Tite-Live, XXXIX, 44; XLIII, 16. Cf. les textes très nombreux cités par Karlowa, *loc. cit.*, p. 29, note 1. — Sur la présence d'un *praeco*, Cicéron, *de lege agraria*, II, 21, 56.

(3) Tite-Live, XXXIX, 44 (*Censores*) *vectigalia summis pretiis..., locaverunt.*

(4) Tite-Live, XXII, 60 : *Praediis praedibusque cavendum populo;* Cicéron, *Verr.*, I, 54, 142; *praedibus et praediis populo cautum est.* — Voy. surtout sur ces *praedia praedesque*, la loi agraire de 643, l. 46 à 49, 73 et 74, 84 (*Textes* de Girard, p. 50, 51, 53, 55), et les chapitres 60, 63, 64, 65 de la loi de Malaga (*ibid.*, p. 105 à 107).—Sur les *praedes* en particulier, Festus, v° *Praes* (Bruns, *Fontes*, 6° édition, II, p. 27) : *Praes est is qui populo se obligat, interrogaturque a magistratu si praes sit, ille respondit : praes.* Cf. *ibid.*, v° *Manceps* (Bruns, *loc. cit.*, p. 13); et Varron, *de lingua latina*, VI, 74. — Sur la *subsignatio praediorum*, Varron, *ibid.*, V, 40; Pseudo-Asconius, *in Cicer. Verr.* II, 1 (édition Orelli, p. 196). — Cf. sur cette double garantie donnée par ceux qui contractent avec l'État (l'obligation des *praedes* et la *subsignatio praediorum*); Mommsen, *Die Stadtrechte der latinischen Gemeinden Salpensa und Malaca*, p. 466 à 478; Karlowa, *Röm. Rechtsgeschichte*, II, p. 47

n'y eut plus de censeurs, les directeurs de l'*aerarium Saturni* à qui incombait désormais le soin d'affermer les terres de l'État, suivaient certainement les mêmes pratiques (1). Ce n'est pas ici le lieu de discuter le point de savoir si, dans les contrats passés, non avec l'*aerarium Saturni*, mais avec le fisc, et par conséquent dans le droit administratif du troisième siècle, époque où les contrats faits avec l'État sont faits surtout avec le fisc, les anciens *praedes* et l'ancienne *subsignatio praediorum* de l'époque républicaine se sont maintenus toujours, ou si plutôt les garanties demandées aux *conductores* de l'État ou de l'Empereur ne sont pas désormais tout simplement les garanties ordinaires établies par le droit privé, à savoir les *fidejussores*, à la place des *praedes* tombés en désuétude, et l'hypothèque, à la place de la *subsignatio praediorum* (2). En effet,

à 59 ; Kniep, *Societas publicanorum*, p. 204 à 214 ; Girard, *Manuel de droit romain* (2º édition), p. 732, note 3 ; p. 749, note 2.

(1) La mise à ferme des terres publiques a certainement été, sous l'Empire, confiée aux directeurs de l'*aerarium Saturni*. Voy. Mommsen, *Droit public*, trad. IV, p. 160, et surtout les passages de la loi de Malaga que je vais citer tout à l'heure. Quant à l'obligation des *praedes* et à la *subsignatio praediorum*, les chapitres cités de la loi de Malaga prouvent évidemment qu'à l'époque impériale ces pratiques sont toujours la règle, dans les contrats faits avec les cités ; et cette loi ajoute en termes très exprès qu'elle ne fait, sous ce rapport, que reproduire les règles qui sont en vigueur à Rome. (Voy. chap. 64 : *obligati obligataque sunto, uti ii eave populo Romano obligati obligatave essent, si apud eos qui Romae aerario praessent, ii praedesiique cognitores facti, eaque praedia subdita subsignata obligatave essent... Dum eam legem in rebus vendundis dicant quam legem eos qui Romae aerario praeerunt e lege praediatoria praedibus praediisque vendundis dicere oporteret.* Cf. des allusions à la *venditio lege praediatoria* et à l'*usuroceptio ex praediatura*, c'est-à-dire aux conséquences de l'obligation des *praedes* et des *praedia*, à l'époque impériale, dans Suétone, *Claud.*, 9 et Gaius, II, 61.

(2) C'est l'opinion de Kniep, *Societas publicanorum*, p. 214. Dans le même sens, Rivier. *Untersuchungen über die cautio praedibus praediisque*, p. 87 ; Karlowa, *Röm. Rechtsgeschichte*, I, p. 793. Cette opinion est d'ailleurs loin d'être admise par tout le monde. Voy. en effet, dans un sens tout opposé, notamment Pernice, *Labeo*, III, p. 168, 169 ; Lenel, *Palingenesia*, I, p. 643, note 1 ; p. 964, notes 1, 2 et 3, qui, dans deux passages de Marcien et de Paul au Digeste (39, 4, 16, 12 ; et 46, 1, 68), où il est parlé de *fidejussores* qui ont garanti la dette d'un *publicanus*, engagé envers le fisc, corrige le mot *fidejussor* pour mettre à la place le mot *praes*. Cette question est d'un intérêt secondaire dans l'étude présente, puisque aussi bien il reste dans tous les cas certain que ceux qui s'engageaient envers le fisc devaient donner des

quels que soient le nom de l'engagement et la forme juridique dans laquelle il est pris, il est tout à fait certain que les *conductores*, contractant avec l'État ou avec l'Empereur, ont continué à donner, comme autrefois, des garanties personnelles et des garanties réelles, c'est-à-dire à la fois des cautions (1) et l'engagement de leurs propres biens (2). Et c'est là l'essentiel, la question de savoir si ces cautions sont en droit des *praedes* ou des *fidejussores* pouvant être considérée comme secondaire. Ainsi, dans la *conductio* faite avec l'État, soit avec l'*aerarium*, soit avec le fisc, soit à l'époque républicaine, soit à l'époque impériale, l'obligation du *conductor* a toujours été garantie par des cautions et par un engagement des biens de ce *conductor*. Les administrateurs des domaines impériaux imitèrent ces pratiques séculaires de l'État ou du fisc. Les fonctionnaires chargés de la mise à ferme de ces domaines (3) procé-

cautions (qu'elles s'appellent *praedes* ou *fidejussores*) et engager leurs biens. Mais elle offre à l'inverse un très grand intérêt, pour l'étude du point de savoir quel est le caractère juridique de la sûreté réelle fournie par les propriétaires italiens qui ont contracté avec l'empereur Trajan (et non pas, cela est certain, avec l'*aerarium*), à l'occasion des fondations alimentaires. La question de savoir s'il faut voir, dans l'opération dont nous parlent les inscriptions de Veleia et des Ligures Baebiani, relatives à ces fondations alimentaires, l'hypothèque proprement dite ou la *subsignatio praediorum*, (question si importante pour l'histoire de l'hypothèque romaine), dépend presque exclusivement du parti que l'on prend dans la discussion dont je parle ici. Voy. sur cette question des fondations alimentaires, les passages cités de Karlowa et de Pernice. En faveur de l'opinion qui voit dans la sûreté en question la *subsignatio praediorum*, outre Pernice, *loc. cit.* cf. Bruns, *Fontes*, 6e édit., p. 305; de Ruggiero, *Alimenta* (*Dizionario epigrafico*, I, p. 404). Bibliographie très complète dans Girard, *Textes*, p. 750, 751.

(1) Dig. 39, 4, 16, 12 (Marcien) : *cum poterit satisfieri fisco ex bonis publicanorum vel fidejussorum.* — *Ibid.*, 46, 1, 68, 1 (Paul) : *Pro Aurelio Romulo conductore vectigalis... Petronius Thallus et alii fidejusserant;* (il s'agit à peu près sûrement, à l'époque de Paul, d'un *conductor* du fisc). — Cf. pareillement un fidéjusseur garantissant l'engagement pris par un *conductor* d'une cité; Dig. 50, 8, 3, 1, Ulpien; et 19, 2, 53, Papinien, (où l'on peut se demander si la *respublica* envers qui le *fidejussor* s'est engagé est l'État ou une cité).

(2) Dig., 20, 4, 21, pr. (Scaevola) : *Mutuatus a fisco pecuniam pignori et res suas omnes obligavit.* — *Ibid.*, 49, 14, 28 (Ulpien) : *Si qui mihi obligaverat quae habet habiturusque esset cum fisco contraxerit, sciendum est in re postea adquisita fiscum potiorem esse debere.* — *Ibid.*, 50, 6, 6, 10 (Callistrate). — Cf. sur ce point, Kniep, *Societas publicanorum*, p. 214 à 223.

(3) C'est une question très difficile que celle de savoir d'une façon précise quels sont les fonctionnaires qui sont chargés de cette mise à ferme, A partir

daient à cette location, comme les anciens censeurs, par voie
d'enchères publiques. Les constitutions des empereurs du Bas-
Empire posent encore cette règle, en particulier pour l'emphytéose qui est, parmi les procédés de mise à ferme des domaines
impériaux usités à cette époque, l'un des plus importants (1).
Quant à l'obligation imposée autrefois par les censeurs aux ad-
judicataires de l'État de donner des *praedes* et de *subsignare*

du cinquième siècle, les constitutions impériales indiquent clairement le *comes rei privatae* (Cod. Théod., 10, 3, 7, Honorius et Théodose, 417; Cod.
Just., 11, 71, 5, pr. et 6, Théodose et Valentinien). Pareillement, la constitution de Valentinien et de Valens, sans date précise (Cod. Théod., 5, 14, 4
= Cod. Just., 11, 66, 2), relative à la mise à ferme des terres impériales, est
adressé à un *comes rei privatae*. Mais, au quatrième siècle, il est possible
que cette règle ne soit pas encore établie d'une façon absolue; car deux
constitutions de Valentinien et Valens de 365, semblent bien confier aux gouverneurs des provinces, la mise à ferme des *pascua* impériaux; (Cod. Théod.,
7, 7, 1 et 2). Cf. sur cette question His, *Domänen der Kaiserzeit*, p. 84, 85,
qui pense que l'attribution de la mise à ferme au *comes rei privatae* date seulement du cinquième siècle. Je serais, au contraire, porté à croire que les
fonctionnaires chargés de l'administration des domaines impériaux ont eu toujours, en règle au moins, cette fonction dans leurs attributions, et que les
textes dans lesquels nous voyons la mise à ferme confiée à d'autres, par
exemple à des gouverneurs de provinces, doivent être rapportés à des cas
exceptionnels. Dès l'époque de l'ancien Empire, dans l'inscription de Souk-
el-Khmis, il me paraît bien que les baux entre l'administration impériale et
le *conductor* du *saltus Burunitanus* sont faits par le *procurator* de ce *saltus*
lui-même (ou peut-être par l'administration centrale des domaines impériaux
à Rome, mais alors d'après les indications et sur le rapport du *procurator
saltus*); car il est dit, dans cette inscription, que le *conductor* est bien connu
du *procurator*, à cause du renouvellement périodique qu'il fait de son bail, et
des cadeaux par lesquels il se concilie les bonnes grâces de ce *procurator;*
(il s'agit là, sans aucun doute, de cadeaux que le *conductor* fait au *procurator;*
pour obtenir de lui, à l'occasion du renouvellement de son bail, des conditions avantageuses). Voy. col. 3, l. 20 à 34 : *conductoris profusis largitioni-
b(us) gratiosissimo... aput proc(uratóres)tuos... quibus per vices succession(is)
per conditionem conductionis notus est.* Un tel langage me paraît bien indiquer
que c'est le *procurator* lui-même qui donne le domaine à bail, ou au moins
que le bail est fait d'après son conseil et sur son rapport.

(1) Cod. Théod., 5, 13, 18 (Valentinien et Valens, 365) : *Quotienscunque
emphyteutici juris praedia... actis legitimis ac voci fuerint subjicienda praeco-
nis, super facto licitationis et augmento nostra perennitas consulatur; nec prius
ejus dominio, qui ceteros oblatione superavit, perpetuae firmitatis robur accedat, quam si*, etc. — Allusion semblable à la mise à ferme par enchères publiques des *res fundi juris patrimonialis* dans Cod. Just. 11, 70, 4 (Arcadius
et Honorius).

praedia (devenue sans doute, à l'époque postérieure, l'obligation de donner des fidéjusseurs et d'hypothéquer ses biens), les administrateurs des domaines impériaux l'ont pareillement imposée aux fermiers à qui ils adjugeaient ces domaines; eux aussi, et cela jusqu'à la dernière époque du droit romain, sont tenus d'assurer, par des cautions et par des garanties réelles, l'obligation qu'ils contractent envers l'administration impériale (1). Toutes ces pratiques dérivent évidemment des règles de la location censoriale. Les particuliers, lorsqu'ils donnaient à ferme leurs grands domaines, suivaient-ils aussi de pareilles règles? Procédaient-ils par adjudications publiques et se faisaient-ils donner des cautions et des garanties réelles? Qu'ils aient pu le faire, cela n'est pas douteux; aucune règle de droit ne les en empêche. Dans une lettre du pape Grégoire le Grand, dont j'ai parlé dans une autre partie de ces études, nous voyons que le *conductor* de l'église de Rome, en contractant son bail avec elle, engage ses propres biens (2). Je n'oserais pas affirmer que cette pratique ait été générale. Mais il est certain qu'elle était légale, et l'exemple que je viens de citer prouve qu'elle a été employée quelquefois même par les propriétaires privés. Le procédé que je viens de dire a donc été sûrement la règle pour la mise à ferme des domaines des empereurs, et les particuliers eux-mêmes l'ont employé dans certains cas.

Je vais étudier maintenant les différentes espèces de baux qui ont été usités pour l'exploitation des grands domaines.

III.

La *locatio conductio* est le contrat de louage du droit romain classique. J'ai dit que je n'avais pas à m'expliquer ici sur ses

---

(1) Cod. Just., 11, 59, 3 = Cod. Théod., 5, 13, 14 (Valentinien et Valens, 364) : *non prius sinantur accedere quam vel fidejussoribus idoneis, periculo curialium datis, vel fundis patrimonii sui maxime utilibus obligatis idonea cautione firmaverunt.* — Cod. Just., 11, 62, 7 (Arcadius et Honorius, 386) : *Quicumque ad emphyteusin fundorum patrimonialium... venerit... patrimonium suum publicis implicet nexibus. Si vero minor facultatibus probabitur, datis fidejussoribus idoneis, ad emphyteusin accedat.* — Cod. Théod., 10, 3, 4 (Gratien, et Valentinien, 383) : *idoneis fidejussoribus praebitis.* — Cf. *ibid.*, 10, 5, 1 (Arcadius et Honorius, 398); 1, 11, 1 (Arcadius et Honorius, 397); Cod. Just., 11, 71, 1 (Gratien et Valentinien, 380-383).

(2) Voy. ci-dessus, p. 217, note de la p. 216.

caractères et sur ses règles juridiques. En effet, il n'y a rien là
qui soit spécial à l'histoire et à l'administration des grands
domaines. Voici l'observation la plus utile à faire. Bien
que, dans le droit du Bas-Empire, les modes de tenure qui, à
la différence de la *locatio conductio*, confèrent au preneur un
droit perpétuel, aient pris une importance très considérable, au
moins en ce qui concerne l'exploitation des domaines impériaux, il est certain cependant qu'on a continué, même durant
cette période, à user d'une façon régulière et constante de la
locatio conductio. Qu'on en ait usé pour l'exploitation des domaines des particuliers, la chose est trop évidente pour qu'il
soit utile d'y insister. Mais il est incontestable que les domaines
des empereurs eux-mêmes ont été aussi affermés par ce procédé jusqu'à la fin du droit romain. En effet, les textes juridiques du Bas-Empire, parlant de ces domaines, distinguent
très positivement la *conductio* du *jus perpetuum* et la location
ad tempus de la location *perpetuo jure* (1).

Location à temps et location perpétuelle, tels sont bien effectivement les noms qui caractérisent le mieux et qui distinguent
de la façon la plus sûre et la plus claire l'ancienne tenure du
droit classique et les tenures nouvelles introduites dans le droit
du Bas-Empire. Ces dernières sont essentiellement des tenures
perpétuelles. Au contraire, la *locatio conductio* est toujours,
dans le droit et dans la pratique, un bail à court terme. On sait
que dans l'usage, le terme ordinaire est cinq années (2). L'an-

(1) Voy. Code Théod., 11, 16, 12 (Gratien et Valentinien, 380), où sont
distingués les *conductores* et *hi qui jure perpetuo possederunt*. Même distinction, *ibid.*, 20 (Arcadius et Honorius, 395) et dans Cod. Just., 11, 66, 3
(Gratien et Valentinien, 376). Cf. Cod. Just., 11, 62, 8 (Gratien, Valentinien,
Arcadius, 386), où sont distingués, à propos des *fundi patrimoniales* impériaux, l'*emphyteusis* et la *conductio*. Dans une constitution de Théodose et
Valentinien, sans date (Cod. Just. 11, 71, 5, 6 et 7), on distingue aussi la
terre concédée à bail *perpetuo jure* et la terre *ad tempus locatam*. Observer
que, dans tous ces textes, c'est sûrement des terres de l'Empereur qu'il est
question.

(2) Allusions continuelles, dans les textes juridiques, à la *locatio in quinquennium* (Dig. 19, 2, 9, 1, Ulpien; 19, 2, 24, 2 et 4, Papinien, etc., etc.), ou
au *lustrum* comme durée du louage (*ibid.*, 19, 2, 13, 11, Ulpien). Les baux
des biens des cités sont pareillement de cinq ans, en règle; (voy. *lex coloniae
Juliae Genetivae*, 82, dans Girard, *Textes*, p. 89); et aussi les baux faits par
les collèges de prêtres (Hygin, p. 117, l. 10, édition du *Gromatici* de Lach-

cienne *locatio* censoriale du droit public romain avait nécessairement ce terme, à cause de la durée quinquennale de la censure elle-même (1); et la *locatio* du droit privé, qui n'est que l'application aux particuliers des règles du droit public, en d'autres termes, qui est la location censoriale elle-même passée dans le droit privé, a conservé cette marque de ses origines (2). La *locatio conductio* du droit classique est donc un bail de cinq ans. Telle est au moins la règle.

Mais il y a eu parfois, et même avant l'époque du Bas-Empire, par suite de circonstances diverses, des baux dont la durée a dépassé beaucoup ce délai, et qui ont même eu le caractère de véritables baux perpétuels ou à très long terme. Hygin l'affirme d'une façon expresse, parlant de la location des terres de l'État et des cités. Il nous apprend que parfois l'État romain ou les cités affermaient leurs terres pour une durée de plus de cent ans; et il appelle les terres louées ainsi du nom d'*agri vectigales* (3). Pour les terres de l'État, si de pareils baux ont existé, ils ont été sûrement très exceptionnels (4).

mann). Pour les baux des biens de l'État, voy. la note ci-dessous. — Sur le bail de cinq ans, voy. Esmein, *Mélanges d'histoire du droit et de critique*, p. 219 et suiv.

(1) Mommsen, *Droit public*, trad. IV, p. 22 et p. 148 à 151; Karlowa, *Röm. Rechtsgeschichte*, II, p. 29.

(2) Cette observation que la *locatio conductio* du droit privé n'est pas autre chose que l'ancienne location censoriale, qui a passé du droit public dans la pratique des particuliers, a été mise admirablement en lumière par Mommsen, *Die römischen Anfänge von Kauf und Miethe* (Zeitsch. der Savigny Stiftung, partie romaine, VI, p. 260 et suiv.). — Cf. sur le même sujet, Esmein, *Mélanges*, p. 221 et suiv.; Girard, *Manuel de droit romain*, 2e édition, p. 556 (principalement la note 2 de cette page). — Les objections de Kniep (*Societas publicanorum*, p. 232 à 234) qui, récemment, a protesté contre cette opinion aujourd'hui dominante ne me paraissent pas l'ébranler.

(3) Hygin, p. 116, l. 5 et suiv. (édit. Lachmann. Cf. le texte donné par Mommsen, *Droit public*, trad. IV, p. 149, note 2, avec des restitutions et des corrections importantes. Je cite le texte tel qu'il est établi par Mommsen) : *Vectigales autem agri sunt obligati, quidam rei publicae populi romani, quidam coloniarum aut municipiorum aut civitatium aliquarum... Ex hoste capti agri, postquam divisi sunt per centurias ut adsignarentur militibus, quorum virtute capti erant, amplius quam destinatio modi quamve militum exigebat numerus qui superfuerunt agri, vectigalibus subjecti sunt, alii per annos (quinos), alii per annos centenos pluresve.*

(4) Le texte d'Hygin cité parle expressément de baux de terres de l'État faits pour cent ans ou plus. Mais nous n'avons aucun exemple de pareils

Mais, pour les cités, des passages très positifs et très connus
de Gaius et de Paul mentionnent ces terres municipales,

baux. Il est certain que, si cela a jamais eu lieu, c'est là un fait absolument exceptionnel. Voy. Mommsen, *Droit public*, trad. IV, p. 150, 151. Cf.
I, p. 272. — Il est très important d'observer à ce propos que quelquefois les
textes appellent du nom d'*agri vectigales*, non plus du tout des terres publiques vraiment données à ferme, mais tout simplement les terres qui font l'objet de la propriété provinciale, parce que, d'après la théorie juridique, l'État a
le *dominium* de ces terres et qu'elles payent à cause de cela un impôt foncier,
quelquefois appelé *vectigal*. Voy. l'expression *ager vectigalis*, employée ainsi
par Hygin, p. 204, l. 16; p. 205, l. 5, pour désigner les terres provinciales
de Pannonie; (sur ce passage et pour la démonstration qu'il s'agit bien là
tout simplement de terres provinciales, cf. *Limitation des fonds de terre*, p. 62,
63, note); l'expression *civitates vectigales*, dans Tite-Live, XXXIV, 58, pour
dire les cités provinciales de Grèce qui payent l'impôt foncier; le nom de
vectigal donné par Cicéron, *Verr.*, III, 6, 12, à l'impôt provincial; l'*ager locus
privatus vectigalisque* d'Afrique dont parle la loi agraire de 643, l. 49, 66, et
qui n'est pas autre chose que les terres africaines vendues par l'État romain,
la même chose par conséquent que l'*ager emptus* d'Afrique de la même loi
agraire, l. 45, 47, 57, 65, et que l'*ager quaestorius* des *Gromatici* (édit. Lachmann, p. 115, l. 15; p. 125, l. 19; p. 152, l. 23); ces terres, ayant été vendues, sont devenues par conséquent l'objet de la propriété privée de l'acheteur, mais elles sont astreintes à payer un *vectigal* à l'État; (voy. sur cet *ager
privatus vectigalisque* d'Afrique dans la loi agraire, Mommsen, *C. I. L.*, I,
p. 98, 99, et mon livre sur la *Limitation des fonds de terre*, p. 200, 201 ; je
crois toutefois que, dans la ligne 66 de la loi agraire, l'*ager privatus vectigalisque* désigne plutôt une terre assignée à des colons ou plus exactement su-
brogée par l'État à la terre anciennement assignée. Voy. pour l'explication, *Limitation*, p. 128 à 133. Mais évidemment cela n'importe pas dans la discussion
présente, parce qu'il s'agit toujours, quelque soit l'explication donnée, d'une
terre objet de la propriété provinciale). — Il est clair que les *agri vectigales*,
entendus dans ce sens-là, ne sont en aucune façon les terres données à ferme
dont il est question dans ce travail. Car il n'est pas deux choses plus différentes, en droit comme en fait, que la terre qui est l'objet de la propriété provinciale, étant en réalité la propriété de celui qui la possède, et la terre qui
appartient vraiment à l'État et que l'État afferme par le ministère des censeurs. Cette observation est très importante, parce qu'on s'est laissé tromper
très souvent par l'identité des mots, et qu'on a fait là-dessus les confusions
les plus fâcheuses. La théorie très répandue d'après laquelle les *agri vectigales* des cités, dont nous parlent les jurisconsultes classiques, seraient l'i-
mitation des *agri vectigales* de l'État, les uns et les autres ayant d'ailleurs la
même nature et les mêmes caractères juridiques, et les seconds seulement
étant les plus anciens en date et le type même des premiers, (voy. par ex.
Garsonnet, *Hist. des locations perpétuelles*, p. 106, 107; Wiart, *Régime des
terres du fisc*, p. 72, note 1; Toollesco, *Étude sur l'emphytéose*, p. 12 à 17,
22, 24, 38, et beaucoup d'autres, etc.), n'a pas d'autre fondement que cette

dites effectivement *agri vectigales*, qui étaient louées par la cité avec cette clause très caractéristique que le tenancier et ses héritiers, tant qu'ils payeraient leur fermage (*vectigal*), ne pourraient pas être dépossédés (1), autrement dit qui étaient, en réalité, l'objet d'un bail perpétuel et héréditaire.

Ce sont là, dans le droit de l'ancien Empire, des exceptions extrêmement remarquables à la règle fondamentale de la location quinquennale. Cette pratique est même d'autant plus intéressante qu'elle apparaît d'assez bonne heure. Je ne crois pas qu'elle existe déjà à l'époque de la République (2) ; mais elle se montre d'une façon très certaine, à mon avis, dès le premier siècle de l'Empire (3). A l'époque de Trajan, son existence n'est

erreur qui consiste à considérer comme des terres de l'État, réellement affermées, les terres qui sont l'objet de la propriété provinciale, ou les terres italiennes qui, jusqu'à la loi agraire de 643, sont restées l'objet d'une propriété de fait tout à fait analogue à la propriété provinciale.

(1) Gaius, III, 145 : *Si qua res in perpetuum locata sit, quod evenit in praediis municipum, quae ea lege locantur ut quamdiu (id) vectigal praestetur, neque ipsi conductori neque heredi ejus praedium auferatur.* — Dig., 6, 3, 1, pr. (Paul) : *Agri civitatium alii vectigales vocantur, alii non. Vectigales vocantur qui in perpetuum locantur, id est hac lege ut tamdiu pro his vectigal pendatur, quamdiu neque ipsis qui conduxissent, neque his qui in locum eorum successerunt, auferri eos liceat.* — Sur les caractères juridiques du *jus in agro vectigali* des cités, sur les droits du preneur et sur les questions juridiques qui se posent relativement à cette institution, voy. principalement Lenel, *Edictum perpetuum*, p. 146, 147 ; Girard, *Manuel de droit romain*, p. 377 ; His, *Domänen der Kaiserzeit*, p. 10 ; Garsonnet, *Locations perpétuelles*, p. 107, 108 ; Tocilesco, *Étude sur l'emphytéose*, p. 23 à 37. La question qui semble avoir principalement préoccupé les jurisconsultes romains est celle de savoir si une concession pareille, qui donne au preneur un droit perpétuel et héréditaire, constitue proprement une vente ou un louage. Voy. Gaius, III, 145 : *Utrum emptio et venditio contrahatur an locatio et conductio.* L'opinion générale finit par se prononcer pour le louage. *Ibid. : Sed magis placuit locationem conductionemque esse.*

(2) En effet, *la lex coloniae Juliae Genetivae*, laquelle, comme on sait, date des dernières années de la République, ayant été *data* par Marc-Antoine, sur l'ordre de César, prohibe encore, en termes très formels, le bail de plus de cinq ans. Voy. chap. 82 (*Textes* de Girard, p. 89) : *Qui agri quaeque silvae, quaeq(ue) aedificia c(olonis) c(oloniae) G(enetivae) J(uliae), quibus publice utentur, ... ne quis eos agros neve eas silvas vendito neve locato longius quam in quinquennium,* etc.

(3) Une des tablettes de Caecilius Jucundus, trouvées à Pompéi, qui est datée de 53 (de Petra, *Tavolette cerate di Pompei*, p. 125 = Bruns, *Fontes*, 6e édition, p. 320 = Girard, *Textes*, p. 773), est ainsi conçue (à l'intérieur du

plus douteuse (1); et, dans les textes des jurisconsultes du se-

diptyque) : *Secundus (colonoru)m coloniae (Vener\iae Corneliae servos accepi (a) Terentio Primo HS DCCLXXVI reliquos ob avitum (et) patritum fundi Audiani nomine Stati Inventi.* (A l'extérieur du même diptyque : *Scripsi me accepisse ab P. Ter. Primo HS DCCLXXVI reliquos ob avitum fundi Audiani et accepi ante hanc diem HS VCC̄XXIIII).* Cela signifie que Secundus, esclave public de Pompéi, déclare avoir reçu de Terentius Primus, au nom de Stalius Inventus, la somme de 776 sesterces reliquat d'un compte dont 5.224 sesterces avaient déjà été payés (donc la somme due tout entière s'élevait à 6.000 sesterces), *ob avitum et patritum fundi Audiani.* On ne peut entendre, à mon avis, par cet *avitum et patritum* du *fundus Audianus,* autre chose que la redevance due pour la location à perpétuité de ce fonds ; autrement dit ce fonds, appartenant à la cité de Pompéi, était loué par elle, et loué à perpétuité et héréditairement (*avitum et patritum*), à un fermier, Stalius Inventus, qui avait à payer chaque année pour cette terre une redevance ou fermage de 6.000 sesterces. C'est l'explication que donne Mommsen ; (voy. son article sur les tablettes de Pompéi, *Hermes,* XII, p. 123 et 124). Elle me paraît infiniment préférable à celle qui a été donnée, du même document, par Huschke, *Avitum et patritum und der ager vectigalis (Zeitschrift für die vergleichende Rechtswissenchaft,* I, p. 161 et suiv.) ; (résumé de cet article dans Garsonnet, *Locations perpétuelles,* p. 647, et François, *Essai sur l'emphytéose,* thèse, Grenoble, 1883, p. 189 à 194). —Une inscription de Ferentinum (C. I. L., X, 5853) nous donne un autre exemple d'un contrat tout à fait semblable à celui que nous voyons dans l'acte cité de Pompéi, et désigné par le même nom. Il s'agit d'une inscription honorifique à la louange d'un quatuorvir de Ferentinum, A. Quinctilius Priscus. Voy. l. 8 et suiv. : *Hic ex s(enatus) c(onsulto) fundos Ceponian(um) et Roianum et Mamian(um) et pratum Exosco ab r(e) p(ublica) redem(it) HS LXX m(ilibus) n(ummum) et in avit(um) r(ei) p(ublicae) reddid(it), ex quorum reditu de HS IV m(ilibus) CC quodannis VI id(us) mai(as) die natal(i) suo perpet(uo) daretur praesent(ibus) municipib(us) et incol(is),* etc. Les fonds de terre nommés dans cette inscription, et appartenant au municipe de Ferentinum, avaient été achetés par Priscus pour 70.000 sesterces, puis rendus, immédiatement après, à la cité, avec cette clause que la cité les laisserait à Priscus en bail perpétuel et héréditaire (*in avitum*), moyennant un loyer de 4.200 sesterces (soit 6 p. 0/0 de la valeur de la terre). La propriété du fonds reste donc à la cité, mais Priscus et ses héritiers en demeurent à perpétuité les fermiers, à la charge de payer à la cité un fermage annuel, appelé *avitum.* Cf. sur cette inscription la note de Mommsen, dans le *C. I. L.,* X, 1, p. 581, à la suite de l'inscription elle-même. — (Observer que l'*ager patritus* dont parle la loi agraire de 643, l. 28, à propos de la *subsignatio praediorum* que doivent faire ceux qui contractent avec les censeurs, est en réalité, non pas, comme dans les exemples que je viens de citer, une terre publique donnée à bail perpétuel, mais bien une terre objet de la propriété privée ; car il s'agit là de l'*ager commutatus* de la loi agraire, qui est réellement, à l'époque de cette loi, un *ager privatus optima lege.* Voy. sur cet *ager,* mon livre sur la *Limitation des fonds de terre,* p. 166, 167).

(1) Je ne saurais dire de quelle époque exactement est l'inscription de

cond et du troisième siècle, elle nous apparaît comme une chose déjà fréquente ; il est visible que, dans cette période, c'est d'une façon ordinaire et régulière (non pas toujours, sans doute, mais assez souvent) que les cités donnent leurs terres à des preneurs vectigaliens (1). On ne saurait nier le très grand intérêt d'un fait semblable, pour l'étude de l'histoire et des origines des tenures perpétuelles et héréditaires, dont l'époque du Bas-Empire a vu le triomphe ; car le *jus in agro vectigali* est incontestablement une de ces tenures ; et sa ressemblance avec les baux héréditaires, usuels dans la législation du Bas-Empire, est si frappante, que les compilateurs du temps de Justinien ont toujours considéré comme absolument synonymes le bail des *agri vectigales* des cités, dont nous parlent les textes juridiques du second et du troisième siècle, et le bail emphytéotique (2). Et sans doute c'est là une erreur ; des différences très

Ferentinum, citée à la note précédente. Mais il me paraît à peu près sûr qu'elle ne peut être que du premier ou du second siècle. Pour l'époque de Trajan en particulier, je fais remarquer que l'opération décrite dans cette inscription est presque exactement celle que Pline a faite avec la ville de Côme, pour réaliser sa fondation alimentaire. Voy. *Epistolae*, VII, 18 (Keil) : *Pro quingentis milibus nummum, quae in alimenta ingenuorum ingenuarumque promiseram, agrum ex meis longe pluris actori publico* (à un *actor publicus* de la cité de Côme) *mancipavi. Eundem, vectigali imposito, recepi, tricena milia annua daturus*, etc. Très vraisemblablement, Pline (comme Priscus à Ferentinum) reste, moyennant ce *vectigal*, possesseur perpétuel et héréditaire du fonds de terre aliéné par lui, et le *vectigal* qu'il paye à la cité est un *avitum et patritum*. — Dans tous les cas, l'existence du bail vectigalien des cités, à l'époque de Trajan, ne saurait faire l'objet d'un doute, puisque Hygin, qui nous parle de ces espèces de baux faits par les cités (ci-dessus, p. 240, note 3), est de l'époque de Trajan ; (Voy. Schanz, *Geschichte der römischen Litteratur*, II, p. 470). Siculus Flacus, qui s'occupe également du bail vectigalien des cités, (*Gromatici*, édit. Lachmann, p. 162, l. 19 et suiv.), est d'une époque difficile à fixer exactement, mais sûrement postérieure à Domitien, et probablement, lui aussi, de l'époque de Trajan ; (Schanz, *loc. cit.*, p. 470).

(1) Voy. les textes de Caius et de Paul, cités ci-dessus, p. 242, note 1). Ajoutez des allusions à l'*ager vectigalis* des cités dans un grand nombre de textes du Digeste, par ex. 2, 8, 15, 1, Marcien (un peu postérieur à Caracalla) : *qui vectigalem, id est emphyteuticum, agrum possidet; (id est emphyteuticum* est une interpolation certaine, voy. la note suivante). *Ibid.*, 39, 4, 11, 1 (Paul); 30, 71, 5 et 6 (Ulpien); 39, 2, 15, 27 (Ulpien). Cf. Cod. Just., 11, 31, 1 (Philippe, 244-249), etc. Voy. d'autres textes encore dans les ouvrages cités ci-dessus à propos des caractères et des effets du *jus in agro vectigali*.

(2) Voy., pour cette synonymie, la rubrique du Dig., 6, 34 : *Si ager vec-*

caractéristiques séparent ces deux tenures (1), différences
si graves, qu'il n'est même pas exact de dire, comme on l'a
fait souvent, (en se fondant sur cette synonymie affirmée par
les textes de Justinien), que l'emphytéose dérive historiquement du *jus in agro vectigali* (2). Mais, quelqu'opinion que
l'on ait sur ce point spécial, dans tous les cas on ne doit pas oublier la très grande importance historique du bail vectigalien
des cités, qui est la première apparition, dans le droit romain,
de la tenure perpétuelle et héréditaire. Toutefois, il est indispensable de ne pas perdre de vue que, à l'époque de l'ancien Empire, l'*ager vectigalis* constitue une exception, et
même que, dans la pratique, au moins la pratique ordinaire, les terres des cités sont les seules qui soient données
à bail de cette façon (3). Par conséquent, les grands do-

tigalis, id est emphyteuticarius, petatur; le texte de Marcien cité ci-dessus
(Dig., 2, 8, 15, 1), dans lequel *id est emphyteuticum,* après *vectigalem,* est
clairement une interpolation; (interpolation toute pareille dans la constitution de Dioclétien de 293, Cod. Just., 5, 71, 9 : *vectigale sive emphyteuticum praedium*); et enfin l'adaptation presque littérale à l'emphytéose, dans
Inst. Just., III, 24, 3, du passage de Gaius, III, 145, qui est relatif à l'*ager
vectigalis,* adaptation qui montre bien que, pour les contemporains de Justinien, *ager vectigalis* et emphytéose sont des mots qui peuvent être mis l'un
pour l'autre.

(1) Sur ces différences, voy. en particulier François, *Essai sur l'emphytéose,*
p. 28 à 40; Pernice, *Parerga (Zeitsch. der Savigny-Stiftung,* partie romaine,
V, p. 84, 85).

(2) Du moins n'en dérive-t-elle pas uniquement, ni même principalement.
Je montrerai en effet plus loin, en traitant des origines de l'emphytéose, que
cette espèce de bail est essentiellement une pratique du droit grec et que
c'est au droit grec que les Romains l'ont empruntée. Mais il est possible que
l'habitude des cités de donner leurs terres à bail vectigalien, ait eu tout de
même quelque influence sur la naissance et sur le développement du bail emphytéotique, en ce sens qu'elle aura contribué à faire accueillir volontiers par
le droit romain cette pratique du droit grec, et à en répandre l'usage. — En
revanche, je montrerai aussi qu'une autre tenure, très pratiquée également
dans le droit du Bas-Empire, le *jus perpetuum,* en réalité, n'est pas autre
chose que le *jus in agro vectigali,* avec un autre nom et une extension plus
grande. Et c'est en ce sens-là qu'il est rigoureusement vrai de dire que le
bail vectigalien des terres des cités est bien l'origine et le point de départ,
sinon de l'emphytéose elle-même, au moins de la pratique des baux perpétuels et héréditaires dans le droit du Bas-Empire.

(3) Pour les terres des particuliers, il n'est pas douteux que la règle, à
l'époque des jurisconsultes classiques, ne soit le bail quinquennal. (Voy. la

maines dont je m'occupe dans ce travail, n'ont jamais été, dans la réalité, des *agri vectigales*. Le bail à court terme (quinquennal en fait) est resté la règle et la pratique constante pour ces domaines, non seulement pour les domaines des particuliers (1),

note ci-dessous). Pour le domaine de l'État, le passage d'Hygin, cité ci-dessus, parle bien des terres de l'État qui sont données quelquefois à bail pour cent ans et plus; mais j'ai montré que, si cela a eu lieu jamais, ce fut, en tous cas, une chose très exceptionnelle. (Voy. ci-dessus, p. 240, note 4). Dans le passage de Paul (Dig., 39, 4, 11, 1: *agri publici qui in perpetuum locantur*), il est certain, bien qu'on l'ait contesté, que *agri publici* doit s'entendre des terres publiques des cités, et non pas de celles de l'État. Car ce texte ajoute que ces concessions *a curatore sine auctoritate principali revocari non possunt*; et incontestablement le *curator* est un magistrat municipal, non un fonctionnaire de l'État. (Cf. sur ce passage, Lecrivain, *De agris publicis imperatoriisque*, p. 56). — Hygin (p. 117, l. 5 et suiv.), dit aussi que les biens des corporations sacerdotales sont quelquefois des *agri vectigales*. (*Virginum quoque Vestalium et sacerdotum quidam agri vectigalibus redditi sunt locatim*). Mais il ajoute ensuite : *Solent vero et hi agri accipere per singula lustra mancipem;* et si les mots *hi agri* se rapportent, comme la construction de la phrase paraîtrait bien l'indiquer, aux *agri vectigales* nommés quelques lignes plus haut, il résulterait de là que ces *agri* des corporations sacerdotales, malgré le nom de *vectigales* qui leur est donné par Hygin, seraient, dans la réalité, des terres louées pour cinq ans.

(1) J'ai déjà fait observer que, dans les écrits des jurisconsultes classiques, lesquels sont régulièrement relatifs au bail des particuliers, le bail est presque toujours supposé fait pour cinq ans. Voy. ci-dessus, p. 239, note 2, et surtout les textes très nombreux réunis par M. Esmein, *Mélanges*, p. 219, notes 1 et 2. — Une preuve frappante de cette règle se trouve dans le passage cité de Paul relatif aux *agri vectigales* des cités (Dig., 6, 3, 1, pr.). Paul oppose aux *agri vectigales* des cités, dont le caractère essentiel est qu'elles sont données à bail perpétuel, les *agri non vectigales* des mêmes cités, *qui ita colendi dantur ut privatim agros nostros colendos dare solemus*. Les terres des particuliers sont donc essentiellement des terres qui font l'objet d'un bail à court terme. — Je ne sais pas s'il faut aller jusqu'à dire que jamais les particuliers n'ont donné leurs terres à bail perpétuel. M. Lécrivain, *loc. cit.*, p. 57, croit qu'il y a quelques exemples de cette pratique, longtemps avant l'époque du Bas-Empire, et il cite, comme preuves, deux passages de Scaevola (Dig., 19, 1, 52, et 20, 1, 31), et une constitution de Gordien de 239 (Cod. Just. 4, 65, 10). Le premier des passages cités de Scaevola ne prouve certainement rien. Dans le second, il est formellement parlé de la *lex vectigali fundo dicta, ut si post certum temporis vectigal solutum non esset, is fundus ad dominum redeat;* et l'expression *dominus* ne peut évidemment s'entendre que d'un propriétaire privé. Mais il est très probable que le mot *dominum*, dans ces fragments, est une interprétation de Justinien, qui aura sans doute remplacé par ce mot l'expression *municipes* qu'employait Scaevola. (Voy., en ce sens, Pernice, *Zeitsch. der Savigny-Stiftung*, V, p. 85). Quant à la

mais encore pour les domaines des empereurs eux-mêmes(1).

Il est vrai que ce bail, les cinq années expirées, peut être renouvelé. La pratique de la reconduction était même probablement fréquente. Notamment, pour les domaines des empereurs, l'inscription de Souk-el-Khmis nous montre que, dans les grands *saltus* d'Afrique, à l'époque de Commode, c'est ainsi que les choses se passaient (2). L'habitude des reconductions a pu conduire sans doute à faire entrer, dans le droit et dans la pratique, la notion du bail perpétuel. Il est même très vraisemblable que le bail perpétuel des cités, le seul qui existe réellement sous l'ancien Empire, est historiquement résulté du renouvellement, devenu traditionnel et de style, du bail consenti primitivement pour un temps déterminé (3); et,

constitution de Gordien, elle distingue très positivement la *perpetua conductio*, laquelle *etiam ad heredes transmittatur*, et la *temporalis conductio;* et, comme cette constitution se trouve dans le titre de *locato et conducto*, dont les textes se réfèrent en règle au bail privé, il y a beaucoup de chance pour que, dans la pensée au moins des auteurs du Code Justinien, ce passage soit considéré comme effectivement relatif au bail des particuliers. Mais en était-il ainsi dans la pensée de Gordien lui-même; et lorsqu'il a rendu cette constitution, l'Empereur, en parlant de location perpétuelle et héréditaire, n'avait-il pas précisément en vue et n'entendait-il pas par ce langage les baux faits par des cités, et non pas les baux des particuliers? Je serais assez porté à le croire.

(1) C'est ce qui prouve l'inscription de Souk-el-Khmis, qui parle des *vices* des baux faits par le *conductor* (col. 3, l. 22 et 23 : *per vices successionis per condicionem conductionis*), ce qui fait évidemment allusion aux renouvellements périodiques du bail par le *conductor*, et ce qui suppose par conséquent un bail à court terme (sans doute pour cinq ans), que le *conductor* est obligé de renouveler chaque fois que le terme est expiré.

(2) Voy. la note ci-dessus.

(3) C'est l'opinion de M. Esmein, en ce qui concerne l'origine des baux emphytéotiques que, dans le droit grec, dès une époque ancienne, les cités et les temples consentaient sur leurs terres; (Voy. ci-dessous). M. Esmein pense que primitivement la location fut faite pour un temps limité et que c'est l'habitude de la reconduction qui a fait peu à peu de ces baux à terme des baux perpétuels. Voy. *Revue historique de droit*, 1894, p. 406. — Un exemple beaucoup plus sûr et beaucoup mieux connu de cette évolution juridique, c'est celui que nous fournit l'histoire de la précaire ecclésiastique. La concession faite par l'Église qui, dans les textes de l'époque mérovingienne et carolingienne, est en règle viagère, mais qui se présente aussi dans certains cas avec un caractère héréditaire, est à peu près sûrement devenue viagère (et même plus tard héréditaire), par suite du renouvellement traditionnel de la concession tous les cinq ans, que le droit

quant aux domaines impériaux, c'est probablement par la
même voie que se sont introduites peu à peu dans l'usage les
concessions perpétuelles qui, encore inconnues ou extrêmement rares, au temps des jurisconsultes classiques, nous apparaissent au contraire si générales, si fréquentes, si fermement établies dans les constitutions du Bas-Empire. Mais il
n'en est pas moins vrai que, en droit, un bail fait pour cinq
ans et renouvelé à l'expiration de ce délai, même renouvelé
plusieurs fois, n'est pas un bail perpétuel. Et précisément
les empereurs prévoyant ce cas, qui sûrement a été fréquent, où les administrateurs des domaines voudraient forcer
les *conductores* à rester sur les terres, une fois expiré le délai
de cinq ans, condamnent en termes très formels ces abus de
pouvoir (1). Je ne voudrais pas affirmer que jamais, à l'époque

exigeait essentiellement du précariste à l'origine. Voy. sur ce point principalement, Roth, *Feudalitat und Unterthanverband,* p. 148 à 178; (sur le renouvellement quinquennal en particulier, voy. p. 170, 171); Löning, *Geschichte
des deutschen Kirchenrechts,* II, p. 710 à 719; Viollet, *Hist. du droit civil,*
p. 666 à 671; Wiart, *Essai sur la precaria* (thèse, Paris, 1894).

(1) L'édit du préfet d'Égypte, Tibérius Julius Alexander, de 68 après J.-C.,
parle de la mauvaise coutume qui s'est introduite d'obliger à prendre à ferme
les *vectigalia* ou les terres des domaines impériaux (μισθώσεις οὐσιακαί);
et il prohibe formellement cette contrainte. Voy. l. 10 à 18. On peut très
légitimement conjecturer que, si les administrateurs des domaines impériaux
obligeaient les gens à prendre à ferme malgré eux ces domaines, à plus forte
raison, ils devaient obliger les fermiers en place à rester sur les lieux, c'est-
à-dire à garder la location, le délai du bail étant expiré. Car ce genre de
contrainte est évidemment plus facile encore à pratiquer que le premier. Cf.
Dig., 39, 4, 9, 1 (Paul) : *Ad conducendum vectigal invitus nemo compellatur,
et ideo, impleto tempore conductionis, elocanda sunt.* Cela n'est pas autre chose
que la règle posée par l'édit du préfet d'Égypte. Cf. sur ce passage de l'édit du
préfet d'Égypte, le commentaire de Rudorff, *Rheinisches Museum,* II, p. 64 et
suiv., et Lécrivain, *loc. cit.,* p. 61, 62. — A l'époque d'Hadrien, l'habitude, chez
les administrateurs des domaines, d'obliger les *conductores* à garder la ferme
des domaines, une fois le délai du bail expiré, est incontestable, et Hadrien
la réprime à son tour. Voy. Dig., 49, 14, 3, 6 (Callistrate) : *Divus etiam Ha-
drianus in haec verba rescripsit : Valde inhumanus mos est iste quo retinentur
conductores vectigalium publicorum et agrorum, si tantidem locari non possunt.
Nam et facilius invenientur conductores, si scierint fore ut, si peracto lustro
discedere voluerint, non teneantur.* Ce rescrit d'Hadrien vise surtout, pris à
la lettre, la mise à ferme des *vectigalia* et des terres publiques. Mais il n'y
a pas de doute qu'on ne puisse avec beaucoup de vraisemblance et qu'on ne
doive étendre ce qu'il dit à la mise à ferme des domaines impériaux. — Cf.
Cod. Just., 4, 65, 11 (Philippe, 244) : *Invitos conductores seu heredes eorum,*

de l'ancien Empire, les domaines des empereurs n'aient été donnés à bail perpétuel et héréditaire. Il a pu exister de tels baux. Mais c'est là une rareté et une chose tout à fait exceptionnelle. La règle, dans cette période, pour les terres impériales, comme pour les domaines des particuliers, est certainement le bail quinquennal.

A l'époque du Bas-Empire, c'est la pratique contraire qui triomphe, au moins pour les terres des empereurs. J'étudierai tout à l'heure les variétés de baux perpétuels usités dans le droit de cette époque. Cependant, même alors, la *locatio conductio* classique, c'est-à-dire le bail à court terme, n'est certainement pas abandonnée. Pour les domaines des particuliers, elle reste incontestablement la règle (1). Pour ceux des empereurs, s'il est vrai que le plus souvent ils sont, à l'époque du Bas-Empire, l'objet de baux perpétuels, cependant il arrive encore quelquefois qu'ils sont donnés à terme pour un temps fixé (2). Ce temps fixé a été, j'imagine, assez variable. Le terme traditionnel de cinq ans a dû rester usité (3). Mais il est probable qu'on a dû aussi quelquefois donner à bail les terres impériales pour des délais plus longs (4).

---

post tempora locationis impleta, non esse retinendos saepe rescriptum est. Cette constitution ne parle pas spécialement des *conductores* des domaines impériaux; placée, au Code, dans le titre *de locato et conducto*, elle se réfère plutôt au droit commun de la *locatio conductio*, et concerne le bail des particuliers aussi bien que celui des Empereurs. Mais précisément parce qu'il faut voir là une règle générale de la *locatio conductio*, dans le droit du IIIe siècle, il n'est pas douteux qu'elle ne s'applique très bien aux administrateurs des domaines impériaux et aux locataires de ces domaines.

(1) C'est ce que prouve l'importance que conserve encore, dans le droit privé du Bas-Empire, la *locatio conductio*, qui est toujours considérée comme un bail d'une durée limitée (Voy. par exemple, Inst. Just. III, 24, 6 : *intra tempora conductionis*, et tant d'autres textes tout pareils).

(2) Voy. les textes cités, ci-dessus, p. 239, note 1.

(3) His, *loc. cit.*, p. 90. Mais rien ne prouve, à mon avis, que ce terme de cinq ans soit encore la règle, comme autrefois.

(4) Toutefois je n'en connais pas d'exemple positif. Dans une inscription de Rimini, datée de 523 après J.-C. et par conséquent du temps de Théodoric, il est question d'un fermier des biens de Théodoric, qui est resté fermier vingt ans. — *C. I. L.*, XI, 549 : *Hic requiescit in pace Leo qui fuit conductor domini nostri* (de Théodoric) *anus XX... Maximo v. c. consule* (an 523). Ce fermier avait-il passé un bail de vingt ans, ou a-t-il renouvelé quatre fois un bail de cinq ans, ou était-il un *conductor* perpétuel et est-il mort après vingt ans de fermage?

IV.

J'arrive maintenant aux tenures pratiquées dans le droit du Bas-Empire, qui sont, comme je l'ai dit, les plus usitées dans cette période, au moins lorsqu'il s'agit des domaines impériaux.

Le caractère général de toutes ces tenures est qu'elles confèrent au preneur un droit perpétuel et héréditaire. J'ai montré qu'avant l'époque du Bas-Empire un tel bail, perpétuel et héréditaire, est une exception. Il n'y a à l'employer, au moins d'une façon fréquente et vraiment pratique, que les cités. Pour les domaines des particuliers et même pour ceux des empereurs, si quelquefois ils ont été l'objet de pareilles concessions, c'est là un fait absolument exceptionnel. Toutefois, il est important d'observer que, indirectement au moins, et en fait sinon en droit, bien des locations se sont trouvées être perpétuelles, qui, en règle et juridiquement, étaient contractées pour un temps limité. J'ai montré, en effet, qu'un grand nombre de dispositions législatives ont été prises par les empereurs pour réprimer l'habitude qui existait souvent de retenir de force, après l'expiration du temps du bail, le *conductor* sur le domaine (1). Sans doute de telles lois prouvent que le bail, en droit, est essentiellement temporaire. Mais elles prouvent aussi que, dès l'époque de l'ancien Empire, la pratique des administrateurs des domaines tendait déjà très énergiquement à s'écarter de ces principes de droit et à transformer les *conductores*, obligés seulement d'après la loi pour un temps déterminé, en tenanciers perpétuels et héréditaires.

C'est cette tendance que nous voyons aboutir pleinement dans le droit du Bas-Empire. A cette époque, au moins pour ce qui est des domaines impériaux, le bail est presque toujours, en droit comme en fait, un bail perpétuel.

La question reste, je crois, insoluble. Mais à coup sûr la première interprétation est bien loin d'être certaine, et par conséquent on ne saurait conclure d'un texte pareil que, dans les derniers temps de l'Empire romain, la pratique s'était introduite, au moins pour ce qui est des biens des Empereurs, de les donner à ferme pour un terme de vingt ans ou pour des termes d'une durée semblable.

(1) V. ci-dessus, p. 248, note 1.

Le plus ancien en date de ces baux perpétuels est sûrement le *jus perpetuum* (1).

Le *jus perpetuum* est un droit de jouissance perpétuel et héréditaire, constitué sur un fonds, moyennant le paiement d'une prestation annuelle. Le tenancier s'appelle *perpetuarius*, le fonds loué *fundus perpetuarius* ou *fundus perpetui juris*, la prestation due *pensio* ou *canon*.

Le *jus perpetuum* est un mode de tenure qui a été employé principalement pour les *fundi rei privatae* (2). Mais, on le trouve également, dans les textes, appliqué aux *fundi patrimoniales* (3) et aux terres des cités (4). Au contraire, il n'y a pas d'exemple que les domaines des particuliers aient fait l'objet jamais de ce genre de location.

Quant à son caractère juridique, le *jus perpetuum* est essentiellement une location. Les sources emploient ici régulièrement les mots *locare, conductio, conductor* (5). Par ce caractère,

(1) Sur le *jus perpetuum*, His, *loc. cit.*, p. 91 à 94; Wiart, *loc. cit.*, p. 44 à 46, 72 à 77; Lécrivain, *loc. cit.*, p. 79 à 82. — Ajoutez Garsonnet, *Hist. des locations perpétuelles*, p. 150, 151; Tocilesco, *Étude sur l'emphytéose*, p. 54 à 65.

(2) La plupart des textes dans lesquels il est parlé du *jus perpetuum* sont relatifs à des *fundi rei privatae*. Voy. par ex. Cod. Just., 11, 66, 3 (Gratien et Valentinien); 11, 71, 1 (Gratien et Valentinien); 11, 71, 5 (Théodose et Valentinien), etc.

(3) Par exemple, Cod. Théod., 11, 16, 20 (Arcadius et Honorius, 395) : *Jubemus, ne fundi ad patrimonium nostrum pertinentes, seu conductionis titulo, seu perpetui jure teneantur*, etc. — Cf., *Ibid.*, 11, 19, 4 (Arcadius et Honorius, 398) : *Qui praedia patrimonalia... perpetuo jure retinent.*

(4) Dès l'époque de l'ancien Empire j'ai montré que les cités pratiquaient assez souvent le bail perpétuel et héréditaire (*agri vectigales*). Sous le Bas-Empire, le procédé ordinaire de mise à ferme des biens des cités, est certainement le *jus perpetuum*. Voy. Cod. Théod., 10, 3, 5 (Arcadius et Honorius, 400) : *Aedificia, hortos atque areas aedium publicarum et ea rei publicae loca* (*res publica* avec le sens de cité, non pas d'État incontestablement)... *sub perpetua conductione, salvo dumtaxat canone... penes muncipes..., permaneant.* Cod. Just. 11, 71, 3 (mêmes empereurs 400 à 405) : *Loca omnia fundive rei publicae... perpetuariis conductoribus locentur.* Je montrerai tout à l'heure que, dans la langue du droit du Bas-Empire, le mot *jus perpetuum* a remplacé le mot *jus in agro vectigali*, mais que, dans la réalité, par ses caractères et par ses effets, le *jus perpetuum* du Bas-Empire n'est pas autre chose que l'ancien *jus in agro vectigali*.

(5) Voy. Cod. Théod., 10, 3, 5 (cité à la note précédente) : *sub perpetua conductione;* Cod. Just. 11, 71, 3 (cité *ibid.*) : *perpetuariis conductoribus locentur.* Une constitution de Théodose et Valentinien (Cod. Just., 11, 71, 5,

le *jus perpetuum* se distingue du *jus privatum salvo canone*, dont je vais parler tout à l'heure, et qui constitue en droit une aliénation et non un louage.

Le *perpetuarius* a un droit héréditaire (1). Non seulement il transmet son droit à ses héritiers, mais encore il peut l'aliéner entre-vifs, soit à titre gratuit, soit à titre onéreux (2). Toutefois, il est incontestable qu'il n'est pas *dominus fundi* (3).

Telles sont les règles essentielles de cette tenure. Il reste à faire, en ce qui la concerne, deux observations très importantes.

Il me paraît tout à fait certain que le *jus perpetuum* des sources juridiques du Bas-Empire, tel que je viens de l'étudier, n'est pas autre chose, sous un nom différent, que l'ancien *jus in agro vectigali* des textes de Hygin et des jurisconsultes du second et du troisième siècle (4). En d'autres termes, le *jus in agro vectigali* du droit de l'ancien Empire n'a nullement disparu, bien qu'on ne le trouve plus mentionné jamais

7) oppose la *possessio* impériale *locata perpetuo jure* à celle qui est *locata ad tempus.*

(1) Cod. Just., 11, 71, 5, 4 (Théodose et Valentinien) : *Jure igitur perpetuo publici contractus firmitate perpetuarius securus sit, et intellegat neque a se neque a posteris suis, vel his ad quos ea res vel successione, vel donatione, sive venditione, vel quolibet titulo pervenit, sive aliquando pervenerit, esse retrahendam.*

(2) Cela est dit formellement par la constitution citée dans la note précédente. Cf. Cod. Just., 11, 66, 3 (Gratien et Valentinien, 376?) La seule question embarrassante ici porte sur le point de savoir si le *perpetuarius*, pour aliéner, a besoin d'une autorisation du propriétaire, c'est-à-dire ici de l'administration des domaines impériaux. La constitution de Gratien et Valentinien de 376 (?) (Cod. Just., 11, 66, 3), n'en exige absolument aucune, et déclare seulement que, au cas d'aliénation, l'aliénateur reste responsable toujours envers l'Empereur du paiement de la redevance, si l'acquéreur est insolvable. Quant à la constitution de Constantin (Cod. Just., 11, 62, 1) qui parle de l'*auctoritas judicis* en cas de donation, elle ne prouve absolument rien et doit être écartée, parce qu'il y est question, non pas du *jus perpetuum*, mais de l'emphytéose. — Voy. sur toute cette question, His, *loc. cit.*, p. 92; Wiart, p. 74 à 76.

(3) En conséquence, il n'a pas le droit d'affranchir des esclaves dépendant du fonds. La constitution de Valentinien et de Valens de 367 (Cod. Just., 11, 63, 2) donne ce droit seulement aux tenanciers qui sont *fundorum domini;* il faut entendre par là, à mon avis, ceux qui ont acquis sur les terres impériales le *jus privatum;* car il n'y a qu'eux qui puissent être exactement qualifiés de *domini.*

(4) En ce sens, voy. notamment, His, *loc. cit.*, p. 93.

dans les constitutions des empereurs à partir de la fin du IIIe
siècle (1). C'est son nom seul qui a disparu ; mais l'institution
est toujours restée en vigueur ; seulement elle porte désormais
un autre nom ; elle s'appelle *jus perpetuum*. Ainsi s'explique
très bien, tout d'abord, que, dans les constitutions du Bas-
Empire, le mode ordinaire et régulier de mise à ferme des
terres des cités, soit précisément le *jus perpetuum* (2) : car on ne
comprendrait pas que la pratique du bail perpétuel, florissante
déjà au second et au troisième siècle dans les cités, eût été
abandonnée par elles, justement à cette époque du Bas-Empire
qui vit le triomphe et la généralisation de cette pratique. On
serait donc en droit de s'étonner, au premier abord, de
la disparition, dans les sources du droit du Bas-Empire,
du *jus in agro vectigali*, c'est-à-dire du bail perpétuel des
cités. Mais, si le *jus perpetuum* n'est pas autre chose que
le nom nouveau donné à cet ancien bail des cités, tout
s'explique au contraire de la façon la plus aisée ; et notamment on voit très bien pourquoi, dans les constitutions
de cette période, c'est le *jus perpetuum* qui apparaît toujours comme la tenure propre aux biens des cités. On s'explique non moins bien : 1° pourquoi l'expression *jus in
agro vectigali* a disparu des Codes du Bas-Empire, alors qu'il
serait tout à fait invraisemblable que la tenure perpétuelle désignée par cette expression eût cessé d'être en usage ; c'est
que effectivement cette tenure existe toujours, mais que désormais c'est par le nom nouveau de *jus perpetuum* qu'on la
désigne toujours ; 2° pourquoi, à l'inverse, les compilations du
Digeste ont conservé les textes des jurisconsultes de l'ancien
Empire qui parlaient du *jus in agro vectigali* ; c'est que le *jus*

---

(1) La dernière mention qui en est faite se trouve dans une constitution de
Dioclétien de 293 (Cod. Just, 5, 71, 13) : *Etiam vectigale vel patrimoniale sive
emphyteuticum praedium* (appartenant à un mineur de vingt-cinq ans) *sine
decreto praesidis distrahi non licet.* J'ai déjà fait observer que les mots *sive
emphyteuticum* sont une interpolation certaine de Justinien, qui a, de parti
pris et toujours, accolé ces deux mots à l'expression *ager vectigalis*, par
suite de la confusion qu'il a faite entre le *jus in agro vectigali* et l'emphytéose. Mais il reste évidemment, dans la constitution de Dioclétien, une allusion incontestable à un *praedium vectigale*. C'est la dernière allusion, en date,
à ma connaissance.

(2) Voy. ci-dessus, p. 251, note 4.

in agro vectigali continue toujours à exister, sous le nom de *ius perpetuum*, et qu'il est par conséquent tout naturel de conserver, dans les œuvres législatives du Bas-Empire, les passages des jurisconsultes classiques relatifs à cette tenure, qui non seulement n'est pas disparue, mais encore qui est plus vivante et plus répandue que jamais dans cette période.

En résumé, il faut considérer le *jus perpetuum* des constitutions du Bas-Empire comme l'ancien *jus in agro vectigali* des textes de Hygin, de Gaius et de Paul, qui a changé de nom, mais qui s'est conservé avec tous ses caractères essentiels, toutes ses règles juridiques, et qui même a pris une extension et une importance pratique beaucoup plus grandes qu'à l'époque de l'ancien Empire. Le *jus perpetuum*, c'est en réalité le *jus in agro vectigali*, qui a débordé de sa sphère d'application primitive (les terres des cités), et qui, tout en restant, comme il était autrefois, le mode de mise à ferme des terres des cités, est devenu de plus un procédé très ordinaire, très pratique et très recherché de location des domaines impériaux (1).

La seconde observation que je veux faire est relative surtout au droit de Justinien. Dans les constitutions impériales du ivᵉ et du vᵉ siècles, le *jus perpetuum* est une tenure à part, ayant ses caractères et ses effets propres, et parfaitement distincte, non seulement de la *locatio conductio*, qui est un bail pour une durée limitée (2), et du *jus privatum salvo canone*, qui est une aliénation à des conditions déterminées (3), mais

---

(1) C'est pour cela que j'ai dit ci-dessus que le *jus perpetuum* devait être la forme la plus ancienne de bail perpétuel qui ait été employée pour les biens des Empereurs. Il est, en effet, la généralisation et l'extension aux domaines impériaux du *jus in agro vectigali*, c'est-à-dire d'une tenure que le droit connaissait déjà et que les cités pratiquaient dès le premier siècle de l'Empire.

(2) Cod. Just., 11, 66, 3 (Gratien et Valentinien, 376) : *Quicumque possessionem rei privatae nostrae acceptam suo nomine, vel jure perpetuo vel titulo conductionis.* — Cf. les autres textes cités plus haut (p. 239, note 1) à propos du maintien de la *locatio conductio* dans le droit du Bas-Empire.

(3) Dans la constitution du Cod. Just., 11, 66, 3, citée dans la note ci-dessus, les mots *suo nomine*, opposés à *jure perpetuo* et à *titulo conductionis*, font sans doute allusion au *jus privatum* par opposition aux deux autres tenures. En ce sens, His, *loc. cit.*, p. 91, note 3. — Cf., pour la distinction faite par les textes entre les terres concédées en *jus privatum salvo canone* et les terres qui sont au contraire l'objet d'une location, His, *loc. cit.*, p. 94, 95.

encore de l'emphytéote qui elle aussi, comme le *jus perpetuum*, est un bail perpétuel et héréditaire, mais qui en diffère par certaines règles spéciales. Les textes juridiques de cette période distinguent bien, je crois, le *jus perpetuum* et l'emphytéose (1). Mais, dans la suite, et en particulier à l'époque de Justinien, ces deux tenures ne se distinguent plus du tout. Pour les constitutions impériales de cette dernière période, ces deux espèces de baux, autrefois distinctes, n'en font plus qu'une seule, que les textes nomment tantôt *jus perpetuum* et tantôt emphytéose, sans faire la moindre différence entre ces deux expressions désormais synonymes (2). Et c'est précisément cette observation qui explique que, dans les compilations de Justinien, on ait également donné comme synonymes les deux mots *ager vectigalis* et *ager emphyteuticus* (3). Le *jus in agro vectigali* est, en effet, comme je viens de le montrer, la même chose que le *jus perpetuum;* et, dans le droit de Justinien, le *jus perpetuum* est devenu la même chose que l'emphytéose.

(1) Voy. Novelle de Valentinien, 26 (de 449), pr. et § 4. Dans ces deux passages sont distingués le *jus perpetuum* et le *jus emphyteuticum*. Je crois donc que, pour les empereurs du vᵉ siècle, il y a là deux tenures différentes. (En ce sens, His, p. 91). — M. Lécrivain (*loc. cit.*, p. 79) conteste cette opinion, en se fondant sur une constitution de Théodose, Arcadius et Honorius de 393 (Cod. Théod., 5, 13, 33), où, au contraire, les deux tenures semblent bien confondues : *Jus emphyteuticum quo juris pat(rimonia)lis vel rei publicae praedia possessoribus sunt adjudicata per(petuariis).* Il faut observer toutefois que, ici, le mot *perpetuariis* est presque entièrement restitué.

(2) C'est ce que prouve le langage du Cod. Just., 1, 33, 2 : *Ad palatinorum curam et rationalium officia* (il s'agit de l'administration de la *res privata*, et la constitution est adressée à un *comes rei privatae*) *omnium rerum nostrarum et totius perpetuarii, hoc est emphyteuticarii, juris exactio revertatur.* La constitution est d'Arcadius et Honorius et datée de 397. A cette date, comme je viens de le montrer, le droit distingue encore (au moins dans l'opinion qui me paraît la plus probable), le *jus perpetuum* et l'emphytéose. Par conséquent, on est très porté à supposer que les mots *hoc est emphyteuticarii* sont une interpolation introduite dans le texte par Justinien. Et cette présomption devient une certitude si l'on compare au texte cité le texte de la même constitution, donnée plus complètement par le Cod. Théod. (1, 11, 1). Là, en effet, les mots *hoc est emphyteuticarii* n'apparaissent pas du tout. L'interpolation est donc incontestable et cette interpolation elle-même est la preuve manifeste que, pour les contemporains de Justinien, *jus perpetuum* et *jus emphyteuticum* sont des mots complètement synonymes. — Cf. sur ce point, His, *loc. cit.*, p. 91, 105 et 106; Wiart, *loc. cit.*, p. 40 et 47.

(3) Textes cités ci-dessus, p. 244, note 2.

V.

Le *jus privatum salvo canone* (1) est une aliénation. Par ce caractère, il se distingue essentiellement du *jus perpetuum*, qui est une location-(2).

C'est une aliénation, mais évidemment ce n'est pas l'aliénation pure et simple, qui fait de l'acquéreur un plein et absolu propriétaire (3). Le domaine est aliéné; mais l'acquéreur est tenu de payer une rente perpétuelle déterminée (*canon*). De là le nom de l'opération juridique; il reste toujours, à la charge de l'acquéreur, une redevance à payer chaque année (*salvo canone*). En droit, cette opération est donc une vente; mais, en fait et dans la réalité, c'est une sorte de location perpétuelle; car la rente payée chaque année par l'acheteur équivaut, en fait, à une sorte de fermage (4).

(1) Sur le *jus privatum salvo canone*, His, *loc. cit.*, p. 94 à 97; Wiart, *loc. cit.*, p. 42 à 45; 72 à 78. — Cf. Lécrivain, *loc. cit.*, p. 90, 91, et Garsonnet, *Locations perpétuelles*, p. 149, 150.

(2) C'est dans ce sens-là qu'il faut sûrement entendre la constitution d'Arcadius et Honorius de 398 (Cod. Just., 11, 62, 9) : *Universi cognoscant nihil privato jure salvo canone fundis emptis cum patrimonialibus esse commune*. Il n'y a rien de commun entre les fonds qui ont fait l'objet du *jus privatum salvo canone*, et les *fundi patrimoniales* proprement dits, c'est-à-dire ceux qui sont restés dans le *patrimonium* impérial, et qui sont affermés selon la pratique ordinaire suivie pour l'exploitation des *fundi patrimoniales* (c'est-à-dire donnés en *jus perpetuum* ou en emphytéose). En effet, les premiers ont été vendus (*fundi empti*), et sont devenus ainsi la propriété privée de l'acheteur (*privato jure*); ils ne font donc plus partie du patrimoine de l'Empereur; tandis que les seconds, affermés et non vendus, sont toujours réellement des *fundi patrimoniales* impériaux. — Même opposition, dans une autre constitution des mêmes empereurs (C. Just., 11, 62, 10; 399), entre les *fundi patrimoniales qui salvo canone jure privato concessi sunt* et les *fundi patrimoniales qui in condicione propria constituti sunt*, c'est-à-dire qui restent soumis au droit commun des *fundi patrimoniales*, autrement dit qui sont l'objet de locations, et non pas de ventes.

(3) Cette différence se marque par l'opposition que font quelquefois des constitutions impériales entre le *jus privatum salvo canone*, et le *jus privatum dempto canone*. Voy. Nov. Théod., 5, 2, 1 (439); *ibid.*, 19, pr. = Cod. Just., 11, 66, 7, pr. (440). Le *jus privatum dempto canone*, c'est l'aliénation pure et simple du domaine impérial.

(4) Dans l'opinion générale, l'acquéreur paie, comme prix d'acquisition, non seulement une rente qu'il est désormais tenu de servir chaque année (le ca-

Le *jus privatum salvo canone* est donc très différent du *jus
perpetuum*. Il confère la propriété. L'acquéreur du *jus privatum* a tous les droits d'un propriétaire ; et par exemple, il a le
droit d'affranchir les esclaves appartenant au domaine, droit
que n'ont au contraire ni le *perpetuarius* ni l'emphytéote (1).
Naturellement, il a le droit d'aliéner et le droit de transmettre
sa terre à ses héritiers, droits qu'ont d'ailleurs les *perpetuarii*
et les emphytéotes ; il les a même à plus forte raison que ces
tenanciers, puisqu'il est un propriétaire (2).

Ce sont les *fundi patrimoniales* des empereurs qui ont été en
général l'objet du *jus privatum salvo canone*. Dans les constitutions des Codes du Bas-Empire, c'est presque toujours à propos de ces terres qu'il est question de ce genre d'aliénation (3).
Une fois pourtant, on parle de céder dans ces conditions des

non), mais encore une somme qu'il est obligé de verser immédiatement. Voy.
Wiart, *loc. cit.*, p. 66, 67 ; His, *loc. cit.*, p. 95. Cela semble bien résulter à
peu près des textes (cités par ces auteurs) ; mais tout de même n'en résulte
pas très clairement. — La constitution de Gratien et Valentinien de 384 (Cod.
Just., 11, 62, 6), qui parle de *possessiones patrimoniales* qui ont été données
par les empereurs (*vel a nobis, vel a divis parentibus nostris, sacra largitate do-
natae sunt*), fait-elle allusion à des concessions de *jus privatum salvo canone*
(constitué alors, non par une vente, selon la règle ordinaire, mais par une
donation), comme le pense His, *loc. cit.*, p. 95 ; ou bien faut-il entendre par
là des donations pures et simples, c'est-à-dire transférant au concessionnaire
la propriété complète, sans l'astreindre nécessairement à une redevance
(*canon*) ?

(1) Voy. ci-dessus p. 252, note 3. J'ai montré dans cette note que la constitution de Valentinien et de Valens (Cod. Just., 11, 63, 2), qui donne aux
domini des *fundi patrimoniales* le droit d'affranchir les esclaves, ne peut
s'entendre que de ceux qui ont, sur ces fonds de terre, le *jus privatum salvo
canone*, et ne saurait s'appliquer aux *perpetuarii*. Pour la preuve que ce droit
n'appartient pas davantage aux emphytéotes, voy. ce que je dirai plus loin
à propos de l'emphytéose.

(2) Sur le droit de vendre appartenant au concessionnaire du *jus privatum*,
et, sur le point de savoir si, en cas de vente, c'est le concessionnaire lui-
même ou son acheteur qui est débiteur du *canon*, voy. Wiart, *loc. cit.*, p.
69 ; His, *loc. cit.*, p. 96.

(3) Voy. par ex. Cod. Théod., 5, 13, 17 (Valentinien et Valens, 364) ; *ibid.*, 30
(Valentinien et Théodose, 386) ; *ibid.*, 38 et 39 (Théodose, 415 et 434), et les
constitutions citées dans les notes précédentes (Cod. Just., 11, 62, 9 et 10 ;
11, 63, 2). Dans tous ces textes, le *jus privatum salvo canone* semble bien
considéré comme une espèce de concession propre aux *fundi patrimoniales*.

B. 17

terres faisant partie de la *domus divina* proprement dite (1).
Mais je ne connais pas de texte qui nous montre positivement
le *jus privatum salvo canone* constitué sur des terres de la *res
privata* impériale, non plus que sur des terres appartenant à
des particuliers. Pour les premières, il me paraît bien que le
jus perpetuum est resté, à peu près jusqu'à Justinien, le seul
procédé pratique de mise en valeur (2). Pour les secondes,
sans doute, aucune règle de droit ne fait absolument obstacle
à ce qu'un propriétaire vende sa terre moyennant une rente
perpétuelle payable en guise de prix; mais une telle clause ne
paraît pas avoir été très usuelle, et, dans tous les cas, n'a jamais donné naissance, ni dans la pratique ni dans la théorie
juridique, à une institution régulière. Le *jus privatum salvo
canone* doit donc être considéré, en fait, comme un procédé de
mise en valeur propre aux *fundi patrimoniales* des empereurs.
Encore n'a-t-il pas toujours été vu d'un œil très favorable par
l'administration du *patrimonium* (3). Pourtant, en dépit de ces
moments de défaveur, il n'en a pas moins été une concession
d'un usage assez fréquent, et pour une raison que M. His me
paraît avoir très bien aperçue. A une époque où les emprunts
d'État étaient inconnus, le *jus privatum salvo canone*, permet-
tait aux empereurs, dans les cas de nécessité urgente, de se
faire tout de suite de l'argent avec la vente des terres de leur

(1) Cod. Just., 11, 69, 2 (Zénon) : *fundos tamtuci juris in provinciis posi-
tos ... salvo scilicet canone ... volentibus distrahi.*

(2) En effet, je montrerai plus loin, en parlant de l'emphytéose, que cette
dernière tenure, elle aussi, est restée propre aux *fundi patrimoniales*, à peu
près jusqu'à la fin du cinquième siècle. Le mode d'exploitation pratique des
domaines de la *res privata* est donc, pendant très longtemps, uniquement le
jus perpetuum.

(3) Par exemple, il arrive quelquefois que les empereurs révoquent des
concessions qui ont été faites antérieurement de *jus privatum salvo canone.*
Voy. notamment Cod. Théod., 5, 13, 17 (Valentinien et Valens, 364); Cod.
Just., 11, 62, 8 (Gratien, Valentinien et Arcadius, 386). — D'autres fois il est
fait défense de concéder désormais sous cette forme les domaines du *patrimonium.* Voy. Cod. Théod., 5, 13, 38 (Arcadius et Honorius, 415) : *Nulli
penitus liceat salvo canone privato jure ... per Orientem fundos patrimoniales
postulare,* etc. Nov. Théod., 5, 2, 1 = Cod. Just., 11, 62, 13 (439) : *Praecipimus itaque nulli jam in posterum licere patrimoniales ... fundos qui per trac-
tum Orientis positi sunt ad jus transferre privatum, sive dempto sive salvo canone.*

patrimonium, sans que cette vente constituât une aliénation absolue (1).

VI.

L'emphytéose (2) (*jus emphyteuticum*, dans les textes du IV° siècle, ou *emphyteusis*, dans les sources de basse époque)(3), est, avec le *jus perpetuum*, le procédé normal d'exploitation des domaines impériaux, à l'époque du Bas-Empire. Et, sous Justinien, lorsque le *jus perpetuum* en est venu lui-même à ne plus faire qu'un avec l'emphytéose, ce contrat est désormais la forme à peu près unique du bail des terres des empereurs et, en même temps, une forme très ordinaire du bail des domaines privés.

(1) Voy. His, *loc. cit.*, p. 96, 97.

(2) Sur l'emphytéose, voy. His, *loc. cit.*, p. 97 à 106; Wiart, *loc. cit.*, p. 46 à 54, p. 78 à 98; Lécrivain, *loc. cit.*, p. 79 à 91; Garsonnet, *loc. cit.*, p. 151 à 156; François, *Essai sur l'emphytéose* (thèse, Grenoble, 1883); Toélesco, *Etude sur l'emphytéose* (thèse, Paris, 1883); Pernice, *Parerga* (*Zeitschrift der Savigny Stiftung*, partie romaine, V, p. 84 à 90). Les ouvrages classiques sur l'emphytéose de Vuy (*De originibus natura emphyteutici*) et de Pépin le Halleur (*Hist. de l'emphytéose*) sont nécessairement vieillis, étant l'un de 1838 et l'autre de 1843. On trouvera d'ailleurs sur cette matière une bibliographie très complète dans His, *Domänen der Kaiserzeit*, p. 97, note 2 et dans Viollet, *Hist. du droit civil français*, 2° édit., p. 663-664. — Les traités généraux de droit romain ou les cours de Pandectes s'occupent naturellement de l'emphytéose avec plus ou moins de détail. Parmi ces livres, j'indiquerai seulement, comme étant ceux où le sujet se trouve le mieux traité, Puchta, *Cursus der Institutionen* (8° édit., par Krüger), II, § 245, p. 237 à 242; et (pour la théorie du droit de Justinien) Dernburg, *Pandekten* (4° édit.), I, p. 640 à 643, 647 à 650; Windscheid (trad. italienne de Fadda et Bensa), *Diritto delle Pandette*, I, 2° partie, p. 308 à 322.

(3) *Emphyteusis* apparaît, je crois, pour la première fois dans deux constitutions de Théodose et Arcadius de 386 (Cod. Just., II, 62, 7 et 8). Dans le droit de Justinien, cette expression se rencontre quelquefois; l'exemple le plus intéressant est le texte connu des Instit., III, 24, 3 : *lex Zenoniana lata est, quae emphyteuseos contractui propriam statuit naturam.* — Le mot *emphyteuta* est également très rare. Je n'en connais pas d'exemple avant l'époque de Justinien; voy. Cod. Just., 4, 66, 2 (Justinien, 529). — Les expressions employées le plus ordinairement, dans les textes juridiques, pour désigner le droit qui résulte du bail emphytéotique, le titulaire de ce droit et le fonds ainsi affermé, sont les suivantes : *jus emphyteuticum*, *emphyteuticarius*, et *fundus emphyteuticus* ou *emphyteuticarius*. Voy. sur ce point Wiart, *loc. cit.*, p. 78 et 79 note. Cf. His, *loc. cit.*, p. 97, note 3. Observer surtout la rubrique du titre du Code Justinien consacré à l'emphytéose (4, 66 : *De emphyteutico jure*).

Essentiellement et à l'origine, le bail emphytéotique est la concession d'un droit de jouissance héréditaire sur une terre, moyennant le paiement d'un fermage, et avec l'obligation pour le preneur d'améliorer la terre, c'est-à-dire de la cultiver, de la fertiliser, mot à mot de la planter (ἐμφυτεύειν) (1). Comme le nom l'indique, et comme je le montrerai tout à l'heure plus en détail, la pratique de cette tenure est un emprunt que le droit romain a fait aux institutions grecques. Mais on ne saurait oublier que notre ancien droit français connaissait, lui aussi, une pratique toute semblable, une tenure ayant exactement les mêmes caractères que l'emphytéose grecque, et qu'il lui donnait un nom qui voulait dire exactement la même chose ; j'entends parler du *complant*. Par le nom comme par ses caractères juridiques, le *complant* français est bien visiblement l'emphytéose grecque, à savoir le bail d'une terre moyennant une redevance et avec obligation de la cultiver, mot à mot de « la planter » (2).

Cette obligation de cultiver, d'améliorer, de planter la terre est l'essentiel de l'emphytéose. Car c'est elle qui fait le carac-

---

(1) D'après l'étymologie (ἐμφυτεύειν), c'est l'obligation de planter qui devrait être l'obligation propre résultant pour le preneur du bail emphytéotique. Et effectivement nous voyons, dans les contrats grecs, cette obligation imposée d'une façon expresse et toute spéciale à plusieurs preneurs emphytéotiques, de telle sorte que, dans ces cas-là, il est bien vrai de dire que le preneur est obligé, non à cultiver seulement et à améliorer le fonds d'une façon générale et par quelque procédé que ce soit, mais bien à planter proprement et précisément (soit des vignes, soit des oliviers). L'exemple le plus remarquable de cela est l'inscription de Thisbè, qui contient le texte d'un bail emphytéotique grec, datant de l'époque de l'empire romain ; il y est dit en termes exprès que le preneur s'oblige à φυτεύειν (planter), et ce mot, dans l'inscription, s'oppose d'une façon très visible à γεωργεῖν (cultiver, labourer). (Voy. là-dessus Dittenberger, *Commentatio de inscriptione Thisbensi ad emphyteuseos jus spectante*, p. VIII et XIII). Il en est de même dans quelques autres documents grecs. (Voy. ci-dessous). Mais le bail emphytéotique dans le droit romain du Bas-Empire, n'a certainement jamais imposé au preneur l'obligation précise et déterminée de faire des plantations ; celui-ci est obligé seulement à cultiver, à défricher, à améliorer le fonds. Et, même dans le droit grec, il arrive très souvent, comme je le montrerai par des exemples, que le preneur emphytéotique n'est pas non plus obligé à autre chose.

(2) C'est l'observation que fait très justement M. Viollet, *Hist. du droit civil français*, p. 660. — Sur le *complant* de l'ancien droit français, voy. les textes nombreux cités par Viollet, *loc. cit.*, p. 660, note 2.

tère propre de cette tenure et qui la distingue des autres tenures analogues pratiquées à la même époque. La concession de la jouissance héréditaire et l'obligation de payer une redevance ou fermage, sont les règles mêmes et les droits caractéristiques du *jus perpetuum*. Réduit à ces termes, le bail emphytéotique n'aurait donc rien eu qui le distinguât du *jus perpetuum*, son contemporain, ni même du *jus in agro vectigali* de l'époque de l'ancien Empire. L'obligation de cultiver ou d'améliorer, imposée essentiellement au preneur emphytéotique, fait de sa tenure une tenure d'une espèce à part. Elle est toute l'originalité de ce genre de bail.

L'origine de l'emphytéose est grecque. Le nom même le dit. Il est très remarquable que ce bail, pratiqué par le droit romain seulement à une époque basse, a été au contraire connu des Grecs dès une période très ancienne (1). Seulement — à l'époque ancienne au moins — les Grecs n'ont pas encore d'expression technique pour désigner ce genre de tenure; et notamment, dans la période antérieure à la conquête romaine, ils ne se sont jamais servi du mot emphytéose, qui cependant est celui que les Romains leur emprunteront plus tard (2). Ils disent simplement que le bail est fait à perpétuité (εἰς τὸν ἅπαντα χρόνον, ἀεννάως, εἰς πατρικά, etc.) (3).

(1) Sur l'emphytéose grecque, voy. les livres indiqués par Viollet, *loc. cit.*, p. 600, note 1. Ajouter (et ce sont aujourd'hui les meilleurs de beaucoup pour l'étude de cette question) : Guiraud, *La propriété foncière en Grèce jusqu'à la conquête romaine*, p. 426 et suiv., p. 436 et suiv., et l'article *Emphyteusis*, dans le *Dictionnaire des antiquités* de Daremberg et Saglio; Beauchet, *Hist. du droit privé de la République athénienne*, III, p. 309 à 317; IV, p. 198 à 203. — Cf. aussi François, *Emphytéose*, p. 11 à 22; Garsonnet, *Hist. des locations perpétuelles*, p. 27 à 30; Schulin, *Geschichte des röm. Rechts*, p. 391, notes 6 et 7.

(2) Voy. toutefois une inscription de Gortyne, du vᵉ siècle avant Jésus-Christ, dans laquelle il est dit que la cité donne ses terrains « à planter » (φυτεύσαι), ce qui est presque employer l'expression emphytéose; Dareste, Haussoullier et Reinach, *Inscriptions juridiques grecques*, p. 402, n. 1 : Τὰν... πυταλιὰν ἔδωκαν ἁ πόλις πυτεύσαι.

(3) Voy. les textes cités par Guiraud, *Propriété foncière en Grèce*, p. 426; et Beauchet, *loc. cit.*, III, p. 312, 313. — Dans le bail conclu par la cité d'Héraclée (voy. Dareste, Haussoullier et Reinach, *Inscriptions juridiques grecques*, p. 193 et suiv.), il est dit que la location est faite κατὰ βίψ, c'est-à-dire, mot à mot, « à vie » (Voy. l. 99). Mais on ne saurait entendre par là que cette location est valable seulement jusqu'à la mort du preneur; car il

Nous possédons, dans des inscriptions, les textes de plusieurs de ces baux emphytéotiques grecs (1). Il faut observer que tous ceux que nous connaissons, ou très peu s'en faut, concernent des terres qui appartiennent à une cité, ou à un temple, ou à quelque corporation. On peut donc affirmer, presque avec certitude, là où le caractère du bailleur n'est pas dit d'une façon positive, que ce bailleur est une personne morale(2). Il n'y a à cette règle qu'une seule exception connue, qui se trouve dans une inscription de Gambreion (près de Pergame), du temps d'Alexandre(3). Jusqu'à cette date, l'emphytéose ne nous

est fait allusion au cas où le preneur cède lui-même à un tiers la terre prise par lui à bail, et au cas où il lègue cette terre par testament. (Voy. l. 105 et suiv.). Le document ajoute même plus loin que « la récolte ne sera recueillie par la cité » (c'est-à-dire que le bail ne cessera d'exister) que « si le fermier meurt sans enfants et ab intestat » (l. 151). Donc la tenure n'est nullement viagère, et le fermier a le droit de la transmettre à ses héritiers, et même d'en disposer en faveur de n'importe quel cessionnaire. Cf. sur ce point le commentaire de M. Dareste dans le recueil cité des inscriptions juridiques grecques, p. 230.

(1) Inscription d'Héraclée du iv° siècle avant J.-C.; *Recueil* cité, p. 193 et suiv. (commentaire de M. Dareste, *loc. cit.*, p. 224 à 234). — Inscription de Gortyne, du v° siècle avant J.-C.; *ibid.*, p. 402 (commentaire, *loc. cit.*, p. 492). — Inscriptions de Mylasa (en Carie), *ibid.*, p. 242 à 248 (commentaire, *loc. cit.*, p. 272 à 274). — Inscriptions d'Olympie et de Gambreion (en Asie Mineure), *ibid.*, p. 256 et 257. — Le contrat d'Athènes, par lequel des personnages appelés Κυδνήριων οἱ μερίτα donnent à bail perpétuel un atelier situé au Pirée, une maison d'habitation et un petit bâtiment (*ibid.*, p. 240 à 242), paraît bien être aussi un bail emphytéotique. Voy. sur ce contrat, Beauchet, *Droit privé de la République athénienne*, III, p. 309, 310; Guiraud, *Propriété*, p. 427. — Autres exemples dans Beauchet, *loc. cit.*, p. 310, 311; Guiraud, *loc. cit.*, p. 426, 427, 437. — Un autre exemple encore, et des plus intéressants que nous ayons, est le bail emphytéotique des terres de la cité de Thisbé, dont j'ai déjà parlé. (Voy. le texte et le commentaire dans le mémoire de Dittenberger, *Commentatio de inscriptione Thisbensi*). Mais cette inscription, qui appartient à l'époque impériale, doit être mise tout à fait à part à cause de sa date. — Sur quelques textes littéraires qui, dans l'opinion générale, feraient des allusions au bail emphytéotique, (principalement Aristote, *Aeconom*, II, 2, 3; œuvres d'Aristote, édition Didot, I, p. 640), voy. les différents ouvrages cités plus haut sur l'emphytéose grecque, et surtout Dittenberger, *loc. cit.*, p. XI et XII.

(2) Voy. sur ce point, Guiraud, *Propriété en Grèce*, p. 427.

(3) *Inscriptions juridiques grecques*, p. 257. — L'inscription est datée de la douzième année du règne d'Alexandre. — Dans ce texte il n'est pas dit expressément que le bail soit perpétuel et héréditaire; mais comme l'observe

apparaît jamais comme un contrat passé entre particuliers. Quoi qu'il en soit de cette règle, ce qu'il importe surtout de remarquer, c'est que, d'une façon tout à fait certaine, ce bail perpétuel du droit grec est bien cette tenure que l'on appellera plus tard l'emphytéose et dont le caractère essentiel est l'obligation, pour le preneur, d'améliorer la terre. Car tous les baux dont je viens de parler, et qui nous sont connus par des inscriptions, imposent formellement au preneur cette obligation (1). Par exemple, le bail fait par la cité d'Héraclée des terres appartenant au temple de Dyonisos (IVᵉ siècle), qui est la plus importante des inscriptions grecques relatives à des baux emphytéotiques que nous possédions pour l'époque antérieure à la conquête romaine, déclare d'une façon expresse que le preneur doit, non seulement entretenir le fonds, mais encore l'améliorer, et particulièrement qu'il doit planter de la vigne et des oliviers, et édifier des bâtiments pour servir à l'exploitation (2). Il en est de même dans les autres contrats emphytéotiques que nous connaissons (3). Et j'ajoute que c'est certainement à cause de

M. Guiraud (*loc. cit.*, p. 428), la modicité de la redevance et l'absence de toute clause relative à la durée en sont un clair indice. Un indice plus certain encore est l'obligation formellement imposée au preneur de défricher la terre louée inculte et de la convertir en terre labourable.

(1) Voy. sur ce point Guiraud, *loc. cit.*, p. 437, 438; Beauchet, *loc. cit.*, IV, p. 201, 202.

(2) *Inscriptions juridiques grecques*, p. 193 et suiv. Voy. l. 113 à 128; 138 à 144; 168 à 178, qui entrent sur cette obligation d'améliorer, mise à la charge du preneur, dans de très nombreux détails, (obligation de planter, dans tel lot de terres, tant de vignes, dans tel autre lot, tant d'oliviers, ailleurs de construire une étable à bœufs, un hangar, une grange, etc.). Cf. sur ce point le commentaire de Dareste, *loc. cit.*, p. 234.

(3) Le plus souvent les baux sont faits avec la condition que le preneur plantera; voy. par exemple les baux de la cité de Gortyne et des Klytides de Chio, cités par Guiraud, *Propriété foncière*, p. 437, notes 4 et 7. Il en est de même dans le bail de Thisbé, de l'époque de l'Empire romain, dont je vais parler tout à l'heure. Cela est conforme, comme je l'ai dit, au sens étymologique du mot emphytéose. Mais il arrive aussi que le preneur est obligé seulement à cultiver, ou à défricher, ou à améliorer; par exemple, le bail de Gambreion, du temps d'Alexandre, oblige seulement le preneur à convertir une terre nue en terre labourable (*Inscriptions juridiques grecques*, p. 257 : γῆν ψιλὴν ἀγρὸν ἐπαιξίαι). Le bail des Kythériens, qui porte, en partie au moins, sur un atelier et une maison, oblige pareillement le preneur à faire des réparations dans l'atelier et dans la maison, c'est-à-dire en somme à améliorer les lieux (*Inscriptions juridiques grecques*, p. 240 à 242).

cette obligation d'améliorer le fonds, imposée au preneur emphytéotique, que la redevance de celui-ci est toujours très faible, beaucoup plus faible que celle des fermiers ordinaires (1).

Parmi ces contrats emphytéotiques, l'un des plus intéressants est celui qui se trouve dans une inscription de Thisbé, dont la majeure partie (quelques fragments en étaient connus plus anciennement) a été trouvée en 1890. Cette inscription a été publiée par M. Dittenberger, qui la donne avec des restitutions assez nombreuses (nécessitées par des lacunes considérables), et avec un bon commentaire (2). Comme elle appartient à l'époque de l'Empire romain, qu'elle doit être approximativement du deuxième ou du troisième siècle de notre ère, et qu'elle contient, non, comme celles dont j'ai parlé jusqu'ici, un décret d'une cité grecque ou d'une corporation, mais un édit du proconsul de l'Achaïe, elle se trouve avoir, grâce à ces circonstances, un caractère qui la met tout à fait à part des autres inscriptions relatives à des baux emphytéotiques que j'ai mentionnées jusqu'ici et qui sont antérieures à la domination romaine en Grèce. Elle n'en contient pas moins un spécimen très pur d'emphytéose grecque; car la langue elle-même de cette inscription et tous les caractères du bail qu'elle nous rapporte indiquent bien que nous avons à faire à une institution purement grecque et non romaine, et que la ville de Thisbé, qui donne ainsi des terres publiques à bail héréditaire, les donne conformément aux très anciennes pratiques du droit grec, et avec toutes les règles de

---

(1) Voy. les exemples et les textes rapportés par Beauchet, *loc. cit.*, IV, p. 200; Guiraud, *Propriété en Grèce*, p. 432 à 434. Cf. Dareste, *loc. cit.*, p. 232.

(2) Dittenberger, *Commentatio de inscriptione Thisbensi ad emphyteuseos jus spectante* (*Index scholarum in universitate Halensi habendarum*, 1891-1892). — A cause de la date basse de cette inscription (elle appartient à l'époque de l'Empire romain et non aux temps de la Grèce indépendante), elle n'est étudiée dans aucun des livres qui traitent spécialement du droit grec (je parle seulement des plus récents, l'inscription n'étant connue que depuis peu d'années), bien que cependant les institutions qu'elle nous fait connaître soient purement grecques. En revanche, elle est mentionnée par M. His, *Domänen der Kaiserzeit*, p. 98, 99, qui en signale très justement l'importance et en donne une analyse. — Le texte de l'inscription, que je reproduis en partie dans les notes ci-dessous, est donné avec les restitutions adoptées par M. Dittenberger.

ce droit grec, bien loin de s'inspirer le moins du monde des habitudes et des principes du droit romain; au surplus, à la date de notre inscription, le droit romain ne pratique pas encore la tenure emphytéotique (1). Mais justement le fait que cette inscription appartient au second ou au troisième siècle de notre ère, et la circonstance que ce bail emphytéotique est contenu dans un édit d'un proconsul d'Achaïe, donne à ce document une importance toute particulière, pour ceux qui, comme je le fais ici, se proposent d'étudier surtout les origines historiques de l'emphytéose romaine, c'est-à-dire plus précisément la façon dont l'emphytéose grecque est entrée dans la pratique du droit romain; en effet, l'inscription de Thisbè nous montre la physionomie et les caractères de cette emphytéose grecque au moment où les Romains vont emprunter cette institution aux Grecs.

L'inscription de Thisbè contient un édit rendu par un personnage qui se nomme M. Ulpius (son *cognomen* ne nous est pas connu, à cause des lacunes de l'inscription) (2), édit relatif à la mise en valeur des terres de la cité de Thisbè (en Béotie, aujourd'hui Kakosi). Comme les magistrats municipaux des cités grecques ne font jamais d'édits, ou, pour parler peut-être plus exactement, comme leurs édits ont seulement pour but de porter un fait à la connaissance des citoyens, mais non d'établir des règles nouvelles intéressant l'administration de la cité et obligeant les citoyens, il faut en conclure, avec M. Dittenberger, que nous avons ici à faire à l'édit d'un magistrat du peuple romain, autrement dit à un règlement pris par le proconsul de l'Achaïe (3). Le nom que porte ce proconsul (*Ulpius*), et qui est le *nomen gentilicum* de l'empereur Trajan, indique que l'inscription ne peut pas être antérieure au règne de Trajan; et différentes considérations philologiques portent à croire qu'elle est probablement du commencement du IIIᵉ siècle (4); dans tous les cas elle appartient certainement au second ou au IIIᵉ siècle de notre ère.

(1) Voy. ci-dessous.
(2) Inscription de Thisbè (dans Dittenberger, *loc. cit.*), fragment A, l. 1 (p. IV et VIII), M. Οὔλπιος (.... λέγει), etc.
(3) Dittenberger, *loc. cit.*, p. VII.
(4) *Ibid*, p. VII-VIII.

Voici comment ce proconsul d'Asie règle la façon dont les terres du domaine public de Thisbè seront affermées. Celui qui désirera prendre à ferme une portion de ces terres, adressera une requête (βιϐλίον) à l'administration municipale, dans laquelle il indiquera quelle étendue de terre il entend cultiver et quelle redevance (φόρος) il veut payer (1). Pendant les cinq premières années, il ne paiera aucune redevance, mais, durant ce délai, il devra planter le sol (φυτεύειν) (2). Il aura sur la terre ainsi prise à ferme un droit de jouissance héréditaire; il pourra pareillement disposer de cette terre soit entre-vifs, soit par testament, à la condition que l'acquéreur soit un citoyen de Thisbè (3); il est possible qu'il doive aussi obtenir pour cela le consentement des magistrats de Thisbè, mais l'inscription ne le dit pas, au moins dans la partie qui nous en a été conservée. Enfin, dans le cas où le preneur n'exécuterait pas ses obligations, c'est-à-dire ne planterait pas, la terre lui sera enlevée et fera retour à la cité (4).

On remarquera que, dans tout cela, pas une seule fois le

(1) Fragment A, l. 2 et suiv. (p. IV et VIII) : Ὁ βουλόμενος Θισϐ(ε)ων χωρίον δη(μοσιον τῆς πόλεως... φυτεῦσαι) των ἐπ᾽ ἐμοῦ γεωργουμένων (παράδοτω τοῖς στρατηγοῖς...) βιϐλίον, γράψας ἐν αὐτῳ τόπον τε ὃν βο(ύλεται λαϐεῖν καὶ φορεν ὃν δώσει κατ᾽ ἐν)ιαυτὸν ὑπερ ἑκάστου πλέθρου. — Pour la justification de ces restitutions (qui sont celles qu'adopte M. Dittenberger), et notamment du mot φυτεῦσαι à la fin de la l. 2, voy. loc. cit., p. VIII.

(2) Fragments E et B., l. 6 et 7 (p. V et IX) : (λήψε)τ(αι) δὲ (ὑ)περ ἑκά(στου χωρίου ὁ καταλαϐὼν) ἄνεσιν τοῦ φόρου τῶν πρώτων (ἐτ)ῶν πέν(τε) ... Ibid., l. 10 à 13 : Εἰ δέ τις λαϐὼν (ἐν)τὸς (τῆς πεν)τα ε(τί)ας μὴ φυτεύσαι, τό τε χωρίον (με)ταπωλησουσιν οἱ καταλαμϐάν(οντες) στρατηγοί, etc.

(3) Fragment D, l. 2 et suiv. (p. VI et X). Ce fragment déclare que, si le preneur a hypothéqué la terre ainsi affermée à un individu non citoyen de Thisbè, ou s'il l'a par son testament laissée à un non-citoyen, ou s'il meurt intestat et sans héritiers légitimes, la terre fera retour à la cité de Thisbè. D'où il résulte avec évidence, premièrement que le preneur peut hypothéquer la terre affermée (et par conséquent à peu près sûrement l'aliéner), et qu'il peut de même la léguer par un testament, à la condition que l'acquéreur soit un citoyen de Thisbè; secondement que, en règle, cette terre appartiendra à sa mort à ses héritiers soit légitimes soit testamentaires.

(4) Fragments E et B, l. 10 à 13, cités. Si le preneur n'a pas planté la terre, elle fera retour à la cité. De plus, déclarent les mêmes lignes, le preneur devra payer à la cité la redevance des cinq années, dont on ne lui faisait grâce, en effet, que dans l'espérance et à la condition expresse qu'il planterait.

mot emphytéose n'est prononcé. Le preneur est appelé λαβὼν ou καταλαβὼν (1); la concession de la terre qui lui est faite par les magistrats de Thisbè est désignée par les mots πιπράσκειν ou μεταπωλεῖν (2). Au surplus, j'ai déjà signalé ce fait que, dans les baux emphytéotiques qui sont contractés par les cités grecques ou les corporations à l'époque antérieure à la domination romaine, on n'emploie presque jamais l'expression emphytéose. Il en est encore de même dans notre inscription de Thisbè. Mais, si le nom n'y est pas écrit, tous les caractères essentiels de la tenure emphytéotique se rencontrent là d'une façon très éclatante : premièrement l'obligation de planter la terre (3); deuxièmement l'exemption de la redevance pendant les premières années (cinq ans dans notre inscription), conséquence très claire et très équitable de l'obligation de planter ; car les vignes et les oliviers que le preneur est ici obligé de planter ne donneront aucune récolte pendant les premières années ; il est donc juste que, pendant ces années-là, le preneur non plus n'ait à payer pour cette terre aucune redevance ; troisièmement le retour de la terre au bailleur dans le cas où le preneur n'exécuterait pas ses obligations, autrement dit ce droit de « commise », que l'on retrouve dans l'emphytéose romaine du Bas-Empire (4), et au moyen âge dans toutes ces tenures perpétuelles, fief, bail à cens, etc., que caractérisent, comme l'emphytéose elle-même, la perpétuité et l'hérédité du droit du possesseur avec des obligations mises à sa charge (5).

---

(1) Fragments E et B, l. 6, 10.

(2) *Ibid.*, l. 11, 14, 17. — Cf. sur ces expressions, Dittenberger, *loc. cit.*, p. XIII.

(3) Le mot φυτεύειν, dans l'inscription, est tout à fait certain (Voy. fragments E et B, l. 11, 13, 15), indépendamment des passages où ce mot est restitué par Dittenberger. Dans notre inscription, φυτεύειν s'oppose clairement à γεωργεῖν, c'est-à-dire qu'on oppose la plantation (de vignes ou d'oliviers) à la simple culture de terres arables. Voy. Dittenberger, p. VIII et XIII. On voit par là que l'emphytéose de notre document a tout à fait le caractère qu'indique l'étymologie elle-même du mot emphytéose.

(4) Voy. ci-dessous l'étude de l'emphytéose romaine du Bas-Empire.

(5) Cf. sur ce point Viollet, *Hist. du droit civil français*, (2e édition) p. 651, 652, 663, et le *Glossaire* de Laurière, au mot *Commis*. — Il n'est pas jusqu'à ce βιβλίον que, dans l'inscription de Thisbè (fragment A), le preneur emphytéotique adresse aux magistrats de la cité, et dans lequel sont

Telle est l'emphytéose grecque. Il nous faut voir maintenant comment, à quelle époque, par suite de quelles circonstances, et tout d'abord dans quel milieu agricole, les Romains en sont arrivés à pratiquer le même genre de tenure.

On sait que le premier texte juridique en date, qui prononce le nom d'emphytéose, est un passage d'Ulpien, qui parle d'un pupille ayant un *jus ἐμφιτευτικὸν vel ἐμβατευτικὸν*(1). Ce passage est de l'époque de Caracalla (2). Mais il est très remarquable que, dans ce texte, l'emphytéose ne figure encore qu'avec son nom grec, et par conséquent qu'elle y apparaît comme une institution purement grecque, pour laquelle il n'y a pas encore, dans la langue du droit romain, de terme latin correspondant. C'est donc là l'emphytéose grecque, telle que nous la montre par exemple l'inscription de Thisbè, approximativement contemporaine d'Ulpien. On a coutume de dire que ce passage d'Ulpien prouve qu'à l'époque des Sévères, au moins dans les pays grecs, l'emphytéose était pratiquée, non par les seules personnes morales, mais encore par les particuliers. Cela n'aurait rien en soi que de très vraisem-

déclarées par écrit l'étendue de terre qu'il prend à ferme et la redevance qu'il doit payer, qui ne rappelle, d'une façon très frappante, l'expression latine *libellus*, employée dès l'époque romaine, dans certains textes, et au moyen âge constamment, pour désigner la requête du fermier qui demande qu'on lui concède une terre en emphytéose, et, par extension, l'emphytéose elle-même. Voy. sur cette expression et la synonymie avec le mot emphytéose, Viollet, *loc. cit.*, p. 662; Ducange, *Glossarium*, aux mots *Libellarii* et *Libellus*; François, *Emphytéose*, p. 215 à 221; Garsonnet, *Hist. des locations perpétuelles*, p. 203; Giraud, *Essai sur l'histoire du droit français au moyen âge*, I, p. 203.

(1) Dig., 27, 9, 3, 4 (Ulpien) : *Si jus ἐμφυτευτικὸν vel ἐμβατευτικὸν habeat pupillus, videamus an distrahi hoc a tutoribus possit.*

(2) Le passage cité d'Ulpien est tiré de ses *libri ad Edictum*, et cet ouvrage a été publié sous Caracalla. (Voy. Krüger, trad. Brissaud, *Hist. des sources du droit romain*, p. 289, 290). Ainsi c'est à l'époque de Caracalla que nous rencontrons, dans les textes juridiques romains, la première mention de l'emphytéose. — Dans le fragment de Marcien (entre Caracalla et Sévère Alexandre, voy. Krüger-Brissaud, *loc. cit.*, p. 300) qui est au Dig., 2, 8, 15, 1 : *qui vectigalem, id est emphyteuticum agrum possidet*, il est évident que les mots *id est emphyteuticum* sont une addition des compilateurs de Justinien, et la conséquence de la confusion qu'ils ont toujours voulu faire entre l'*ager vectigalis* et l'emphytéose; voy. ci-dessus, p. 244, note 2; p. 255.

blable, puisque, dès l'époque d'Alexandre, il y a des exemples de ces emphytéoses émanant des particuliers (1). Mais rien ne prouve que tel ait été le cas dans l'hypothèse visée par Ulpien. Le texte parle seulement d'un droit d'emphytéose qui appartient à un pupille ; mais il ne dit en aucune façon ni ne laisse deviner par qui cette emphytéose a été concédée, et si le pupille en question est le tenancier d'un particulier ou d'une personne morale. Dans tous les cas, ce qui est essentiel à observer c'est qu'il est parlé ici de l'emphytéose grecque. Mais de l'emphytéose romaine, c'est-à-dire de l'entrée de cette institution dans la pratique des Romains, de son existence certaine dans le droit privé romain, il n'est pas question dans ce passage ; et l'allusion d'Ulpien, loin de prouver cette existence à l'époque des Sévères, prouve plutôt, par la façon même dont Ulpien s'exprime, ne nommant l'institution que par son nom grec, que, effectivement, elle est encore à cette époque une institution proprement grecque et étrangère au droit privé romain.

En réalité, le premier document juridique romain qui nomme vraiment l'emphytéose, c'est-à-dire, d'une façon tout à fait certaine, qui témoigne de l'existence de cette tenure dans la pratique romaine, et qui nous la montre désormais établie d'une façon ferme et incontestable, avec le nom même qu'elle portera désormais dans les Codes, est une constitution de Constantin de 315 (2). Mais, avant cette date de 315, s'il est vrai que le mot emphytéose n'apparaît pas encore dans les Codes, il me semble incontestable que cependant les propriétaires des grands domaines, et tout particulièrement les empereurs, avaient déjà su trouver et pratiquaient, pour la mise en valeur de leurs terres, des genres de tenure qui se rapprochaient beaucoup de l'emphytéose grecque que je viens d'étudier, si même ils ne se confondaient pas avec elle et n'en étaient pas tout simplement la copie. Un des plus grands services sûrement qu'ait

---

(1) Voy. ci-dessus, p. 262.

(2) Cod. Just., 11, 62, 1 : *Si quis fundos emphyteutici juris... donaverit*, etc. — Dans une constitution de date antérieure (*Ibid.*, 5, 71, 13. Dioclétien et Maximien, 293 : *Etiam vectigale vel patrimoniale sive emphyteuticum praedium sine decreto praesidis distrahi non licet*), il est à peu près certain que les mots *vel emphyteuticum* sont interpolés. Cf. ci-dessus, p. 244, note 2.

rendus à l'histoire du droit romain la découverte des inscriptions d'Afrique relatives à l'administration des domaines (l'inscription d'Aïn Ouassel et la récente inscription d'Henchir Mettich), a été précisément de nous faire assister, dans ces grands domaines, sous l'influence de conditions économiques et agricoles toutes particulières, à la naissance de la tenure emphytéotique ou d'une tenure tout à fait analogue, un siècle et demi ou deux siècles avant la mention expresse de l'emphytéose dans les Codes.

L'inscription d'Henchir Mettich est de l'époque de Trajan, plus précisément des années 116 ou 117(1). Elle est relative, comme je l'ai démontré, à un grand domaine privé(2). Mais il importe beaucoup d'observer que le règlement domanial qu'elle contient n'est pas l'œuvre du propriétaire de ce domaine. Ce règlement a été « donné » au domaine par les procurateurs de l'empereur Trajan(3); autrement dit, c'est une *lex data* de Trajan; et par conséquent, émanant de l'administration impériale elle-même, c'est sur les pratiques de l'administration impériale, et non pas sur celles des particuliers que cette loi peut exactement nous renseigner.

Plusieurs lignes de l'inscription d'Henchir Mettich se rapportent aux plantations faites par les cultivateurs du domaine, ou à la mise en culture des terres en friche. Et voici ce que le règlement décide : 1° Si le colon crée une figuerie nouvelle, il disposera à son gré pendant les cinq premières années des récoltes données par ces figuiers nouveaux, sans avoir à payer pour elles aucune redevance au propriétaire, au *vilicus* ou au *conductor*. Ce sera seulement après la cinquième récolte qu'il devra leur payer la redevance fixée par la loi *Manciana* pour les figuiers(4); 2° De la même manière, celui qui plantera une

(1) Voy., p. 128, note 2.

(2) *Ibid.*, p. 118 à 126.

(3) Inscription d'Henchir Mettich, 1re face, l. 4 et 5 (l. 3 et 4, Schulten) : *data a Licinio (Ma)ximo et Feliciore Aug. lib. proco.* — M. Schulten restitue même le mot *lex* avant *data*.

(4) 2° face, l. 20 à 21 : *Si quod ficetum postea factum erit, ejus fic(eti) fructuum per continuas ficationes quinque arbitrio suo eo qui seruerit percipere permittitur; post quintam ficationem, eadem lege M(anciana) qua s(upra) s(criptum) est conductoribus vilicisve ejus f(undi) p(restare) d(ebebit)* [Schulten : *ejus partes debebit*]

vigne neuve, sera affranchi de toute redevance pour cette
vigne pendant les cinq premières années et paiera seulement
la redevance de la loi Manciana (le tiers) après la cinquième
année(1); 3° Celui qui aura planté et cultivé des oliviers dans
une terre auparavant tout à fait inculte, ne paiera rien pour
ces oliviers pendant dix ans, et pourra disposer à son gré de
tous leurs produits, sauf à payer la redevance du tiers au bout
de la dixième année seulement(2); 4° Celui qui aura seulement greffé des oliviers sauvages, sera libre de toute redevance
pendant cinq ans(3). Enfin, 5° nous voyons que le colon qui
a mis en valeur une terre restée jusque-là inculte, ou qui a
élevé sur cette terre des constructions, acquiert sur le sol qu'il
a ainsi défriché ou amélioré un droit propre, si bien que, dans
le cas où il quitterait ce sol et cesserait ensuite de le cultiver,
il garderait encore pendant deux années le droit d'y rentrer et
de reprendre la culture; en d'autres termes, le *conductor* ou
le régisseur du domaine n'ont le droit de reprendre la terre et
d'en disposer que deux ans après la cessation de toute cul-
ture(4).

On remarquera, dans ces dispositions, deux des traits caractéristiques de l'emphytéose grecque : le fait pour le preneur
de planter la terre, et, en cas de plantation, l'exemption de
la redevance pendant un certain temps. Les règles établies

(1) *Ibid.*, l. 24 à 30, et 3° face, l. 1 et 2 : *Vineas serer(e) colere loco ve-
terum permittitur ea condicione (ut) ex ea satione proxumis vendemi(t)s quinque
fructu(m) earum vinearum is qui ita fuerit suo arbitr(i)o percipeat, itemque
post quinta vindemia quum ita sata erit fructus partes tertias e lege Manciana
conductoribus v(ilicisv)e ejus in assem dare debebu(nt).*

(2) 3° face, l. 2 à 10 : *(O)livetum serere colere in eo loco qua quis incultum
excoluerit permittitur ea condicione ut ex ea satione ejus fructus oliveti quid
ita satum est, per olivationes proximas decem, arbitrio suo permittere debeat,
item post olivationes (decem) ole(i) coacti partem terti(am c)onductoribus vilicisve
ej(us fundi) d(are) d(ebebit).*

(3) *Ibid.*, l. 10 à 12 : *(Q)ui inseruerit oleastra post (olivationes quin)que
partem tertiam d(are) d(ebebit).*

(4) 4° face, l. 10 à 16 : *(Qui su)perficiem ex inculto excoluit excoluer(it
ibique) aedificium deposuit posuerit, elocavit (locaverit, si) [Schulten : (is) ve
qui (coluit postea)] desierit perdesierit, eo tempore quo ita superfi(cies) coli
desit desierit, eu quo fuit fuerit jus colendi dumta(xa)t bienn(i)o proximo ea qua
die colere desierit, servatu(r) servabitur; post biennium conductores vilicisve
eo(rum colere debebunt?).*

par Trajan pour le domaine d'Henchir Mettich sont, à ce point
de vue, les mêmes règles exactement que celles que le proconsul d'Achaïe, dans l'inscription de Thisbè, établit par son
édit : plantation de vignes et d'oliviers, et exemption de la redevance pendant les cinq premières années, comme à Thisbè (1).
C'est également les règles que nous verrons posées, pour les
domaines impériaux de la vallée de l'Oued Medjerdah, par la
loi d'Hadrien, sauf quelques différences tout à fait insignifiantes quant au temps que dure l'exemption de la redevance.

Nous voilà donc sur le chemin qui mène à l'introduction
dans la pratique romaine de la tenure emphytéotique. Il n'importe en aucune façon que nous n'ayons pas ici le mot lui-
même, puisque j'ai montré que, même dans les contrats emphytéotiques grecs, dont cependant le caractère n'est pas
douteux, le mot emphytéose n'est presque jamais prononcé.
En réalité, c'est bien à une sorte de tenure emphytéotique que
nous avons à faire dans l'inscription d'Henchir Mettich ; car,
je vais le montrer, presque tous les caractères essentiels de
l'emphytéose se trouvent ici. Et M. Schulten a parfaitement
raison de dire que, pour l'histoire de l'introduction dans la
législation romaine de la tenure emphytéotique, l'inscription
d'Henchir Mettich est le plus ancien document connu de nous,
le point de départ de tout le développement qui va suivre,
parce que, si ce n'est pas encore tout à fait l'emphytéose, c'en
est l'annonce et la préparation très visibles (2). Je montrerai
même que nous sommes ici, en réalité, beaucoup plus près de
l'emphytéose que ne le croit M. Schulten.

Effectivement, les caractères essentiels de l'emphytéose,
celle du droit grec aussi bien que celle du droit romain du
Bas-Empire, ce sont les deux suivants : premièrement, l'obligation pour le preneur d'améliorer la terre, secondement la
perpétuité et le caractère héréditaire du droit concédé à ce preneur. Tous les autres droits vraiment importants et distinctifs
de l'emphytéose ne sont que des conséquences, des dérivés,
des suites de ces deux caractères absolument essentiels et fon-
damentaux. Par exemple, c'est parce que le preneur est essen-

---

(1) Ci-dessus, p. 206.
(2) Schulten, *Lex Manclana*, p. 39. Cf. p. 41, note 1.

tiellement obligé à améliorer le sol qu'il paie une redevance
très modique (comme dans les contrats grecs de l'époque antérieure à la conquête romaine), ou qu'il est même exempté de
toute redevance pendant les premières années (comme dans
l'inscription de Thisbè). Et c'est parce que le droit du preneur
est perpétuel et héréditaire qu'on le considère volontiers
comme une sorte de quasi-propriétaire, et qu'on lui donne le
droit d'aliéner, de céder, d'engager le fonds, dans des conditions plus ou moins libres et avec des réserves plus ou moins
étendues (comme dans l'inscription de Thisbè et dans les inscriptions grecques plus anciennes). Or, ces deux caractères
essentiels de l'emphytéose, avec quelques-unes de leurs conséquences les plus importantes, nous les retrouvons dans le règlement d'Henchir Mettich, à très peu de chose près.

D'abord l'obligation d'améliorer. Sans doute elle n'est pas
imposée, d'une façon expresse, aux colons d'Henchir Mettich.
Mais cela tient à ce qu'il n'y a pas ici de contrat proprement
dit entre ces colons et le propriétaire du domaine. C'est seulement entre le propriétaire et le *conductor* qu'il y a vraiment
un contrat (la *locatio conductio* du droit classique). Les colons
de notre inscription, comme je l'ai montré, ne sont pas des
fermiers, avec qui ait été passé un contrat en forme, contenant certaines obligations déterminées. Ce sont des indigènes
que la loi de Trajan a donnés comme cultivateurs au nouveau
domaine créé par l'Empereur. Ils sont devenus les colons de
ce domaine, non par l'effet d'un contrat passé entre eux et le
propriétaire, mais par suite de l'attribution que l'Empereur a
faite à ce propriétaire de leurs terres et de leurs personnes tout
ensemble (1). Comme l'a très bien observé M. Cuq, dans toutes
ses dispositions, la loi d'Henchir Mettich fait dépendre les
droits et les obligations des colons, non du contrat conclu par
eux avec le propriétaire, le *conductor*, ou le régisseur, mais du
seul fait de leur résidence dans le domaine (2). Donc il ne saurait être question ici, comme dans les inscriptions grecques
que j'ai expliquées, d'un contrat proprement dit, par lequel
le preneur (ou les colons) s'oblige à améliorer le fonds. Et

(1) Voy. ci-dessus, p. 14, 15, 112, 135 et 136.
(2) Cuq, *Le colonat partiaire dans l'Afrique romaine*, p. 43. — Cf. ci-dessus,
p. 143.

dans la réalité, aucune ligne de notre loi n'impose expressément cette obligation aux colons. Mais si on ne les oblige pas à améliorer, il est clair qu'on les y encourage, et que le règlement accorde à ceux qui amélioreraient précisément les avantages caractéristiques que nous savons être, dans les baux emphytéotiques, la récompense usuelle du cultivateur qui améliore le fonds. Car on déclare que le colon qui aura planté des figuiers nouveaux ou une vigne nouvelle sera exempté de la redevance de la loi Manciana, pour ces figuiers et pour ces vignes, pendant les cinq premières années, ce qui est exactement la même règle que dans l'inscription de Thisbè; et celui qui aura planté des oliviers dans une terre jusque-là inculte, jouira d'une exemption de dix années, tandis que celui qui aura seulement greffé des oliviers sauvages, sera exempt de la redevance pendant cinq ans. On remarquera que l'amélioration du fonds, visée ici par la loi d'Henchir Mettich, consiste justement dans des plantations, comme à Thisbè et comme dans les contrats emphytéotiques grecs où l'on est resté fidèle au sens étymologique du mot emphytéose. Mais notre loi ne suppose pas des plantations seulement; elle admet que d'autres améliorations encore peuvent être apportées par les colons, puisqu'elle s'occupe également des cas où le colon aurait défriché une terre jusque-là inculte (*qui superficiem ex inculto excoluit*), ou aurait élevé sur cette terre des constructions; et que, dans ces deux cas, elle garantit au colon, en récompense de ses améliorations, son droit sur le sol pendant deux ans, même si ce colon avait abandonné toute culture. Sauf l'existence juridique d'un contrat, qui ici n'existe pas, nous avons donc bien, dans l'inscription d'Henchir Mettich, le caractère essentiel de l'emphytéose, à savoir l'amélioration du fonds par le preneur, avec la conséquence la plus remarquable de ce caractère, l'exemption de toute redevance pendant un certain temps, en cas d'amélioration (1).

Secondement, la perpétuité et l'hérédité du droit. Il est d'abord tout à fait certain que les colons d'Henchir Mettich sont des fermiers dont le droit dure beaucoup plus longtemps

---

(1) Cf. sur ce point Schulten, *Lex Manciana*, p. 28 et 29; Cuq, *Colonat par tinire*, p. 26 et 27.

que le temps ordinaire de la *locatio conductio*, c'est-à-dire que
cinq années. Car il est clair que, si leur tenure n'était que de
cinq ans, on ne les exempterait pas pendant cinq ans de la
redevance en cas de plantation de figuiers ou de vignes ; à plus
forte raison, ce fait qu'on les exempte de la redevance pendant dix ans en cas de plantation d'oliviers, implique nécessairement une tenure de plus de cinq ans. Leur tenure est donc
sûrement d'une durée beaucoup plus longue que celle qui résulte de la *locatio conductio*. Mais la question est de savoir si
elle est perpétuelle et héréditaire, comme celle de l'emphytéote du droit grec, ou de l'emphytéote du droit du Bas-Empire, M. Schulten ne le croit pas. Il considère que l'hérédité
du droit du preneur est une création d'Hadrien seulement et
que la première trace qu'on en rencontre (dans un document
romain, bien entendu) se trouve dans l'inscription d'Aïn
Ouassel (1). M. Toutain pense également que les colons d'Henchir Mettich ne sauraient être considérés comme des tenanciers héréditaires ; il faut voir en eux, dit-il, des usufruitiers,
c'est-à-dire des cultivateurs dont le droit est viager, mais non
héréditaire (2). Cette manière de voir me paraît inadmissible.

(1) Voy. Schulten, *Lex Manciana*, p. 41, 42. Il est certain en effet, comme
je le montrerai tout à l'heure, que l'inscription d'Aïn Ouassel reconnaît en
termes tout à fait exprès le *jus heredi relinquendi* aux cultivateurs des domaines impériaux qui ont mis en valeur des terres en friche (col. 2, l. 8 et
9), tandis que l'inscription d'Henchir Mettich ne contient pas de phrase semblable. Mais la question est précisément de savoir si l'on n'a pas le droit d'induire des conditions mêmes dans lesquelles cette loi est intervenue que les
cultivateurs d'Henchir Mettich se trouvent en fait dans une condition pareille,
c'est-à-dire qu'ils ont, eux aussi, un droit héréditaire.

(2) Toutain, *Revue historique de droit*, 1897, p. 399. — M. Toutain invoque,
en faveur de cette opinion, le passage cité de notre inscription qui déclare
que, si le colon est resté deux années entières sans cultiver, son droit se
trouve éteint (4° col., l. 12 à 15 ; voy. ci-dessus, p. 271, note 4). C'est là, dit-il,
le caractère même de l'usufruit, aux termes formels des textes juridiques ;
(Voy. Inst. Just., II, 4, 3 : *Finitur usufructus... non utendo per modum et
tempus*). Mais cet argument ne prouve rien, puisqu'un grand nombre d'autres
droits finissent pareillement par le non-usage ; (Voy. sur ce point, Cuq, *Colonat partiaire*, p. 26). Et notamment, puisque je suis en train de comparer
le droit du colon d'Henchir Mettich à l'emphytéose du Bas-Empire, on ne saurait oublier que l'emphytéote, dans cette période du droit, est déchu de son
droit (commise), sinon précisément lorsqu'il est resté un certain temps sans
cultiver, au moins lorsqu'il est resté trois ans (ou deux ans dans certains

J'ai montré que les colons d'Henchir Mettich, bien que fermiers libres, en droit au moins, sont, dans la réalité, des cultivateurs qui resteront là à perpétuité et de père en fils, sur ce sol dont ils étaient sans doute, avant la loi de Trajan, les cultivateurs, et où la loi de Trajan les a fixés en les faisant les colons du nouveau domaine. Dans la réalité, leur tenure est donc héréditaire. Je ne sais si elle l'est sûrement en droit; car aucune ligne de l'inscription d'Henchir Mettich ne déclare expressément que le droit du colon passera à ses enfants ou à ses héritiers, comme le dira d'une façon expresse la loi d'Hadrien, d'après l'inscription d'Aïn Ouassel. Mais, en fait, il est impossible de considérer ces colons autrement que comme des tenanciers héréditaires, fixés là à perpétuelle demeure, et destinés à cultiver de père en fils. M. Cuq ajoute à cela un argument juridique que je crois exact, et qui tendrait à prouver que cette situation de fait des colons d'Henchir Mettich est aussi leur situation en droit. Il remarque que, d'après notre inscription, à peu près sûrement les colons peuvent affecter leur droit à la sûreté d'une créance (1). Or, encore au III° siècle,

---

cas) sans payer sa redevance, c'est-à-dire, d'une façon générale, quand pendant plusieurs années de suite il a manqué à ses obligations d'emphytéote. On comprendrait donc très bien que notre colon, tenancier assez ressemblant en fait à l'emphytéote, soit déchu pareillement de son droit quand il a manqué deux ans à ses obligations, c'est-à-dire quand il est resté deux ans sans cultiver.

(1) 4° face, l. 8 et 9 : *fiducieve data sunt dabuntu(r)... fiducia e lege Manciana serva(buntur)*. Le passage est très mutilé; mais le mot *fiducia*, deux fois répété, est certain. Or, quoique le contexte soit en trop mauvais état pour que la phrase entière puisse être restituée avec sûreté, il ne peut guère se faire que, par ce mot *fiducia*, on entende ici autre chose que l'engagement que le colon fait de son droit, ou (comme il est dit *ibid.*, l. 7), de la *superficies* cultivée par lui, par la mancipation fiduciaire. Voy. en ce sens Schulten, *Lex Manciana*, p. 32 et Cuq, *Colonat partiaire*, p. 25. Il est vrai que la chose ainsi mancipée *fiducia* n'est pas une *res mancipi;* mais cela ne peut pas être une objection, puisque le texte le plus important et le plus détaillé que nous ayons relativement à la mancipation fiduciaire, à savoir la célèbre inscription d'Espagne (*Textes* de Girard, p. 739), nous montre précisément mancipé *fiducia* un *fundus* qui n'est certainement pas un *fundus italicus* et qui, par conséquent n'est pas non plus une *res mancipi*. Ce n'est pas ici le lieu de rechercher la raison pour laquelle, dans le cas de *fiducia*, nous trouvons ainsi régulièrement employée la mancipation même lorsque l'aliénation porte sur une *res nec mancipi*.

la question de savoir si l'usufruit est susceptible d'être affecté
à la sûreté d'une créance nous apparaît comme l'objet de controverses ; et Marcien (postérieur à Caracalla) ne répond affir-
mativement qu'avec hésitation (1). Donc, à l'époque de Trajan,
il n'est guère vraisemblable qu'on ait déjà reconnu ce droit à de
simples usufruitiers. Et cela rend tout à fait improbable l'opinion d'après laquelle les colons d'Henchir Mettich seraient
des usufruitiers (2). Je crois donc qu'il faut leur reconnaître
sans hésiter un droit héréditaire. La conséquence de l'hérédité
du droit de preneur, c'est, comme je l'ai montré par des
exemples, et principalement par l'inscription de Thisbè, le
droit pour lui d'aliéner, de disposer entre-vifs ou par testament, d'hypothéquer, avec plus ou moins de réserves. Je ne
vois aucun passage de notre inscription qui donne expressément aux colons d'Henchir Mettich la liberté d'aliéner leur
droit. Mais il me paraît sûr qu'ils ont au moins le droit de
l'engager pour la sûreté d'une créance ; car l'inscription, dans
un passage malheureusement fort mutilé, fait allusion à l'aliénation fiduciaire (3), et cela ne peut guère se comprendre qu'en
admettant que les colons ont le droit d'engager leur droit sous
cette forme. La possibilité d'une aliénation fiduciaire implique-
t-elle, pour le colon, le droit de faire toute autre espèce d'aliénation, en d'autres termes la liberté de disposer de leur droit,
soit entre-vifs, soit par testament ? Cela serait croyable. Mais
l'inscription ne le déclare pas expressément ; et le plus sage
est de ne rien affirmer. Dans tous les cas, il suffit que nous
voyions le droit reconnu aux colons d'aliéner *fiducia*, pour
pouvoir dire avec certitude que ces colons sont de tout autres
personnages que les locataires du droit romain classique, et
que leur droit, soit par sa durée, soit par son étendue, se
rapproche infiniment plus du droit de l'emphytéote que de
celui de ce locataire.

Voilà donc déjà, dans l'inscription d'Henchir Mettich, sauf

---

(1) Voy. Dig., 20, 1, 11, 2 (Marcien) : *Ususfructus an possit pignori hypo-*
thecaeve dari quaesitum est... Et scribit Papinianus... tuendum creditorem, etc.
Marcien, pour justifier sa réponse affirmative, s'appuie, comme on le voit,
sur l'autorité de Papinien.

(2) Voy. là-dessus, Cuq, *loc. cit.*, p. 25, 26.

(3) Voy. ci-dessus, p. 276, note 1.

l'existence d'un contrat proprement dit, les traits essentiels de l'emphytéose. J'ajouterai un caractère encore. Notre inscription nous montre que les colons sont déchus de leurs droits quand ils sont restés deux années sans cultiver (1). C'est là encore une règle de l'emphytéose. L'emphytéose est éteinte, d'une façon générale, lorsque le preneur n'exécute pas ses obligations (commise), comme je l'ai fait voir à propos de l'inscription de Thisbè (2), et, d'une façon plus particulière, dans le droit romain du Bas-Empire, quand il est resté plusieurs années de suite (trois ans ou deux ans) sans cultiver (3).

Ainsi, dès l'époque de Trajan, dans les grands domaines africains, nous touchons à l'avènement de la tenure emphytéotique (4). Cet avènement va se montrer d'une façon plus claire encore dans la loi d'Hadrien, telle que nous la fait connaître l'inscription d'Aïn Ouassel.

Cette inscription elle-même, qui est une circulaire des pro-

(1) 4° face, l. 10 à 15 (cité ci-dessus, p. 271, note 4).

(2) Ci-dessus, p. 266, note 4.

(3) Trois années d'après le droit commun (Cod. Just., 4, 66, 2, 1 ; Justinien) ; deux années dans le cas où l'emphytéose porte sur des biens d'Église (Nov. Just., 7, 3, 2).

(4) Sur les rapports entre la condition juridique des colons de l'inscription d'Henchir Mettich et l'emphytéose, voy. Schulten, *Lex Manciana*, p. 28, 39 à 43 ; Cuq, *Colonat partiaire*, p. 23 à 28. — M. Schulten (p. 23 et 28) dit que l'on peut voir aussi une sorte d'emphytéose dans le droit de *excolere* reconnu aux colons sur les *subcesiva* du domaine d'Henchir Mettich ; (1re face, l. 6 à 20 ; l. 5 à 19, Schulten). Mais il déclare lui-même qu'il manque à cette prétendue emphytéose le caractère essentiel qui distingue l'emphytéose, à savoir l'exemption de la redevance pendant un certain nombre d'années. J'ajoute que l'expression dont se sert ici la loi (*excolere permittitur*, l. 8) ne peut guère s'entendre, même avec de la bonne volonté, dans le sens d'une obligation d'améliorer la terre imposée aux colons. Je crois donc que, en réalité, il n'y a rien dans ce passage de notre loi qui ait la marque propre de l'emphytéose. Ce qui est vrai uniquement, au moins dans mon opinion, et le seul point par lequel le droit des colons sur les *subcesiva* se rapprocherait jusqu'à un certain point de l'emphytéose, c'est l'observation suivante : très probablement, ce droit des colons constitue une sorte de propriété de fait, analogue à la *possessio* exercée par les particuliers, au temps de la République, sur les terres de l'*ager publicus*; et il a, par conséquent, un caractère perpétuel et héréditaire. Voy. sur ce point, les explications que j'ai données ci-dessus, p. 138 à 141. Mais de là à assimiler ce droit à la tenure emphytéotique, il y a évidemment très loin.

curateurs impériaux des domaines de l'Oued Medjerdah (*sermo procuratorum*), appartient seulement à l'époque de Septime-Sévère. Mais le règlement domanial, auquel se réfère la circulaire des procurateurs, est bien la *lex Hadriana*, c'est-à-dire la loi faite par l'empereur Hadrien pour l'administration et la mise en valeur de ces domaines (1). Ici par conséquent il s'agit bien, d'une façon certaine, de l'exploitation d'un domaine impérial, et non de celle d'un domaine privé.

Il est question, dans cette loi d'Hadrien, des terres incultes qui se trouvent parmi les domaines impériaux, plus précisément des terres qui n'ont jamais été cultivées (*rudes agri*) ou qui sont en jachère depuis dix ans (2). Celui qui voudra occuper ces terres incultes en aura le droit ; et, pour encourager cette occupation, autrement dit cette mise en culture des terres, la loi accorde à l'occupant les avantages suivants : 1° s'il a seulement ensemencé la terre, il paiera une redevance (3). Mais si de plus il l'a plantée, il sera exempt de toute redevance pour les fruits des arbres plantés, pendant sept ans, dans le cas où il aurait planté des arbres fruitiers (*poma*), et pendant dix ans, dans le cas où il aurait planté des oliviers (4). Au bout de ce temps seulement, il doit une redevance, qui consiste dans une part des fruits, en règle le tiers (*tertiae partes*) (5), avec cet avantage pour lui que, (au moins en ce qui concerne les *poma*), il est autorisé à déduire, de la masse à partager avec le propriétaire ou le *conductor*, ce qui lui est nécessaire pour sa consommation personnelle (6). 2° L'occu-

---

(1) Cf. ci-dessus, p. 77, note 4; et la notice sur cette inscription dans les *Textes* de Girard, p. 161.

(2) Col. 2, l. 10 à 13 : *quod e(s)t lege Ha(dria)na comprehensum de rudibus agris et iis qui per X an(n)os continuos inculti sunt.* — Cf. ibid, l. 4 à 7 : *quae... nec a conductoribus ex(er)centur.*

(3) Col. 3, l. 1 à 6 : *... (co)lent, tertias par(tes da)bit*, etc. — C'est la redevance du tiers de la récolte, qui est si usuelle, comme je l'ai expliqué, dans les grands domaines africains, et qui se trouve pareillement dans l'inscription d'Henchir Mettich. Voy. ci-dessus, p. 93, notes 1 et 2.

(4) Col. 3, l. 6 à 11 : *De oleis quas quis... posuerit aut oleastris (inse)ruerit, captorum fructuum nu(llos) decem proximis annis exiget, set nec de promis septem annis proximis.*

(5) Ci-dessus, note 3.

(6) Col. 3, l. 11 à 13 : *Nec alia poma in divisione umquam cadent qu(a)m quae venibunt a possessoribus.* — Sur cette règle et sur le point de savoir si

pant, par le soul fait qu'il a mis la terre en culture, acquiert sur cette terre un droit de jouissance perpétuelle et héréditaire; la loi d'Hadrien déclare en termes exprès qu'il a le *jus possidendi ac fruendi heredique suo relinquendi* (1).

Ici encore, comme à Henchir Mettich, aucun contrat proprement dit. Car il ne s'agit pas, dans la loi d'Hadrien, d'un contrat passé entre le propriétaire (l'Empereur) et un cultivateur qui s'oblige à prendre à ferme ces terres incultes avec engagement de les mettre en culture ou de les planter. Les terres incultes ne sont pas affermées, elles sont occupées par le premier venu que tentent le désir de les exploiter et les avantages accordés par la loi d'Hadrien à ceux qui les cultivent (2). Mais ce premier venu, cet occupant, qui rigoureusement et exactement n'est pas un fermier, puisqu'il n'y a pas eu de contrat, a tout à fait la condition d'un fermier, et, dans la réalité, est assimilable à un fermier, puisqu'il cultive la terre moyennant une redevance. Et ce qui est justement très remarquable, c'est qu'il est assimilable non au fermier du droit commun de cette époque (c'est-à-dire de la *locatio conductio*), mais bien au fermier emphytéotique. En effet, le droit que lui reconnaît la loi d'Hadrien a les deux caractères essentiels qui constituent la tenure emphytéotique : 1° l'exemption de la redevance pendant les premières années de récolte, en cas de plantation, c'est-à-dire d'amélioration du fonds; 2° la jouissance perpétuelle et héréditaire (3). La loi d'Hadrien

elle concerne toutes les récoltes, ou seulement la récolte des *poma*, voy. ci-dessus, p. 142, note 1.

(1) Col. 2, l. 7 à 10 (à propos des terres *quae nec a conductoribus exercentur*, c'est-à-dire qui n'ont pas trouvé de fermier et qui demeurent en friche) : *isque qui occupaverint possidendi ac fru(en)d(i h)eredique suo relinquendi id jus datur.*

(2) C'est ce que montrent très bien, dans les lignes citées en dernier lieu, l'expression *qui occupaverint*, et le fait que les terres dont il est parlé sont dites expressément (col. 2, l. 6 et 7) des terres *quae nec a conductoribus exercentur*, c'est-à-dire qui ne sont louées à aucun fermier.

(3) Sur l'analogie entre l'emphytéose et le cultivateur de l'inscription d'Aïn Ouassel, voy. Schulten, *Lex Manciana*, p. 39 à 42; et *Lex Hadriana de rudibus agris* (*Hermes*, XXIX, p. 215); His, *Domänen*, p. 100. Ces auteurs font pareillement ressortir l'analogie et les différences qui existent entre les dispositions de cette inscription d'Aïn Ouassel et celles de l'inscription de Thisbé. On voit assez, par ce que j'ai dit ici, quelles sont ces différences : 1° pas de

ne dit pas s'il a ou non la possibilité de céder son droit, et par conséquent nous ne pouvons rien affirmer à ce sujet; mais, en tous cas, il paraît bien sûr que cet occupant, qui a sur la terre un droit perpétuel et héréditaire, est le maître de cette terre d'une façon beaucoup plus complète que le simple fermier du droit classique. Et pourquoi ne pas admettre qu'il ait vraiment la propriété de fait de cette terre occupée par lui, comme l'ont très probablement (je l'ai montré) les colons d'Henchir Mettich qui ont occupé les *subcesiva* du domaine, et comme l'avaient, à l'époque de la République, les occupants de l'*ager publicus?* (1). L'analogie de leur situation avec celle de ces anciens occupants des terres de l'État ou des *subcesiva* des grands domaines, le fait que leur droit a la même origine, qui est l'occupation de terres abandonnées par l'administration à qui veut les prendre, et surtout cette circonstance que la loi d'Hadrien leur reconnaît expressément le *jus possidendi heredique relinquendi*, toutes ces considérations rendent très probable cette manière de voir. Je dirais même volontiers qu'il y a plus de raisons encore de déclarer propriétaires de fait les occupants dont il est question dans l'inscription d'Aïn Ouassel qu'il n'y en a de déclarer tels les occupants de l'*ager publicus*, puisque ces derniers n'ont jamais eu (avant la loi agraire de 643) la jouissance héréditaire des terres occupées par eux, si ce n'est par la tolérance de l'État, et toujours avec la menace de voir très légitimement une loi agraire leur reprendre un jour les terres

contrat à Aïn Ouassel; le droit du cultivateur résulte non d'un contrat, mais d'une occupation; au contraire, à Thisbè, le preneur cultive en vertu d'un contrat, et même d'un contrat rédigé par écrit; car son droit a sa base dans le βιβλίον; 2° pas d'obligation de planter imposée au cultivateur d'Aïn Ouassel; on lui accorde seulement des avantages (l'exemption de la redevance pendant certaines années), dans le cas où il aurait planté; au contraire le preneur de Thisbè est formellement obligé à planter. Mais, à tous les autres points de vue, le cultivateur d'Aïn Ouassel et le preneur de Thisbè sont dans une situation semblable; car l'un comme l'autre : 1° paient une redevance au propriétaire; (la redevance à Thisbè est d'une quantité de fruits déterminée, tandis que, dans notre inscription, elle est une quote-part des fruits; mais c'est là une différence très secondaire); 2° en cas de plantation, jouissent de l'exemption de la redevance pendant certaines années; (il est tout à fait insignifiant que le temps de l'exemption ne soit pas tout à fait le même dans les deux cas); 3° ont une jouissance perpétuelle et héréditaire.

(1) Voy. ci-dessus, p. 138 à 141.

possédées par eux, tandis que les occupants des *agri rudes* ont, dans la loi d'Hadrien elle-même, un titre formel qui leur assure, d'une façon tout à fait expresse, cette jouissance perpétuelle et héréditaire (1). Quoi qu'il en soit d'ailleurs de cette question, qui reste douteuse, voici ce qui est désormais tout à fait certain. Nous avons, dans les domaines impériaux de la vallée de l'Oued Medjerdah, dès l'époque d'Hadrien, des cultivateurs, qui sans doute ne sont pas des fermiers, puisqu'il n'y a eu aucun contrat passé entre eux et le propriétaire des domaines (l'administration impériale), et puisque les textes les appellent expressément des occupants et non pas des *conductores*, mais qui cultivent cependant ces terres comme s'ils en étaient des fermiers, puisqu'ils paient une redevance ou fermage, et réellement comme s'ils étaient des fermiers emphytéotiques, puisque : 1° en cas d'améliorations apportées par eux au fonds, ils sont exempts de redevance pendant un certain nombre d'années; 2° ils ont une jouissance perpétuelle et héréditaire.

Une conclusion extrêmement importante résulte de l'étude de ces documents. L'emphytéose a une origine grecque. Cela n'est pas douteux, et le nom même l'indique. Mais, jusqu'à ces dernières années, on ne voyait pas bien comment, à quelle époque précise, par suite de quelles circonstances, pour quels besoins particuliers, et dans quels milieux agricoles, cette tenure d'origine grecque s'était tout d'abord introduite dans le droit romain. Les inscriptions que je viens d'étudier ont fait, je crois, la pleine lumière sur ce problème. On peut aujourd'hui regarder comme certains les faits suivants. Très longtemps avant l'époque où, pour la première fois, le nom de l'emphytéose apparaît dans les Codes (le premier exemple de cette appellation se trouve, comme je l'ai dit, dans une constitution de Constantin, de 315), l'administration impériale connaît une pratique, qui n'est pas encore sans doute le contrat d'emphy-

---

(1) Cette idée que les cultivateurs d'Aïn Ouassel auraient, dans la réalité, une propriété de fait, et que les expressions de la loi d'Hadrien (*jus possidendi ac fruendi heredique relinquendi*) signifieraient tout simplement cette propriété de fait, analogue au droit des *possessores* des anciens *agri occupatorii* ou à la propriété provinciale elle-même, paraît être au fond l'opinion à laquelle s'arrêterait volontiers M. Girard, dans sa notice sur notre inscription; (*Textes*, p. 161).

téose (puisqu'il n'y a pas de contrat dans les documents que j'ai cités), mais qui permet de faire cultiver les terres en friche des grands domaines dans des conditions toutes semblables à celles qui résulteront plus tard du contrat d'emphytéose. Cette pratique se rencontre d'une façon tout à fait certaine, dès le milieu du second siècle, dans la *lex Hadriana*, qui est relative à la mise en valeur des grands domaines que les empereurs possédaient en Afrique; et même dès le commencement de ce siècle (116 ou 117), on en voit très nettement se dessiner les traits essentiels et se former tous les caractères, dans l'inscription, également africaine, d'Henchir Mettich, laquelle, il est vrai, n'est pas relative à la mise en valeur d'un domaine impérial, mais qui tout de même émane de l'administration impériale, et qui, par conséquent, nous renseigne sur les idées et sur les habitudes de cette administration, bien mieux que sur les pratiques des particuliers (1). La seule différence tout à fait essentielle et fondamentale qui sépare la condition des cultivateurs dans les grands domaines dont il vient d'être parlé de la condition des fermiers emphytéotiques du droit du Bas-Empire, c'est que les premiers tiennent leur droit non d'un

---

(1) C'est par cette observation que l'on peut écarter, d'une façon tout à fait décisive, l'objection faite par M. Schulten contre l'opinion selon laquelle le domaine d'Henchir Mettich est un domaine privé. J'ai expliqué ci-dessus les raisons qui obligent, à mon avis, à le considérer en effet comme une propriété privée. A ces raisons on oppose ce fait que la loi d'Henchir Mettich consacre au profit des colons un droit tout à fait analogue à l'emphytéose, et que l'emphytéose, à cette époque, ne peut être qu'une pratique de l'administration impériale, et non une institution connue des particuliers, puisqu'elle restera, bien longtemps encore et jusqu'à Justinien, un mode de tenure propre aux domaines des empereurs. M. Cuq, qui considère pourtant le domaine d'Henchir Mettich comme une propriété privée, dit que cette objection n'est pas sans valeur; voy. *Colonat partiaire*, p. 62. J'ai répondu ci-dessus que le propriétaire d'un grand domaine privé avait pu se préoccuper, aussi bien que l'Empereur, de l'exploitation des terres incultes de son domaine; (Voy. p. 124, note 2). Mais je reconnais que cette réponse est tout à fait insuffisante. La vraie réponse c'est l'observation suivante : Sans doute il serait très invraisemblable que, au commencement du second siècle, les particuliers aient déjà connu et pratiqué l'emphytéose. Cette tenure, pendant longtemps encore, sera connue seulement de l'administration impériale. Mais précisément le règlement d'Henchir Mettich, bien que relatif à une propriété privée, n'émane pas du propriétaire lui-même. C'est l'administration impériale qui l'a « donné ».

contrat, mais du fait seul de l'occupation des terres incultes du domaine, de la mise en culture de ces terres, ou de la circonstance qu'ils y ont planté des arbres, tandis que le droit du fermier emphytéotique a sa base dans un contrat expressément fait entre lui et le propriétaire. Mais, sauf ce point, leur condition est la même(1). Et l'on ne saurait perdre de vue que, à l'époque où, dans nos sources législatives, l'emphytéose apparaîtra pour la première fois (c'est-à-dire au quatrième siècle), elle apparaîtra, non seulement avec tous les droits que la loi d'Hadrien reconnaît aux occupants dont il vient d'être parlé (perpétuité, hérédité, exemption de redevance), mais encore dans des conditions toutes semblables à celles où nous avons vu la loi d'Hadrien créer en faveur de ces occupants cette condition analogue à l'emphytéose. En effet, c'est pour l'exploitation des domaines impériaux et c'est pour la mise en culture des terres en friche de ces domaines, autrement dit, pour ces terres impériales que l'inscription d'Aïn Ouassel appelle *agri rudes* ou *agri inculti*, que l'emphytéose tout d'abord a été employée(2).

(1) Il est en effet sans importance, au point de vue de l'histoire de la tenure emphytéotique, que, dans nos inscriptions africaines, les cultivateurs payent comme redevance une quote-part de la récolte (*tertiae partes*), et que, à l'inverse, le *canon* ou fermage de l'emphytéote consiste le plus ordinairement soit en argent, soit en une quantité de fruits déterminée. En effet, le paiement d'une somme d'argent ou d'une quantité de fruits n'est en aucune façon un caractère essentiel de l'emphytéose.

(2) C'est tout à fait par erreur que les commentateurs du droit romain ont voulu généralement rattacher l'institution de l'emphytéose à l'ancien *jus in agro vectigali*, et même qu'ils ont volontiers confondu les deux institutions. La confusion, il faut bien le dire, a pour premier auteur Justinien lui-même. (Voy. ci-dessus, p. 244, note 2). Il est d'ailleurs certain qu'il existe entre les droits et les obligations du preneur de l'*ager vectigalis* et ceux de l'emphytéote une grande ressemblance; tous les deux en effet, sont des fermiers, et des fermiers qui ont un droit réel et un droit perpétuel et héréditaire. Ils ont donc une analogie incontestable. Mais il ne faut pas perdre de vue qu'ils sont séparés aussi par des différences caractéristiques : 1° L'emphytéote a pour obligation essentielle le devoir de cultiver, d'améliorer la terre ; le preneur vectigalien n'a nullement cette obligation ; il n'est obligé qu'à entretenir le fonds, comme y est obligé tout locataire ; 2° L'*ager vectigalis* est un champ cultivé et défriché. Au contraire, la terre louée à bail emphytéotique (à l'origine au moins, c'est-à-dire tant que l'institution a conservé sa physionomie vraie et primitive) est une terre inculte, que précisément le pro-

Ces deux points sont très importants. Il importe d'y insister.

Que l'emphytéose ait été employée tout d'abord pour l'exploitation des domaines impériaux, et qu'elle soit même restée pendant très longtemps, une tenure propre à ces domaines, cela ne peut pas faire de doute (1). Bien plus, originairement au moins, c'est une tenure qui n'est employée que pour la mise en valeur d'une certaine classe de biens impériaux. L'emphytéose est propre, au début, aux *fundi patrimoniales* (2); dans

priétaire afferme dans ces conditions pour qu'elle soit cultivée; (Voy. ci-dessous); 3° Le *canon* emphytéotique est beaucoup plus faible que le *vectigal* du preneur vectigalien; et ce dernier ne jouit d'aucune exemption du *vectigal* pendant les premières années, tandis que l'emphytéote ne paie aucun *canon* pendant trois ans; (Voy. ci-dessous). — Ce qui a produit la confusion entre ces deux institutions, confusion qui est faite pleinement, je l'ai montré, dans les compilations de Justinien, c'est que le *jus perpetuum* du droit du Bas-Empire est bien réellement le *jus in agro vectigali* sous un nom nouveau (Voy. ci-dessus, p. 252 à 254)), et que, d'autre part, le *jus perpetuum* sous Justinien ne se distingue plus de l'emphytéose. Il en résulte que dans le droit de cette époque, l'emphytéose et l'ancien *jus in agro vectigali* sont considérés comme étant la même chose. Mais ils se distinguent très bien à l'origine, et d'un autre côté, chacun d'eux s'est développé à part, pour des motifs et dans des milieux très différents, et partant d'une origine également très différente. Voy. sur les rapports et les différences qui existent entre le *jus in agro vectigali* et l'emphytéose, François, *Emphytéose*, p. 28 à 40, et pour la démonstration de l'origine grecque de l'emphytéose, *ibid.*, p. 43 à 49. Cf. sur la même question (origines de l'emphytéose et rapports avec le *jus in agro vectigali*), Tocilesco, *Emphytéose*, p. 65 à 78.

(1) Voy. sur ce point presque tous les ouvrages relatifs à l'emphytéose, mais principalement Pernice, *Parerga (Zeitsch. der Savigny Stiftung*, partie romaine, V, p. 85, et Girard, *Manuel de droit romain* (2° édit.), p. 377. — Cf. les très nombreuses allusions à la concession en emphytéose des domaines impériaux situés en Italie, en Afrique, en Sardaigne, dans Cod. Théod., 11, 16, 2 (Constantin, 323); 11, 16, 9 (Constance, 359); 11, 19, 3 (Valentinien, 364); 2, 25, 1 (Constantin) etc., etc.

(2) Dans les constitutions citées à la note précédente, qui parlent des terres impériales baillées en emphytéose, ces terres sont appelées *fundi patrimoniales atque emphyteutici* ou *fundi patrimoniales vel emphyteuticarii*. — Cf. Cod. Théod., 11, 1, 4 = Cod. Just., 11, 59, 2 (Constantin, 337) : *ab emphyteuticario seu patrimoniali possessore;* Cod. Théod., 11, 19, 4 (Arcadius et Honorius, 398) : *praedia patrimonialia et emphyteutica;* Cod. Just., 11, 62, 5 (Gratien et Valentinien, 377) : *emphyteuticariis destitutum patrimonialem fundum; ibid.*, 7 (mêmes empereurs, 386) : *ad emphyteusin fundorum patrimonialium; ibid.*, 8 (mêmes empereurs, 386); *ibid.*, 12 (Théodose et Valentinien, 434) : *possessores vel emphyteuticarii patrimoniales*, etc. Évidemment, il faut entendre par ces expressions *fundi patrimoniales et emphyteutici* non pas

les constitutions impériales du quatrième siècle, il n'y a pas d'exemple qu'on l'ait appliquée aux domaines de la *res privata*(1); pour ceux-ci, le procédé ordinaire de mise en valeur reste toujours le *jus perpetuum*(2). C'est seulement au cinquième siècle, et d'une façon plus précise, quand le *jus perpetuum* eut été complètement absorbé par l'emphytéose, n'étant plus désormais, en dépit de son nom qu'il porte encore, que l'emphytéose elle-même(3), c'est à cette époque seulement que les *fundi rei privatae* furent donnés à bail emphytéotique aussi bien que les *fundi patrimoniales;* ou, pour parler plus exactement c'est alors que l'emphytéose, désormais la seule tenure usuelle, s'appliqua à tous les domaines impériaux quels qu'ils fussent (4). Ainsi, à l'origine, l'emphytéose est une tenure réservée aux *fundi patrimoniales* des empereurs, mais qui n'est pas encore entrée dans la pratique des particuliers.

Et pareillement, à l'origine, c'est pour les terres incultes qui font partie des domaines impériaux, que les administrateurs du *patrimonium* de l'Empereur (les premiers qui aient employé, je viens de le dire, le bail emphytéotique) ont eu recours à cette tenure. Et là se montre bien l'origine vraie de l'emphytéose, et combien il est vrai de dire que sa création se rattache aux anciennes pratiques suivies depuis longtemps déjà dans l'administration des domaines des empereurs. Le lien entre les règles posées par la lex *Hadriana*, sur le droit d'occuper

---

deux classes différentes de terres, mais les *fundi patrimoniales* de l'Empereur qui sont donnés à bail emphytéotique. D'une façon générale, ce sont là deux expressions synonymes. (Voy. His, *Domänen des Kaiserzeit*, p. 70, 71).

(1) En ce sens, Pernice, *Parerga*, *loc. cit.;* His, *loc. cit.*, p. 98. — La constitution d'Arcadius et Honorius de 399 (Cod. Théod., 5, 14, 5), dans laquelle on a prétendu parfois voir une allusion à une terre de la *res privata* donnée à bail emphytéotique (à cause des mots *rei privatae* et *canonem emphyteutici* qui s'y trouvent rapprochés), est beaucoup trop mutilée pour qu'on puisse en tirer aucune conclusion.

(2) Le *jus perpetuum* est employé d'ailleurs à la fois pour les domaines de la *res privata* et pour ceux du *patrimonium*. En ce qui concerne cette tenure, il n'y a donc pas à distinguer les différentes classes de domaines impériaux. Voy. His, *loc. cit.*, p. 105, et les textes qui ont été cités ci-dessus à propos du *jus perpetuum*, et dans lesquels on ne distingue jamais s'il s'agit du *patrimonium* ou de la *res privata*.

(3) Voy. ci-dessus, p. 255.

(4) Voy. His, *loc. cit.*, p. 105, 106.

les terres incultes des domaines impériaux d'Aïn Ouassel, et les plus anciennes manifestations de la tenure emphytéotique dans les lois du Bas-Empire, est on ne peut plus clair. On suit très bien la marche de l'institution; toutes les étapes successives en sont marquées. Au second siècle, le règlement d'Hadrien, pour les domaines impériaux d'Afrique, donne à ceux qui ont occupé et mis en culture les *agri rudes vel inculti* la jouissance héréditaire de ces terres défrichées par eux (*jus possidendi ac fruendi heredique suo relinquendi*). A la fin du même siècle, l'empereur Pertinax (193), constatant que, en Italie et dans les provinces, un grand nombre de terres restent en friche, accorde à qui voudra les prendre le droit de les occuper, de les mettre en valeur, et, comme récompense, le droit à ceux qui les ont ainsi défrichées de les garder, comme s'ils en étaient les maîtres, dit Hérodien, avec une exemption de tout impôt ou redevance pendant dix ans; cette règle s'applique en particulier aux domaines de l'Empereur (1). Au commencement du troisième siècle, sous Septime-Sévère et Caracalla, la circulaire des procurateurs des domaines impériaux d'Aïn Ouassel répète la règle de la *lex Hadriana*, et l'on grave cette règle sur un autel (2). Dans la seconde moitié du troisième siècle, Aurélien (270-275) s'occupe également des *agri deserti* qui, restés en friche, n'ont plus même, dit-il, de propriétaires; et il charge les décurions des cités de l'entretien de ces terres incultes et abandonnées, en les exemptant d'impôt pendant trois ans (3). Ici, il est vrai, il n'est pas question de domaines

(1) Hérodien, II, 4, 18 (alias, 6) : Πρῶτον μὲν γὰρ πᾶσαν τὴν κατ' Ἰταλίαν καὶ ἐν τοῖς λοιποῖς ἔθνεσιν ἀγεώργητόν τε καὶ παντάπασιν οὖσαν ἀργὸν ἐπέτρεψεν ὁπόσην τις βούλεται καὶ δύναται, εἰ καὶ βασιλέως κτῆμα εἴη, καταλαμβάνειν (*occupare*), ἐπιμεληθέντι τε καὶ γεωργήσαντι δεσπότῃ εἶναι. Ἔδωκέ τε γεωργοῦσιν ἀτέλειαν πάντων εἰς δέκα ἔτη καὶ διὰ παντὸς δεσποτείας ἀμεριμνίαν. — Ce sont, à très peu de chose près, les dispositions de la *lex Hadriana*.

(2) L'inscription d'Aïn Ouassel se place à l'époque où il y avait trois empereurs ensemble; car (col. 1, l. 4), le procurateur Patroclus y est appelé *Auggg. libertus* (avec trois *g*, indiquant le règne de trois empereurs). Cela donne nécessairement le règne simultané de Septime-Sévère, Caracalla et Géta; et par conséquent la date de 209 à 211. (Le troisième *g* de *Auggg.* a été gratté, évidemment après l'assassinat de Géta, ce qui prouve que l'inscription a été gravée avant cette mort).

(3) Cod. Just., 11, 50, 1 (Constantin) : *Cum divus Aurelianus parens noster*

impériaux, puisqu'on nous dit au contraire que ce sont là des
terres sans propriétaires. Il en est de même dans toute cette
longue série de constitutions impériales relatives aux terres
abandonnées. Ce sont, d'une façon générale au moins, des
terres en friche, des terres sans maître, non des terres impériales (1). Mais ces constitutions sont tout de même très intéressantes dans l'histoire de la naissance de l'emphytéose. Car

---

civitatum ordines pro desertis possessionibus jusserit convenire, et pro his
fundis, qui invenire dominos non potuerunt quos praeceperamus, earumdem
possessionum, triennii immunitate percepta, de solemnibus satisfacere servato
hoc tenore praecipimus ut, etc.

(1) Voy. spécialement les constitutions qui se trouvent au Cod. Just., 11,
59 : *De omni agro deserto.* — Je ne puis que rappeler ici, sans insister sur
aucun d'entre eux, les nombreux expédients auxquels ont eu recours les
empereurs du Bas-Empire pour remédier à cet abandon des terres et de la
culture : 1° concessions des terres abandonnées (*terrae vacantes*) à des vétérans, avec l'exemption d'impôt, et des avances d'argent pour subvenir aux
premières dépenses (Cod. Théod., 7, 20, 3 et 8) ; 2° droit donné aux vétérans
de s'emparer des terres abandonnées, sans que le propriétaire puisse s'y
opposer, ni même réclamer une part des fruits (*ibid.,* 7, 20, 11) ; 3° droit
reconnu à tout le monde d'occuper, pour la mettre en culture, une terre dé-
laissée par son propriétaire, avec cette conséquence que si, pendant deux
ans, ce propriétaire n'a pas réclamé et a cessé de se désintéresser de son
domaine, la propriété de cette terre appartiendra désormais à l'occupant au
bout de ce délai (Cod. Just., 11, 59, 8) ; 4° ἐπιβολή, c'est-à-dire obligation
imposée à tout propriétaire de terres fertiles de se charger des terres
incultes qui sont dans le voisinage des siennes et que l'administration adjoint de force aux siennes, le rendant responsable du paiement de l'impôt
foncier pour ces terres incultes (Cod. Just., 11, 59, 5 et 6). — Voy. sur ces
différentes mesures, Garsonnet, *Locations perpétuelles,* p. 151, 153 ; François,
Emphytéose, p. 45 à 48. Sur l'ἐπιβολή en particulier, les articles de M. Monnier, *Revue historique de droit,* 1892, p. 125 et s., 330 et s., 497 et s., 637
et s.; 1894, p. 433 et s.; 1895, p. 59 et s. Se rappeler aussi les 528.042 *jugera*
de terres incultes et désertées (*desertis et squalidis locis*), en pleine Campanie, dont parle la constitution d'Arcadius et Honorius de 395 (Cod. Théod.,
11, 28, 2), et d'autres détails donnés par Monnier, *loc. cit.,* 1892, p. 158 et
suiv. — Dans l'opinion de Schulten, la *lex Hadriana,* telle que nous la fait
connaître l'inscription d'Aïn Ouassel révélerait déjà, dans l'administration des
domaines impériaux, des pratiques analogues à l'ἐπιβολή du Code de Justinien, et en annoncerait ainsi dès le second siècle, l'apparition future. La
règle qui donne à l'occupant la jouissance perpétuelle de la terre abandonnée par le *conductor* (col. 2, l. 6 : *nec a conductoribus exercentur*) rap-
pellerait celle des constitutions du Bas-Empire qui attribuent l'*ager inutilis*
au propriétaire de la terre fertile. Voy. Schulten, *Grundherrschaften,* p. 128,
129, et *Hermes,* XXIX, p. 227. Cette opinion me paraît un peu hasardée.

il est certain que les domaines impériaux en particulier con-
tenaient un nombre très grand de ces terres en friche, puisque
déjà, dès le second siècle, nous avons vu Hadrien, et ensuite
Pertinax, se préoccuper des moyens de faire défricher les
terres incultes de leurs domaines. Et lorsque, en 315, dans une
constitution de Constantin (1), nous voyons apparaître pour la
première fois dans les Codes, désormais avec son nom technique et ses caractères propres, le bail emphytéotique, c'est en
réalité une ancienne connaissance qui nous revient avec un
nom nouveau. Ce bail, qui donne essentiellement au preneur
une jouissance perpétuelle et héréditaire, avec exemption de
redevance pendant les premières années, c'est-à-dire qui se présente précisément à nous avec les deux avantages caractéristiques accordés par la loi d'Hadrien et par celle de Pertinax à
ceux qui mettent en culture des terres en friche appartenant à
l'Empereur, ce bail, qui a les mêmes caractères essentiels que
le *jus occupandi* d'Hadrien et de Pertinax, n'est-il pas clair
qu'il a aussi le même but que ce *jus occupandi*, à savoir la
mise en culture de terres en friche, et qu'il s'applique à la
même catégorie des terres, à savoir les terres en friche qui
font partie des domaines impériaux? Comme le fait très justement observer M. His, rien de plus naturel et presque de
plus inévitable que l'emploi de l'emphytéose pour la mise
en valeur des *agri deserti* compris dans les domaines impériaux (2). Pour que de pareilles terres ne fussent pas tout
à fait inutiles, il fallait nécessairement trouver des preneurs qui s'obligeassent d'une façon particulière à les défricher; et, d'autre part, il était trop juste que ces preneurs,
ayant travaillé pour rendre ces terres à la culture (3), eussent
en récompense des avantages exceptionnels que n'avaient
pas les autres fermiers. Le *jus perpetuum*, c'est-à-dire le
procédé ordinaire de mise à ferme des domaines impériaux

---

(1) Cod. Just., 11, 62, 1. C'est comme je l'ai dit plus haut (p. 269) le premier texte législatif, qui fasse, d'une façon expresse, allusion à l'emphytéose.

(2) His, *loc. cit.*, p. 101.

(3) Cf. les expressions dont se sert une constitution de Théodose II, de
444 (Nov. Théod., 26, 1, 4. = Cod. Just., 11, 59, 17) : *Eos qui, nobis hor-
tantibus, fundos inopes atque egenos, magno labore impenso aut exhausto
patrimonio, vix forte meliorare potuerint.*

B. 19

jusqu'au quatrième siècle, ne donnait satisfaction à aucune de ces nécessités. Quant au *jus privatum solvo canone*, il me paraît tout à fait certain qu'il fut employé parfois, et jusqu'à la fin du quatrième siècle, par l'administration des domaines impériaux pour la mise en culture des terres en friche. Car une constitution de Valentinien, Théodose et Arcadius, datée de 386, fait une allusion formelle à cette pratique (1). Mais évidemment le mode le plus avantageux, le plus commode et le plus sûr d'exploitation de ces terres en friche, c'était l'emphytéose, puisque ce genre de bail, d'une part, oblige le preneur à défricher et à améliorer la terre, et que, d'autre part, il met à sa charge une redevance très faible et même l'exempte de toute redevance pendant les premières années. Un pareil arrangement faisait l'affaire des deux parties, de l'Empereur qui trouvait ainsi des cultivateurs pour les terres de ses domaines abandonnées et restées en jachère, pour le fermier qui payait un loyer très faible et qui même ne payait rien pendant un certain temps. A cause de ces avantages, si parfaitement appropriés au but que l'on poursuivait alors, l'emphytéose est bientôt devenue le procédé de fermage le plus usité pour la mise en valeur des grands domaines impériaux.

Et effectivement, née dans les conditions que je viens de dire, c'est-à-dire pour la mise en culture des terres en friches qui faisaient partie des domaines impériaux, l'emphytéose s'est développée rapidement et, à la fin du IV° siècle, elle est visiblement sortie de sa sphère d'application primitive. Dans une constitution de Valentinien et de Valens, de 365, on voit les

---

(1) Cod. Théod., 5, 13, 30 = Cod. Just. 11, 59, 7 : *Quicumque defectum fundum patrimonialem exercuerit, instruxerit, fertilem idoneumque praestiterit, salvo patrimoniali canone, perpetuo ac privato jure defendat, velut domesticum et avita successione quaesitum sibi habeat, suis relinquat.* Dans la suite de cette constitution, il est question de l'emphytéose; mais il est clair que le début, que je viens de citer, se réfère au *jus privatum salvo canone*. On remarquera que ce droit résulte ici, non d'un contrat expressément fait avec l'administration du *patrimonium*, mais du seul fait de la mise en culture (*exercuerit fertilem idoneumque praestiterit*) d'un domaine patrimonial qui était abandonné et laissé en friche (*defectum fundum*). Il y a donc là une situation analogue à celle que prévoit l'inscription d'Aïn Ouassel relative aux *agri rudes et inculti* des domaines impériaux.

emphytéotes qui se plaignent de ce que les terres qu'ils ont prises à bail emphytéotique commencent à devenir incultes (*desertas esse coepisse*) (1). Cela prouve que, lorsqu'ils avaient pris ces terres, elles n'étaient pas dans cet état. La constitution de Valentinien et Théodose, de 386 (2), dont je parlais tout à l'heure, nous montre l'emphytéose appliquée sûrement à des terres qui ne sont pas des *agri deserti*, aux terres d'un rendement médiocre, dit en termes exprès la constitution (3); et peut-être, bien que le texte soit là-dessus moins formel, est-ce également en emphytéose que sont données, d'après la même constitution, les terres bonnes et fertiles (4). Dans tous

(1) Cod. Just., 11, 62, 3 (Valentinien et Valens, 365) : *Quicumque possessiones ex emphyteutico jure susceperint, ea ad refundendum uti occasione non possunt, qua adserant desertas esse coepisse.*

(2) Cod. Theod., 5, 13, 30; incomplètement dans Cod. Just., 11, 59, 7 (voy. le début de cette constitution citée ci-dessus, p. 290, note 1) : *Ceterum eos qui optimas ac fertiles retinent terras, aut etiam nunc sibi aestiment eligendas, pro defecta scilicet portione summam debiti praesentis jubemus implere. Eos etiam qui emphyteuticario nomine nec ad plenum idoneas nec omnimodis vacuas detinent, sic ex illis quoque quae praesidio indigent justam ac debitam quantitatem debere suscipere, ut indulto temporis spatio post biennium decretum canonem solvendum esse meminerent. Ii autem qui, proprio voluntatis assensu, nunc quod permisimus elegissent, neque sibi nunc optimum aliquid et conducibile vindicarunt, sed tantum nuda et relicta susceperint, triennii immunitate permissa, debitum canonem pendant.* — Cette constitution divise, dans la partie que je reproduis ici, les terres du *patrimonium* impérial (le début, cité ci-dessus, prouve que c'est seulement du *patrimonium* qu'il est question), en trois catégories, d'après leur fertilité : 1° les très bonnes terres (*optimas ac fertiles terras*); le preneur de ces terres doit se charger en outre d'une certaine quantité de terres incultes; il les fera valoir avec les bonnes qu'on lui a données à bail, et il paiera la redevance pour ces terres incultes; c'est, comme on le voit, une application aux fermiers des domaines impériaux des règles de l'ἐπιϐολή; 2° les terres d'un rendement médiocre (*nec ad plenum idoneas nec omnimodis vacuas*); le preneur devra encore se charger d'une certaine étendue de terres incultes; seulement il ne sera obligé de payer de redevance pour ces terres qu'au bout de deux ans; 3° les terres tout à fait incultes (*nuda et relicta*); alors il est clair que l'administration ne saurait imposer à ce preneur d'autres terres incultes avec celles qu'il a déjà; de plus, on l'exempte de toute redevance pendant trois ans. — Cf. pour l'explication de cette constitution, His, *loc. cit.*, p. 102; Wiart, *Régime des terres du fisc*, p. 83; Monnier, *Études de droit byzantin* (Rev. hist. de droit, 1892, p. 340).

(3) Voy. le texte cité à la note précédente : *Eos qui emphyteuticario nomine nec ad plenum idoneas nec omnimodis vacuas (terras) detinent.*

(4) Comme je l'ai montré ci-dessus, la constitution de 386 distingue trois

les cas, certainement l'emphytéose n'est plus, au temps de Théodose, une tenure réservée aux terres incultes. Il est remarquable toutefois que, en dépit de cette transformation, le bail emphytéotique a toujours conservé de ses origines cette marque essentielle et ce caractère fondamental d'impliquer pour le preneur l'obligation d'améliorer le fonds, et l'exemption de la redevance pendant les premières années (1).

. Les explications que je viens de donner sur les origines historiques de l'emphytéose ont fait ressortir les caractères juridiques essentiels de cette tenure. Je ne crois pas utile d'entreprendre maintenant l'étude détaillée des règles de l'emphytéose, dans la législation du Bas-Empire. Cette matière est suffisamment expliquée dans tous les traités de droit romain, et je n'apprendrais rien là-dessus qu'on ne pût trouver à peu près partout. Je rappelle seulement les règles tout à fait essentielles.

1° L'emphytéose est essentiellement un bail. L'emphytéote tient par conséquent son droit d'un contrat. C'est là, je l'ai montré, la différence essentielle entre la tenure emphytéotique du droit du Bas-Empire et le droit reconnu par la *lex Hadriana* ou par la loi de Trajan, dans les inscriptions d'Aïn Ouassel et d'Henchir Mettich, aux cultivateurs qui ont mis en culture ou qui ont planté des terres. Le droit de ces cultivateurs a sa base dans l'occupation; le droit du preneur emphytéotique a au contraire sa base dans un contrat (2). Dans la législation du

catégories de terres, les terres fertiles, les terres d'un rendement médiocre et les terres tout à fait incultes. C'est à propos de la seconde catégorie seulement que le texte dit en termes exprès que le droit du preneur est l'emphytéose; (voy. la note ci-dessus). Le nom de l'emphytéose n'est pas prononcé au contraire pour les deux autres classes de terres. Mais il me paraît très vraisemblable que, dans ces deux cas pareillement, le preneur est un emphytéote. Cf. dans ce sens, His, *loc. cit.*, p. 102. Ainsi non seulement les terres incultes (pour elles je ne crois pas qu'il puisse y avoir le moindre doute), mais très probablement aussi les terres fertiles du *patrimonium* impérial doivent être considérées, je crois, à la date de 386, comme l'objet de baux emphytéotiques.

(1) Pour l'obligation d'améliorer, cf. ci-dessous, p. 294, note 6. Pour l'exemption de la redevance pendant les premières années, au moins lorsque le fonds baillé en emphytéose est une terre inculte ou d'un rendement médiocre, voy. la constitution citée ci-dessus, p. 291, note 2.

(2) L'emphytéose, en règle, est constituée par un contrat. Voy. François,

Bas-Empire, l'occupation et la mise en valeur des terres incultes dépendant des domaines impériaux ne confèrent pas à cet occupant les droits d'un emphytéote (1).

2º Bien que locataire, l'emphytéote a cependant un droit réel sur le fonds (2). Il est clair que, en droit, il n'est pas un *dominus* (3), bien que certains textes lui donnent ce nom, d'une façon évidemment abusive (4). Mais il se comporte comme

Emphytéose, p. 67 à 72; Tocilesco, *Emphytéose*, p. 114 à 119. — Sur d'autres modes possibles de constitution de l'emphytéose, à savoir le testament (très rarement) et la prescription (d'après une opinion qui me semble très douteuse), François, *loc. cit.*, p. 72 à 81 ; Tocilesco, *Emphytéose*, p. 119 à 126; Dernburg, *Pandekten*, I, p. 647; Windscheid (trad.), *Diritto delle Pandette*, I, 2º partie, p. 316 à 319 (§ 221).

(1) Dans la constitution de Valentinien, Théodose et Arcadius de 386, citée ci-dessus (Cod. Just., 11, 59, 7), il est encore question des personnes qui auraient mis en culture des terres en friche des domaines impériaux. Mais le droit que la constitution reconnaît à ces cultivateurs est le *jus privatum salvo canone*, et non l'emphytéose, voy. ci-dessus, p. 290, note 1.

(2) Cela n'est pas douteux et est reconnu par tout le monde. Sur l'action réelle qui était donnée à l'emphytéote pour protéger son droit, voy. Wiart, *loc. cit.*, p. 88, 89.

(3) Par exemple, les constitutions de Justinien relatives à l'emphytéose (Cod. Just., 4, 66, 2 et 3, ans 529 et 530), opposent régulièrement et constamment l'*emphyteuta* et le *dominus*. Cf. la même opposition dans Inst. Just., III, 24, 3 (*in fine*). De la même manière, la constitution de Zénon, qui a déterminé le caractère juridique de l'institution, dit que la concession du *jus emphyteuticum* ne saurait être considérée comme une *alienatio*. — Application de cette idée : l'emphytéote, n'étant pas propriétaire, n'a pas le droit d'affranchir les esclaves qui sont sur le fonds, Cod. Just., 11, 63, 2 (Valentinien et Valens, 367). La constitution de Théodose II et Valentinien III, de 434 (Cod. Just., 11, 62, 12, 1), qui permet aux preneurs des domaines impériaux de *concedere etiam libertates mancipiis ex fundis patrimonialibus atque emphyteuticariis, cum fundorum sunt domini*, c'est-à-dire d'affranchir les esclaves dépendant des terres du *patrimonium*, ne s'applique certainement pas, en dépit du mot *emphyteuticarii*, aux emphytéotes, mais vise uniquement ceux qui ont le *jus privatum salvo canone*; la preuve en est dans cette phrase *cum fundorum sunt domini*, qui n'est pas vraie de l'emphytéose, tandis qu'elle s'applique très bien à celui qui a le *jus privatum*. Voy. sur ce point Wiart, *loc. cit.*, p. 86.

(4) Textes cités ci-dessus, p. 120, note 2 (avec cette observation que, parmi les textes cités dans ce passage, il faut supprimer Cod. Just., 11, 62, 12, 1, pour les raisons qui viennent d'être dites à la note précédente, le *dominus* dont il est question dans cette constitution n'étant pas en réalité un emphytéote, mais un acquéreur du *jus privatum*). Ajouter Cod. Just., 11, 62, 14 pr. (Anastase, 491).

un *quasi dominus* (1). Il a sur la chose louée les droits de
jouissance et d'administration les plus larges (2). Il peut même
aliéner la terre (en règle avec le consentement du propriétaire) (3). Enfin son droit est essentiellement héréditaire (4).

3° Quant à ses obligations, elles sont les suivantes : Il doit
payer tous les ans un fermage (*canon, vectigal, pensio*) (5). Et
de plus — obligation essentielle, comme je l'ai montré — il
doit améliorer le fonds (6).

(1) Exemple de cela dans un passage de saint Augustin cité ci-dessus, p.
66, note 1.

(2) Pour l'étude détaillée des différents droits de l'emphytéote sur la chose
louée, voy. François, *Emphytéose*, p. 82 à 95; Tocilesco, *Emphytéose*, p. 90
à 102; Windscheid, *loc. cit.*, p. 311 à 313 (§ 219); Dernburg, *loc. cit.*, p. 648.

(3) Dans le droit de Justinien, l'emphytéote, qui veut aliéner la terre, doit
avertir le *dominus* et obtenir son consentement. Le propriétaire, ainsi prévenu, ou bien autorisera la vente et touchera alors 2 p. 0/0 du prix de cette
vente (*laudemium*), ou bien, s'il ne veut pas consentir à l'aliénation, devra
se substituer à l'acheteur en payant à l'emphytéote le prix qui lui est offert;
voy. Cod. Just., 4, 66, 3 (530). Sur cette règle, voy. Garsonnet, *Locations
perpétuelles*, p. 155; Ihering, *Esprit du droit romain*, trad. IV, p. 251, 252;
Tocilesco, *loc. cit.*, p. 127 à 144; François, *loc. cit.*, p. 110 à 134. — L'emphytéote a-t-il le droit d'aliéner avant Justinien? Cela me paraît certain, bien
qu'on l'ait contesté. Voy. Cod. Just., 11, 62, 1 (Constantin, 315); 11, 59, 2
(Constance, 337); et l'exemple cité ci-dessus de Crispinus, contemporain de
saint Augustin, *qui cum emisset possessionem et hoc emphyteuticam*, etc.
(p. 66, note 1). — Cf. sur cette question, François, *loc. cit.*, p. 107 à 109;
Lécrivain, *loc. cit.*, p. 83, note 4. — Remarquer principalement, au point de
vue de l'histoire des institutions, le rôle considérable qu'a joué cette règle
du droit de Justinien comme point de départ du développement des droits
de *lods et ventes*; voy. sur ce point Viollet, *Hist. du droit civil*, p. 662.

(4) Cela ne peut pas faire de doute. Le caractère essentiel de l'emphytéose
a toujours été la perpétuité et l'hérédité du droit du preneur. C'est la règle
fondamentale de l'emphytéose grecque, et aussi celle qu'exprime déjà en termes formels la *lex Hadriana*. Si les constitutions du Bas-Empire parlent très
peu de cette hérédité du droit de l'emphytéote, c'est parce la chose va de soi.

(5) Sur les époques auxquelles ces fermages devaient être payés, voy. la
constitution de Valentinien et Valens de 366 (Cod. Théod., 5, 13, 20 = Cod.
Just., 11, 65, 4). En général, sur les obligations de l'emphytéote, voy. pour
les détails et les controverses, Windscheid, *loc. cit.*, p. 313 à 316 (§ 220);
Tocilesco, *loc. cit.*, p. 102 à 112.

(6) Cette obligation a été contestée. Elle me paraît résulter, d'une façon
sûre, d'abord de la tradition, c'est-à-dire des circonstances dans lesquelles
la tenure emphytéotique est née et s'est développée dans le droit impérial,
ensuite du texte même des constitutions de Justinien sur l'emphytéose, autant
du moins qu'il est possible de le tirer au clair (Cod. Just., 4, 66, 2, 1; 4, 66,

D'APRÈS DES TRAVAUX RÉCENTS. 295

4° Enfin son droit, perpétuel et héréditaire en principe, ne peut lui être enlevé que pour des causes et dans des cas déterminés (commise). Le plus important de ces cas est le défaut de paiement du fermage pendant un certain temps, (trois ans, en règle) (1).

Telles sont les règles de l'emphytéose. Jusqu'au v° siècle, je l'ai dit déjà, il est très remarquable que cette tenure n'est jamais employée pour l'exploitation des terres des particuliers (2). L'emphytéose est un contrat pratiqué seulement par

3, pr. et 1). L'obligation d'améliorer, sûrement imposée au preneur au début de l'histoire de l'emphytéose, me paraît donc encore être restée la règle jusque dans le droit de Justinien. Cf. sur ce point, Wiart, *loc. cit.*, p. 90; François, *loc. cit.*, p. 101 à 104; Tocilesco, *loc. cit.*, p. 108 à 110.

(1) C'est la règle posée pour la constitution de Justinien de 529 (Cod. Just., 4, 66, 2, 1). Elle s'applique à l'emphytéose des terres impériales comme à celle des particuliers. Voy. pour l'explication détaillée de cette règle, François, *loc. cit.*, p. 147 à 157. Par exception, l'emphytéose des terres des églises s'éteint par le défaut de paiement du canon pendant deux années (voy. ci-dessous). — Sur d'autres cas de commise, par exemple, en cas de détérioration du fonds par le preneur emphytéotique, voy. François, *loc. cit.*, p. 144 à 147. D'une façon générale, sur l'extinction de l'emphytéose, *ibid.*, p. 136 à 160; Tocilesco, *loc. cit.*, p. 152 à 161; Dernburg, *loc. cit.*, p. 648 à 650; Windscheid, *loc. cit.*, p. 319 à 321 (§ 222).

(2) M. Lécrivain, *Le Sénat romain depuis Dioclétien*, p. 125, note 3, dit que l'emphytéose est entrée dans la pratique des particuliers d'assez bonne heure, et certainement avant les constitutions de Zénon et de Justinien qui ont donné à ce contrat la réglementation qu'on trouve dans le Code Justinien. En effet, une formule d'Angers, 37 (édit. Zeumer, p. 16), nous montre un mari et une femme donnant à leur fils une terre qu'ils possèdent (*mansello nostro illo*), et qui est *super terraturio vir inluster illo*, c'est-à-dire qui est la propriété, qui fait partie du domaine d'un particulier. Ce langage, dit M. Lécrivain, signifie que le mari et la femme, dont il est question, ne sont pas les véritables propriétaires de la terre dont ils disposent, mais qu'ils en sont les emphytéotes. Or, le formulaire d'Angers, à cause de sa date ancienne (vi° ou vii° siècle), n'a certainement pas pu subir l'influence du droit de Justinien. En fait de droit romain, il n'a connu évidemment que le droit romain antérieur à la conquête barbare, celui du Code théodosien et des novelles post théodosiennes. D'où il faut conclure que, dès cette époque, le droit ou la pratique au moins auraient déjà admis le contrat d'emphytéose fait par les particuliers. Ce raisonnement de M. Lécrivain ne me paraît pas convainquant pour deux raisons. D'abord, il est à mon avis, très improbable que la formule citée d'Angers fasse allusion à l'emphytéose; je croirais plutôt qu'il s'agit là du *jus perpetuum*. Ensuite cette formule est unique en son genre; par conséquent, elle me semble tout à fait insuffisante pour prouver que le *jus perpetuum* lui-même (à plus forte raison l'emphytéose, dont sans doute elle ne parle pas) ait

l'administration impériale pour l'exploitation des domaines impériaux. Mais, à partir du v° siècle, l'emphytéose est certainement entrée dans la pratique des particuliers (1). Notamment c'est dans cet état que les constitutions de Justinien nous présentent ce contrat. Dans le Code de Justinien, visiblement, ce n'est plus une institution exceptionnelle, réservée d'une façon exclusive aux domaines impériaux; c'est un contrat pratiqué par les particuliers eux-mêmes et entré définitivement dans le droit privé (2). C'est alors que, par une constitution célèbre (entre 476 et 484), l'empereur Zénon jugea à propos de préciser la nature juridique de ce contrat, désormais si usuel. On pouvait se demander à propos de l'emphytéose, comme on se l'était demandé jadis à

été réellement pratiqué par les particuliers dans le droit romain antérieur à la conquête barbare. Je reviendrai plus loin sur cette formule d'Angers.

(1) J'ajoute qu'au début l'emphytéose n'a même été pratiquée que pour l'exploitation des terres du *patrimonium* impérial. Elle ne s'est appliquée aux terres de la *res privata* qu'à partir du jour où elle s'est confondue avec le *jus perpetuum*. Voy. ci-dessus, p. 285, 286. — Pour la question de savoir si avant le droit des compilations de Justinien, les églises pratiquaient l'emphytéose, voy. ci-dessous. — Enfin, en ce qui concerne les terres des cités, la question de savoir si elles ont été données en emphytéose, dans cette même période est, à mon avis, très délicate. J'ai montré ci-dessus (p. 281, note 4) que la façon régulière de donner à bail les terres des cités, dans le droit du Bas-Empire, est le *jus perpetuum*. Dans le droit de Justinien, quand le *jus perpetuum* et l'emphytéose ne font plus qu'un, il est évident que le bail emphytéotique s'applique aux terres des cités. Mais, dans le droit du iv° et du v° siècles, la question est plus douteuse. Je serais cependant porté à croire que, dès cette époque, les terres des cités ont été quelquefois données en emphytéose. Voy. sur ce point Cod. Théod., 5, 13, 33 (Théodose, Arcadius et Honorius, 393) : *Jus emphyteuticum quo juris patrimonialis vel rei publicae praedia possessoribus sunt adjudicata,* et Cod. Just., 11, 62, 7 (Gratien, Valentinien et Arcadius, 386) : *Quicumque ad emphyteusin fundorum patrimonialium vel rei publicae... venerit.* Le second de ces textes étant au Code de Justinien, les mots *vel rei publicae* peuvent bien être soupçonnés d'interpolation. Mais la constitution du Code théodosien n'a pas pu évidemment être remaniée par les compilateurs de Justinien.

(2) Cela résulte, d'une façon très claire, de la façon même dont les constitutions de Justinien (Cod. Just., 4, 66, 2, 3 et 4) parlent des rapports du preneur emphytéotique avec son bailleur. Celui-ci n'est jamais appelé, dans ces constitutions, d'un autre nom que celui de *dominus*. Cela indique évidemment que ce bailleur peut être un propriétaire quelconque; car s'il eût été nécessairement l'Empereur, on ne l'eût pas désigné par cette expression générale de *dominus*.

propos du *jus in agro vectigali* (1), si ce contrat était, en droit, une location (l'emphytéote étant bien, dans la réalité, un fermier), ou une vente (cet emphytéote ayant sur le fonds un droit réel, qui pratiquement se rapproche beaucoup du droit de propriété, et qui dans tous les cas est très différent du droit personnel conféré au locataire par la *locatio conductio* du droit classique). Zénon trancha la controverse, en décidant que le bail emphytéotique ne serait ni une location, ni une vente, mais qu'il serait un contrat d'une nature spéciale, ayant, comme dit la constitution, sa *conceptio et definitio propria* (2). Au surplus, rien n'était changé à la nature du droit du preneur. Après la constitution de Zénon comme avant elle, l'emphytéose reste gouvernée toujours par les règles essentielles que j'ai exposées; et, sauf un peu plus de précision qu'elle a apportée sur certains points de détail (3), cette constitution n'a guère tranché, en réalité, qu'une controverse théorique et une simple question d'école et de terminologie juridique.

(1) Voy. le passage de Gaius, III, 145, cité plus haut, p. 242, note 1.

(2) Cod. Just., 4, 66, 1 : *Jus emphyteuticarium neque conductionis neque alienationis esse titulis addicendum, sed hoc jus tertium sit constitutum ab utriusque memoratorum contractuum societate seu similitudine separatum, conceptionem definitionemque habere propriam.* — Cf. Inst. Just., III, 24, 6 : *Sed talis contractus* (le bail perpétuel, défini par Justinien d'après les termes mêmes dont se sert Gaius, III, 145, pour définir le *jus in agro vectigali;* j'ai déjà fait observer que, dans le droit de Justinien, le bail perpétuel et notamment l'ancien *jus in agro vectigali* est confondu désormais avec l'emphytéose et n'est plus réellement, en droit, que l'emphytéose), *quia inter veteres dubitabatur et a quibusdam locatio a quibusdam venditio existimabatur; lex Zenoniana lata est quae emphyteuseos contractui propriam statuit naturam, neque ad locationem, neque ad venditionem inclinantem, sed suis pactionibus fulciendam.*

(3) Je fais allusion, en parlant ainsi, à la question de savoir si, en cas de perte du fonds par cas fortuit, cette perte est supportée par le propriétaire ou par l'emphytéote (question des risques). Avant la constitution de Zénon, ceux qui voyaient dans l'emphytéose une aliénation mettaient naturellement la perte à la charge de l'emphytéote, et ceux qui y voyaient une location la mettaient à la charge du propriétaire. La constitution de Zénon admet là-dessus une transaction. Désormais la perte totale sera à la charge du propriétaire, c'est-à-dire que celui-ci ne pourra plus exiger le canon, et la perte partielle sera à la charge de l'emphytéote, c'est-à-dire que ce dernier ne pourra pas demander, pour ce motif, une réduction du canon. Voy. la constitution et le passage des Institutes cités à la note précédente. — Cf. sur la constitution de Zénon, Wiart, *loc. cit.*, p. 94 à 98; François, *loc. cit.*, p. 135 et 136.

VII.

Je voudrais dire quelques mots, à la fin de cette étude, sur les baux faits par les églises, parce que ces baux présentent des caractères spéciaux, et parce qu'il ne me semble pas que l'on se fasse en général une idée très claire et très exacte de cette matière qui est fort délicate. Ceux qui se sont occupés de l'emphytéose, ou bien ont tout à fait négligé cette question, ou bien ont commis là-dessus un grand nombre d'erreurs.

Que les églises, dont les domaines étaient très considérables, aient, à l'époque du Bas-Empire, affermé régulièrement ces domaines, comme faisaient tous les propriétaires, la chose est évidente. Mais voici la question. Le bail fait par les églises, à cette époque, est-il nécessairement la *locatio conductio*, c'est-à-dire le bail pour un temps court (en général pour cinq ans); autrement dit, les églises afferment-elles leurs terres selon la règle de droit et la pratique, qui, jusqu'à Justinien, je l'ai montré, restèrent celles de propriétaires privés? Ou bien les donnaient-elles à bail perpétuel et héréditaire, en d'autres termes à un *perpetuarius* ou à un emphytéote, comme faisaient ordinairement, dans ce temps-là, les empereurs et les cités.

La *locatio conductio* était possible toujours. Cela est certain. D'autre part, à l'époque de Justinien, quand l'emphytéose est devenue un contrat de droit commun, que tous les particuliers peuvent faire, l'église peut évidemment donner, elle aussi, ses terres en emphytéose, (sauf quelques règles et conditions spéciales posées par Justinien et que nous verrons). La seule question est donc celle de savoir si, dans cette période du droit où les baux perpétuels et héréditaires ne sont pas encore entrés dans la pratique des particuliers, les églises peuvent concéder sur leurs terres des baux de cette nature, ou bien si, à cette époque, ces baux ne peuvent être faits absolument que par les cités et par les empereurs.

Nous avons, dans des textes antérieurs à l'époque de Justinien, dans une inscription du quatrième ou du cinquième siècle (1) et dans un acte de Ravenne, des environs de

---

(1) De Rossi, *Bulletin d'archéologie chrétienne* (édition française), 1877, p. 97 et planche VII = C. I. L. X, 8076 : D(onae) m(emoriae) s(acrum) fi-

444(1), des allusions formelles à des *conductores* de domaines ecclésiastiques.

Le sens le plus naturel et le plus exact du mot *conductor* est évidemment celui de fermier de la *locatio conductio*. On est donc tout d'abord porté à voir, dans ces *conductores* des domaines de l'Église, des fermiers avec qui l'Église a passé le contrat de louage proprement dit, et par conséquent, en règle, des fermiers pour un temps limité et assez court (2). Je crois que c'est là l'interprétation la plus vraisemblable; je ne crois pas pourtant que cette interprétation soit absolument nécessaire. Des *perpetuarii* ou des emphytéotes sont sûrement des *conductores*; et, bien qu'on ne leur ait pas donné ce nom d'une façon très habituelle, on concevrait cependant à la rigueur qu'on les eut quelquefois appelés ainsi (3). En résumé, les *con-*

---

dell in χρ(ιστ)ο *Ihesum Ilirent que vixit annis LXV m(ensibus) VIII, d(iebus) X, oui bene fecit vir ejus; precessit fidelis in pace; deposita XVIII kal(endas) Maias; que fuit conduct(rix) m(assae) Trapeianae.* — Lire à la dernière ligne *m(assae)* et non pas *m(artyris)*. Voy. de Rossi, *loc. cit.*, p. 99 à 101. — L'inscription provient d'un cimetière chrétien de Tropea (en Calabre). La date, déterminée par les caractères paléographiques, par les sigles et les formules employées, et par la provenance, est sûrement, d'après de Rossi, d'une période qui s'étend du premier quart du quatrième siècle au milieu du cinquième, antérieure en tous les cas au synode romain de 498, qui constate l'existence d'un siège épiscopal à Tropea; voy. sur cette date de Rossi, *loc. cit.*, p. 103 à 105.

(1) Marini, *Papiri diplomatici*, n° 73 (p. 108 à 110), acte de 444 environ; l. 86 : *conductoribus ecclesiae Ravennatis*. — Observer toutefois que les *conductores* dont il est parlé à plusieurs reprises dans le même acte (l. 28, 37, 58), sont, non pas des *conductores* de domaines ecclésiastiques, mais les *conductores* des domaines d'un grand personnage, du nom de Lauriclus, celui de qui émane cet acte; (Voy. la note de Marini, *loc. cit.*, p. 246).

(2) Dans plusieurs constitutions du Code Théodosien, il est très visible que les mots *conductor* et *conductio* s'opposent aux expressions qui désignent les fermiers ou le fermage perpétuels et héréditaires. Voy. les textes ci-dessus, p. 239, note 1.

(3) Emploi assez fréquent dans les textes juridiques, des mots *conductio* et *conductor* pour caractériser le *jus perpetuum*. Voy. les textes cités ci-dessus, p. 251, note 5. — Ces mêmes expressions sont employées plus rarement à propos de l'emphytéose; cependant on les rencontre aussi dans certains textes; voy. ci-dessus, p. 243, note 2. En ce qui concerne spécialement le bail des églises, je crois même que les formules de *conductio*, qui sont dans le *Liber Diurnus* (n°s 34 et 35; édit. Sickel, p. 25 et 26), sont dans la réalité des formules de bail emphytéotique. Cf. p. 249, note 3, et ci-dessous.

ductores de domaines ecclésiastiques, que nous rencontrons dans les textes du quatrième et du cinquième siècles, sont probablement des fermiers à temps; mais cela n'est pas tout à fait sûr.

Avons-nous, dans les textes de la même période, des preuves que des fermiers perpétuels et héréditaires ont existé à côté de ces fermiers probablement à temps?

Je n'ai trouvé aucune allusion nulle part, dans les documents antérieurs à Justinien, au bail emphytéotique constitué sur les terres des églises (1). Il me semble cependant infiniment probable que les églises ont pratiqué quelquefois l'emphytéose, au moins les églises d'Orient. En effet, une novelle de Justinien de 535, dont je parlerai tout à l'heure, prohiba ce contrat; elle défendit aux administrateurs ecclésiastiques de donner les terres des églises en emphytéose, si ce n'est pour un délai déterminé et dans des conditions tout à fait spéciales (2). C'est là une preuve, je crois, que, en fait, antérieurement à cette novelle, les églises (au moins celles d'Orient) pratiquaient ce genre de bail, puisque Justinien, trouvant un tel contrat désavantageux à l'Église, jugea à propos de l'interdire, ou plutôt de le soumettre à des règles nouvelles et exceptionnelles.

Il n'en est pas moins vrai que, jusqu'à Justinien, l'emphytéose a dû être pratiquée très rarement par les églises. Les

(1) Il est à peine besoin de faire observer que le mot *templa*, qui se trouve dans plusieurs constitutions de cette époque, ne désigne pas les églises chrétiennes, lesquelles n'ont jamais été régulièrement appelées des « temples ». (Voy. notamment les rubriques des titres du Code Just., 11, 70 : *de diversis praediis urbanis et rusticis templorum et civitatum*; 11, 71 : *de locatione praediorum civilium vel fiscalium sive templorum sive rei privatae vel dominicae*; 11, 74 : *de collatione fundorum fiscalium vel rei privatae vel dominicae vel civitatum vel templorum*. Cf. Cod. Théod., 10, 3 : *de locatione fundorum juris emphyteutici et rei publicae et templorum*). Ces *templa*, dans la langue de cette époque, sont sûrement les temples païens, et non pas les églises chrétiennes. Les biens des temples païens avaient été confisqués par les empereurs chrétiens. (Voy. pour l'histoire de cette confiscation, spécialement His, *Domänen der Kaiserzeit*, p. 35 à 42, et les ouvrages cités par lui, p. 35, notes 8 et 9). C'est ce qui fait que ces biens des temples, dans les constitutions du Bas-Empire, sont régulièrement l'objet du *jus perpetuum* ou de l'emphytéose, c'est-à-dire des modes de tenures qui sont justement employés pour la mise à bail des domaines impériaux.

(2) Nov. Just., 7, praef. 1. — Sur les règles particulières de l'emphytéose ecclésiastique posées par cette novelle, voy. ci-dessous.

églises d'Occident, en particulier, ne me paraissent pas l'avoir connue (1).

Une preuve, à mon avis, très frappante, de cette rareté, ou même de cette absence totale de l'emphytéose, c'est non seulement le silence du Code Théodosien à ce sujet, mais encore et surtout le manque d'allusions à cette institution dans les lois rédigées par les rois barbares après les invasions, et pareillement dans les formules, dans les diplômes, ou dans les documents canoniques, qui sont antérieurs à la connaissance en Occident du droit de Justinien (2). A Rome et dans l'Exar-

---

(1) Je ne sais pas du tout sur quoi se fonde cette opinion que l'on va répétant presque partout, à savoir que l'Eglise d'Occident, et en particulier l'Église des Gaules, à l'époque de l'invasion barbare, ne connaissait que l'emphytéose impériale et l'emphytéose ecclésiastique, les seules, dit-on qui soient au Code Théodosien. (Voy., par exemple, Giraud, *Essai sur l'histoire du droit français au moyen âge*, I, p. 206, 207; Tocilesco, *Emphytéose*, p. 188, et une foule d'autres). En réalité, le Code Théodosien ne connaît que l'emphytéose impériale (et peut-être, sauf controverses, celle des cités). Quant à l'emphytéose ecclésiastique, on n'en trouve de trace, ni dans le Code Théodosien, ni, comme je vais le montrer, dans aucun document provenant de la Gaule, avant l'époque carolingienne. J'ai cherché vainement, dans les auteurs dont je viens de parler, le document sur lequel ils fondent l'existence, si incontestable à leurs yeux, de l'emphytéose ecclésiastique, dans le droit romain de l'Occident, à l'époque antérieure à l'invasion barbare.

(2) Toutefois, c'est certainement une exagération de dire, comme M. Brunner (*Deutsche Rechtsgeschichte*, I, p. 200; *Zeitsch. der Savigny Stiftung*, partie germanique, V, p. 76), que l'emphytéose n'a été usitée que dans l'empire d'Orient, et que les provinces d'Occident, notamment la Gaule, l'ont à peine connue. En effet, les constitutions impériales relatives à l'emphytéose, qui sont dans les Codes Théodosien et Justinien (en ne prenant naturellement dans ce dernier Code que les constitutions qui sont antérieures à la destruction de l'Empire d'Occident) s'appliquent aux provinces d'Occident tout aussi bien qu'à celles d'Orient. En particulier, pour l'Afrique, j'ai cité l'allusion à un emphytéote faite par saint Augustin (Voy. ci-dessus, p. 66, note 1). Pour la Gaule, observer la mention expresse de l'emphytéose dans la rubrique de la *lex Romana Wisigothorum* (Cod. Théod., 10, 2; édit. Haenel, p. 212) : *de locatione fundorum juris emphyteutici et rei publicae et templorum.* Il est vrai que ce titre, dans la *lex Romana Wisigothorum*, ne contient qu'une seule constitution, laquelle est relative à la location des terres des cités par les *curiales*; (c'est celle qui se trouve dans le Code Théodosien véritable, 10, 3, 2); et il est douteux que cette location de terres municipales soit le bail emphytéotique lui-même; (voy. ci-dessous). Mais il reste toujours, dans la rubrique au moins, le nom de l'emphytéose, et, par conséquent, il est impossible de dire que l'emphytéose soit absolument inconnue du rédacteur de la *lex Romana Wi-*

chat italien, de très bonne heure, sans doute, les documents
nous montrent l'emphytéose pratiquée par les églises; par
exemple, les lettres du pape Grégoire le Grand et les actes
réunis par Marini nous donnent des exemples de baux emphytéotiques passés par l'Église de Rome ou par celle de
Ravenne (1). Mais l'Exarchat fait partie alors de l'Empire
byzantin; il suit par conséquent le droit de Justinien; et
l'on sait quelle fortune et quelle importance eurent, dans
l'Italie de cette époque, les compilations de Justinien (2).
Or, c'est bien l'emphytéose du droit de Justinien, avec ses
règles toutes particulières et la constitution nouvelle qui lui
ont donnée les novelles de cet empereur, que nous montrent
les lettres de Grégoire le Grand et les actes de Marini. Et si
nous considérons, au lieu de l'Italie byzantine, les pays d'Occident, dans lesquels, à l'inverse, les compilations de Justinien ne furent jamais promulguées, et qui, en conséquence, ne
les ont connues que très tard (3) et par l'intermédiaire de
l'Italie, par exemple si nous considérons la Gaule, on ne saurait trop remarquer le peu d'allusions faites à l'emphytéose
pendant toute cette période où précisément le droit de Justinien reste inconnu. Le Bréviaire d'Alaric prononce son nom (4).
Mais, dans le titre où ce nom se trouve, il est parlé uniquement
des terres des cités et de leur location par les *curiales* (5).

---

sigothorum. Seulement, dans tout cela, ce n'est pas de l'emphytéose ecclésiastique qu'il est question.

(1) Voy. les textes cités plus bas, à propos de l'emphytéose ecclésiastique
dans le droit de Justinien.

(2) L'ouvrage capital est ici, comme on sait, Conrat, *Grichichte der Quel-
len und Litteratur der römischen Rechts im früheren Mittelalte*. Voy., sur
l'importance du droit de Justinien en Italie, dès le VI⁰ siècle, et sur la très
abondante littérature italienne relative aux sources justinianéennes, au temps
de Justinien lui-même, p. 50 à 59, p. 107 à 141.

(3) Pas avant le IX⁰ siècle. Voy. sur ce point. Viollet, *Hist. du droit français*, p. 18; Conrat, *loc. cit.*, p. 33 à 39.

(4) Rubrique du Cod. Théod. du Bréviaire, 10, 2 (Haenel, p. 212) : *De
locatione fundorum juris emphyteutici et rei publicae et templorum.* Ce titre
correspond dans le Code Théodosien véritable au livre 10, tit. 3.

(5) La seule constitution que contienne le titre cité du Bréviaire est une
constitution de Valentinien et Valens de 372 (dans le Code Théodosien véritable, 10, 3, 2), qui défend aux *curiales* de prendre à ferme (*conducere*) les
biens des cités. (*Curialibus omnibus conducendorum rei publicae praediorum ac
saltuum inhibeatur facultas*).

Est-ce à l'emphytéose elle-même que cette constitution fait allusion ; n'est-ce pas plutôt au *jus perpetuum*, qui était, comme je l'ai montré, la façon ordinaire, à l'époque du Bas-Empire, de donner à bail les terres des cités ? La question, je crois, peut être posée, et serait très embarrassante à résoudre (1). Ce qui est sûr, en tous cas, c'est que, même en admettant une allusion véritable à l'emphythéose, ce n'est pas de l'emphytéose pratiquée par l'Église qu'il est question dans le Bréviaire. Le Bréviaire ignore donc tout à fait cette institution. Deux gloses au Bréviaire, qui sont d'époque très postérieure, nomment encore l'emphythéose (2). Je n'insisterai même pas sur la date assez basse de ces gloses (xᵉ siècle) (3) ; je tiens seulement à faire observer (ce qui est extrêmement remarquable) que l'une et l'autre définissent encore l'emphytéose comme une tenure propre essentiellement aux domaines impériaux. Dans les formules et dans les chartes de l'époque mérovingienne, aucune allusion à une emphytéose ecclésiastique (4). Pour trouver cette institution il faut aller jusqu'aux

---

(1) Ce qui porte à croire qu'il s'agirait là plutôt du *jus perpetuum*, c'est que, en général, les terres des cités sont données à bail de cette façon, et non pas en emphytéose (bien que je croie pourtant que l'emphytéose s'est appliquée, dans certains cas, aux terres des cités, voy. ci-dessus, p. 296, note 1 ; mais c'est là un fait exceptionnel). En revanche, une raison de penser qu'il doit être plutôt question de l'emphytéose, c'est le mot *emphyteutici* dans la rubrique du titre ; car, s'il ne s'agit pas de l'emphytéose dans notre constitution, il ne saurait plus en être question du tout dans le titre lui-même, puisqu'il ne contient que cette unique constitution.

(2) Glose au Bréviaire du manuscrit du Vatican 1048 (Haenel, *Lex Rom Wisigoth.*, p. 400, au mot *Infiteutica*) : *Infiteutica res est quae de fisco transit ad proprium.* — Glose du manuscrit de Montpellier 136 (*ibid.*) : *Infiteutica res est quae de fisco transfertur ad privatum.*

(3) Le manuscrit du Vatican 1048, est du xᵉ siècle. (Voy. la préface de Haenel, p. LXXII). Celui de Montpellier 136, ou au moins la partie de ce manuscrit qui contient le texte du Bréviaire, est pareillement du xᵉ siècle ; mais les gloses sont d'une époque plus récente. (*Ibid.*, p. LIX). — Sur ces gloses du Bréviaire, voy. Conrat, *loc. cit.*, p. 240 à 252.

(4) Les formules d'Angers, qui sont du vıᵉ et du vııᵉ siècle, font il est vrai, allusion à des baux perpétuels consentis par des églises. (Voy. ci-dessous). Mais je montrerai tout à l'heure, en étudiant ces baux, qu'il ne faut pas voir là l'emphytéose. Je ne connais nulle part d'allusion à l'emphytéose, avant les textes du ıxᵉ siècle dont je vais parler.

capitulaires d'Ansegise (1) et aux actes législatifs des Carolingiens du ix° siècle (2). Il est à remarquer que tous ces capitulaires parlent de l'emphytéose ecclésiastique pour la prohiber. C'est (en gros et sans tenir compte des restrictions et des variations) la règle du droit de Justinien. En vertu de la constitution des empereurs Léon et Anthemius, de 470, répétée et généralisée par la novelle 7 de Justinien, l'Église ne peut aliéner ses biens (3). Or, l'emphytéose, qui confère au preneur un droit héréditaire, a été considérée à cause de cela, par les lois du Bas-Empire, comme une variété d'aliénation et un moyen qui permettrait de tourner la règle de la prohibition de l'aliénation, si l'on n'y mettait ordre. Aussi l'emphytéose est-elle prohibée, comme une espèce d'aliénation, ou du moins très

(1) Ansegise, II, 29 (édit. Boretius, *Capitularia*, I, p. 421) : *Alienationis autem verbum contineat venditionem, donationem, permutationem et emphiteuseos perpetuum contractum. Sed omnes omnino sacerdotes hujusmodi alienatione abstineant, poenas timentes quas Leoniana constitutio minatur*, etc. — C'est, comme on le voit, le chapitre relatif à la prohibition d'aliéner les biens ecclésiastiques. L'emphytéose, à cause du droit perpétuel et héréditaire qu'elle confère au preneur, est considérée comme une espèce d'aliénation et, à ce titre, interdite à l'Église.

(2) Capitulaire de Pavie de Charles le Chauve (876), chap. 10 (Boretius, II, p. 102) : *Ut res ecclesiasticas... nemo invadere vel auferre praesumat; et quae a rectoribus ecclesiae actenus ob timorem vel favorem alicui, libellario vel enfiteoticario jure, dolose et cum damni detrimento ecclesiae amissae videntur, ad pristinum jus revertantur.* — Capitulaire Olonnense, de Lothaire (822-823), chap. 1 (*Ibid.*, I, p. 316) : *Si quis episcopus... senodochia aut monasteria vel baptismales ecclesias suae ecclesiae pertinentes cuilibet per enfitheuseos contractus dederit, se suosque successores poena mullandos conscripserit, potestatem talia mutandi rectoribus ecclesiarum absque poenae conscriptae solutione concedimus.* — Capitulaire italien, attribué à Louis le Pieux par le *Liber Papiensis*, mais plus probablement d'une époque postérieure, et sans doute l'œuvre d'un simple particulier (*Ibid.*, I, p. 335). — Le capitulaire de Louis le Pieux, donné par Boretius, *loc. cit.*, I, p. 310, 311, est tout simplement la reproduction du texte cité d'Ansegise. Ansegise donne le chapitre comme un capitulaire ecclésiastique de Louis le Pieux. Ses attributions et ses textes étant exacts, il est naturel et légitime de publier le chapitre cité d'Ansegise parmi les capitulaires de Louis le Pieux.

(3) Constitution de Léon et Anthemius, de 470, dans Cod. Just., 1, 2, 14. Cette constitution est faite uniquement pour l'Eglise de Constantinople; (voy. le pr. : *in hac urbe regia sacrosanctae ecclesiae*, et la novelle 7 de Justinien praef.). Elle a été appliquée à toutes les églises par cette novelle 7 de Justinien. Voy. la préface.

limitée dans sa durée (1). Cette règle du droit du Bas-Empire,
naturellement les provinces d'Occident, du temps qu'elles dépendaient de l'Empire, ne l'avaient jamais connue, puisqu'elle n'existait pas encore en ce temps-là, n'ayant été posée que par une
constitution de 470 et par une novelle de Justinien (2). Mais
Ansegise et les capitulaires carolingiens du ixᵉ siècle l'ont empruntée au droit de Justinien, ou plus directement (car il
n'est pas probable qu'ils aient remonté aux compilations elles-
mêmes de Justinien) à la pratique et au droit qu'ils avaient
trouvés en Italie. Le chapitre d'Ansegise est copié littéralement
dans l'*Epitome* des Novelles de Julien (3), dont on connaît la
fortune considérable en Italie et l'influence sur le droit franc
au ixᵉ siècle (4). Les capitulaires carolingiens que j'ai cités sont
tous italiens (5). C'est donc bien l'emphytéose ecclésiastique

(1) La constitution de Léon prohibe l'emphytéose constituée pour une durée plus longue que la vie du preneur (*loc. cit.*, § 9). La novelle 7 de Justinien en limite la durée à trois générations (praef). Je reviendrai sur les
règles spéciales posées sur cette matière par le droit de Justinien.

(2) Il est tout à fait certain que, pour l'Empire franc en particulier la
règle qui prohibe l'aliénation des biens des églises n'a été posée, d'une façon
législative, que par les capitulaires carolingiens, et tout particulièrement par
les capitulaires qui viennent d'être cités. Voy. sur ce point, Tardif, *Étude sur
la capacité des établissements ecclésiastiques* (*Revue de législation*, 1872, p.
501); Löning, *Geschichte der Kirchenrechts*, II, p. 706 et 707, note. Toutefois, il est très important d'observer qu'avant l'époque où le droit laïque
et l'autorité publique, c'est-à-dire les capitulaires carolingiens, prohibèrent
l'aliénation des biens ecclésiastiques, un grand nombre de canons conciliaires
et de lettres de papes l'avaient déjà défendue; en d'autres termes que l'église
avait pris les devants et empêché ces aliénations longtemps avant les empereurs. Voy. les textes nombreux sur ce point dans Löning, *loc. cit.*, I, p.
236 à 240; II, p. 696 à 702. En réalité, la prohibition d'aliéner les biens
ecclésiastiques a été posée par l'Église, non seulement très longtemps avant
Louis le Pieux, mais encore avant la constitution de Léon. Les plus anciens
textes conciliaires cités par Löning (*loc. cit.*, I, p. 237 et 238) remontent aux
premières années du vᵉ siècle.

(3) Voy. l'*Epitome Novellarum* de Julien, VII, 32 et 33 (édit. Haenel, p.
32). Le texte est le même que celui d'Ansegise cité ci-dessus.

(4) Je rappelle, en ce qui concerne l'*Epitome* de Julien, que c'est par lui
que le droit de Justinien a été tout d'abord introduit dans l'empire franc, et
que ce livre y a été connu certainement avant les compilations elles-mêmes
de Justinien. Voy. sur ce point, Conrat, *loc. cit.*, p. 39.

(5) Voy. les textes cités ci-dessus, p. 304, note 2. Tous ceux de ces capitulaires dont nous savons la provenance sont italiens. Le seul dont la prove-

du droit de Justinien, celle que l'Italie pratiquait depuis le
vie siècle et que l'Empire franc a seulement connue à partir du
jour où il a été en contacts fréquents avec l'Italie et en rapport
avec les sources du droit de Justinien, c'est celle-là que nous
rencontrons dans les documents francs du haut moyen âge;
tandis que, dans les actes qui sont antérieurs aux événements
que je viens de dire, il est très remarquable que l'emphytéose
ne nous apparaît jamais comme une tenure employée par les
églises. Je crois que l'on peut tirer de là une conclusion certaine. A l'époque de la disparition de l'Empire d'Occident et
de la formation des monarchies barbares, les églises de l'Occident ne pratiquaient pas ou pratiquaient extrêmement peu
l'emphytéose. Car, si elle avait été dès cette époque une tenure tant soit peu usitée et fréquente, on ne s'expliquerait pas
qu'elle eût disparu si vite et si complètement, et que tant de
formules, tant de chartes et tant de diplômes, dont la date est
antérieure au ixe siècle, ne fissent jamais la moindre allusion
à une emphytéose consentie par une église sur ses terres (1).
Cette absence de l'emphytéose en Gaule, dans la pratique et

nance ne soit pas indiquée expressément est celui qui est donné par Boretius, I, p. 310, 311; or celui-ci est emprunté au texte cité d'Ansegise, lequel
lui-même l'a emprunté à Julien. Et il résulte de là que ce capitulaire a beaucoup de chance d'être lui-même d'origine italienne.

(1) On sait que la façon ordinaire pour l'Église franque, dans cette période,
de donner ses terres à bail est la *precaria*, laquelle n'est en aucune façon
l'emphytéose, ni même un dérivé et une accommodation de l'emphytéose,
mais, en règle, une concession à vie (*usufructuario ordine*, disent presque toutes
les formules et les chartes relatives à cette tenure), et même qui doit être renouvelée tous les cinq ans. Voy. sur la précaire ecclésiastique, dans le
droit gallo-franc, les ouvrages cité ci-dessus, p. 247, note 3. — Que cette
tenure ecclésiastique ait ses origines dans le droit romain, cela n'est pas
douteux; mais cette origine n'est certainement pas l'emphytéose. Dans l'opinion de Löning, qui est aujourd'hui l'opinion générale, et qui me paraît la
plus exacte, ce n'est même pas (en dépit de la similitude des mots) du *pré-
carium* romain que dériverait la précaire du droit gallo-franc, mais bien du
bail quinquennal lui-même, de la *locatio conductio* proprement dite; la nécessité (théorique) du renouvellement de la précaire tous les cinq ans serait
la marque visible de cette origine. Voy. sur ce point Löning, *Geschichte des
deutschen Kirchenrechts*, II, p. 711 à 716. Cf. Esmein, *Mélanges*, p. 394, 395;
Glasson, *Hist. du droit et des institutions de la France*, III, p. 92, 93; Wiart,
Essai sur la precaria (thèse, 1894), p. 116 à 140 (très complète démonstration
de cette manière de voir).

dans le droit du vi° au ix° siècle, alors que l'Église franque a conservé presque toutes les institutions romaines dont elle se servait avant l'invasion, est la preuve manifeste que, dans le droit romain antérieur au vi° siècle, les églises ne pratiquaient pas l'emphytéose.

Pratiquaient-elles les autres tenures perpétuelles et héréditaires, que nous avons vues être employées dans le droit antérieur à Justinien pour la mise en valeur des biens des empereurs, c'est-à-dire le *jus perpetuum* et le *jus privatum salvo canone* ? La novelle de Justinien dont j'ai parlé déjà, et qui défend aux églises de donner leurs terres à bail emphytéotique héréditaire, parce qu'un tel bail est considéré comme une variété d'aliénation, prohibait également et pour le même motif un autre contrat fait par les églises, qu'elle appelle τὸ καλούμενον παροικικὸν(1). Ce qu'est exactement ce contrat nommé παροικικὸν, nous le savons par une glose que donnent quelques-uns des manuscrits des Authentiques, sur la traduction latine de cette novelle. C'est, dit cette glose, le droit appelé *jus coloniarum :* une église donne une *domus* valant un prix déterminé, moyennant le paiement de ce prix ou d'un prix inférieur, et en plus d'une *pensio*, c'est-à-dire d'une redevance annuelle; et le droit conféré dans ces conditions par l'église est perpétuel et héréditaire (2). Or, cette définition est la définition elle-même du *jus privatum salvo canone*. On peut conclure de là que, sous le nom de παροικικὸν, les églises, au Bas-Empire, ont pratiqué le *jus privatum salvo canone* (3). Cette tenure a-t-elle été très fréquente? Le contraire me semblerait

---

(1) Nov. Just. 7, praef, § 1.

(2) Voy. cette glose, reproduite dans l'édition des Novelles de Schoell (*Corpus juris civilis*, édition stéréotypa, t. III, Berlin), p. 51, note 5 : *Vocant coloniarum jus. Coloniarum jus est, veluti si domum valentem centum solidos et praestantem pensionem solidos decem accipiat quis ab ecclesia, et det pro ea solidos centum seu amplius, aut certe minus, et quasi jam de propria aggravet se dare singulis annis, quasi pensionis nomine, solidos tres. Iste ergo appellatur paroecos. Sed ipsam domum sub tam parva pensione in perpetuum et ipse et heredes ejus possidebant.* Les manuscrits dans lesquels se trouve cette glose sont tous des manuscrits qui donnent l'Authentique et non le texte grec des Novelles; voy. la préface de Schoell, p. ii.

(3) Cf. là-dessus, Léorivain, *De agris publicis*, p. 113 : His, *Domänen der Kaiserzeit*, p. 97.

plus probable. L'Église d'Occident en use-t-elle déjà, à l'époque antérieure à la disparition de l'Empire d'Occident, ou n'est-ce pas une institution du droit postérieur qui n'a été pratiquée que dans l'Église d'Orient et à une époque assez voisine de celle de Justinien? Le fait que ce contrat ne nous est connu que par l'allusion d'une novelle de Justinien et qu'aucun texte du Code Théodosien ni aucun autre document indépendant des Novelles de Justinien n'en parle jamais rendrait, je crois, la seconde hypothèse beaucoup plus vraisemblable que la première.

Il reste à voir si le *jus perpetuum* a été pratiqué par l'Église avant Justinien, c'est-à-dire à l'époque où le *jus perpetuum* est encore une tenure propre que l'on ne confond pas avec l'emphytéose.

J'ai expliqué que le *jus perpetuum* est, dans le droit de cette période antérieure à Justinien, la plus fréquente en fait, de toutes les tenures perpétuelles et héréditaires, parce qu'elle est celle dont le champ d'application est le plus étendu. C'est en effet la façon ordinaire dont sont exploités et donnés à bail non seulement les domaines impériaux, sans distinguer entre les *fundi rei privatae* et les *fundi patrimoniales*, mais encore les domaines des cités. Il n'y aurait donc rien d'extraordinaire *a priori* à ce que les églises eussent également pratiqué le *jus perpetuum*, qui est un procédé de mise à ferme très usité à cette époque.

Cependant je ne connais aucune allusion, dans les textes juridiques antérieurs à la disparition de l'Empire d'Occident, à des terres d'églises louées de cette façon. Mais une série extrêmement intéressante de formules, appartenant presque toutes au formulaire d'Angers (l'une d'entre elles, par exception, appartient au recueil des formules de Tours) (1), nous révèle en Gaule, à une époque évidemment très antérieure à la connaissance

---

(1) Voy. sur ces formules d'Angers, au point de vue de la particularité que j'étudie en ce moment, Brunner, *Die Erbpacht der Formelsammlungen von Angers und Tours* (*Zeitschrift der Savigny Stiftung*, partie germanique, V, p. 69 à 83); Löning, *Geschichte des Kirchenrechts*, II, p. 716 à 719; Esmein, *Mélanges*, p. 396 à 402; Glasson, *Hist. du droit et des institutions de la France*, III, p. 97, 98; Lécrivain, *De agris publicis*, p. 107 à 113. Je citerai naturellement les formules d'Angers et de Tours d'après l'édition de Zeumer (*Formulae merovingici et carolini aevi*).

du droit de Justinien dans cette région, et par conséquent sans qu'il soit possible d'expliquer le fait par le droit de Justinien, l'existence de terres qui sont la propriété d'une église, mais qui sont possédées par un particulier, lequel paraît bien avoir sur elles un droit qu'on ne peut s'empêcher de trouver très ressemblant au droit du *perpetuarius* sur les terres des Empereurs ou des cités.

Ce qui fait, dans la circonstance présente, l'importance tout à fait exceptionnelle de ces formules d'Angers, c'est que, bien qu'écrites à l'époque franque, elles ont été composées pour une région dont la population est surtout romaine (1), et que beaucoup d'institutions romaines y apparaissent encore très fidèlement gardées (2). C'est surtout la date très ancienne du formulaire d'Angers. A part les trois dernières formules du recueil, il était sûrement composé à une date antérieure à 678. Il serait même possible que les trois dernières formules fussent de cette année 678 (3) ; dans tous les cas, les 57 premières sont antérieures ; et très probablement plusieurs d'entre elles ont une date fort ancienne (514 ou 515) (4). Or, à une telle époque, les

(1) Allusions formelles à la *lex romana* dans les formules 40, 46, 54, et 58.

(2) Mêlées d'ailleurs à des institutions essentiellement franques ; par exemple, les mots *alodis, mallare, admallare, solsadia, texaca, revestire*, le jugement par les rachimbourgs, le serment du défendeur assisté de cojureurs, sont des marques très visibles de l'importance du droit franc dans le formulaire d'Angers. Sur le caractère mi-partie romain et germanique du formulaire d'Angers, voy. surtout Brunner, *Deutsche Rechtsgeschichte*, I, p. 403.

(3) Sur la date du formulaire, voy. la préface de Zeumer, dans son édition, p. 2 et 3 ; Schröder, *Ueber die frankische Formelsammlungen (Zeitschr. der Savigny Stiftung*, partie germanique, IV, p. 77 et 78) ; Brunner, *loc. cit.*, p. 404. — La date de 678, pour les 57 premières formules, est la date la plus basse que l'on puisse admettre, parce que, après la formule 57, se trouve une indication chronologique qui se réfère positivement à cette année 678. Il est d'ailleurs parfaitement possible, comme je viens de le dire, que les formules 58, 59 et 60, qui viennent après cette note chronologique et qui terminent le recueil, aient été écrites cette même année, c'est-à-dire en 678.

(4) Dans l'opinion ordinaire (Zeumer et Schröder, *loc. cit.*), les formules 1 à 36 (inclusivement) se placeraient en 514 ou 515. A remarquer notamment la date donnée expressément par les formules 1 et 34 : *anno quarto regnum domni nostri Childeberto regis*. En admettant, comme c'est l'opinion générale, qu'il s'agisse ici de Childebert Ier, nous aurions la date de 514 ou 515 ; (Zeumer, édition citée, p. 2). Cf. toutefois contre cette manière de voir les objections de Brunner, *loc. cit.*, p. 404, note 14.

compilations de Justinien n'ont pas encore été écrites ; et même si
l'on ne veut considérer que la date de 678, en 678, sûrement
le droit de Justinien est tout à fait ignoré dans la région d'Angers. Par conséquent, les traces que l'on peut rencontrer, dans
le formulaire d'Angers, d'une tenure perpétuelle et héréditaire
constituée sur des terres d'église indiquent des pratiques suivies
par l'Eglise d'Occident à une époque antérieure certainement
à la connaissance en Gaule du droit de Justinien, et même
antérieure très probablement à la destruction de l'Empire d'Occident (à cause de la date de ce formulaire, très voisine encore
de cet événement). La même conclusion se dégage aussi, mais
avec beaucoup moins de sûreté, à mon avis, de la présence,
dans le formulaire de Tours, d'une tenure toute pareille à celles d'Angers. En effet, les formules de Tours, qui sont du viii°
siècle (1), sont, tout aussi bien que celles d'Angers, plus anciennes que la connaissance du droit de Justinien en Gaule. Je
dis toutefois que la conclusion que l'on peut en tirer, en ce qui
concerne le droit pratiqué par l'Église à l'époque de l'Empire
romain, est beaucoup moins sûre que celle qui se dégage des
formules d'Angers. En effet, les formules de Tours sont d'une
date beaucoup plus éloignée de l'époque de l'Empire romain ; il
est donc beaucoup moins certain que les institutions que nous y
trouvons soient de véritables et pures institutions romaines ; et
tout au contraire, au milieu du viii° siècle, il est évident que le
développement du droit gallo-franc a fait entrer, dans la pratique
de l'Eglise, des habitudes toutes nouvelles, qui étaient inconnues des Romains du v° siècle. Le formulaire de Tours ne peut
donc donner ici que des renseignements assez douteux ; mais
les renseignements du formulaire d'Angers (qui d'ailleurs sont
les plus nombreux) sont au contraire d'une très grande valeur.

Or, voici ce que nous montrent ces formules d'Angers (et de
Tours), et non pas une fois, mais très fréquemment. Des hommes

---

(1) Sur la date du formulaire de Tours, voy. la préface de Zeumer dans son
édition, p. 130, 131 ; Schröder, article cité p. 81 et 82 ; Brunner, *loc. cit.*, I,
p. 407. M. Zeumer fait descendre le recueil jusque vers 763 environ. Mais M.
Brunner et M. Schröder, pour des raisons qui me semblent décisives, le croient
d'une date un peu plus ancienne et l'attribuent à la première moitié du viii°
siècle. Il ne s'agit ici d'ailleurs que du recueil primitif composé des 33 premières formules. Le reste (nos 34 à 45) est une addition d'époque postérieure.

donnent, vendent, échangent, donnent en *dos* (douaire) (1), ou en précaire, engagent pour une dette, etc., bref aliènent de toutes les façons, des terres qu'ils possèdent évidemment, puisqu'ils en font librement tous ces usages, mais qui cependant sont dites par eux dépendre du domaine d'une église déterminée (*super territorio sancti illius,* ... *infra terminum sancti illius*), et qu'ils aliènent en conséquence « sauf le droit de l'Église en question » (*salvo jure sancti illius cujus terra esse videtur,* ... *absque praejudicium sancti illius cujus terra esse videtur*) (2). L'acquéreur, dans tous ces cas, aura d'ailleurs (on le

(1) La *dos*, dans le formulaire d'Angers, est sûrement la *dos* du droit germanique (le don fait par le mari, plus tard, et avec des transformations, le douaire du droit coutumier), et non pas la *dos* romaine (le don fait au mari). Voy. Brunner, *loc. cit.*, p. 403.

(2) Formulaire d'Angers (édit Zeumer, p. 4 et suiv.), 1 *c*. Donation faite par un mari à sa femme d'un ensemble de terres : *Haec omnia subscripta rem in tuae jure et dominacione hoc recipere debias, vel posteris suis, si inter nus procreati fuerunt, derelinquentis, salvi jure sancti illius cujus terre esse videtur.* — *Ibid.*, 4. Vente d'une terre : *Constat me vindidisse... illa viniola... et resedit in terraturium sancti illius, in fundo villa illa... ut de ab odiernum diae memoratus emtor, quicquid de ipsa vinia facere volueris, liberam in omnibus habeas potestatem faciendi.* — *Ibid.*, 8. Échange portant sur un *campo ferente modius tantus, et est super territurio sancti illius, ut quidquid exinde facere voluerit, absque praejudicium sancti illius cujus terra esset videtur, liberam in omnibus habeas potestatem.* — *Ibid.*, 21. Vente d'un *campello ferente modius tantus, et est super terraturio sancti illus, ut quiquid*, etc., (comme dans les formules précédentes). — *Ibid.*, 22. Engagement, pour la garantie d'une dette, d'une vigne, *qui est super terraturium sancti illus.* — *Ibid.*, 25. Acte dans lequel un homme et sa femme se vendent eux-mêmes à une église, comme serfs, avec tous leurs biens, notamment *manso et terra vel viniolas, quantumcumquae ad die praesente possedire vidimur in fundo illo... super terra ecclesia Andecavis.* — *Ibid.*, 40. Donation faite par un mari à sa femme de *casa...in fundo illa villa, super terraturium sancti illius, cum vilare vel omne circumcincto suo juxta kaso illius,* etc., ... *Hec omnia superius nominata ...hoc ad die presente habias concessum... ad possediendum absque praejudicio cujus terre esse videtur.* — *Ibid.*, 54. Donation semblable d'une *casa cum curte vel omni circumcincto suo... et est super terraturium sancti illius... Hec omnia rem superius nominata... ambo pariter hoc tenere et possedire debiamus, post transitum vero meum, superius nominata hoc tenire et possedire debias. Et se prolem nobis Deus dederit, cum omne integritatem ut rem meliorata acciperit.* — *Ibid.*, 58. Donation des deux tiers de ses biens faite par un père à son fils : *Casas, domibus..., canpis, viniis, silvis, pratis, pascuis... abendi, tenendi, donandi, vindendi, seu commutandi, absquae prejudicio sancti illius cujus terre esse videtur, liberam in omnibus abeas potestatem faciendi.* — Formulaire de

dit expressément) le droit de transmettre la terre acquise par lui à ses héritiers(1), ou d'en faire lui-même tout ce qu'il voudra, c'est-à-dire de la vendre ou de la donner librement(2). Une fois, on déclare qu'il devra payer pour la terre une redevance (3). Que signifient de tels actes, et quelle peut bien être la condition de pareilles terres?

Deux choses sont tout à fait certaines. Premièrement, ces terres sont la propriété d'une église, puisque les possesseurs ne les aliènent jamais que *salvo jure ecclesiae*, et qu'ils déclarent eux-mêmes, en termes exprès, que le domaine en question est *in territorio ecclesiae*. Secondement, les possesseurs de ces terres ont sur elles un droit perpétuel et héréditaire, puisqu'ils les aliènent librement de toutes les façons, et puisqu'il est dit que leur droit, et celui des acquéreurs à qui ils ont aliéné ces terres, passera régulièrement aux héritiers. Le cens qui, dans une formule, nous est indiqué comme mis à la charge de ce possesseur, a dû très probablement, bien qu'il ne soit indiqué que par une seule formule, exister dans tous les cas (4), au moins un cens recognitif de la propriété, puisque sans cela, rien ne serait resté pour affirmer et pour prouver qu'en droit l'église demeurait la propriétaire (5). En résumé,

---

Tours, 8. (Zeumer, p. 140) : *Constat me tibi vindedisse et ita vindedi infra terminum sancti illius..., illo campo vel vinea juris mei... ita ut ab hodierna die, quicquid de supradicta rem facere volueris, liberam habeas potestatem, salvo jure ipsius sancti.*

(1) Voy. Form. d'Angers, 1, 54, citées ci-dessus.

(2) Form. d'Angers, 4, 8, 21, 25, 40, 58; Form. de Tours, 8, citées ci-dessus.

(3) Form. d'Angers, 58 : un père donne les deux tiers de ses terres à son fils ; et il est dit que le fils sera obligé, pendant la vie de son père, à le nourrir et à le vêtir, et de plus qu'il paiera la redevance due pour la terre (*et ipsa terra persolvere faciat*). Il est remarquable que cette formule est la seule qui contienne cette clause.

(4) C'est l'opinion de M. Esmein, *Mélanges*, p. 396. Elle me paraît certaine ou au moins très probable, pour la raison que j'indique dans le texte. Voy. toutefois, en sens contraire, Glasson, *Hist. du droit*, III, p. 98, qui se fonde sur ce fait que la redevance n'apparaît que dans une seule de nos formules, ce qui prouve, dit-il, qu'elle est une chose exceptionnelle.

(5) M. Glasson, *loc. cit.*, dit que « grâce à cette retenue d'un droit supérieur et malgré l'absence de toute redevance », le fait que la terre restait ecclésiastique emportait toujours pour l'église certains droits, notamment un droit de justice de l'église sur cette terre et les hommes qui l'habitaient. Et M. Esmein, bien qu'il croie que la redevance était due toujours, en règle au moins,

nous avons affaire à des terres qui sont la propriété d'une église, mais sur lesquelles un particulier se trouve posséder un droit perpétuel et héréditaire.

Or, cela revient à dire, en deux mots et plus simplement, que nous avons affaire ici à des terres d'églises qui ont fait l'objet d'un bail perpétuel et héréditaire. Car, d'une part, le droit de disposer et de transmettre aux héritiers, d'autre part, l'obligation de payer une redevance et l'affirmation que le droit de propriété est à un autre, ce sont bien là les caractères essentiels de la tenure perpétuelle et héréditaire (1).

déclare, lui aussi, que « l'église avait dans une certaine mesure, la juridiction sur les terres qu'elle concédait et sur leurs habitants » (*Mélanges*, p. 401). Mais justement c'est là un point qui me paraît on ne peut plus douteux. A l'époque du formulaire d'Angers, y a-t-il déjà des justices de propriétaires ; en d'autres termes et plus clairement, la propriété emporte-t-elle juridiction sur la terre et sur les habitants ? J'ai montré que, à l'époque du Bas-Empire, le propriétaire privé, en droit, n'a sûrement aucune justice, mais que, en fait, il arrive souvent qu'il s'arroge des droits de justice. Dans l'empire franc, à plus forte raison, de telles usurpations, en fait, sont très fréquentes, et de plus, en droit, l'immunité confère certainement des droits de justice. Mais les églises d'Angers, à l'époque de notre formulaire, peuvent-elles être considérées comme des immunistes ? Cela me paraît douteux, l'immunité n'ayant pas encore acquis un développement assez considérable aux sixième et septième siècles, date de nos formules. Une chose certaine pourtant, c'est qu'il est question à plusieurs reprises, dans les formules d'Angers, d'une justice exercée par un abbé, ou, au nom de l'abbé, par son *prepositus* ou *agens* ; (Form. d'Angers, 10, 11, 16, 24, 28, 29, 30, 47. Cf. la même chose dans Form. de Tours, 39). Mais à quel titre l'abbé exerce-t-il cette juridiction ? C'est-là, à mon avis, une question extrêmement difficile, et même presque insoluble, au moins d'une façon sûre. Mais je ne vois aucune preuve que cette justice soit, à proprement parler, une justice patrimoniale, c'est-à-dire qu'elle soit exercée par l'abbé, en tant que propriétaire, et seulement dans des terres qui sont la propriété de cet abbé ou sur des hommes qui sont ses tenanciers. Voy. sur cette question de la justice d'abbé dans le formulaire d'Angers, principalement Brunner, article cité, p. 74 à 76 ; et *Deutsche Rechtsgeschichte*, II, p. 201 et p. 286 (dont l'explication me semble la meilleure qui ait été donnée ; l'abbé jugerait, d'après M. Brunner, comme héritier du *defensor civitatis* du droit du Bas-Empire et des autres *mediocres judices* de cette période, qui ont une juridiction limitée aux affaires d'importance peu considérable). Cf. ce que j'ai dit moi même dans mon article sur la *recommandation et la justice* (*Annales de l'enseignement supérieur de Grenoble*, I, p. 45 à 49).

(1) Observer la rubrique de la formule d'Angers, 4, citée plus haut (dans laquelle est vendue par son possesseur une terre située *in terraturium sancti illius*) : *Hoc est vendicio de terra conducta*. Ainsi la terre dont il est

Reste à savoir quelle est, parmi les diverses tenures perpétuelles usitées dans le droit romain du Bas-Empire, celle que pratiquent, d'après ces formules, les églises d'Angers et de Tours, lesquelles ont à peu près sûrement emprunté leurs pratiques au droit romain du Bas-Empire. Il me paraît tout à fait certain que c'est le *jus-perpetuum* (1). En effet, des deux autres tenures, le *jus privatum salvo canone* et l'emphytéose, il faut tout d'abord et sûrement écarter la première. Et pour une foule de raisons. D'abord le *jus privatum* semble bien avoir été d'un usage extrêmement rare (2). Ensuite, des trois espèces de contrats dont il est ici question, il est celui qui porte l'atteinte la plus directe et la plus grave au principe de l'inaliénabilité des biens de l'Église, puisqu'il est par définition une aliénation. Or, s'il est vrai que, à l'époque de nos formulaires, l'Église d'Occident ne connaît pas encore les constitutions de

question dans les différentes opérations juridiques décrites plus haut est une terre *conducta*, c'est-à-dire donnée à bail, et le possesseur de cette terre est un *conductor*, c'est-à-dire un tenancier. — J'ai fait observer déjà (voy. p. 299, note 3) que les expressions *conductio* et *conductor* s'emploient très bien, dans le droit du Bas-Empire, pour désigner le *jus perpetuum* et l'emphytéose. De même, dans le droit de l'ancien Empire, le locataire d'un *ager vectigalis* est appelé régulièrement *conductor* (par exemple dans Gaius, III, 145).

(1) C'est ce qu'a très bien vu M. Brunner, le premier, je crois, dans l'étude qu'il a faite de nos formules d'Angers et de Tours; (voy. l'article de Brunner cité ci-dessus, *Savigny Stiftung*, partie germanique, V, p. 82), et c'est ce qu'après lui M. Esmein a démontré pareillement; (*Mélanges*, p. 397 à 401). Cette opinion me paraît tout à fait incontestable. Löning, *Kirchenrecht*, II, p. 717 assimile les terres des églises en question aux anciens *agri vectigales* des cités et donne ainsi pour modèle à la pratique suivie par nos formulaires, au lieu du *jus perpetuum* proprement dit, le *jus in agro vectigali* consenti par les cités. M. Brunner et M. Esmein s'élèvent, je crois, sans grande utilité contre cette manière de voir. Car j'ai montré ci-dessus que le *jus perpetuum* du droit du Bas-Empire n'est pas autre chose que l'ancienne location vectigalienne des cités, devenue seulement d'un emploi plus général, c'est-à-dire pratiquée par d'autres que par des cités. Et par conséquent que l'on dise que le droit conféré par les églises d'Angers et de Tours à leurs tenanciers perpétuels est le *jus in agro vectigali*, ou qu'on dise que c'est le *jus perpetuum*, cela revient tout à fait au même. La vérité est que nous avons affaire ici à ce bail perpétuel que, les premières, les cités ont pratiqué, dès l'époque de l'ancien Empire, sous le nom de *jus in agro vectigali*, et que pratiquent, à l'époque du Bas-Empire, indifféremment, l'Empereur et les cités, sous le nom de *jus perpetuum*.

(2) Il est même infiniment probable, comme je l'ai dit, que l'Église d'Occident ne l'a jamais connu.

Léon et de Justinien, qui les premiers ont proclamé législativement la règle de l'inaliénabilité des biens de l'Eglise, j'ai déjà fait observer que, sans attendre les constitutions impériales, les canons des conciles et les lettres des papes avaient défendu, dès le début du v° siècle, de pareilles aliénations (1). Le *jus privatum salvo canone* étant essentiellement une aliénation, il est donc fort improbable que l'Église d'Occident l'ait pratiqué, au moins d'une façon ordinaire et régulière, comme nous le voyions dans les formules d'Angers. Enfin, et principalement, les expressions de nos formules elles-mêmes, *salvo jure ecclesiae cujus terra esse videtur* ou *in territorio sancti illius* excluent d'une façon absolue le *jus privatum*, puisque, par ce contrat, c'est la propriété elle-même de cette terre que l'Église aurait transmise au preneur. A plus forte raison une expression telle que *terra conducta*, que l'on trouve dans l'une de nos formules (2), est-elle tout à fait inconciliable avec le *jus privatum*. Donc il ne saurait être question de ce contrat. Faut-il dire alors que les tenanciers du formulaire d'Angers sont des emphytéotes? Je crois cela fort improbable. J'ai prouvé que, en Gaule, il n'est jamais fait mention, avant les capitulaires carolingiens du ix° siècle, de l'emphytéose, comme d'un contrat pratiqué par l'Église, et que même les définitions de ce contrat, qui nous sont données par des gloses au Bréviaire d'Alaric, montrent qu'on se le représentait alors comme une tenure exclusivement impériale (3). Dans ces conditions, il serait bien invraisemblable que les formules d'Angers fissent allusion à des emphytéotes de biens ecclésiastiques. De plus, si c'était d'em-

---

(1) Voy. les textes cités dans Löning, *Kirchenrecht*, I, p. 236 à 240; II, p. 696 à 702. Les textes les plus anciens émanent des synodes de Carthage de 401 et de 419 (Löning, *loc. cit.*, I, p. 237, notes 1 et 2). Les *Statuta Ecclesiae antiqua*, qui vraisemblablement remontent au v° siècle et ont pour origine l'église de Gaule, contiennent la même règle (*ibid.*, note 3); semblablement les lettres du pape Léon aux évêques de Sicile de 447, et du pape Hilaire aux évêques du midi de la Gaule (*ibid.*, p. 238, notes 2 et 3). Au vi° siècle, les textes sont très nombreux; canons du synode romain de 502 (*ibid.*, p. 239, note 1), et une foule de conciles gaulois ou de lettres de papes du vi° siècle (cités *ibid.*, II, p. 697 à 699). La règle est donc ancienne, et l'Eglise d'Occident (et de Gaule en particulier) l'a très bien connue.

(2) Form. d'Angers, 4, citée ci-dessus.

(3) Ci-dessus, p. 302, 303.

phytéose qu'il s'agissait, l'aliénation, que nous voyons constamment faite dans les formules d'Angers, donnerait lieu, à
peu près sûrement, à un droit de préemption du propriétaire
(c'est-à-dire, ici, de l'Église) ou à un *laudemium* payé à ce
propriétaire comme prix du consentement donné par lui à la
vente (1) ; et nulle part il n'est question de ces choses-là. Ce
n'est donc pas à l'emphytéose que nous avons affaire ici. Et
par conséquent, c'est du *jus perpetuum* qu'à peu près certainement il doit être question dans nos formules (2).

Je résume en deux mots cette discussion. Pour savoir si,
dans le droit romain du Bas-Empire antérieur à Justinien, les
églises pratiquaient sur leurs terres les différentes tenures perpétuelles et héréditaires, nous avons deux sortes de renseignements : premièrement ceux que Justinien lui-même nous
donne dans ses novelles, dans lesquelles, réformant assez
profondément les pratiques usitées jusqu'alors, il indique par
là même quelles étaient ces pratiques ; secondement les textes
nombreux qui nous font connaître les usages suivis par les
églises d'Occident après la destruction de l'Empire, c'est-à-
dire à l'époque mérovingienne (les églises d'Italie étant mises
à part, parce que l'Italie suit le droit de Justinien) ; ces usages
des églises d'Occident sont en effet, à peu près nécessairement,
(surtout si l'on se borne à ceux qui nous sont rapportés par

(1) Cette observation est faite par M. Esmein. *Mélanges*, p. 357. (Cf. dans
le même sens Glasson, *Hist. du droit et des institutions*, II, p. 98). Elle me
paraît juste, bien que pourtant, il ne faille pas oublier que les règles relatives,
soit au *laudemium* payé par l'emphytéote au propriétaire en cas de vente,
soit au droit de préemption de ce propriétaire, ont été posées seulement par
Justinien. Voy. ci-dessus, p. 294, note 3. Mais il est très probable que ces
règles du droit de Justinien avaient des antécédents et que l'emphytéote, dès
l'époque antérieure, ne pouvait aliéner la terre qu'à certaines conditions, mal
connues de nous, mais vraisemblablement plus ou moins analogues à celles
qui furent imposées par la constitution de Justinien.

(2) Je ne crois pas utile d'examiner ici comment l'Église s'est trouvée ame-
née à pratiquer, pour la mise en valeur de ses terres, le *jus perpetuum*, c'est-
à-dire l'espèce de bail que les empereurs employaient pour la mise en valeur
de leurs terres à eux. Sur cette question (qui se lie à l'histoire des confiscations des biens des temples païens et des biens des cités par les empereurs
païens), je renvoie simplement aux articles cités de M. Brunner et de M. Esmein. Cf. également Lécrivain, *loc. cit.*, p. 110 à 112, et Glasson, *loc. cit.*,
p. 98, note 4.

des textes très voisins de l'époque de la disparition de l'Empire), les pratiques elles-mêmes que l'Église suivait à l'époque impériale et qu'elle a conservées dans le siècle suivant. Les Novelles de Justinien nous prouvent que l'Église a pratiqué dans certaines circonstances (que je crois très rares d'ailleurs) l'emphytéose et le *jus privatum salvo canone*. D'autre part, les formules d'Angers, écrites au VIe et au VIIe siècles, et par conséquent très voisines de l'époque impériale, nous montrent, sur des terres d'Église, des baux qui ne peuvent être que le *jus perpetuum* du droit romain du Bas-Empire (1).

L'Église a donc connu, dans le droit antérieur à Justinien, la pratique des baux perpétuels et héréditaires. Je pense toute-

---

(1) Je n'ai parlé ici que des baux perpétuels des églises, les seuls dont je traite pour le moment. Je dois faire observer toutefois que, dans une des formules d'Angers (n° 37), nous voyons indiqué comme propriétaire de la terre louée à perpétuité, au lieu d'une église, un personnage laïque (*mansello nostro illo super terraturio vir inluster illo*). Dans le droit romain du Bas-Empire, il ne paraît pas que le *jus perpetuum* ait été jamais pratiqué par les propriétaires privés. Je serais donc tenté de voir là, dans cette allusion à une concession du *jus perpetuum* faite à Angers par un propriétaire privé, non pas un souvenir du droit romain lui-même, mais tout au contraire une extension des règles de ce droit. Cette extension est d'ailleurs très naturelle. Il est aisé de comprendre que, dans un milieu et à une époque où les églises d'une façon assez régulière, faisaient sur leurs terres des concessions de *jus perpetuum*, un grand propriétaire laïque ait imité les églises, et ait fait sur ses terres les concessions qu'il voyait faire autour de lui par les propriétaires ecclésiastiques. La formule 37 d'Angers, qui contient une allusion à cette pratique, doit être des environs de 574 ou 578 ; (voy. Zeumer, *loc. cit.*, p. 16, note 1). — Je ne crois pas à propos de faire intervenir ici une formule de Tours (n° 42), où l'on trouve la même situation (un possesseur qui vend une terre dite *in ratione illius*, c'est-à-dire dans la propriété d'un personnage vraisemblablement laïque, et *salvo jure ipsius terrae*). Les formules de Tours sont en effet, je crois, de trop basse époque pour qu'on puisse, avec la moindre sécurité, considérer comme vraiment romaines les institutions et les pratiques que l'on y rencontre (voy. ci-dessus, p. 310). En particulier, cette formule 42 est, par sa date, tout à fait incapable de nous renseigner sur les institutions romaines véritables, car, si les 33 premières formules du recueil de Tours sont du VIIIe siècle, et probablement de la première moitié, les dernières (n° 34 à 45), et par conséquent notre formule 42, constituent d'une façon certaine une addition au recueil primitif, et sont donc d'une époque plus basse encore. Voy. sur ce point Zeumer, *loc. cit.*, p. 132 ; Brunner, *Deutche Rechtsgesch.*, I, p. 407. Prétendre retrouver les pratiques romaines du Ve siècle dans des documents d'une semblable époque, serait évidemment contraire à toute bonne critique.

fois que ces baux ont dû être assez rares. C'est ce que prouvent, d'une façon certaine à mon avis, les usages qui sont suivis régulièrement par les églises de Gaule, à l'époque mérovingienne, c'est-à-dire dans un temps assez voisin encore de l'Empire romain pour que les institutions que nous voyons pratiquées par l'Église puissent être considérées avec sûreté comme les institutions romaines elles-mêmes que l'Église a gardées. Or, dans cette période, si l'on met à part les quelques exemples de baux perpétuels que présentent les formulaires d'Angers et de Tours et dont il vient d'être question, chacun sait que le procédé ordinaire, régulier, continuel, de mise en valeur des biens des églises est la précaire (1), et que la précaire est essentiellement, dans la pratique, une tenure non pas héréditaire, mais à vie (*usufructuario ordine*, disent d'une façon constante, les formules et les actes de précaire) (2), qui même doit être, pour la forme et pour que le droit de propriété de l'Église ne soit jamais oublié, renouvelée tous les cinq ans (3). Et si quelquefois il est arrivé que des précaires consenties par une église ont été déclarées transmissibles aux fils ou même aux petits-fils des précaristes (4), au lieu de s'éteindre à la mort de ces derniers, comme c'est la règle, il est certain que c'est là une pratique étrangère à la conception primitive de la précaire, un développement postérieur de l'institution de la précaire, et non le droit originaire,

(1) Sur la précaire ecclésiastique, voy. la bibliographie indiquée ci-dessus, p. 247, note 3.

(2) Voy. les textes très nombreux réunis dans Roth, *Feudalität und Unterthanverband*, p. 149, 150, 155 à 158. Cf. Wiart, *Essai sur la precaria*, p. 141 à 146.

(3) Voy. sur ce renouvellement quinquennal de la *precaria*, règle ancienne de la *locatio conductio* du droit romain, et par là même marque de l'origine de la précaire, les ouvrages cités ci-dessus, p. 306, note 1. Cf. Viollet, *Hist. du droit civil*, p. 667, note 5. Dans la réalité, le renouvellement n'a pas lieu tous les cinq ans. Dans les formules les plus anciennes de précaire, le précariste est dit déjà avoir le droit de posséder et de jouir toute sa vie, « comme si la précaire était renouvelée tous les cinq ans » (*ac si per quinquennium renovata fuisset*), c'est-à-dire que le renouvellement est réputé fait, mais qu'en réalité le précariste en est dispensé. Voy. sur ce point Wiart, *loc. cit.*, p. 123 à 127, 142 à 144.

(4) Exemples cités dans Roth, *loc. cit.*, p. 159; exemples plus nombreux encore dans Wiart, *loc. cit.*, p. 146 à 148.

et qu'une telle clause, bien loin de pouvoir être considérée comme un souvenir et un reste des baux héréditaires du droit romain du Bas-Empire, est tout au contraire la marque de cette tendance qu'ont eue toujours les concessionnaires, à mesure que l'on avance vers des époques moins anciennes, à rendre leur tenure transmissible à leurs héritiers (1).

Dans l'empire romain, les tenures héréditaires des biens des églises ont donc été rares. Et le motif de cela est certainement la prohibition de l'aliénation des biens d'Église, règle posée par les conciles et par les papes dès une époque très ancienne. C'est parce que le bail héréditaire, par sa durée et par les droits qu'il concède au preneur, équivaut presque, en fait, à une aliénation, que l'Église a évité généralement (sauf des cas exceptionnels) ces baux héréditaires qui ressemblent à des aliénations (2).

J'arrive maintenant à la législation de l'Empire d'Orient, et spécialement de Justinien, sur cette matière (3).

Sous l'influence des idées ecclésiastiques que je viens de

---

(1) Comme le montre très bien M. Wiart, ce n'est que lentement et petit à petit qu'on est arrivé à faire de la précaire une concession héréditaire. Le précariste stipula d'abord le maintien de la tenure au profit de ses enfants (exemple : form. de Lindenbrog, 3; dans Zeumer, p. 269). Plus tard on admit au bénéfice la seconde génération (actes du huitième siècle cités par Wiart, p. 147, note 1). Enfin, la concession put s'étendre quelquefois à tous les héritiers directs à l'infini (exemple, *Form. Augienses*, B. 8; dans Zeumer, p. 352), et même quelquefois, bien que ce soit là un fait exceptionnel, aux collatéraux (capitulaire de 818 ou 819, cap. 4; dans Boretius, I, p. 287). Cf. sur tous ces points Viollet, *Hist. du droit civil*, p. 668.

(2) La preuve que tel est bien le motif de la rareté du bail héréditaire sur les terres des églises, c'est que précisément, dans les textes qui prohibent l'aliénation des biens des églises, il est dit que, en conséquence, l'église ne pourra pas concéder ses terres pour une durée plus longue que la vie du concessionnaire (durée ordinaire de la précaire, comme je viens de le montrer). Voy. lettre du pape Symmaque, de 513, à Caesarius, évêque d'Arles (Jaffé-Wattenbach, *Regesta pontificum romanorum*, 704 = Migne, *Patrol. Pat.*, t. 62, p. 54, 55) : *Possessiones igitur* (de l'Église)... *alienari quibuslibet titulis atque contractibus... non patimur, nisi forsitan aut clericis honorum meritis, aut monasteriis religionis intuitu..., sic tamen ut haec ipsa non perpetuo, sed temporaliter donec vixerint, perfruantur*). — Cf. les constitutions des empereurs d'Orient que je vais citer tout à l'heure.

(3) Sur la législation de Justinien relative à l'emphytéose ecclésiastique, Voy. Toullesco, *Emphytéose*, p. 164 à 167.

dire, très défavorables à l'aliénation des biens de l'Église, les empereurs Léon et Anthémius prohibèrent formellement cette aliénation, par une constitution de 470, rendue spécialement pour l'Église de Constantinople (1). Et, comme des baux perpétuels équivalent presque en fait à des aliénations, la même constitution défendit de donner à bail les biens de l'Église pour un temps plus long que la vie du preneur (2).

Cette constitution de Léon et Anthémius s'appliquait seulement à l'Église de Constantinople (3). La novelle 7 de Justinien, de 535, étendit la règle à toutes les églises de l'Empire (4). Cette novelle prohiba complètement l'aliénation. En conséquence, le *jus privatum salvo canone* qui est une aliénation, est défendu aux églises (5). Quant à l'emphytéose (et l'on sait que, dans le droit de Justinien, le *jus perpetuum* ne fait plus qu'un avec l'emphytéose), elle est, il est vrai, permise sur les terres des églises, mais seulement une emphytéose temporaire. Le nombre des titulaires ne devra pas dépasser trois, savoir : le preneur originaire, ses héritiers et les héritiers de celui-ci (6).

---

(1) Cod. Just., 1, 2, 14.

(2) Voy. le § 9 de la constitution citée (dans l'édition du Code de Krüger; § 5, dans les anciennes éditions) : *temporaria usus fructus possessio pro ipsius petitione praestetur; — in diem vitae suae ab eo qui desiderat postuletur.*

(3) Voy. le début de la constitution : *Jubemus nulli posthac archiepiscopo in hac urbe regia sacrosanctae ecclesiae praesidenti*, etc. — Cf. novelle 7 de Justinien, *praef.*, qui dit également que la constitution de Léon ne concernait que τῇ κατὰ τὴν εὐδαίμονα ταύτην πόλιν ἁγιωτάτῃ μεγάλῃ ἐκκλησίᾳ. Même déclaration répétée dans le chap. 1 de la Novelle.

(4) Voy. la déclaration formelle de la novelle 7, *praef.* et surtout chap. 1. Cf. aussi l'épilogue. — Dès avant cette novelle, une constitution d'Anastase avait étendu la règle de la constitution de Léon à toutes les églises du diocèse de Constantinople. Voy. Cod. Just., 1, 2, 17, et nov. 7, *praef.* et chap. 1. Mais l'application à toutes les églises de l'Empire fut l'œuvre de la novelle 7.

(5) La Novelle 7, *praef.*, § 1, défend aux églises, comme étant un mode d'aliénation, le contrat appelé παροικικόν; et j'ai montré ci-dessus que ce contrat est, en réalité, le *jus privatum salvo canone* (p. 307).

(6) Nov. 7, *praef.* § 1 : ἄχρι προσώπων τριῶν τὴν ἐμφύτευσιν γίνεσθαι, τοῦ τε λαμβάνοντες καὶ δύο διαδόχων ἑτέρων — Cf. chap. 1, qui prohibe l'emphytéose perpétuelle, parce que, dit Justinien, elle est presque une aliénation (οὐδὲ πόρρω ἐκποιήσεως); et chap. 3, § 2 et § 3, qui défend de prolonger la durée de l'emphytéose au delà de la vie du preneur, de celle de ses fils et de celle de ses petits-fils. Même règle dans une constitution de Justi-

Le conjoint aussi peut jouir de la terre, mais seulement dans le cas où la clause de reversibilité aura été stipulée formellement en sa faveur (1). Après la mort de ces divers personnages, la terre donnée à l'emphytéote doit nécessairement revenir à l'Église.

La novelle 7 de Justinien établit encore une autre règle spéciale à l'emphytéose ecclésiastique. Elle décida que la déchéance de l'emphytéote d'une terre d'Église, pour défaut de paiement de la redevance pendant un certain nombre d'années, serait encourue au bout de deux ans seulement, au lieu de trois ans, qui est le délai du droit commun (2).

Des novelles postérieures vinrent ensuite remanier cette matière. La novelle 55 ne laissa subsister que pour l'église patriarcale de Constantinople la prohibition de l'emphytéose perpétuelle et héréditaire. Toutes les autres églises purent concéder désormais de telles emphytéoses, à la condition toutefois que le preneur fût lui-même une église et non pas un personnage laïque (3). La novelle 120, qui, en 544, a réglé de nouveau tout ce qui concerne l'aliénation de biens ecclésiastiques, contient encore la même autorisation, et ne parle même plus de la nécessité que le preneur soit une église (4). Dans le dernier

nien de 530; Cod. Just., 1, 2, 24, 5; (noter que cette constitution, qui est antérieure à la novelle 7, ne s'applique qu'à l'église de Constantinople; voy. sur ce point le *principium*).

(1) Nov. 7, chap. 3, pr.

(2) *Ibid.*, chap. 3, § 2. — Voy. encore d'autres règles posées par cette novelle relativement à la redevance due par l'emphytéote. Justinien prend des mesures pour que cette redevance soit toujours sérieuse et pour que les administrateurs des églises ne puissent pas éluder la règle qui prohibe d'aliéner en diminuant la redevance de l'emphytéote de façon à la rendre dérisoire. (Nov. 7, chap. 3, § 1. Cf. la constitution de Justinien de 530. Cod. Just., 1, 2, 24, 5).

(3) Novelle 55, chap. 2 (537). Ce chapitre permet aux églises (l'église de Constantinople étant seule exceptée), de se donner réciproquement leurs biens en emphytéose perpétuelle (πρὸς ἀλλήλας καὶ ἐμφυτεύσεις πράττειν διηνεκεῖς); défense de les donner ainsi εἰς ἰδιωτικὸν πρόσωπον (*ad privatam personam*, comme traduisent l'*Epitome* de Julien, 40, et les Authentiques).

(4) Nov. 120, chap. 1. Il y est dit expressément que la règle prohibitive de l'aliénation ne s'appliquera qu'à l'église de Constantinople et aux autres églises ou établissements religieux (sauf les monastères) qui existent dans la même ville de Constantinople. De la même manière, dit la novelle, la règle en vertu de laquelle l'emphytéose sur une terre d'Église ne doit pas se prolonger au delà de la vie du preneur, de ses héritiers et des héritiers de ceux-

état du droit de Justinien, par conséquent, sauf l'église de Constantinople, toutes les églises de l'Empire sont, à peu de chose près, ramenées, en ce qui concerne l'emphytéose, aux règles du droit commun, puisqu'il leur est permis de donner leurs terres en emphytéose perpétuelle et héréditaire (1). Deux particularités seulement distinguent, dans le droit de Justinien, l'emphytéose ecclésiastique : d'abord le contrat doit être rédigé par écrit, et les administrateurs de l'église doivent prêter serment que toutes les formalités requises ont été remplies (2). Ensuite, comme l'avait déjà décidé la novelle 7, l'emphytéote est déchu de son droit, s'il reste deux ans sans payer la redevance; il est également déchu, aux termes de la novelle 120, s'il dégrade le fonds donné en emphytéose (3).

Nous trouvons, dans les documents italiens du vi° et du vii° siècle (4), l'application très intéressante de ce droit des novelles

ci, ne s'appliquera qu'aux églises qui sont dans la ville de Constantinople. Le chap. 3 de la novelle 120 ajoute que les locations des biens des églises ne devront pas dépasser trente ans. Il n'est pas douteux que cette règle, elle aussi, ne concerne que l'église de Constantinople. Voy. le chap. 6 pr. qui dit formellement que toutes les règles posées dans les chapitres précédents sont faites exclusivement pour l'église de Constantinople.

(1) *Ibid.*, chap. 6, pr. et § 1 : Ἐπὶ δὲ ταῖς ἄλλαις ἁγιωτάταις ἐκκλησίαις... καὶ λοιποῖς εὐαγέσιν οἴκοις τοῖς ἐν ἁπάσαις ταῖς ἐπαρχίαις... ἄδειαν τοίνυν δίδομεν... μὴ μόνον πρόσκαιρον ἐμφύτευσιν ποιεῖσθαι, ... ἀλλὰ καὶ διηνεκῶς ταῦτα ἐμφυτευτικῷ δικαίῳ τοῖς βουλομένοις διδόναι.

(2) *Ibid.*, chap. 6, § 1 et 2.

(3) *Ibid.*, chap. 8. Cf. sur quelques autres particularités moins importantes et, en général, sur les règles spéciales de l'emphytéose ecclésiastique dans le droit de Justinien, François, *Emphytéose*, p. 109 à 174.

(4) En dehors de l'Italie, pour les provinces d'Orient elles-mêmes, un rescrit des empereurs Justin et Justinien, du 1er juin 527, conservé en grec et en latin, édicte diverses mesures protectrices en faveur d'un oratoire situé probablement en Pamphylie. Voy. ce rescrit dans *Bulletin de correspondance hellénique*, 1893, p. 501 et suiv. Aux l. 6 et suiv. il est question des *conductores* de cet oratoire : (*Propter ho*)*c memoratas preci*bus (*possessiones*) *eorum colonos vel adscrip*(*ticios et c*)*uratores aut conductores s*(*ecuros ab om*)*ni laesione permanere*, etc. Il est impossible de dire d'une façon précise quelle est la nature et quelles sont les conditions du bail passé par ces *conductores*. Mais il est intéressant de retrouver, dans cet acte législatif du vi° siècle, cet aménagement et cette administration du domaine, que nous ont montrés les inscriptions africaines du second et du troisième siècle, c'est-à-dire la présence des *coloni*, des *adscripticii* et des *conductores*, comme à Henchir Mettich ou à Souk el Khmis.

de Justinien. Ces documents sont à peu près contemporains des novelles que je viens d'expliquer, et l'on sait, d'autre part, que le droit de Justinien, et tout spécialement le droit des Novelles, ont, dès le VI° siècle, gouverné l'Italie (1). En particulier, l'*Epitome Novellarum* de Julien, qui a été fait à peu près sûrement pour l'Italie (2) et qui a joui dans ce pays d'une fortune considérable, donne, les abrégeant ou les arrangeant un peu, mais en gardant le sens avec fidélité, les trois novelles 7, 55 et 120, qui ont posé les règles de l'emphytéose ecclésiastique dans le droit de Justinien (3).

Les documents italiens qui nous montrent le mieux l'application de ces règles nouvelles sont les lettres des papes du VII° siècle et les chartes des églises italiennes appartenant à la même époque.

Parmi les lettres des papes de cette période, les plus importantes se trouvent dans la correspondance du pape Grégoire le Grand, dont j'ai déjà fait un si grand usage (4).

(1) Le chapitre 11 de la *sanctio pragmatica* de Justinien, qui promulgue dans l'Italie, conquise par l'empire d'Orient, les constitutions de Justinien et particulièrement les Novelles publiées jusqu'alors, est de 554. Voy. cette constitution dans l'édition des novelles de Schoell, p. 799 et suiv., et dans l'édition de l'*Epitome* de Julien par Haenel, p. 185 et suiv. — Cf. sur cette constitution Krüger, *Sources du droit romain*, trad. Brissaud, p. 474.

(2) Sûrement pour une région de langue latine, puisque les Novelles y sont toutes données en latin; et, parmi les pays de langue latine, on ne peut guère d'une façon vraisemblable songer à une autre que l'Italie elle-même. Cf. Krüger, *loc. cit.*, p. 475.

(3) Voy. dans l'*Epitome* de Julien, édit. Haenel, constitution 7 (p. 32 et suiv.), correspondant à la novelle 7, abrégeant cette novelle; (notamment la préface tout entière a disparu, qui contient, pour l'histoire de la prohibition de l'aliénation des biens ecclésiastiques et de l'emphytéose perpétuelle, des renseignements très importants). — Constitution 49 (*ibid.*, p. 77), correspondant à la novelle 55, chap. 2; (la préface et le chapitre 1 de cette novelle sont omis par Julien; le chapitre 2, le seul que Julien ait reproduit, en simplifiant un peu le texte, est précisément le seul qui, dans cette novelle, soit relatif à l'emphytéose). — Constitution 111 (*ibid.*, p. 139 et s.), correspondant à la novelle 120. Le sens est le même que celui de la novelle 120, mais le texte a été très remanié (généralement avec avantage, les dispositions de la novelle sont beaucoup plus clairement expliquées dans la traduction de Julien que dans le texte original). Il s'en faut donc que ce soit une traduction exacte, mais Julien reproduit tout de même fidèlement les règles posées par Justinien.

(4) Voy. pour la bibliographie relative à ces lettres de Grégoire le Grand, ci-dessus, p. 202, notes 1 et 3.

Les lettres de Grégoire le Grand parlent plusieurs fois de l'emphytéose (1). Quelquefois ce contrat porte le nom d'*emphyteusis* (2), qui est son nom technique et propre dans la langue du droit de cette époque (3). Mais le plus souvent la terre baillée en emphytéose est dite donnée *sub specie libellorum, libellario nomine, factis libellis*, etc. (4). Cette expression *libellus* pour désigner l'emphytéose est très usuelle dans la langue de cette époque (5). J'en ai dit déjà l'ori-

(1) Sur l'emphythéose dans les lettres de Grégoire le Grand, il faut lire principalement l'article cité de Mommsen, *Bewirthschaftung der Kirchengüter unter Papst Gregor I*or (*Zeitschrift für social und Wirthschaftsgeschichte*, I, p. 44 à 47) et la thèse de Fabre, *De patrimoniis romanae ecclesiae usque ad aetatem Carolinorum*, p. 27 à 32.

(2) *Epistolae*, I, 70 (édition Ewald et Hartmnan, I, p. 90, l. 15); III, 3 (*Ibid.*, I, p. 162, l. 2); IX, 125 (*Ibid.*, II, p. 126, l. 20).

(3) Dans les Codes du Bas-Empire, l'emphytéose est, il est vrai, assez rarement désignée par le mot *emphyteusis*. Le mot ordinaire et technique est surtout *jus emphyteuticum*. Voy. notamment la rubrique du titre du Code Justinien, 4, 66 (*de emphyteutico jure*), et ci-dessus, p. 254, note 3. Mais, dans les sources juridiques du temps de Grégoire le Grand, *emphyteusis* est au contraire le nom technique. Dans l'*Epitome* de Julien, les Novelles citées relatives à l'emphytéose appellent constamment ce contrat *emphyteusis*. Voy. const. VII, 32, 34, 38, 40, 41; XLIX, 190; CXI, 309, 310, 311, 312, 317.

(4) *Epistolae*, II, 3 (édition citée, I, p. 103, l. 5) : *libellario nomine ad summam tremissis unius habere concede* (une *terrula* de l'église de Rome) — VIII, 32 (*Ibid.*, II, p. 34, l. 19 et 20), les habitants d'un *castrum*, qui a été construit sur les terres d'un monastère, doivent à ce monastère un droit appelé *solaticum, factis libellis*, M. Mommsen, *loc. cit.*, p. 45 et 47 considère qu'il s'agit ici d'un contrat d'emphytéose; mais je ne sais si cela est bien certain — IX, 78 (*Ibid.*, II, p. 95, l. 2 et 3) : *Voluerat enim possessionem juris ecclesiastici sub libellorum speciem tenere* — IX, 194 (*Ibid.*, II, p. 182, l. 10 à 13) : un évêque demande à louer une vigne de l'Église de Rome, et le pape ordonne qu'on la lui loue (*ut ad tres siliquas aureas factis libellis et vineolam ipsam locare debeas*).

(5) Voy. par exemple, Cassiodore, *Variae*, V, 7 (édition Mommsen, dans les *Monumenta Germaniae*, p. 148). *Tua igitur suggestione comperimus... patrimonii nostri praedia in Apulia provincia constituta... honesto viro Thomati libellario titulo commississe*, etc. — Acte de donation de 639, dans Marini, *Papiri diplomatici*, n. 95, l. 62 (p. 149) : *libelli emfiteutici*. — Dans les très nombreuses chartes relatives à des contrats emphytéotiques faits par des églises italiennes au moyen âge, qui sont publiées par Muratori, *Antiquitates Italicae*, constamment l'emphytéose est appelée *libellus*. Voy. par exemple les chartes de Muratori, *loc. cit.*, I, p. 519; III, p. 143, 186, 193, etc., et toute la collection des chartes des archives de l'Église de Pise (*Ibid.*, III, p. 1017 et suiv.) où, dans une foule de baux emphytéotiques, l'expression *li-*

gine (1). La terre baillée à l'emphytéote l'était après une requête écrite de celui-ci, qui demandait au propriétaire qu'on
lui concédât telle étendue de terre à telles conditions et moyennant telle redevance qu'il s'engageait à payer. Les choses se
passent déjà ainsi dans l'emphytéose grecque (2). Elles se
passaient de la même manière, dans le droit romain du Bas-
Empire, lorsqu'il s'agissait de donner en *jus perpetuum*, ou
en emphytéose un domaine impérial (3). On ne doit donc pas
s'étonner de rencontrer les mêmes pratiques dans les lettres de
Grégoire le Grand. C'est sur la prière de celui qui demande une
terre d'église en emphytéose que le pape accorde toujours cette
tenure (4). L'expression *libellus* désigne primitivement et proprement cette requête adressée par l'emphytéote. C'est ce qui
fait que Grégoire le Grand dit, d'une façon très naturelle et très
correcte, que l'emphytéote a reçu la terre *factis libellis* ou *sub
specie libellorum*. Puis ce mot a fini par désigner l'emphytéose
elle-même. En Italie, l'emphytéose, pendant tout le moyen âge
et jusqu'à l'époque moderne, est restée connue sous le nom de
libellus, et aujourd'hui de *livello* (5). Quant aux règles et aux

bellario ordine revient d'une façon à peu près régulière. Mais tous ces actes
appartiennent à une époque beaucoup plus basse que celle que j'étudie ici
(neuvième, dixième et onzième siècle), ce qui fait qu'il est préférable de ne
pas trop s'en servir.

(1) Cf. ci-dessus, p. 267, note 5; (la bibliographie sur cette question).

(2) Voy. le βιβλίον de l'inscription de Thisbé (fragment A), expliquée
précédemment, c'est-à-dire la requête adressée aux magistrats de la cité de
Thisbé par le preneur emphytéotique. Ci-dessus, p. 266, note 1.

(3) Voy. par exemple, pour le *jus perpetuum*, Cod. Théod., 5, 14, 4 = Cod.
Just., 11, 66, 2 (Valentinien et Valens) : *Ii quos commoditas privatae rei praediorum ad ea postulanda sollicitat, adeant tuae dicationis officium* (l'*officium*
du *comes rerum privatarum*) *et modum suae deliberationis indicent per libel-
los*, etc.

(4) *Epistolae*, I, 70 (édition citée, I, p. 90, l. 9 et suiv.) : *Multi vero hic
veniunt qui terras aliquas vel insulas in jure ecclesiae nostrae in emphiteusin
postulant dari. Et aliquibus quidem negamus, aliquibus vero jam concessimus.*
— IX, 78 (*ibid.*, II, p. 95, l. 2 et 3) : *Voluerat possessionem juris ecclesiastici
sub libellorum speciem tenere.* — IX, 194 (*ibid.*, II, p. 182, l. 12 et 13) :
*Vineolam petit debere locari; hac tibi auctoritate praecipimus, ut ad tres sili-
quas factis libellis et vineolam ipsam locare debeas.*

(5) Garsonnet, *Locations perpétuelles*, p. 263; p. 466 à 471. Sur l'histoire
du contrat emphytéotique (*livello*) en Italie, voy. principalement Pertile, *Storia del diritto italiano*, 2° édition, IV, p. 297 à 330.

conditions de l'emphytéose ecclésiastique, telle qu'elle se présente dans la correspondance de Grégoire le Grand, ce sont celles-là même que l'on rencontre dans les novelles de Justinien, et particulièrement dans la novelle 120, le dernier document législatif en date qui règle cette matière, et par conséquent la loi même de cette institution pour les Italiens de cette époque. L'emphytéose est contractée par l'évêque lui-même, ou par l'administrateur des domaines de l'Église avec l'autorisation de l'évêque (1), et elle est rédigée par écrit (2), comme l'exige la novelle 120. Quant à la durée de l'emphytéose, il est remarquable que, parmi les lettres de Grégoire le Grand qui sont relatives à des concessions d'emphytéose, il n'en est qu'une seule qui nous apprenne pour quelle durée est faite cette concession (3). En droit, il est incontestable qu'elle pouvait être alors perpétuelle et héréditaire, puisque la novelle 120 avait fait disparaître, pour toutes les églises de l'empire autres que l'église de Constantinople, la règle établie par la novelle 7 qui limitait la durée de l'emphytéose ecclésiastique à la vie du preneur et à celle de ses héritiers et des héritiers

---

(1) Dans les lettres de Grégoire le Grand, citées ci-dessus, c'est toujours lui, ou un administrateur ecclésiastique sur son ordre exprès, qui confère l'emphytéose au preneur.

(2) *Epistolae*, I, 70 (édition citée, I, p. 91, l. 3) : *Et licet hinc scripta decurrant*, (à propos d'emphytéoses consenties à plusieurs personnes). — L'expression *libelli*, employée d'une façon courante pour désigner l'emphytéose, indique que le contrat est essentiellement fait par écrit. Observer en effet qu'à la suite du *libellus* proprement dit, c'est-à-dire de la requête adressée par l'emphytéote, on transcrivait la concession, de telle sorte que, comme le dit très bien M. Giraud, « un seul et même acte renfermait ainsi la demande et la réponse, la proposition d'un contractant et l'acceptation de l'autre » (*Essai sur l'histoire du droit français au moyen âge*, I, p. 204).

(3) *Epistolae*, IX, 96. Voy. la note ci-dessous. — Dans une autre lettre (IX, 190, édition citée, II, p. 180), il est question d'un personnage qui a construit une maison sur un sol appartenant à l'église de Rome, à la condition qu'il paierait une redevance de deux *solidi* par an à l'église pendant toute sa vie, et que, après sa mort, le sol et la maison construite par lui feraient retour à l'église (*in solo de juris ecclesiae nostrae hac condicione aedificium posuisse ut duos solidos annis singulis ecclesiasticae rationi persolveret, et post ejus obitum solum ipsum cum imposito aedificio ad jus ecclesiae sine dubitatione aliqua remaneret*). M. Mommsen voit dans cette opération une emphytéose ; (voy. article cité, p. 46). Cela n'est pas impossible, mais me semble tout de même douteux.

de ces derniers. Mais, en fait, on sait que l'Église n'avait pas attendu la prohibition des lois impériales pour poser elle-même la règle qui défendait l'aliénation des biens ecclésiastiques ; et, comme l'emphytéose perpétuelle et héréditaire ressemble beaucoup à une aliénation, il est à peu près sûr que les papes voyaient dès lors d'un œil très défiant de pareilles concessions et qu'ils en faisaient le moins possible. Aussi, bien que le droit de Justinien à cette époque, en Italie au moins, autorisât sûrement les emphytéoses perpétuelles et héréditaires consenties par l'Église de Rome (comme d'ailleurs les aliénations elles-mêmes), j'imagine qu'elles ont été très rares. Le fait certain, dans tous les cas, c'est que la seule lettre de Grégoire le Grand, où il soit fait allusion (au moins d'une façon sûre) à la durée de l'emphytéose, parle d'une durée de 30 ans.(1).

Les lettres des papes postérieurs à Grégoire le Grand, mais appartenant tout de même à une époque assez ancienne pour qu'il nous soit permis de les utiliser dans une étude sur le

---

(1) *Epistolae*, IX, 96 (édition citée, I, p. 106, l. 28 et suiv.), (à propos d'une terre *ex corpore massae Gratilianae*, dans le territoire de Viterbe) : *Salvo jure ecclesiae nostrae in triginta annorum spatium habere concessimus. Sed et terrulam modiorum XXX ex praedicta massa... pariter in praedictis annorum spatio eos habere concedimus.* — L'expression *salvo jure ecclesiae* me paraît indiquer d'une façon sûre que la terre en question est donnée en emphytéose. Cf. la même expression employée dans les formules d'Angers expliquées ci-dessus. Il est vrai que, dans ces formules, j'ai dit qu'une telle expression devait se rapporter au *jus perpetuum* plutôt qu'à l'emphytéose. Mais Angers est en Gaule, c'est-à-dire dans un pays où, comme je l'ai montré, les églises, à l'époque mérovingienne, ne pratiquent jamais ou presque jamais l'emphytéose, tandis que l'Italie, du temps de Grégoire le Grand, est soumise à la législation de Justinien, et qu'il est certain que les églises, à cette époque et dans cette région, donnent leurs terres en emphytéose. Au surplus, observer que, dans le droit de Justinien, qui est le droit de l'Italie, le *jus perpetuum* a en réalité disparu, confondu et absorbé dans l'emphytéose. Il ne peut donc être question, dans cette lettre, que de l'emphytéose. — Je rappelle : 1º que si l'on admet, avec M. Mommsen, qu'il s'agisse d'une concession emphytéotique dans la lettre de Grégoire le Grand, IX, 190 (citée à la note précédente), cette concession est faite pour toute la vie du concessionnaire ; 2º que la novelle 120 (chap. 3) avait posé en règle que le bail des terres ecclésiastiques ne devait pas dépasser trente ans. Mais cette règle est spéciale à l'église de Constantinople et ne concerne pas les autres églises de l'Empire. (Voy. ci-dessus, p. 321, note 4). Donc ce n'est certainement pas par application du droit de Justinien, que Grégoire le Grand ordonne de concéder la terre en question pour trente ans seulement.

droit romain du Bas-Empire, nous donnent la même idée de l'emphytéose(1). Ce contrat est toujours et essentiellement une grâce, une faveur accordée par l'Église à la requête de l'emphytéose. C'est de cette façon qu'il se présente dans la correspondance de Grégoire le Grand ; et il n'en est pas différemment sous ses successeurs(2). Mais le plus grand intérêt de ces lettres, ce sont les renseignements qu'elles nous donnent sur la durée usuelle des emphytéoses consenties à cette époque par l'Église de Rome. La correspondance de Grégoire le Grand ne nous apprenait là-dessus que très peu de chose ; celle de ses successeurs nous en fait savoir un peu plus long. Nous y

(1) Sur ces documents postérieurs à Grégoire le Grand, voy. Fabre, thèse citée, p. 30, 31. — Les formules 34 et 35 du *Liber Diurnus* (édit. Th. Sickel, p. 25 et 26) sont relatives à la mise à ferme des domaines de l'église de Rome (*locationis conductionisque contractus*, disent ces deux formules). Il n'y est pas dit pour quelle durée est contractée cette *conductio*. M. Fabre (thèse citée p. 24, 25, 28), considère qu'il s'agit là de la *conductio* proprement dite, c'est-à-dire d'un bail à court terme (en règle au moins), de ce bail des *conductores* qui est, comme je l'ai montré ailleurs, pour l'époque de Grégoire le Grand, si différent de l'emphytéose ; (Voy. ci-dessus, p. 213 à 219). M. Mommsen au contraire rapporte les formules de *conductio* du *Liber Diurnus* à l'emphytéose elle-même ; (Voy. article cité, p. 45). C'est cette opinion qui me paraît la plus probable (je n'ose pas dire certaine). Si on l'admet, observer la règle de la rédaction par écrit du contrat d'emphytéose ecclésiastique, posée par la novelle 120, très clairement exprimée dans nos deux formules (*factis solemnibus cartulis*). Mais évidemment, à une époque et dans un milieu où les contrats sont toujours dans la pratique rédigés par écrit, ce n'est pas cette mention d'une *cartula* qui peut prouver qu'il s'agit là sûrement de l'emphytéose. Remarquer, à ce propos, que, comme l'emphytéose elle-même, le bail du *conductor*, dans les lettres de Grégoire le Grand, doit être fait *per libellum;* car, à chaque renouvellement de bail, le *rector* du patrimoine de l'église, touche un droit appelé *libellaticum*. Voy. ci-dessus, p. 217, note 2.

(2) Lettre d'Honorius Ier, de 626 (Migne, *Patrol. lat.*, t. 80, col. 480. = Jaffé-Wattenbach, *Regesta pontificum romanorum*, n. 2013) : *Ideoque, quia petisti a nobis ut casale, quod appellatur Aurelianum, in integro una cum vineis suis... tibi ad certum tempus debeamus concedere, ea propter hujus praecepti series emissa, suprascriptum casale tibi a praesenti hac 14 inductione, diebus vitae tuae concedimus.* — Lettre de Grégoire II, de 725 (Migne, *ibid.*, t. 80, col. 520. = Jaffé-Wattenbach, *loc. cit.*, n. 2173) : *Ideoque quia postulasti a nobis quatenus fundum Campanum, etc... inclinati itaque precibus vestris per hujus praecepti seriem supradictum fundum diebus vitae vestrae vobis concedimus detinendum.* — On trouverait d'autres exemples pareils du même langage dans les autres lettres des pages qui vont être citées.

voyons que, au septième siècle et au commencement du huitième (il me paraît tout à fait sans intérêt pour les études présentes de dépasser cette date), les emphytéoses de l'Église de Rome ont des durées assez variables, vingt-huit ans (1), vingt-neuf (2), la vie de l'emphytéote (3), très souvent (et cela est intéressant, parce que c'est l'ancienne règle posée par la novelle 7 de Justinien, puis abrogée par la novelle 120 pour toutes les églises de l'Empire autres que l'église de Constantinople) la vie de l'emphytéote, de ses fils et ses petits fils (4). Une fois, il est dit expressément que l'emphytéose sera perpétuelle (5). Ces faits nous montrent que l'Église de Rome pratiquait volontiers l'emphytéose pour des termes très longs. Sans doute elle avait peu de goût pour le bail perpétuel et héréditaire (où elle voyait certainement une aliénation désignée) ; car nous possédons très peu d'exemples d'une concession pareille. Mais les emphytéoses consenties pour la vie du preneur, de ses héritiers et des héritiers de ceux-ci ne sont pas rares ; et j'imagine que les concessions pour toute la vie de l'emphytéote ont été également très fréquentes (6).

(1) Lettre de Grégoire II, de 715-731 (Jaffé-Wattenbach, loc. cit., n. 2190).

(2) Honorius Ier, 625 (ibid., 2011 = Migne, t. 80, col. 480) : tibi in 29 annorum spatia... concedimus. — Grégoire II, 715-731 (Jaffé-Wattenbach, 2216).

(3) Voy. les deux lettres de Honorius Ier, de 626, et de Grégoire II, de 725, citées ci-dessus, p. 328, note 2.

(4) Grégoire II, 725 (Jaffé-Wattenbach, 2173) : Stephano presbytero atque aliis duobus successim personis dum vivant. — Même pape, 715 à 731 (ibid., 2196) : Leoni notario et Leontiae jugalibus eorumque filiis ac nepotibus. — Cf. d'autres lettres du même pape et de la même date, ibid., 2197, 2198, 2199, 2200, 2201.

(5) Grégoire II, 715 à 731 (Jaffé-Wattenbach, 2213) : in perpetuum.

(6) Dans les nombreuses locations contenues dans les lettres de Grégoire II et allant de l'année 715 à 732 (Jaffé-Wattenbach, n. 2190 à 2228), il est dit toujours que le pape loue telle terre à telle personne moyennant telle redevance. Mais il est très remarquable que, en général au moins, on n'indique aucun terme à cette location. (Les exemples de terme exprimé dans l'acte ont été cités dans les notes qui précèdent. Dans tous les autres baux, il n'est fait mention d'aucun terme). Je crois qu'on exagérerait en concluant de cette absence de limite marquée à la durée du bail que ce bail est par conséquent perpétuel et héréditaire; car les églises, je l'ai montré, se sont défiées toujours des tenures héréditaires. Mais il me semble qu'on en peut au moins conclure très légitimement que le bail est fait, en principe, pour

Les chartes des églises italiennes, renfermant des concessions emphytéotiques, confirment les données de ces lettres
des papes (1). Parmi ces chartes, les plus intéressantes, à
cause de leur date, sont incontestablement celles qu'a publiées
Marini, dans ses *Papiri diplomatici*, et qui proviennent de l'É-
glise de Ravenne (2). Un très grand nombre de baux emphytéotiques ont été publiés aussi dans les *Antiquitates italicae*
de Muratori; mais ces actes sont d'une époque beaucoup trop
basse pour qu'on puisse s'en servir utilement dans une étude

toute la vie du preneur. Du moment en effet que l'on n'assigne aucun terme
à la durée de la jouissance consentie au preneur, il est naturel de penser
qu'on considère cette jouissance comme devant durer toute la vie de ce preneur.

(1) Sur l'emphytéose en Italie d'après ces chartes italiennes, voy. Giraud,
Essai sur l'histoire du droit français au moyen âge, I, p. 202 à 206; Garsonnet, *Locations perpétuelles*, p. 262 à 265.

(2) Marini, *Papiri diplomatici*, n° 132 (p. 198 et 199). Cette charte est reproduite intégralement par M. Giraud, *loc. cit.*, p. 204 à 206. Cf. pour l'explication des particularités qu'elle présente le commentaire de Marini, *ibid.*, p.
362 à 367. La concession est faite par l'Église de Ravenne (voy. l. 5, où il est
question de la redevance due par l'emphytéote *actionariis ecclesiae nostrae Ravennatis*; et l. 6, la mention de la rédaction de l'acte par le *notarius sanctae
Ravennatis ecclesiae*). L'emphytéote est Théodore Calliopas (l. 3), lequel fut
exarque d'Italie, de 648 à 666; (Voy. Marini, *loc. cit.*, p. 364, note 13). Cela
nous donne la date approximative de notre charte. Si l'on entend, comme le
propose Marini (*ibid.*, notes 13 et 14) le titre de *praefecturius*, donné par la
charte (l. 3) à ce Théodore Calliopas, dans le sens de ex-préfet, c'est-à-dire
d'exarque sorti de charge, il en résulte que le diplôme doit être un peu postérieur à 666. — Une autre charte de Marini (n° 105; p. 147 à 149), provenant de Ravenne et datée de 639, fait allusion à des *libelli emphyteutici*; (voy.
l. 60). Mais ce n'est là qu'une allusion en passant, et le diplôme est une
charte de donation et non d'emphytéose. — Une charte également relative à
une emphytéose consentie par l'Église de Ravenne est donnée par Marini
(*ibid.*, n° 135, p. 201) comme étant seulement du x° siècle. Mais M. Jules
Tardif, qui a publié de nouveau ce document d'après l'original conservé à
Paris (Marini n'en avait connu qu'une copie), lui assigne avec beaucoup de
probabilité, je crois, la date du vi° siècle. Voy. Jules Tardif, *Demande de concession emphytéotique adressée à l'église de Ravenne* (*Bibliothèque de l'école
des Chartes*, 1857-1858, p. 45 à 47). — Les diplômes de Marini, n°s 133, 134
et 136 (p. 200 à 203) sont relatifs pareillement à des emphytéoses. Mais les
deux premiers seraient sans doute du x° siècle, d'après Marini; et le dernier (qui est relatif à un contrat d'emphytéose fait par l'Église de Rome) est
de 879 (Voy. Marini, *ibid.*, p. 367 à 369). Il est clair que des documents
d'une époque aussi basse ne peuvent pas nous renseigner d'une façon exacte
sur la législation du droit romain du Bas-Empire.

comme celle-ci, qui concerne le droit romain du Bas-Empire.
Ils se placent en effet entre le ix° et le xii° siècle (1). Des actes
de cette période appartiennent évidemment à un autre monde,
à un autre état social et à un autre droit que le monde et le
droit dont je m'occupe en ce moment (2).

En me bornant donc à l'étude des chartes d'emphytéose qui
appartiennent au vi° ou au vii° siècle, je ferai remarquer que
ces chartes illustrent d'une façon très claire les règles de droit
qui ont été expliquées précédemment. Il est évident que l'emphytéose est rédigée par écrit, puisque ce sont précisément ces écrits
qui nous ont été conservés. De plus, il est très visible que cet
acte est une concession faite par l'Église à la suite d'une requête
qui lui a été adressée par l'emphytéote. Nos chartes font ressortir
très clairement cette idée de *petitio*, de demande adressée par
le preneur et de grâce accordée par l'Église (3). Quant aux
obligations de l'emphytéote, elles consistent, non seulement
à payer la redevance fixée, mais encore à cultiver le fonds et

---

(1) Muratori, *Antiquitates italicae*, I, p. 519 (an 813); II, p. 771 (an 746);
III, p. 143 (an 903), p. 145 (945 et 955), p. 147 (952), p. 156 (870), p. 157
(1154), p. 172 (1130), p. 173 (1020), p. 177 (1038), p. 183 (1070), p. 187 (831),
p. 193 (969 et 972), p. 195 (1066), p. 213 (1118), p. 237 (934), p. 239 (1108).
Cf. la série des actes provenant des archives de l'Église de Pise (*ibid.*, III, p.
1017 et suiv.). Ces actes contiennent un très grand nombre de concessions
emphytéotiques. Mais toutes ces concessions sont des ix°, x° et xi° siècles, et
même d'époques encore plus basses.

(2) Cela est d'autant plus vrai que, dans les chartes italiennes de cette période, le mot emphytéose (ou *libellus*, le nom ordinaire de l'emphytéose en
Italie), est donné comme synonyme de *precaria*. *Precaria* et *emphyteusis* (*libellus*) alternent presque régulièrement. Voy. les textes cités dans Ducange,
Glossarium, au mot *Libellus*; Pertile, *Storia del diritto italiano*, 2° édition IV,
p. 208 (nombreux exemples dans les notes de cette page); Garsonnet, *Locations perpétuelles*, p. 263, note 1. — A une époque postérieure et même en
France, il est arrivé que « emphytéose » et « fief » ont été parfois synonymes. Voy. Viollet, *Hist. du droit civil*, p. 663, qui cite plusieurs exemples
intéressants.

(3) La charte de Ravenne publiée par Tardif, *loc. cit.*, n'est pas autre
chose que la requête adressée à l'Église par le preneur; car dans cette
charte ce n'est pas l'Église qui parle, mais le preneur lui-même. Dans la
charte de Marini, n° 132, c'est au contraire l'église de Ravenne qui parle,
mais il est dit expressément qu'elle répond à une requête adressée par le
preneur. Voy. l. 3 : *Secundum notitiam subter adnexa, enfiteuticario modo postulasti largiri*.

à l'améliorer (1). Cette obligation de *meliorare*, formellement
indiquée, est très intéressante, parce qu'elle nous reporte aux
origines mêmes et au but primitif et essentiel de la concession emphytéotique, et qu'elle nous fait voir combien cette
conception ancienne, malgré tant de changements, a été fidèlement gardée par le droit et par la pratique (2). La clause de
commise, c'est-à-dire la déchéance du droit de l'emphytéote
lorsqu'il reste deux années sans payer sa redevance, est mentionnée aussi par nos actes (3); et l'on se rappelle que cette
règle avait été effectivement posée par la novelle 7 de Justinien (4). Enfin, quant à la durée de l'emphytéose, autant qu'il
est possible de comprendre les actes de Ravenne, qui sur ce
point sont assez mutilés ou qui s'expriment d'une façon peu
claire, il me semble que cette durée est ordinairement, dans
la pratique, la vie du preneur, de sa femme et de leurs héritiers, soit jusqu'à la première soit jusqu'à la deuxième générations (5). C'est là, comme je l'ai montré, non pas la règle

---

(1) Charte de Tardif, *loc. cit.*, *cultare, runcare, pastenare, defensare et in
omnibus meliorare Deo debeamus*. — Charte de Marini, nº 132, l. 4 : *ea conditione praefixa, ut predictas domos vestris propriis expensis seo lavoribus
fabricare, restaurare..., vel dicta loca ubi reppertantur pastinare, propaginare,
defensare et in omnibus meliorare Deo debeatis*.

(2) Elle s'est conservée jusqu'aux époques très basses. Les nombreuses
chartes d'emphytéose, tirées des archives de l'Église de Pise, qui se placent entre le neuvième et le douzième siècle (publiées dans Muratori, *loc.
cit.*, III, p. 1017 et suiv.), contiennent presque toutes l'obligation imposée
au preneur de *laborare facere* et de *meliorare*.

(3) Charte de Tardif : *Quod si in aliqua tardietate aut neglectu vel controversia inventi (fuerimus extra agere de superius affixis, dicta res)... ad jus
dominiumque sancte vestre Ravennensis, cujus est proprietas), revertatur
ecclesie*. — La Charte de Marini, 132 est beaucoup plus explicite encore.
Voy. l. 5 et 6, (après une phrase tout à fait semblable à celle qui vient d'être
citée) : *Et si non persolveritis multotiens dictam pecuniam infra biennium, ut
leges censent, tunc post poenae solutionem licentia sit actionariis sanctae nostrae Ravennensis ecclesiae, vos exinde expellere*.

(4) Ci-dessus, p. 320, 321.

(5) Dans la charte de Tardif, la requête est adressée par un personnage
dont le nom nous manque *et Natalia jugalibus, seo Justino honesto puero filio
supra scriptorum jugalium, seo Dominico et Leoni atque Andreate germanis
suprascripto Gregorio; sitque Valentino clerico... et post eum aliis d..., successores seo Natale filio quondam Natalia*. Ne faut-il pas lire dans ce dernier membre de phrase : *et post eum aliis duobus successoribus* ? — Dans la

du droit (car la novelle 120 de Justinien avait permis aux églises autres que celle de Constantinople l'emphytéose même perpétuelle et héréditaire, et n'avait imposé comme terme extrême la vie du preneur et de deux héritiers après lui qu'à la seule église de Constantinople), mais une pratique très ordinaire, que les lettres des papes du commencement du viii° siècle nous montrent avoir été suivie dans les concessions emphytéotiques faites par l'Église de Rome.

Telle est l'emphytéose en Italie, dans la période qui suit la promulgation des novelles de Justinien. Dans l'état où nous la présentent les documents italiens, l'emphytéose ecclésiastique n'était pas sans doute une aliénation, mais cependant elle y ressemblait d'assez près. Car, sans être tout à fait perpétuelle et héréditaire, elle était, en pratique au moins, viagère et très souvent transmissible à une ou à deux générations successives après la vie du preneur. On ne doit donc pas s'étonner que les églises aient vu souvent avec défiance de telles concessions qui les appauvrissaient. A la fin du viii° siècle, le pape Hadrien, dans une lettre à Charlemagne, se plaignait très vivement de ce que, par les emphytéoses, le patrimoine des églises d'Italie se trouvât presque entièrement dévoré (1). C'est alors (exactement sous Louis le Pieux) que la législation des empereurs carolingiens prohiba, comme je l'ai montré plus haut, l'emphytéose, au moins l'emphytéose perpétuelle (2). Il est très intéressant d'observer à ce propos

---

charte de Marini, n° 132, l'emphytéose est concédée (l. 3) *Theodoro gloriossimo praefecto qui et Calliopa et Annae jugalitus et filiis suis legitimis.*

(1) Lettre du pape Hadrien à Charlemagne (784 à 791) (dans Jaffé, *Bibliotheca rerum germanicarum*, IV : *Codex Carolinus*, p. 288) : *Et jam ipsae res ecclesiarum per emphyteuses manu conscriptas extant alienatae.* — Remarquer que dans cette lettre ce n'est pas de l'Église de Rome qu'il est particulièrement question, mais plutôt des églises de la Toscane et de Ravenne; (voy. *ibid.* : *partibus Italiae Tusciae... et Ravennatium ecclesiae civitalis*).

(2) Voy. le capitulaire de Louis le Pieux et les autres capitulaires carolingiens relatifs à la prohibition de l'emphytéose ecclésiastique, cités ci-dessus, p. 304, notes 1 et 2. Je rappelle que tous ces capitulaires sont italiens. Observer aussi que ce qui est prohibé, c'est seulement l'emphytéose perpétuelle (Capitulaire de Louis le Pieux, dans Ansegise, Boretius, I, p. 421 : *emphyteuseos perpetuum contractum*), ou bien, d'une façon plus vague et plus générale, l'emphytéose qui est préjudiciable aux intérêts de l'Église (Capitulaire italien, Bo-

que le capitulaire de Louis le Pieux, qui est le premier acte
législatif ayant ainsi prohibé l'emphytéose perpétuelle des
églises, est un emprunt direct et presque littéral aux novelles
de Justinien, ayant été presque copié dans la constitution 7
de l'*Epitome Novellarum* de Julien, c'est-à-dire dans la novelle
7 de Justinien lui-même.(1). Or la règle posée par cette novelle avait été abrogée dans la suite par les novelles 55 et
120, ou plutôt Justinien n'avait maintenu cette règle que pour
la seule église de Constantinople, et l'*Epitome* de Julien avait
donné très expressément ces deux dernières novelles (2), de
sorte que l'on peut dire avec sûreté que le droit romain de
Justinien, tel qu'il existait pour l'Italie, ne prohibait pas, en
définitive et dans son dernier état, l'emphytéose perpétuelle
des églises. Cela n'empêcha pas que la législation carolingienne, empruntant et copiant ce droit de Justinien, ne voulût
se souvenir que de la novelle qui contenait la prohibition
abrogée plus tard, et qu'elle mit de côté, de propos délibéré,
les novelles qui avaient levé cette prohibition. L'Église elle
aussi, en droit au moins (car en fait, il y eût au moyen âge,
beaucoup d'emphytéoses perpétuelles et héréditaires consenties
par des églises) (3), ne s'est rappelée que la prohibition de la
novelle 7 de Justinien et celle des capitulaires carolingiens;

retius, I, p. 335 : *emphyteusis unde damnum aeclesiae patiuntur.* Capitulaire
de Charles le Chauve, *ibid.*, II, p. 102 : *cum damni detrimento ecclesiae*).

(1) Ci-dessus, p. 304, 305.

(2) Ci-dessus, p. 321 à 323.

(3) Exemples nombreux dans les actes italiens du IXᵉ au XIIᵉ siècles réunis
par Muratori. Quelquefois, dans ces actes, l'emphytéose est dite consentie seulement pour vingt-neuf ans (par ex. : *Antiquitates italicae*, I, p. 519,
an 813), ou pour la vie du preneur (*ibid.*, III, p. 143, an 903), ou pour la
vie du preneur, de ses fils et de ses petit-fils (*ibid.*, III, p. 145, an 955; p.
147, an 952; p. 193, an 969 et 972; p. 195, an 1066), ou pour la vie du
preneur et de trois générations après lui (*ibid.*, p. 237, an 934; p. 1017, an
801). Mais le plus souvent la concession est dite tout simplement faite au
preneur et à ses *posteri* sans aucune limite, et elle est visiblement héréditaire. Voy. principalement, comme exemples, la série des chartes de l'Église
de Pise, qui contiennent un très grand nombre de concessions emphytéotiques
allant du IXᵉ au XIIᵉ siècle. Presque toutes ces concessions sont expressément dites héréditaires. Voy. Muratori, *ibid.*, p. 1021, 1023, 1027, 1029, 1031,
1035, 1039, 1045, 1049, 1055, 1057, 1059, 1061, 1063, 1065, etc. (chartes
allant de 819 à 996).

et, sinon dans sa pratique, au moins dans ses codes, a maintenu comme règle essentielle la défense de donner les biens ecclésiastiques en emphytéose perpétuelle, parce que cette emphytéose équivaut en réalité à une aliénation (1).

(1) Le passage de la novelle 7 de Justinien, tel qu'il est donné dans l'*Epitome* de Julien, VII, 32, prohibant, avec l'aliénation des biens ecclésiastiques, l'emphytéose perpétuelle (*emphyteuseos perpetuum contractum*), se retrouve copié dans la plupart des compilations canoniques du moyen âge (Reginon, Burchard, etc.); voy. les textes dans l'édition de l'*Epitome* de Julien par Haenel, p. 32, note. La règle a passé ainsi jusque dans le *Corpus juris canonici*. Voy. Décrétales de Grégoire IX, III, 13, 5 (Friedberg, *Corpus juris canonici*, II, p. 513), qui reproduit encore la règle, et dans les mêmes termes. Une décrétale, très postérieure en date (Paul II, 1568), a même prohibé la location des biens ecclésiastiques pour une durée de plus de trois années ; (*Extravag. communes*, III, 4, 1, dans Friedberg, *loc. cit.*, II, p. 1269).

CONCLUSION

Il me semble que le grand intérêt de cette longue étude est non seulement ce qu'elle nous apprend sur l'histoire de la propriété, sur le régime des terres et sur la condition des cultivateurs à l'époque de l'Empire romain, mais encore et surtout la très vive lumière qu'elle projette, par delà l'Empire romain lui-même, sur les origines de la société du moyen âge. J'ai suffisamment insisté, lorsque l'occasion s'en est offerte au cours de ce travail, sur les faits très nombreux, sur les règles de droit et sur les pratiques extra légales, à travers lesquels se dessinent déjà, dès l'époque impériale, les traits essentiels du monde qui succèdera à l'Empire. Il suffira donc de rappeler ces choses en terminant, comme la conclusion et comme l'enseignement principal de toutes ces recherches. J'ai montré le servage de la glèbe, résultat des nécessités agricoles et en même temps de la contrainte administrative, naissant sur les grands domaines des empereurs, et de là s'étendant à tous les grands domaines des particuliers. De la même façon, la pratique du bail à très long terme ou perpétuel se substitue petit à petit à l'ancienne location quinquennale, sur les terres des empereurs d'abord, et là seulement pendant très longtemps, puis, peu à peu et dans une mesure variable, sur les grands domaines des particuliers. Et voici des faits plus importants encore. Le *procurator* de l'Empereur, dans le domaine impérial qu'il administre, le grand propriétaire lui-même, dans son propre domaine, sont, en fait, dès l'époque du Bas-Empire, des sortes de magistrats, qui ont la police sur toutes leurs terres et la justice sur tous les hommes qui les habitent (1). Ces grands

(1) Voy. ci-dessus, p. 179 à 194.

propriétaires, sans doute malgré les lois, mais tout de même avec une assurance très ferme, travaillent déjà à devenir des seigneurs. Dans leur château fortifié, ils se sentent déjà les maîtres. Ils se nomment, dans les constitutions des empereurs, comme ils se nommeront plus tard dans les capitulaires des rois francs, les *potentes* (1). Ils disent déjà « leurs hommes » pour parler des habitants de leurs domaines (2). Ils ont des clients, qui ne se nomment pas encore des recommandés, mais qui en sont sûrement (3). Et les lois, qui combattent vainement leurs usurpations (4), parfois leur donnent elles-mêmes des armes. Rien de plus remarquable à cet égard et rien de plus gros de conséquences que l'obligation imposée au propriétaire ou à l'administrateur du domaine de *repraesentare* ou *exhibere* les hommes de son domaine devant le juge public (5). C'est là règle essentielle dans le droit mérovingien et carolingien (6). Or, les constitutions impériales l'ont

(1) Voy. par ex. Cod. Théod., 2, 13 : *de actionibus ad potentes translatis;* 2, 14 : *de his quis potentiorum nomina in lite praetendunt;* 1, 16, 14 : *potentium procuratores;* 11, 7, 12 : *potentiorum possessorum domus;* 12, 1, 146 : *sub umbra potentium latitare;* 12, 1, 173, pr : *impressionem potentium cohibendam;* 13, 1, 15; 13, 10, 1 : *per collusionem potentiorum;* Nov. Majorien, 2, 4 : *potentium personarum, quarum actores per provincias solutionem fiscalium negligunt;* Cod. Just., 2, 13; 2, 14; 3, 25, 1, 1; 11, 58, 1, etc.

(2) Exemples dans Cod. Théod. 13, 1, 3 (Constance, 361, constitution adressée aux sénateurs) : *Homines vestri ac rusticani etiam in vestris possessionibus commorantes;* 13, 11, 16 (Honorius et Théodose, 417); Cod. Just., 12, 1, 4 (Constance, 346-349) : *Senatorum... homines,* etc.

(3) Le *patrocinium.* Voy. sur cette institution ci-dessus, p. 190 à 193.

(4) Ci-dessus, p. 192, 193.

(5) Ci-dessus, p. 184 à 186; p. 193.

(6) Voy. sur ce point le passage capital de la loi des Ripuaires, 31, 1 (*Leges,* V. p. 223) : *Quod si homo aut ingenuus in obsequium alterius inculpatus fuerit, ipse qui eum post se* (chez lui, à son service, sur sa terre ou dans sa dépendance) *eodem tempore retinuit, in praesentia judicis.... repraesentare studiat.* Cf. sur ce texte mon travail sur la *recommandation et la justice féodale* (*Annales de l'Enseignement supérieur de Grenoble*, I, p. 76 à 82). — Même règle dans les capitulaires carolingiens. Le *senior* doit présenter ses *vassi* devant le juge public. Voy. les textes cités dans l'article indiqué, p. 82 à 87, et Flach, *Origines de l'ancienne France,* I, p. 89 à 97. — C'est le même principe, dans les rapports du grand propriétaire immuniste et des hommes du domaine. Voy. Capitulaire d'Héristal, de 779, chap. 9 (Boretius, I, p.

déjà posée très formellement. En voyant ce que sont déjà ces grands propriétaires, au IV° et au V° siècle, c'est-à-dire en plein Empire romain, on devine ce qu'ils seront bientôt, lorsque, avec les invasions barbares et la désorganisation du monde, aura disparu la main encore forte de l'administration impériale (1). Ainsi l'histoire de l'Empire romain devient vraiment la préface de l'histoire du moyen âge; elle la prépare, elle l'annonce et elle l'explique; et la société de l'époque barbare, malgré les différences énormes qui la séparent de la société du Bas-Empire, est tout de même, à des points de vue très graves et très caractéristiques, la suite et la continuation régulière de ce monde de l'Empire romain et son héritière naturelle.

48) : *Ut latrones de infra immunitatem illijudicis ad comitum placita praesentetur.* Cf. sur cette matière, pour les détails et les explications, outre l'article cité, principalement Brunner, *Deutsche Rechtgeschichte*, II, p. 278, 300, 301.

(1) Pour les rapprochements entre le droit romain du Bas-Empire et le droit de l'époque gallo-franque, voy. spécialement Brunner, *loc. cit.*, II, p. 288, 289; Viollet, *Hist. des institutions politiques de la France*, I, p. 401, et les articles déjà cités de Wilhelm Sickel, *Privat herrschaften im franskische Reiche* (*Westdeutsche Zeitschrift*, 1896, p. 111 et suiv; 1897, p. 47 et suiv.).

CORRECTIONS ET ADDITIONS

P. 24, note 2. — Dans l'inscription communiquée à l'*Académie des Inscriptions*, le 16 juillet 1897, il faut peut être, au lieu de : *pag(i) Odilon(is)*, lire : *pag(i) Odilon(itani)*. C'est la lecture que propose M. Cagnat, *Année épigraphique*, 1897, n° 107 (avec un point d'interrogation toutefois). Cf. *Comptes-rendus de l'Académie des Inscriptions*, 1897, p. 369 et 372, et Gsell, *Mélanges de l'École française de Rome*, 1898, p. 112. — L'inscription a été trouvée à Tibar, en Tunisie.

P. 27, note 3. — Aux exemples que j'ai cités des habitations des grands propriétaires d'Afrique, joindre celui que nous offrent les ruines d'un grand domaine découvertes à Uthina (Oudna). Voy. sur ces ruines, le mémoire important de M. Gauckler, *Le domaine des Laberii à Uthina* (*Monuments Piot*, III, p. 177 à 229), et sur ce mémoire un compte-rendu de M. Schulten, *Götting. gelehrte Anzeigen*, 1898, p. 475 et suiv. Le travail de M. Gauckler a été publié à une époque postérieure à l'impression de la page ci-dessus.

P. 28, note 2. — Sur les mosaïques de Tabarka, voir le *Catalogue du Musée Alaoui* (musée du Bardo, à Tunis), par MM. la Blanchère et Gauckler, qui a paru depuis que cette page est imprimée. La description des mosaïques occupe les n°ˢ 25, 26 et 27 (p. 13), et des reproductions au trait sont données planche III.

Ibid., note 3. — « Mosaïque d'Atrium » est un affreux lapsus, pour « mosaïque d'un atrium ». Il s'agit là d'une des mosaïques trouvées à Uthina (Oudna), dans le domaine qui a vraisemblablement appartenu à la famille des Laberii. M. Gauckler en a donné une reproduction, dans un article du *Tour du Monde*, 17 octobre 1896, p. 330. — Depuis que cette page 28 est imprimée, M. Gauckler a étudié, les mosaïques d'Oudna dans l'article cité, *Le domaine des Laberii à Uthina* (*Monuments Piot*, III, p. 177 à 229). La planche 22 de ce mémoire donne une très bonne reproduction du tableau auquel je fais allusion ici : l'exploitation rurale, avec abreuvoir, puits, scènes de labourage et de pâturages. Voir également là-dessus le catalogue cité du *Musée Alaoui*, p. 24, n° 105, et la planche VI, qui donne un dessin de cette mosaïque. — La ville d'Uthina fut, à peu près sûrement, saccagée par les bandes de Capellien, en 238, et à partir de cette date elle ne fit plus que décliner; (voy. Gauckler, *loc. cit. Monuments Piot*, III, p. 180). Par conséquent nos mosaïques sont antérieures à 238.

P. 29. — Pour la disposition intérieure de cette partie de la *villa* qui renfermait l'habitation du *vilicus* et des esclaves, les étables et les écuries, les celliers, caves, greniers, etc., le document le plus important est le chapitre de Vitruve, *de architectura*, VI, 6. Description avec plan, d'après ce chapitre de Vitruve, dans Meitzen. *Siedelung und Agrarwesen des Westgermanen und Ostgermanen*, I, p. 356.

P. 28, note 4; p. 51, note 2. — Sur le *saltuarius*, cf. outre les textes cités dans ces deux notes, Dig. 7, 8, 16, 1. Pomponius : *Dominus proprietatis etiam invito usufructuario vel usuario..., fundum per saltuarium... custodire potest.* (Le sens que, d'accord avec M. Schulten, j'ai attribué au mot *saltuarius*, à savoir celui d'intendant du domaine, apparaît assez clairement dans ce passage). — Voy. aussi, Dig. 33, 7, 20, 1, Scaevola; 33, 7, 12, 4, Ulpien; C. I. L. V. 5548, 5702; VI, 9874; X, 1085, 1409; (ces textes ne font que nommer le *saltuarius*).

P. 54, note 2. — J'ai dit dans cette note qu'on devait considérer le domaine minier d'Aljustrel, pour lequel a été faite la *lex metalli Vipascensis*, comme appartenant au fisc, et non à la *res privata* ou au *patrimonium*; et j'en ai donné pour raison l'expression *fiscus* employée par la loi à deux reprises (l. 13 et 29). — A la réflexion, cet argument me semble maintenant avoir une portée très mince. Les mots *fiscus, fiscalis*, etc. dans la langue de cette époque, n'ont pas toujours un sens tellement précis et technique, qu'ils désignent nécessairement le « fisc » proprement dit, par apposition à la *res privata* ou au *patrimonium* de l'Empereur. Je crois, au contraire, que assez souvent on emploie ces mots dans un sens large, pour désigner des biens de l'Empereur quels qu'ils soient, et indifféremment des biens qui sont la propriété privée de l'Empereur ou des biens qui rentrent dans la catégorie de ce que l'on peut appeler plus proprement le « fisc ». Par exemple, les pâturages impériaux, dont il est question dans l'*epistula praefectorum praetorio* de 168 (Bruns, *Fontes*, 6° édit., p. 233), sont très probablement, comme je l'ai dit (voy. *Revue*, 1897, p. 575, note 5), des propriétés qui dépendaient du *patrimonium*. Cependant l'*epistula* en question, dont le but est de réprimer les vexations que les magistrats de Saepinum font subir aux *conductores gregum oviaricorum*, dit que ces vexations ont lieu *cum magna fisci injuria* (l. 6. Cf. l. 13 : *ratio fisci indemnis sit*). Autre exemple, encore plus remarquable. Les terres du *saltus Burunitanus*, dans l'inscription tant de fois citée de Souk el Khmis, sont appelées du nom d'*agri fiscales* (col. 3, l. 30 : *conductoribus agrorum fiscalium*). Pourtant, il est très douteux que le *saltus Burunitanus* dépende du fisc proprement dit. C'est une propriété privée de l'Empereur. Observer que le caractère même du fisc, d'après les textes juridiques, et la façon même dont les jurisconsultes le définissent (*res fiscales quasi propriae et privatae principis sunt*; Dig. 43. 8. 2. 4, Ulpien), se prêtent on ne peut plus facilement à de telles confusions; le texte cité d'Ulpien prouve même que, dans la réalité et en droit, il n'y avait aucune inexactitude à appeler ainsi du nom de *fiscales* des propriétés privées de l'Empereur. Sur cette question de terminologie, voir Mommsen, *Droit public*, trad. V, p. 291, note 2; p. 295, note 2; Kniep, *Societas publicanorum*, p. 174 et suiv. (Cf. un passage de Sénèque, *de beneficiis*, VII, 6. 3, remarquable comme exemple de cette confusion entre le fisc et la fortune personnelle de l'Empereur; et d'autres textes où la même confusion est faite, cités par Mommsen et par Kniep, *loc. cit.*).

P. 56, note 4. — Dans l'inscription de C. I. L., VIII 14603, au lieu de *Philonusiano*, lire *Philomusiano*.

P. 58, note 1. — Le renvoi au *Manuel* de Girard, p. 552, se rapporte à la première édition, la seule parue quand cette page a été imprimée. Dans la seconde édition, c'est la page 557.

P. 76, note 2 et p. 101, note 1. — Lire pareillement : Girard, *Manuel*, p. 557, au lieu de page 552.

P. 85, ligne 2. — Lire « l'explication », au lieu de « l'exploitation » de l'institution du colonat.

P. 100 à 103. — La distinction entre l'*inquilinus* et le *colonus*, qui est faite (au moins en général) dans les textes des Codes du Bas-Empire, est surtout marquée dans les documents postérieurs. Voy. une glose au Bréviaire d'Alaric, tirée du mss. du Vatican 1048 (dans Haenel, *Lex romana Wisigothorum*, p. 460 ; au mot *inquilinus*) : *Distat inter inquilinos et colonos, quod inquilini sunt qui alterius terram incolunt, sed non in ea perpetuo durant, sed migrant de loco ad locum. Coloni vero colunt alterius terram quasi suam, sed non migrant sed in ea perdurant.* — Cf. Isidore, *Orig.* IX, 4. 38 (Migne, *Patrol. lat.* t. 82, p. 352) : *Inquilini enim sunt qui emigrant et non perpetuo permanent.* — Mais, au point de vue du fonds des choses, c'est-à-dire quant à l'idée qu'il convient d'avoir des *inquilini*, je ne crois pas qu'il y ait grand compte à tenir de ces définitions de basse époque. L'idée essentielle qu'elles expriment, à savoir que l'*inquilinus*, à la différence du colon, ne serait pas attaché au domaine, me semble tout à fait invraisemblable, étant données les habitudes de l'administration du Bas-Empire. Si d'ailleurs il y avait eu réellement entre les colons et les *inquilini*, une différence aussi marquée et aussi nettement perceptible, jamais il ne serait arrivé aux lois du Bas-Empire de confondre ces deux classes d'hommes, ce qu'elles font quelquefois, comme je l'ai montré. Je signale donc ces définitions pour être complet, mais non pas avec la prétention qu'elles éclairent vraiment le problème du caractère juridique des *inquilini*.

P. 105 et suiv. — A propos de l'inscription d'Henchir Mettich et des travaux auxquels cette inscription a donné lieu, il est utile de signaler : 1° la publication faite du texte de l'inscription, par M. Vaglieri, dans le *Bulletino del Instituto di diritto romano*, IX (1897), p. 185 à 192 ; 2° des comptes-rendus du mémoire de M. Schulten, par M. Toutain, *Revue critique*, 1898, I, p. 97 et suiv. ; du mémoire de M. Cuq, par M. Lescœur, *Bulletin critique*, 1898, p. 121 et suiv., par M.

Henry Monnier, *Revue historique de droit*, 1898, p. 391 et suiv.,
par M. Schulten, *Berliner philologische Wochenschrift*, 1898,
p. 850 et suiv., de ces deux mémoires par M. Erman, *Central-
blatt für Rechtswissenchaft*, 1898, p. 176 et suiv. et par M. Gsell,
Mélanges de l'École française de Rome, 1898, p. 106 et suiv. —
Quant au texte lui-même publié par M. Vaglieri, c'est, à peu
de chose près, le texte qu'a donné M. Toutain ; toutefois, dans
certains passages, la lecture de M. Schulten est préférée, et
quelquefois M. Vaglieri propose une lecture nouvelle. Ne voulant m'arrêter ici que sur les passages à propos desquels une
différence de lecture emporte nécessairement une différence de
sens et d'explication, je ne ferai que les deux observations suivantes : 1re face, l. 6 ; M. Vaglieri lit : (*i*)*ntra fundo*, comme
Schulten, et non : (*u*)*ltra fundo*, comme Toutain ; et en cela il
me semble avoir raison. (Cf. p. 136 à 139). — 4° face, l.
22 à 27 ; sans admettre tout à fait la lecture donnée par M. Schulten, M. Vaglieri en propose une qui, si on l'adopte, écarte
absolument, aussi bien que la lecture de Schulten, l'idée, soutenue par M. Toutain, d'*inquilini* qui seraient ici des ouvriers
agricoles au service des colons. Cf. ce que j'ai dit là-dessus
ibid., p. 147 à 149. — Quant à l'explication de l'inscription
d'Henchir Mettich, la question fondamentale reste toujours
celle de savoir si nous avons à faire ici à un domaine impérial
ou à un domaine privé. M. Vaglieri (*loc. cit.*, p. 185, 186)
n'hésite pas à considérer le domaine comme impérial. M. Toutain, dans le compte-rendu qu'il a donné du mémoire de
Schulten, continue à croire (et je reste convaincu qu'il a raison)
que c'est un domaine privé. On sait qu'un des arguments principaux apportés par M. Schulten, pour prouver le caractère
impérial du domaine, est qu'il se trouve justement compris
dans une région que l'on peut considérer comme étant toute
entière la région des *saltus* impériaux. J'ai essayé de réfuter
cela (voy. p. 125 et 126), en montrant qu'il est précisément très douteux que cette région, dite des *saltus* impériaux, s'étende jusqu'à Henchir Mettich. M. Toutain est
plus tranchant encore. Il écarte d'emblée et *a priori* toutes
les considérations géographiques, en déclarant tout simplement que regarder la vallée moyenne de la Medjerdah
comme comprise dans les domaines impériaux, et les *saltus*

344 LES GRANDS DOMAINES DANS L'EMPIRE ROMAIN,

dont on a trouvé la trace dans cette vallée comme « se rejoignant pour ne former qu'une immense propriété d'un seul tenant », est « de la fantaisie pure ». La connaissance directe que M. Toutain possède des lieux donne, je crois, une grande importance à cette impression, toute personnelle sans doute, mais personnelle à quelqu'un qui est familier avec la région. — Une opinion mixte qui s'est produite à ce sujet, et qui a eu un grand succès, parfaitement immérité, à mon avis, consiste à dire que le domaine d'Henchir Mettich est une propriété impériale, à l'époque où fut « donnée » par les procurateurs de Trajan la *lex* que nous lisons aujourd'hui, mais qu'il avait été auparavant, à l'époque ancienne où fut faite la *lex Manciana*, une propriété privée. On prétend concilier et expliquer par là les deux faits, en apparence contradictoires, que présente notre document : d'une part, que la *lex* actuelle émane de deux procurateurs impériaux, ce qui implique nécessairement, dit-on, que le domaine dont c'est là la loi est un domaine impérial ; d'autre part, que les propriétaires de ce domaine sont appelés du nom de *domini*, expression qui sûrement ne peut s'entendre que de propriétaires privés. La contradiction disparaît, dit-on, si l'on veut bien se souvenir que notre loi, bien que « donnée » par des procurateurs de Trajan, n'est qu'un rappel de l'ancienne *lex Manciana*, et qu'elle se réfère constamment à cette nouvelle loi. Au temps (inconnu) de la *lex Manciana*, le domaine était la propriété de particuliers ; de là, le nom de *domini* donné très naturellement à ses propriétaires. A l'époque de Trajan, au contraire, le domaine était devenu la propriété de l'Empereur. Mais, comme le changement de propriétaire ne modifiait en rien les conditions de l'exploitation, les procurateurs de l'Empereur répétèrent simplement et copièrent l'ancienne *loi Manciana* ; de là, le maintien dans notre texte, par négligence ou par indifférence, de l'ancienne expression *domini*. Cet essai d'explication a été proposé par M. Cuq, dans son mémoire (voy. p. 68). Je ne l'ai pas signalé, dans l'analyse que j'ai faite de ce mémoire, ne voyant là qu'une pure conjecture, tout à fait arbitraire. Mais la critique lui a fait généralement meilleur accueil. M. Lescœur (*loc. cit.*), M. Gsell (*loc. cit.*, p. 108), M. Monnier (*loc. cit.*, p. 401, 402), adoptent cette idée. Je persiste à croire qu'elle n'explique rien du tout. Les raisons que j'ai données (p. 118 à 123) pour prouver combien, à l'époque de Trajan, ce mot *domini*, appliqué à l'Empereur Trajan, serait impropre, restent tout entières, aussi bien contre la conjecture proposée par M. Cuq que contre l'opinion soutenue par M. Schulten. Car, en définitive, nous ne savons rien de la *lex Manciana*, si ce n'est son nom; nous ne connaissons ni son contenu, ni son époque exactement. Donc c'est faire une pure hypothèse que de dire quel était, à cette époque, le propriétaire du domaine d'Henchir Mettich; nous ne savons pas plus si c'était un particulier (opinion de Cuq) que nous ne savons si c'était l'État (opinion de Schulten). Mais, au contraire, nous connaissons très bien la loi « donnée » par les procurateurs de Trajan, puisque c'est le texte de celle-là que nous possédons. Or, c'est bien dans celle-là, et non dans l'autre, que les propriétaires du domaine sont qualifiés de *domini*. C'est donc bien à propos de celle-là et à l'époque de celle-là, que nous pouvons affirmer que ces maîtres du domaine sont des propriétaires privés. Et c'est une tentative vaine et une prétention tout à fait arbitraire que d'essayer de détruire ce résultat parfaitement certain, en recourant à des conjectures sur un état de choses qu'on suppose avoir existé dans une loi dont nous n'avons pas le texte, et à une époque que nous ne pouvons pas préciser. Il reste toujours inadmissible que des procurateurs impériaux, dans un document officiel, en pleine époque de Trajan, aient appelé *domini* d'un domaine d'autres personnes que les propriétaires eux-mêmes de ce domaine. Il ne sert à rien de dire que ces procurateurs se sont référés à une loi plus ancienne. Cela est bien certain; mais il est certain aussi que c'est dans le document rédigé par eux, au temps de Trajan, et non pas dans la loi ancienne, que se trouve l'expression *domini* pour désigner les propriétaires. C'est donc bien pour le temps de Trajan (et non pas du tout pour celui de l'ancienne *loi Manciana*) qu'il est prouvé (à moins d'admettre que ces procurateurs ignoraient tout à fait le sens des mots) que le domaine d'Henchir Mettich est un domaine privé (1).

_____

(1) M. Schulten, dans son compte-rendu du mémoire de Cuq (*loc. cit.*, p.

P. 110 : Au lieu de « il fait aussi 20 paragraphes », lire : « il fait ainsi ».

P. 119 : « on n'a désigné », et non « on a ».

P. 120, note 2. — Dans la liste des constitutions impériales qui désignent l'emphytéote du nom de *dominus*, il faut effacer Cod. Just., 11, 62, 12, 1, pour la raison que j'ai indiqué plus bas (Voy. p. 293, notes 3 et 4); le *dominus* dont il est question de ce texte doit être non pas un emphytéote, mais un acquéreur du *jus privatum salvo canone*.

P. 123, note 1. — J'ai cité les plus anciennes constitutions en date dans lesquelles, à ma connaissance, les mots *dominus* ou *dominium* soient employés pour désigner le propriétaire provincial ou la propriété provinciale. Il y a de ce langage un exemple plus ancien encore, dans une constitution de Gordien de 239 (Cod. Just., 8, 13, 9), où il est dit que l'on revendique (*vindica*) le *dominium* d'une *possessio*, *praeside provinciae curante*, (si toutefois cette constitution n'est pas interpolée, ce dont je ne vois aucun indice sûr).

P. 124, note 2. — La raison que je donne dans cette note, pour écarter l'objection tirée de la ressemblance des règles posées par l'inscription d'Henchir Mettich avec celles de la *lex Hadriana*, est insuffisante. Il faut compléter l'observation indiquée ici à l'aide de la remarque que j'ai faite plus loin (Voy., p. 283, note 1).

P. 139 à 141. — J'ai expliqué que, dans l'opinion de M. Cuq, les colons d'Henchir Mettich, acquièrent, sur les *subcesiva* défrichés par eux, une véritable propriété de fait, et

---

881 et 882), rejette, comme moi, l'explication dont il vient d'être question. Il est remarquable qu'il abandonne en même temps l'opinion qu'il avait d'abord professée sur l'identité, dans notre loi, des *domini* et des *conductores*. Mais il continue à croire que le domaine d'Henchir Mettich était une propriété impériale au temps de Trajan. Seulement, tandis qu'il considérait autrefois, dans son mémoire, ce domaine comme étant une propriété de l'État, au temps de la loi *Manciana* (c'est-à-dire, d'après lui, sous la République), il pense aujourd'hui qu'il était un *ager privatus vectigalisque*, comme les terres désignées par ce nom à l'époque de la loi agraire de 643, c'est-à-dire l'objet de la propriété de fait d'un particulier (l'État restant en droit et théoriquement le propriétaire). Je me suis suffisamment expliqué sur le caractère purement conjectural et arbitraire qu'ont nécessairement toutes les idées émises sur l'état de choses existant au temps de la loi *Manciana*.

que c'est cette propriété de fait qu'il faut entendre par l'expression *usus proprius* dont se sert la loi. Cette opinion me semble très juste. M. Schulten qui a soutenu, dans son mémoire sur la *lex Manciana*, une idée toute différente, vient de se ranger à l'opinion de Cuq, dans le compte-rendu tout récent qu'il a publié du travail de M. Cuq (*Berliner philologische Wochenschrift*, 1898, p. 851). On peut donc dire que, sur ce point là, M. Cuq a cause gagnée sur toute la ligne.

P. 175 : « n'empêcha pas », au lieu de « n'empêcha ».

P. 175, note 4. — Relativement aux églises privées établies en Italie, voir la charte de fondation et de dotation d'une église de campagne, située dans les environs de Tivoli, publiée par Bruzza, *Regesto della Chiesa di Tivoli* (*Studi e documenti de storia e diritto*, I, p. 15 à 17) et dans le *Liber pontificalis* de M. l'abbé Duchesne, I, p. CXLVI-CXLVII. Cette charte, datée de 471, émane d'un Goth, Flavius Valila, de religion catholique; il fonda, dans la *massa Cornutiana* qui lui appartenait (territoire de Tivoli), l'église en question, laquelle prit le nom de *Sancta Maria de Cornuto*. Cf., sur cette fondation, Stutz, *Geschichte der kirchlichen Beneficialwesens*, p. 53 à 55.

P. 199, note 2. — J'ai signalé deux inscriptions, trouvées l'une et l'autre dans le *saltus Massipianus*, où est nommé un Julius Faustinus (C. I. L., VIII, 597 et 11703). C'est sans doute le même personnage qui est mentionné dans les deux inscriptions. Cf. la note du *Corpus* sur la seconde des inscriptions citées, et *Bulletin des Antiquaires de France*, 1897, p. 300.

P. 243, note de la page 242, à la fin. — Sur l'*ager patritus* de la loi agraire, 1. 28, je me suis mal expliqué, ou au moins très incomplètement. Le passage est d'ailleurs extrêmement difficile à comprendre. Il s'agit là sans doute d'un *ager patritus* qui, dans un contrat fait avec l'État, a été, conformément à la règle connue, *subsignatus* à l'État par son propriétaire. La loi agraire dit que si, pour une raison ou une autre, le propriétaire est obligé d'abandonner cet *ager* à l'État, et que l'État, en conséquence, lui en donne un autre en échange, ce second *ager* servira de garantie à l'État à la place du premier. Par conséquent, je crois bien (et c'est d'ailleurs ce que j'ai dit) qu'il faut entendre, par l'*ager patritus*, une terre qui est objet de la pleine propriété (*dominium ex jure Quiritium*), et qu'on appelle ainsi parce que son caractère essentiel est d'être héréditaire. Cf. le passage célèbre de Cicéron, *pro Flacco*, 32, 80, qui, voulant caractériser les *praedia censui censendo*, c'est-à-dire les terres objet du *dominium ex jure Quiritium*, indique notamment que ces terres peuvent *subsignari apud aerarium aut apud censorem*. — Sur ce passage de la loi agraire, voy. le commentaire de Mommsen, dans C. I. L., I, p. 93, 94.

P. 244, notes 1 et 2. — L'auteur du passage cité dans ces deux notes (Dig. 2, 8, 15, 1) est Macer et non pas, comme je l'ai dit, Marcien.

P. 244, note 2. — La rubrique du titre du Dig. : *si ager vectigalis*, est 6, 3, et non 6, 34.

P. 244, note 2. — La constitution de Dioclétien de 293, est dans Cod. Just. 5, 71, 13, et non pas 5, 71, 9.

P. 266, ligne 1. — Lire « proconsul d'Achaïe », et non « d'Asie ».

Dans la séance de l'Académie des Inscriptions du 8 juillet 1898, MM. Joulin et Dieulafoy ont fait connaître des restes de *villae* et de *vici* gallo-romains, découverts tout récemment à Martres Tolosane, au confluent des vallées de la Garonne et du Salat. Cette communication ayant été faite à l'époque où s'achevait l'impression de ce travail, je n'ai pu malheureusement en profiter. Je crois pourtant utile de la signaler. On en lira l'analyse dans les comptes rendus de l'Académie des Inscriptions (Cf. la *Revue critique*, 1898, II, p. 140, ou le *Bulletin critique*, 1898, p. 559). Dix villas ou *vici* ont été fouillés. On a trouvé là des propriétés privées luxueusement décorées. L'une d'entre elles, bâtie sous Claude, et aggrandie à l'époque des Antonins, rappelle la maison dite de Diomède à Pompéi. On y a découvert notamment des sculptures architectoniques, soixante-dix statues ou bas-reliefs, soixante-cinq bustes d'empereurs ou de membres de familles impériales, d'Auguste à Gallien, ou de personnages inconnus.

C'est également trop tard, et lorsque mon travail était entièrement terminé et imprimé, que j'ai eu connaissance d'un

document important découvert en Phrygie, dans la ville antique
de Tembrogios, par M. Anderson, et publié par lui dans le
Journal of hellenic studies, XVII (1897), p. 396-424, puis (avec
quelques corrections et restitutions et avec un bon commentaire) par M. Schulten, dans les *Mittheilungen des deutschen
archäologischen Instituts (Römische Abtheilung)*, XIII (1898),
p. 221-247. A l'heure qu'il est, je ne puis, pour le texte et pour
les explications détaillées, que renvoyer à la lecture de ce mémoire. Cependant, à cause de la nouveauté et de l'intérêt du
document, il me paraît tout à fait indispensable d'en faire
connaître le contenu au moins d'une façon très résumée.

Le mémoire de M. Schulten comprend deux parties. D'a-
bord une description des grands domaines impériaux (χωρία,
τόποι) situés en Phrygie, et du personnel qui les habitait :
procurator (ἐπίτροπος), *actores* (πραγματευταί), *conductores* (μισθω-
ταί), et enfin colons (δῆμος, ὄχλος = *plebs fundi*). Cette description est faite principalement d'après les travaux de M. Ramsay,
The historical geography of Asia Minor (Londres, 1890) et *The
Cities and Bishoprics of Phrygia* (Oxford, 1895-1897). A remarquer particulièrement l'existence, dans les listes épiscopales du
vᵉ siècle, d'une cité qui porte le nom de *Hadriana*. A peu
près sûrement il y eut là, à l'époque plus ancienne, un
grand domaine impérial qui s'appelait aussi *Hadriana* (=
praedia Hadriana), et qui, comme il est arrivé si souvent, est
devenu avec le temps une cité. Et l'on ne peut s'empêcher de
se rappeler alors la *lex Hadriana* de nos inscriptions africaines
et de voir, dans ces faits combinés, les traces de la grande
réorganisation de l'administration domaniale qui fut l'œuvre de
l'empereur Hadrien. (Cf. Schulten, article cité, p. 228).

Vient ensuite (p. 232 et suiv.) le texte, avec commentaire,
d'une supplique ou *libellus* adressée à l'empereur Philippe par
les colons d'un *saltus* impérial de Phrygie. La date peut être
fixée entre 244 et 247 (voy. p. 236). Le texte débute par trois
lignes en latin, qui sont la réponse de l'Empereur adressée à
un certain M. Aurelius Eglectus, sans doute le *praepositus* du
groupe de colons, lequel a adressé à l'Empereur, au nom de
ceux-ci, la requête en question, et auquel par conséquent il est
naturel que la réponse impériale soit envoyée. L'Empereur déclare simplement, dans cette réponse, qu'il a chargé le pro-

consul d'Asie de faire droit à la supplique des colons (l. 2, 3 : *Proconsul... ne quid inperiose geratur, ad sollicitudinem suam revocabit*). Puis vient le texte de la supplique elle-même, qui est en grec. Elle émane du κοινὸν Ἀραγουηνων παροίκων καὶ γεωργων ὑμετέρων (l. 5, 6), c'est-à-dire, en latin, du *conventus* (ou *res publica*) *Araguenorum inquilinorum et colonorum Caesaris*. Il est intéressant d'observer que, dans l'Asie Mineure, les colons formaient ainsi un κοινὸν, tandis que, en Afrique, la *plebs saltus* est certainement dépourvue de toute organisation qui ressemble à un régime municipal. Les l. 6 et 7 nous apprennent de plus que c'est un κοινὸν voisin qui a fait les frais de la légation envoyée à l'Empereur pour porter et appuyer la requête, évidemment parce que les colons du *saltus Araguenorum* étaient trop pauvres pour supporter une aussi grosse dépense. Nous voyons enfin que la requête (rédigée par M. Aurelius Eglectus) a été portée à l'Empereur par un soldat, s'appelant probablement Didyme (l. 7 et 8. — Cf. le *miles Purrus* de l'inscription de Scaptoparène : *Textes* de Girard, p. 165, 166).

Dans leur supplique, les colons exposent ceci : Tandis que tout le monde est heureux sous le gouvernement de Philippe, eux seuls sont malheureux et opprimés (l. 8-12), et opprimés par ceux-là même qui devraient au contraire les protéger (l. 12-15). Ceux dont ils se plaignaient sont : 1° les στρατιῶται, c'est-à-dire les soldats qui, à l'occasion des passages de troupes, séjournent plus ou moins longtemps dans le pays ; 2° les δυνάςται (les *potentes*), c'est-à-dire les grands propriétaires et les magistrats de la cité voisine (l. 18 : δυνάσται τῶν προυχοντων κατὰ τήν πόλιν) ; 3° les Καισαριανοί de l'Empereur (*Caesariani*), par quoi il faut entendre les fonctionnaires fiscaux et collecteurs d'impôts (l. 15-27). Ces trois classes de personnages troublent les colons dans leurs travaux rustiques, et exigent des services (sans doute des corvées) qui ne leur sont pas dus (l. 20-21). Les colons invoquent contre eux une décision prise déjà par Philippe lui-même, au temps où il était préfet du prétoire (ἔπαρχος. l. 23), et un rescrit émané du même Philippe devenu empereur et rendu à la suite d'une supplique. Le texte de ce rescrit, rédigé en latin, était ainsi conçu : *Quae libello complexi esti(s ut examinet praesidi mandavi) qui da(b)it operam ne d(iu)tius querell(is locus sit)* (l. 25-26). Mais, en dépit de ces actes législatifs, les colons ont continué à être l'objet d'exactions (l. 27 à 32). La fin du document est illisible.

Il n'y a, dans cette inscription, aucun fait précisément nouveau, ni aucune règle de droit, ni la trace d'une situation qui ne nous soient connues déjà. Car la misère des colons, l'oppression subie par eux, et le défaut de protection effective, nonobstant des rescrits impériaux, sont des choses que les inscriptions africaines, et particulièrement l'inscription si célèbre de Souk el Khmis, nous avaient apprises déjà. Mais il est intéressant tout de même de trouver, dans ce document émané des provinces d'Asie, la confirmation de ce que nous savions par les documents d'Afrique, et de constater ainsi que l'état social et la condition des hommes et des terres étaient en somme à peu près les mêmes, à ce point de vue, dans toutes les parties de l'Empire romain.

FIN

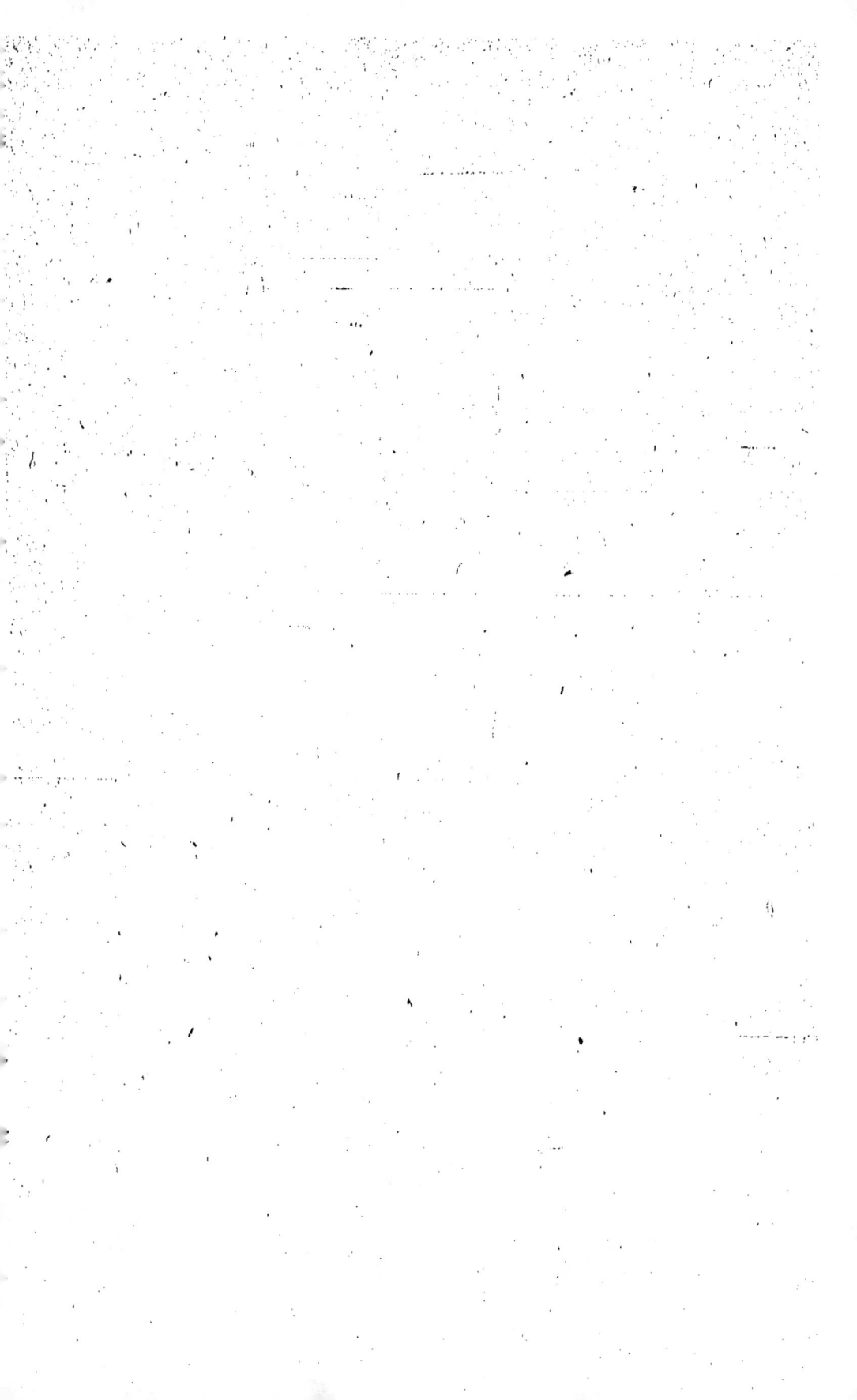

TABLE.

---

§ 1.

Le caractère juridique essentiel du grand domaine.

§ 2.

L'aménagement intérieur du domaine.

B.

§ 3.

L'administration des grands domaines.

§ 4.

Le conductor et les cultivateurs du domaine.

Note additionnelle sur les quatre premiers paragraphes
(l'inscription d'Henchir Mettich).

§ 5.
L'autonomie territoriale du grand domaine.

§ 6.

Les propriétaires des grands domaines.

§ 7.

L'exploitation du domaine.

CONCLUSION.

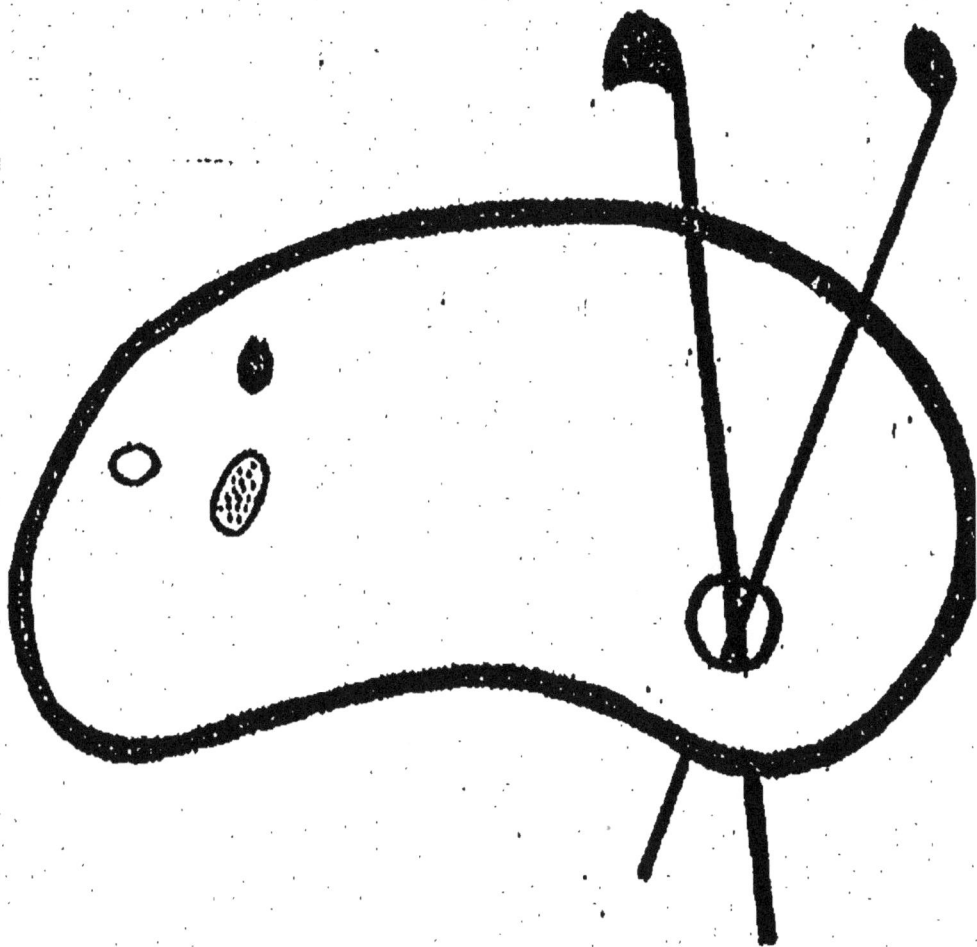

ORIGINAL EN COULEUR
NP Z 43-120-8